刘海潮　著

張伯行

第一卷　治河能臣

河南人民出版社

目　录
（第二卷　治河能臣）

第三章

第四章

第三章

一
雨打平原

（一）如若他们皆能成才，也不枉自己的一番教导之心

> 击石乃有火，不击元无烟。
>
> 人学始知道，不学非自然。
>
> 万事须己运，他得非我贤。
>
> 青春须早为，岂能长少年。

康熙三十八年（1699年）六月，一连数日都闷热异常。偶尔有一丝风吹来，更衬托出天气的沉闷。

在篱笆环绕着的院落中，一块匾额悬挂在其间。匾额正中，"请见书院"四个楷书大字遒劲有力。

书院内，一位已近天命的长者，身着一袭月灰色长衫，外罩灰褐色马褂，脚蹬黑缎鞋履，染了几丝银霜的长辫整整齐齐地悬于脑后。他右手执一本蓝皮书卷，左手持一把戒尺，泛黄的书页翻开在眼前。他专注地看着书卷，掷地有声地诵读。此人正是张伯行。

"其为人也孝悌而好犯上者，鲜矣……"

书院里，几十个总角之年的少年，都身穿月白色长衫和马褂，脚踏月白色鞋履，双手捧着书卷，正襟危坐在书案前，一板一眼地跟着张伯行诵读，余音袅袅，响彻整个书院。

"何为孝？孝，乃人之本。孝有三：大孝尊亲，其次弗辱，其下能养。为人子，止于孝；为人父，止于慈。孟子曰：'不得乎亲，不可以为人；不顺乎亲，不可以为子。'"

此时,张伯行左手旁,头上束着两个发髻的学子继昇举手提问。张伯行点头示意,他起身望着张伯行问道:"请问先生,如何可为孝?"

张伯行双目直视少年,微微点头道:"这正问到关键所在。《三字经》有云:'羊跪乳,鸦反哺;人之情,孝父母;父母教,须静听;父母责,须敬承;身有伤,贻亲忧;德有伤,贻亲羞。'动物尚知养育之情,更何况人乎!"

说完,张伯行的目光回到书卷上读道:"入则孝,出则悌,孝顺父母、顺从兄长。而喜爱以下犯上,从古至今,罕见之至。人最基本的情深入骨髓,便不会行出不孝之事。不好犯上而好作乱者,未之有也!"

张伯行话音刚落,学子们朗朗诵读声紧跟响起。他环顾四周,见学子们正抬眼看他,接着讲道:"不喜爱以下犯上,而喜好造反作乱的,古往今来,也不曾有。犯上、作乱本为一体,如若有一人,谨守孝悌的原则,规规矩矩,从不以下犯上。如此这般之人,怎会造反作乱? 如此道理,同上所言如是。"

张伯行拿起书卷,边讲边在学子们课桌间来回踱步:"如若真有此人,那此人必定是当面一套、背后一套。定未真正做到孝悌之根本,也并不可称之为不好犯上。"讲完,他环视周遭后,凝眸远视窗外,学子们恍然彻悟。

继而,他又将目光落回书卷,讲道:"君子务本,本立而道生。"

学子们高声朗读,声音回响在学堂上,久久不散。

张伯行又讲:"何为君子? 博闻强识而让,敦善行而不怠,谓之君子。君子修仁义行天道,有所为有所不为。因而,君子坦荡荡,小人长戚戚。"

继昇再次举手,欣然起身:"请问先生,那岂不是说,非独贤者能为之,人皆为之?"

张伯行唇角带着笑意,眼角微微上挑,眼尾的纹路逐渐浮现。"正是如此。只是贤者相比常人,自律性更甚,尤不受欲望诱惑。人皆要存天理、灭人欲,而能胸中容百川之海、纳天地万物。"

闻听先生讲解,学子们思路豁然贯通,相互之间纷纷议论。

张伯行心生满足之意。教化学子,向德向善,平生夙愿寄托在他们的身上。如若他们皆能成才,上可报效朝廷,下可造福百姓,也不枉自己的一番教导之心。

张伯行的目光从学子们身上离开,翻开书卷:"'君子务本,本立而道生',寓意为君子一心致力于根本的事物。"

继昇若有所悟地又举起手,张伯行示意他发言。

"先生,这一句是不是说,当人找对方向,并朝之努力,就会终有所获?"问完,他便坐下。

"正是,根本建立后,大道也会显现,为人则清廉正直、洁身自好,修身、齐家、治国、平天下则不是虚谈之论也。"张伯行走到继昇身旁,慈祥地摸摸他的头,讲解道。

当张伯行转过身,仰起头,无意瞥见窗外一大片乌云。那云虽是遥远地浮在天边,却有翻滚之势。也许,不久就有一场大雨来临。不知为何,他皱皱眉头,不祥之感涌上心头。

小小年纪的学子们没有察觉到先生表情瞬间的变化,他们依旧捧着书卷诵读,面颊上并无疲惫之色。

张伯行用拇指指肚摩擦着书页,食指和拇指轻轻一捻,翻开另一页,书卷上的文字映入眼帘。

浏览一番,张伯行精神抖擞。他右手握拳,放在唇边,轻咳一声,朗声说道:"先止,继而,习下一篇,从余诵读。"

张伯行端起书卷,诵读之声,中气十足。

四书五经是他自幼便熟读至倒背如流的,即使不加思索,那语句也能从他口中自然流淌出来。这会儿他有些走神,为着接下来可能变幻莫测的天气。

农人吃饭多半看天。如此炎夏,下一场透雨是他们最期盼的事。可也不免担忧雨势太大,淹毁禾苗,弄成涝灾。假如上天仁慈,就中规中矩,普降甘霖;假如上天发怒,则是谁人都无法预料的。

(二)仪封城暴雨如注,落于地面,将水与天连接在一处

天气闷热,大地上没有一丝风。树叶经过前几日烈日的烘烤,正疲软地耷拉着脑袋,打不起一点精神。

从早晨开始,天空一直灰蒙蒙的,不见太阳。张伯行本以为天气会较前几日凉快些,谁料竟闷热得更加厉害。手中的折扇一直扇着,但还是止不住浑身大汗,顷刻间便浸湿衣衫。

窗外,不知疲倦的知了一直聒噪,刺耳的声响此起彼伏,并最终汇成洪

流,朝人的耳朵汹涌而来,更是令人心烦意乱。好在,从请见学院内飘来的学子们的琅琅读书声,像一眼清凉的甘泉流到他的心上,顿感身心清爽许多。转眼之间,读书之声便再次被蝉鸣淹没。

顷刻,一股阴风骤起,树叶在风中起舞,像涌动的河水。人们冲出闷热的屋子,满怀喜悦地让大风把连日的闷热全都吹去。黑压压的云从东南方涌来。一时间,狂风大作,被吹掉的树叶连同黄土一起在空中翻飞,仿佛妖魔在兴风作怪。不一会儿,乌云在大风中翻滚着,把天空铺得满满当当,室外暗得如同傍晚时分。风沙中,天与地苍茫茫一片混沌,似乎没有界限。

人们欢呼清爽的兴致消失殆尽,纷纷往闷热的屋中逃去。来不及关上的窗户在大风中哐当作响,风顺势从窗口灌入,屋子里传来花瓶滚动和瓷器碎裂的声响,并夹杂妇女和孩子们的尖叫声。

骤然长空暗淡,雷鸣电闪,大雨倾下。制钱般大小的雨点从头顶乌云堆里往下猛烈砸来,狠狠砸在农人赖以生存的黄土上,发出噗噗的声响。起初雨滴稀疏,不一会儿就变得密密麻麻。伴着令人胆战心寒的雷声与照亮天地的闪电,大地上仿佛有千军万马在狂奔。人们躲在屋中向外望去,在白茫茫的雨雾中,很难分得出天地。

后人有诗曰:

> 我走到时平原正下着雨,平原人用雨滴讲述平原的一切。我看见河流,看见一条黑色的河流,从平原深处走来,在和父亲对话。父亲把蓑衣和粗布马褂放在村口,匆忙地迎着河流走去。我看见童年正在河流的那头,河流的那头没有避雨工具,小路作为河流的分支,正在作出种种努力。我站在雨中注视平原,心中在想,为什么这么多年过去了,平原的雨依然会使我潸然泪下。

学堂里,日光散去,越发灰暗。一袋烟工夫,屋檐之上的瓦砾积满雨水,顺着凹处倾泻而下。

狂风骤雨没有影响张伯行的教学。他端着书卷,声音淹没在雨滴之中,耳边响起倾盆暴雨击打在瓦砾之上的声音。那声音如同万千马蹄在头顶上奔驰而过,学子们闻之色变,不知该如何是好。

张伯行泰然处之,朗声吟诵:"雷声千嶂落,雨色万峰来。"

学子们听闻张伯行的吟诵之声,内心稍安。一名学子悄然问道:"先生,这诗是何人所作?"

张伯行捋了捋胡须,笑而不语。学子们眼眸之中露出殷切之色。

张伯行声音洪亮,竟胜过雨滴之声。

"此诗出自前朝李攀龙所作的《广阳山道中》。意为雷鸣之声,犹若千峰倾塌于地;暴雨倾注,烟云滚滚,有若万峰迎面扑来。"

张伯行望着窗外如注的暴雨,书院内水汪汪一片。倾盆而下的雨将院内的积水与天连接在一处。他极目远眺,笼罩在雨雾中的天空黑得让人害怕。

此时,没有丝毫预兆,头顶猛地响起一声炸雷,吓得众学子瑟瑟发抖,也令张伯行打了个冷颤。

他忽然想起《广阳山道中》后两句:

> 地胜纡王事,年饥损吏才。
> 难将忧国意,涕泣向蒿莱。

地方官遇到荒年更是辛苦忙碌,诗人因忧国忧民而怅然落泪。张伯行非常奇怪,写雨的诗有千首万首,为何自己单想起这首伤感的诗呢?唉,荒年中的百姓最不易啊!

张伯行轻声叹了口气,思绪又回到课堂中。他手持书卷,步伐稳重地走到几案后边。坐稳后,他合起书卷,放于几案之上。

众学子效仿先生的样子,亦将书卷放于书案之上。放眼望去,书案上一片整齐。

张伯行双手负于背后,向前慢走两步,环视四周道:"雨声鼎沸,书声入耳甚难。尔等品味适才所讲之言,铭记于心,深入骨髓。"

张伯行微顿,继续说道:"朱熹所作《读书之要》中有云:'读书之法,在循序而渐进,熟读而精思。'书读百遍,书意自然领会于心。"

学子们闻听先生所言,将书卷端放于面前,细细品味先生所述之意。

大雨不住点儿地连下三天三夜。仪封县城大街小巷满是积水,最深处能没过成人的腰,连县衙大堂都被水淹。在师爷的指挥下,衙役们前后门筑起沙袋,拿着木桶、木盆奋力往外舀水。

大仪身披蓑衣,头戴斗笠,慌里慌张地趟着水来到请见书院。瓢泼般的雨水打在他身上,蓑衣和斗笠不堪重负,雨水慢慢地濡湿大仪的衣襟。

因雨太大,张伯行考虑学子的安全,书院昨天就已停课。如今,只有他、大黑与两名杂役在请见书院中值守。幸好书院地势高,尚未有积水。他们四人分做两班,每隔一个时辰就要在院中巡视一圈,看看房屋情况。

见到张伯行,大仪喘着粗气,脸上酡红一片。他擦一把脸上的汗水和雨水,焦急地说道:"老爷,大事不好。城北黑里河水涨得凶猛,河堤多处出现松动,恐怕要撑不住了,老爷快拿个主意吧!"

张伯行闻听此言,脸色微变。

"大仪,你先歇息一下,待我前去同冉先生商议对策。"说着,张伯行和大黑随手拿起斗笠戴在头上,穿好蓑衣,奔入暴雨之中。

沿路由于雨水浸泡,泥泞不堪,二人举步维艰。

偌大的雨滴砸在张伯行面颊之上,疼得他不禁额头微低;雨水随着风直扑人脸,张伯行只得眼眸微眯。此刻,鞋袜早已浸透,但他似毫无所觉,心中只为河堤、为河堤附近的百姓、为堤外的田地房屋焦虑。

不久前,冉永光辞去嵩阳书院山长一职,全职执教于请见书院,并在书院咫尺之遥修建宅院一座,梅妻鹤子,教书育人。

二人行至一宅前,张伯行略微一拍打身上的雨滴,正要入内。

此时,门扉敞开,走出一人。只见那人头戴青色斗笠,身披青色蓑衣。张伯行仔细观瞧,正是冉永光。

冉永光亦瞧见处于门扇之外的张伯行,不禁大喜道:"我正要前去见你,刚好你来。"

张伯行道:"不谋而合啊!"

二人本是熟稔,自是熟不拘礼。进入厅堂,张伯行褪去斗笠、蓑衣,交于大黑。

未等落座,冉永光开口言道:"孝先匆匆前来,必是为城北黑里河河堤之事。"

张伯行答道:"正是如此,原来兄也在担忧此事。城北黑里河河堤危急,伯行冒雨前来,与兄商议对策。"

冉永光轻叹道:"永光正欲出门,找孝先商议一番,没想到兄竟先行一步。"二人遂商议一番黑里河河堤之忧。

这时,脚步的匆忙声拨开雨声传入耳畔。顺着脚步声望去,只见请见书院的杂役老赵疾行而进,蓑衣上的雨水不断向下流淌,浑身已被雨水浇透,裤腿上沾满泥巴。他神色慌忙,跑到张伯行和冉永光面前,嘴巴张着,大口大口地喘气,仿佛再不喘上两口,整个人就被憋死一般。

老赵顾不上施礼,说道:"冉先生,先生。"

张伯行看老赵如此狼狈又气喘吁吁,从椅子上起身站起,向前走上两步,扶住他的肩膀,声音低沉地问:"发生何事如此惊慌?"

老赵微喘着气答道:"禀报先生,书院学堂开始漏雨!"

张伯行闻听此言,心里一惊,然则面上不显,冷静说道:"可有屋瓦木檩坠落?"

老赵答道:"没有。先生走后,院内就开始积水,这会儿越积越多。照此下去,恐各屋都会进水。如今书院人手不够,仪爷差小的请先生速回。"

张伯行听闻起身道:"太史,河堤之事,还望多多费心。伯行先行告辞。"

"孝先不必多说,书院之事要紧。孝先先行一步,永光稍作安排,就去书院,咱们再商议河堤之事。"冉永光应承道。

张伯行等三人身披蓑衣,头戴斗笠,一同疾行而出。只见暴雨依旧是万马奔腾之势,毫不停歇。

面对风雨侵袭,张伯行挺直腰杆,步伐稳如磐石,可他心中的忧虑却越来越重。

(三)没想到时隔三十二年之久,张伯行居然又要直面黑里河决口之忧

张伯行等三人趟着水深一脚、浅一脚地回到书院,只见书院学堂顶上绵绵不断地落雨,串串雨滴不断浇灌地面。而学堂门外雨水集聚,时不时就漫过门槛,向内奔涌。屋子里的积水已埋过脚踝,几名学子在大仪的带领下,有的正在挖沟排涝,有的正从屋中往外舀水。

张伯行一不留神踩到坑洼处,身体摇晃几下。他身旁的杂役小米眼疾手快扶了一把,"先生小心!"惊得众学子投来关注的目光。

张伯行责怪道:"雨这么大,你们怎么跑来?"他扭头埋怨小米道:"是不是大仪让你将他们喊来的?"

没等一脸无辜的小米开口,继昇道:"先生,不关小张先生的事。大雨连下三天三夜,我们惦记先生和书院,就结伴而来。"

看见大家忙碌的样子,张伯行露出满意的笑容。他环视四周,向众学子说道:"此乃天将降大任于斯人也!书院遭遇水患,对于尔等,亦是考验。大家患难与共,携手抢险。"

年轻的学子们闻听此言,更受鼓舞,紧张的情绪里倒有三分兴奋。

张伯行和大仪、大黑将书案移至漏雨难以侵袭之地,几案上摆放的书卷收起,置于一处。与此同时,学子们分成三组,将地上积水排出。

学子们用稚嫩的双手,或拿起木锨疏通屋外集聚的雨水;或端着瓦盆,将室内积聚的雨水剐出;或挽起裤腿,手持瓦盆,在院子里朝门外泼水,忙得不可开交。他们又找来一些瓦盆、陶罐、瓷碗,置于漏雨处。雨水滴落其中,叮叮当当,声音清脆。学子们同心克难之下,屋内积聚的雨水已少了许多,人的双脚不至于泡在雨水里。

众人正干得热火朝天之时,张伯行忽见冉永光带着一帮人来到书院。

张伯行忙紧走几步,迎过冉永光,急促地问:"冉先生,莫非城北黑里河河堤发生坍塌?"

冉永光说道:"孝先莫要忧心,并非如此。我唯恐书院人手不足,特来相助。看来,你们已然将雨水清理殆尽,令我钦佩。"

张伯行微微摇首,说道:"太史谬赞。"

冉先生道:"学子们如何安排?"

张伯行极目远眺,不禁叹息一声。

"暴雨倾盆,铺天盖地,只可让学子们在如此陋室暂避。待风雨一过,再让他们自行而去。太史以为何如?"

冉先生颔首:"也只得如此。瓢泼大雨,学子们在上学和回家的路上可能出现危险。如此一来,也不必忧心。"

他见张伯行眸光闪烁,满是担忧之意,便捻须说道:"至于黑里河河堤,县衙已派出吏员严密观察，眼下还不要紧。你我且静待雨停，静候佳音吧！"

张伯行略微松口气，遥望檐下雨帘，沉思着。

黑云压城，暴雨滂沱。路途之上，行人稀少，唯有城北的河工在不断加固黑里河河堤。他们身披蓑衣，头戴斗笠，裤腿高高挽起，行色匆匆，不断喘着粗气。然则，不曾有丝毫停歇。

仪封城中很多店铺都没有开张，连平日热闹的茶馆也冷冷清清，没有几个人。

麻二家的店今天索性歇业，他待在家中心情烦闷，便来家门口的茶馆散散心。体形消瘦的他呷口热茶，摸着腮下长得已有一二分厚的络腮胡，不无忧虑道："如此暴雨，城北黑里河恐怕会有决堤之势。"

在麻二左首边坐的李狗子不在意地说道："二弟，话可不能乱说，城北黑里河怎会决堤？"

麻二打量一眼体形肥胖、肚皮溜圆、一动脸上横肉微颤的李狗子，摇摇头道："都说心宽体胖，此话一点都不假，狗哥的心真大啊！黑里河要是决堤，咱这仪封县城定会一片汪洋。唉！到那时，恐怕咱们就成洪水中的鱼鳖。"

"二弟，可别忘记，如今张大人已经辞官，人在仪封。有他在，不必忧心。"李狗子比比大拇指道。

麻二眼神之中闪过一丝疑惑，直视李狗子，说道："张大人？这张大人是何许人也？"

李狗子眼眸微眯，轻抿杯茶，但笑不语。

麻二不禁焦急地问道："好哥哥，勿要故弄玄虚，吊我胃口，快快道来。"

李狗子瞄一眼那尚在冒着热气的茶。

麻二自口袋里掏出几枚铜钱，扔在桌上道："哥哥，快快说来，茶钱算小弟的。"

李狗子的手指捏起铜钱，说道："请见书院的张先生你可知？"

麻二疑惑地望着他问道："张先生？只是一教书先生罢了，难不成还有什么高招不成？"

李狗子故作高深地神秘一笑。

"你是只知其一，不知其二。一日，我去朋友家做客，朋友令其子出来见我。我见其谈吐不凡，就问他在何处求学。他无比自豪地向我讲起书院如何好,先生如何了得。当得知请见书院的先生便是张大人时,我非常意外。很早之前,我跟随张大人治过水,他的人品、学识、治水能力令我佩服至极。因此,我说有张大人在,我等自可高枕无忧矣!"

李狗子言毕,左手端碗,右手拿盖,轻轻呷口热茶,润润干渴的喉咙。麻二恍然大悟,心生钦佩。

黑里河水一直在涨,竟有决堤之势。如若河堤溃决,河水将一发不可收拾,直冲仪封县城。河水如此凶猛,张伯行自然深知这其中的利害得失,不时向北眺望的眼眸中流露着担忧。事关一城生灵性命,他能不担忧吗!

凝视着城北,他想起康熙六年。那一年,本应阖家团聚的中秋节,黑里河却发生百年一遇的秋汛。

正要准备举行婚礼的张伯行带领仪封众人,赶赴黑里河大堤堵塞决口。

王家名门望族,深明大义。张伯行成亲这天,乃是弟弟张仲行代他行新郎之职,迎娶新娘子王凤仪,行拜堂之礼,自己则继续在黑里河河堤上抗洪抢险。

成亲当天,新媳妇王凤仪带着肉、菜、白面馒头,还有几坛好酒,来河堤犒劳大家。

张伯行听说新娘子也赶过来,满心高兴。看着漂亮的新媳妇和热腾腾的饭菜,张伯行乐,大家也乐。

老河工拍着张伯行的肩膀,夸赞道:"呵呵!大侄子真有福气,娶个天仙似的媳妇,还这么贤惠。呵呵!比穆桂英还强啊!"

"哥,嫂子真漂亮,做的饭真香。"张仲行端起碗笑着,边吃边说。

"孝先呀,弟妹真有胆识。听说黑里河涨水,别的小媳妇、大姑娘都吓得往高岗上跑,弟妹可好,敢来河堤送饭。哈哈!中,真中!"衙役赵六乐呵呵竖起大拇指道。

连知县也说:"大家吃过新媳妇送的饭,喝过新媳妇送的酒,干劲更足了。孝先呀,保住河堤也给你媳妇记上一功啊!"

不管人家怎么夸媳妇,张伯行都是乐呵呵的不说话。

此后,张伯行坚守河堤抗洪,由弟弟代为娶亲;成亲当天,新媳妇到河堤送饭,犒劳大家,成为乡人津津乐道的话题,四处传扬。

没想到时隔三十二年之久,张伯行居然又要直面黑里河河堤决口之忧。

正当张伯行和冉永光翘首以盼之时,有一学子奔入学院内,脱掉蓑衣,说道:"禀报张先生、冉先生:学生听说河水暴涨,黑里河河堤塌方不断。这可是要惹大麻烦啊!"

张伯行听罢,心里一紧,同冉永光对视一眼道:"如今河堤危急,需加派人手前去加固堤防。"

冉永光眼眸之中担忧之色甚浓,拱手道:"不错。治河抗洪,责任重大。孝先,你曾在黑里河抗洪抢险,治水经验颇丰。为保护全县百姓,孝先恐怕又要身先士卒。唉!可惜冉某年迈且多病,不然定与孝先和众弟兄去黑里河,为黎民百姓死保河堤安然。"

张伯行微微一笑,然后起身,用一种坚定的眼神望向灰沉沉的苍穹,说道:"为父老乡亲,张伯行责无旁贷!"

冉永光再次拱手施礼:"孝先仁德,可佩可敬,冉某先代百姓拜谢。有冉某在,书院里的事,孝先只管放心。"

(四)在张伯行心中,黑里河与仪封的关系就像水与土一样密不可分

有冉永光坐镇书院,张伯行便无后顾之忧。大黑本要拉一辆马车过来,但张伯行恐怕道路泥泞打滑,反而不便,索性不乘马车,就靠两只脚走,还灵便些。他们穿戴好雨具,各拿一样工具就要上路,众学子和冉永光带来的人都围了上来。

继昇激情高昂地说:"我们要跟先生一同去河堤抗洪。"

张伯行对学子们摆手道:"万万不可!河堤上险象环生,随时都会出现险情。大家都还年幼,这等危险之事决不可去。"

继昇急道:"先生,我都十五岁,年龄已经不小,都定下亲了,让我随您同去吧!"

其他学子你一言,我一语。

"先生,我都十四了,我也要去!"

"我能行。我快十四了,在家常干农活。先生,把铁锹给我吧!"

"先生,别看我才十二,可我个子高。黑叔,让我拿,让我拿。"

"先生,虽说我刚十三,可我胖,有的是力气,一人能顶他们俩,带上我准没错。小张先生,铁锹给我拿着。"

大家边说边上前抢张伯行等三人手中的工具。

看着众学子争先恐后的样子,张伯行双眸湿润。他拍拍这个的肩膀,又摸摸那个的头,说道:"如今,你们首要的任务是好好读书,好好长身体。以后,有你们报效朝廷、为父老乡亲出力的机会。"

冉永光道:"带上冉某这帮兄弟吧!河堤上正是用人之际,多一个人,就多一把力气。"

张伯行点点头,便与大黑、大仪,还有冉永光带来的那帮人,匆匆走进无休无止的大雨中。

也许是太过忧心黑里河河堤之事,张伯行健步如飞。然而道路湿滑泥泞,张伯行踏在雨水之中,几次几乎跌倒。

大仪道:"先生莫急,路就得一步步走,急是急不得的。保重自己,别有闪失才要紧哩!"

张伯行憋着一股劲,不肯说话。他恨不能飞到河堤上。焦急之余,他还在设想最坏的情况以及应对措施。

大半个时辰后,同众人终于来到城北黑里河河堤之下。

张伯行远远看见河堤上晃动着人影,就三步并作两步走向河堤。不看不知道,一看,这水势不由得令张伯行倒吸一口凉气。

三天三夜的大雨,令往日平静、温顺的黑里河变得暴躁不安。快涨到堤顶的河水蓄积出巨大能量,原本看着挺宽阔的河床,一下难以承接如此多的雨水,此刻只显狭窄不堪。河水疯狂地拥挤着、咆哮着,像凶恶的野兽狠狠地拍打、撕咬河堤。河岸的树木经历河水冲击,露出粗壮的根系,在狂风暴雨中,岌岌可危,犹如不堪风雨的娇弱美人。水哗哗作响,不时发出嘭嘭的撞击之声。汹涌的河水恨不得立时三刻就将堤岸撕个粉碎,好痛痛快快去吞噬娇弱的禾苗、健硕的牛羊、错落的房舍,乃至黎民百姓。

张伯行看见众人在大堤上一筹莫展,手足无措,惶恐不安,不时把沙袋和大石块往堤坝上搬。其实,大家都知道这样做是徒劳的。对于不断上涨的河水,这些沙袋和石块只是杯水车薪而已。河堤这么长,沙袋、石头又这么少,码在堤上根本起不到什么作用。他发现不少人的嘴唇发白,唇上的白皮微微翻起,抿嘴之间,白皮便被撕咬而下。他还看到人们因长时间在雨水中忙碌,即使身上有蓑衣斗笠,内里亦湿透。很多人赤着脚在堤上忙着,脚上沾满泥水,地上不时能看见穿坏的草鞋。张伯行抬手抹去面颊之上的雨水,周遭一切再次一目了然。

"黄河之水天上来,奔流到海不复回。"黑里河何尝不是如此?作为黄河的一条支流,它的浩瀚和汹涌虽然无法跟黄河比,但它发起威来却照样让仪封百姓吃不消。在苍苍莽莽一片朦胧中,风浪不停地汹涌翻滚着,好像河上漂着一只大船而非要把船颠翻似的。

终于,河堤在雨水袭击与河水冲刷的双重压力之下,出现一道缺口。河水像脱缰的野马,咆哮着,撒着欢从缺口之处冲将出去,堤身不断开裂、滑塌,三尺、五尺、八尺、一丈……裂口越撕越大。堵口的木料、沙袋、石块丝毫无济于事,决口继续扩大。

有人见此情形,慌了神,呆若木鸡,站在堤上一动不动。

有人失声大喊:"哎!你们几个,快跑!快!再不跑就来不及了!哎!快……"

那几人这才回过神,抛下手中料物,慌忙向堤下跑。

有人大喊:"不要往下跑!快往一旁跑!快,水下来了!"

这么一喊,堤上、堤下全乱了阵脚,大家四散奔逃。

"慢着!"张伯行大声喝道,"诸位,不要跑!眼下正是生死攸关的时节,仪封父老乡亲的性命可都在我们身上。此时退却,咱们对得起谁啊?"

大黑也帮着喊道:"哎!乡亲们不要跑!谁家没有父母,谁家没有妻儿?不为别人,也得为他们吧!"

"是啊!乡亲们,洪水一下来,他们也都没命啦!"大仪接着喊道。

听他们这么一喊,很多人都停住脚步。大家寻声望去,眸子之中不乏疑惑之色。

张伯行远远地听到一位黑壮的汉子喊道:"弟兄们,都不要慌!大家先离决口处远些。"此人边说边往张伯行这里走来。

走近之后,张伯行才看出此人是一个河工工头,叫康大保。康大保也认出他,加快脚步走到张伯行跟前,急切地说道:"张先生怎么来了?这里太危险,不宜久留。请先生速回吧!"

请见书院的张先生,谁人不知,哪个不晓? 张伯行在此地教书,可是赫赫有名。家家户户皆以将爱子送入请见书院,成为张先生的学生为荣,因而河工熟识张先生并不稀奇。

张伯行闻听此言,并无任何举动,只是紧盯河工手里的抢险料物。

他双手抱拳,环视众人,恳切地讲道:"在下乃请见书院的教书先生张伯行,前来助各位一臂之力。河堤已决口,大家需速速搬运抢险料物堵住,再把破损的堤坝加固一番!"

河工们听闻,不禁面面相觑,心生疑惑。

张伯行上次在黑里河抗洪抢险,封堵决口,已经三十年有余。过往之事,恍若旧梦。在场的人中,仅有几位上些年纪之人知晓。众人心想,一个教书先生,手无缚鸡之力,又不是官府中人,怎么来此指手画脚? 县太爷还没主意呢! 他来抢险,能有什么良策?

张伯行见众人很疑惑,向前几步,说道:"兄弟们,咱们身后就是仪封城,兄弟们怎忍心咱们的父老乡亲葬身鱼腹? 大家只要不气馁,齐心协力,定能抵住洪水,保卫咱们仪封城!"

大仪随之大声附和:"抵抗洪水,保卫仪封!"

大黑更是激动得忍不住诅咒道:"养兵千日,用兵一时。谁要临阵退缩,就不是爹生娘养的。"

张伯行的话鼓起大家的激情。众人齐声道:"张先生说的对。走,大家搬沙石去。"

众河工也受鼓舞,打起精神,甩开膀子,加紧搬运沙袋和石头。

张伯行即刻安排数名河工立于料物旁,一蹲一起之间,将料物传于下一个河工之手。又在决口旁安排数名河工,形成一道有条不紊的流水线。

张伯行以身作则,扛起麻袋就跑,肩膀被麻袋摩擦得生疼,鞋袜在雨水的浸泡下愈加沉重。他一咬牙,弯腰褪去鞋袜,赤脚在泥水之间疾行,瞬间便弄得浑身泥污。

决口开始只有一丈多宽。由于河水的不断冲刷,决口有加大之势。见此情景,河工们拼尽全力抵抗。随着河堤旁的料物不断削减,决口上的屏障不断加宽加高。终于,人工抢过时间,决口的宽度渐渐变成八尺、五尺、三尺。渐渐地,经过河工们的奋力抢险,决口终于被堵上。

抢险成功,河工们雀跃不已。但张伯行深知,这只是暂时的。如果大雨不停,这个已被封堵的决口还会再度崩溃。到那时,堤坝的其他薄弱位置也将被冲毁。

张伯行眉头紧皱,向众人严肃地说道:"适才乃是这场硬仗的开端,雨不停,水未退,我们便不能松懈。"

他对康大保说:"现在可以让大家喘息一下。"他指了指帐篷道:"那个帐篷已垮,再说它容不下几个人。不如在那里搭成一个棚子,供大家暂时避雨。"

康大保抹去脸上的雨水道:"还是先生想得周到。"

大家稍作休息后,张伯行对康大保道:"河水水位居高不下,为防万一,咱们还得早做准备。"

"先生就吩咐吧!"康大保道。

大家心里清楚,方才之所以能堵住决口,全凭张伯行指挥得当。很多人便附和道:"先生就吩咐吧,让我们咋干,我们就咋干!"

张伯行向众人拱手道:"谢谢兄弟们信任,伯行就不客气了。"

他先对一部分人道:"大家四下散开,沿堤巡视水情。倘若发现哪里有松动迹象,即刻封堵。"

这些人说道:"放心吧,人在堤在。"

张伯行对另一部分人说道:"河水水位高,需未雨绸缪。烦劳大家多找些料物备用,越多越好。"

有人说道:"河堤下不远处生长着许多桑榆柳柘,用斧头、镰刀或者铁锹砍些来,也可抵抗一阵。"

张伯行道:"黑里河是黄河的支流,和黄河水泥沙一样大。万一决口大的无法堵塞,用树头堵住决口,可以挡住一些泥沙,沉淀在堤坝上。这只是权宜之计,我即刻返回城中,招募人手,筹备固堤料物。"

河工们闻听张伯行的一系列安排,感觉有了主心骨,大家精神抖擞,胸腔之中的热情复燃,齐声呐喊道:"奋力一搏,堵住决口!"

抢险时,在大仪铿锵有力的号子下,大家干劲十足。张伯行对大仪说:"大仪,你就留在堤坝上帮大家一把,还能鼓舞士气,我和大黑哥回城搬兵去。"

此时的雨,好像因下得太久已经疲惫,声势略小些,雨中深一脚浅一脚行走的二人不至于那么费力。

大黑说:"这抗洪抢险,本是河道衙门的差使。管河道员远在开封府城,而河道总督衙门在清江浦,离得更远。河道总督鞭长莫及,一时不到也就罢了,咱仪封知县怎么就不露面呢?真是一个毫无担当的鼠胆老儿!"

张伯行道:"他们指望不上,就看咱们自己的。这当口不能指责谁,解决问题要紧。好在民心可用,事在人为。黄河是该给仪封人造福的,我们万不可放任懈怠,使黄河酿成灾祸。"

在张伯行心中,黄河与仪封的关系就像水与土一样密不可分。有了水,土地才滋润,才能长出庄稼。虽说大水无情,但筑好堤坝,河工得力,黄河水就是最多情的。可惜天降暴雨,天要酿祸,祸害黄河,祸害黑里河;祸害仪封,祸害百姓。此番必须全力以赴,确保万无一失,不然如何面对家乡父老?

(五)众人看见张伯行亲临大堤抗洪抢险,心里一块石头落地

眼下可真正是黄河之水天上来!对付如此大的洪水,人手自然是越多越好。方才河堤上几十个人能堵住决口,实属不易,恐怕也有侥幸。仪封只是一个县城,驻防兵丁和县衙的衙役有限,必须多多招募民夫,发动万千百姓才是上上策。

仪封的六月本是多晴的暑热天气,却因为连日大雨显得有几分凉意,白昼似入夜清凉。县城中已经传开河堤决口的消息,人人心中惊恐不安。都怕不知何时堤坝就会崩溃,自己的房屋财产就要不保,一家人的性命也不敢保证无虞。许多人在家中朝神佛叩拜烧香,向老天爷祈祷哀求,希望天灾早早终止,给予自家一线生机。

已经过午饭时间,张伯行和大黑劳碌一场,觉得饥肠辘辘,浑身无力。回到家中,张伯行先安排人赶快大锅烧饭,做出几桶热汤面和百十张大饼来,派两名家丁送到大堤上去。张伯行和大黑来不及坐下吃饭,简单往腹中塞个馒头,又走出家门,前往请见书院。

这时,坐镇书院的冉永光早已坐立不安。泥泞小路上,一道人影显现,形影孤单但步履坚定。

张伯行一见冉永光，便开门见山道："城北河堤决口，所幸已经封堵。眼下急需人手加固堤坝，恳请太史相助，集结人手，筹备料物，赶往河堤。"

冉永光闻听此言，心下一惊，不由得站起道："孝先，需要我做什么，尽管说来。"

张伯行道："你我兵分两路，在城中招募民工。我去东城，大黑随先生去西城。招募到的人随即分派任务，一部分人赶往河堤，一部分去找些车辆和口袋。麻袋找的越多越好，到河堤上装沙子，以备固防使用。这事我已命家人去做，沙袋这东西对于加固堤坝、封堵决口至关重要，自是多多益善。所需资费由我张伯行承担。"

他抬头向灰白色的天空望了望，继续道："雨势渐小，也许不多时雨就会停。我们需抓紧时间，莫待河水继续上涨。"

冉永光道："孝先所言甚是。加固堤坝的料物，我家也能拿出一些，我即刻就让家人准备。"

张伯行看看学堂里那一张张稚嫩而坚毅的面孔，来不及过多顾虑，向他们道："众学子，有不惧危险，愿意为固堤抗洪大事效力的，就跟随冉先生和我张伯行，随时听候差遣。"

众学子纷纷答道："我等愿尽绵薄之力，绝不退缩！"

冉永光笑道："好，好！"

而后，冉永光一边分拨人手到自家准备，一边和大黑一起去西城招募民夫。张伯行也带人赶往东城。

一时之间，气氛沉闷的仪封城充斥着锣鼓声与叫喊声。各家各户都忍不住细听，或者直接出门来看。

"各位乡亲父老，连日大雨，河水上涨，黑里河堤口形势危险。抗洪抢险，不是一家一户的事，是咱家家户户的事。别让洪水冲毁咱的家，快跟我们去加固河堤吧！"

"各家壮年男子，当挺身出来，齐心协力保护一家老小，保护父老乡亲！"

"快来快来，准备布袋装满沙，堵住决口保大家……"

"书院先生张伯行主持抗洪，志在必得！"

大街小巷都充满呼喊之声，人们聚集起来，大家七嘴八舌，纷纷议论，很快就统一意见，堵口保家园。不消半个时辰，全城应募之人二百有余。

众人看见张伯行亲临大堤抗洪抢险,心里一块石头落地,仿佛认定河水绝不会冲到家门口来。

还有人组织整个家族的所有青壮年男子来找张伯行。

为首的族长诚恳地对张伯行道:"先生,我等闻听城北决堤,急需人手,特来应募,还望先生速速差遣。"

张伯行不禁热泪盈眶,说道:"甚好,甚好。"

也有一些大婶、大嫂收拾得利利落落,见到冉永光道:"冉先生,我等要当保卫家园的花木兰!"

冉永光见状婉拒道:"如此赴险之事,还是男人冲锋在前为好。众位在家缝制口袋,预备装沙,做好后勤,也是为抗洪出力。"

张伯行先把东城招募到的第一批人集合起来,率领他们赶往城北黑里河河堤。

此时,距离他离开堤坝已有两个时辰,不出所料,河堤又发生决口。随着洪水的冲刷,决口也越来越大。众河工拼命地封堵,可也只是减缓决口扩大的速度,眼看着洪水就要抵御不住。

张伯行看到决口处水流有大股也有小股,无孔不入似的一个劲儿地向外溢。黑里河在仪封地势颇高,河水从高高的大堤上流下去,流到平地上,宛如奔腾的瀑布。照此下去,天黑之前仪封城就会变成一片汪洋,成为泽国。

张伯行长吸一口冷气,迅速调整思路,急忙组织新招募的民工投入抢险中。

他见有人拿旧衣衫来装裹沙子,匆匆绾了绾就摞在工事上,忙上前阻止道:"不可如此。必须把口袋系紧,沙袋牢固,才经得起河水冲击。"

他又找到康大保,急切地问道:"大保,上游堤坝如今情况如何?"

康大保忙得满脸是汗,气喘吁吁地答道:"先生,上游有一处我看不妙,但一两个时辰还是撑得住的。"

张伯行皱起眉头道:"那先堵住此处,再顾那里!"

大仪在一旁大声说道:"不行啊,大家太累了,都坐在地上起不来了。"

张伯行看着泥水里、雨雾中那一个个赤膊赤脚、满脸疲惫的河工,心里一阵刺痛,都是人啊!他们辛苦一日,拿自己的命去拼,谁来保障他们的安全呢!他们需要饭食,需要休息,可水情危急,又刻不容缓……

这时,只见河堤下黑压压一片人影从雨中勾勒而出,是冉永光、张安、大黑等人带领着人群与车辆疾步走来。看人手,得有两百多人,车辆也有四五十辆。

张伯行心中升腾起难以言喻的震撼。

顷刻之间,众人来到张伯行的近前。张安上前道:"老爷,饭已送到。家里还在做,做好再送来。"

张伯行点头,脸上终于浮现笑意。虽然浑身衣衫湿透,样子狼狈,张伯行仍不失风度,上前拱手致谢:"诸位父老乡亲,张伯行这厢有礼了。只要众位齐心协力,定能渡过难关!"

由学子们起头,众人齐声呐喊:"齐心协力,渡过难关!"

呐喊声响彻天空,惊飞几只枝头的鸟儿,仿佛连那风雨河水之声也变得微不足道。

张伯行将人手分派到各个工序,将一直奋战河堤上的几十名河工换下来,先行休息用饭。

他又对康大保道:"大保,一会儿还得辛苦你们。等大家吃过饭,休息片刻,你带着这几十号人到上游堤坝薄弱处固防。如有变数,即刻派人来报。"

康大保边狼吞虎咽地吃着大饼,边连连点头道:"遵命。全凭先生主张,我等焉敢不尽心竭力!"

二
贵人相助

（一）相公的作风她最清楚，凡有危难必要迎上，凡有需要必从己出

河堤上一片繁忙景象，大家士气高昂，人心振奋。在忙碌的人群中，张伯行也作为流水线中的一环，扛起沙袋在雨中急行。被雨水浸透的沙子十分沉重，压得他腰身微微弯曲，步伐却坚定有力。

每个人都不甘示弱，用尽全身的力量运送沙袋。力大的一个人扛一袋，力弱的两个人抬一袋。在较远地方装沙的人，把沙袋装满车子，连拉带拽地向前走。许多人的肩膀起了泡、破了皮，但他们仍旧咬牙坚持。

河堤缺口的沙袋越堆越高。然而，在众人堵口的同时，缺口亦在河水冲击下撕裂着、扩大着，人力与河水势均力敌。随着时间推移，接下来就不知道哪方会更胜一筹。人力多半越来越弱，水势恐怕越来越强。照此趋势，决堤只是时间问题，众人心中不禁打起鼓。有人想，也许今晚没事，明天早上可能就功亏一篑。

张伯行边擦汗边略微一清嗓子，高声说道："诸位父老乡亲，如今沙袋即将用尽。谁家有布料、沙子、块石或者玉米秸秆，诸如此类可堵决口的物什，都运过来！"

冉永光接着道："敝宅有铺路的块石两车，已在运来的路上，想必稍后即到。各位乡亲，这些身外之物此时正有用武之地，还望不吝拿出。"

"好，我家里有能用的东西。""听先生的便是。""这就赶紧走吧……"嘈杂声在雨中渐渐响起，很快就有几十个人响应，从人群中下了河堤往家里跑去，准备堵塞决口所需的诸多物品。

张伯行对张安说道:"管家,你快回去,家中棉被、棉衣、现成布料、牲口的草料以及马车,皆捐献出来。再支出二十两银子,去店铺里买些粗布,旧衣物也可。一并用马车拉来。"

张安面露难色。张伯行急道:"时间紧迫,别再犹豫,速速行动。你忙不过来,就请夫人帮忙!"

然后,张伯行又唤来十几个高大威猛的汉子。他们肌肉鼓起,皮肤黝黑,一看便知长年干重体力活儿,浑身上下有着无尽的力量。

张伯行叮嘱他们说道:"你们去寻车辆,不论是板车,还是牛车、马车,说些好话,拿来借用,只要能将堵塞决口的东西装到车上就好。"

张伯行略微一顿,继续说道:"路上泥泞,还烦请诸位尽心尽力,张伯行感激不尽。"

"先生太客气,这都是咱仪封人自己的事啊!"那十几名汉子见张伯行如此尊重自己,非常高兴,满口应承下来,即刻启程。

张安带领着家丁回到宫保府,家丁自后院牵出来几匹马,套好车辆,在大门外等着装车。

自从张伯行匆匆出门,夫人王凤仪便明白事情严重,北关河堤怕是保不住了。相公的作风她最清楚,凡有危难必要迎上,凡有需要必从己出。自己便在家里同丫鬟仆妇等人撕扯布料和旧衣物,缝制口袋,搓麻绳,以备相公随时取用。听说还要布料,就叫管家带着银子速去布匹行里购买。如此,张伯行交给张安的任务,并没有费太大工夫就已完成。

临行时,夫人又拿来一个包袱,装的是干净衣服。她忧心忡忡地嘱咐张安道:"告诉老爷,千万保重身子,现在不是年轻的时候。叫他把衣服换上,别染风寒。"张安答应着,带领家丁将三车料物运往黑里河河堤。

而此刻,河堤上的张伯行累得实在不行。他由大黑、大仪搀扶着,坐在堤上。环顾四周,眼前只余下河工、学子以及几十个百姓,张伯行要继续带领他们扛沙袋搬石头堵塞决口。

大黑说道:"大仪,你照顾着先生,我来干。你们身体都没我好,万一倒下去,岂不是有害无益吗?"

那十几名汉子受张伯行之命,各自分头行动,以他们对仪封人的了解,借来车辆不成问题。

其中有个名唤王三的,倏然记起城中有一户专门制作板车的工匠李师傅,旋即前往李家。

王三抵达之时,恰从门口看见有人在整理家中之物。自背影观瞧,这人身材瘦削,有些驼背,一副弱不禁风的样子。

这人就是李师傅,他的木匠活老成熟练,城中众人又唤他李老匠。别瞧他身躯瘦弱,做木匠活时,手上的气力可不比膘肥体壮的大汉弱。

王三走进门来,用宛如蒲扇一般大的手掌一拍李老匠的肩膀。李老匠只觉得肩膀一痛,回身一看,说道:"你这人,怎么闯入我家门,还打人呢!"

王三闻听此言,急忙摇手道:"李师傅,我没有恶意。看着门扇未曾关闭,这才进来。我叫王三,我来是有要事,师傅您听后保准不怪罪我。"

李老匠略微压着心中的怒火,说道:"说吧,有何要事?"

王三道:"黑里河河堤快被水冲垮,李师傅您知道吧,到堤上干活防洪的有两三百号人呢! 眼下决口暂时是堵住了,但是堵口的料物快用尽,水势还是很猛。众乡亲父老已经去收拾家中能用的东西送到堤上,因而急需借几辆板车运去。李师傅您看,您要不出手相助,这洪水口子还得开啊!"

那李老匠眉头紧皱,说道:"这板车我倒是有,你要几辆? 我这小本买卖,挣的也是辛苦钱,用坏可就无法营生。到时,你还认得我?"

王三闻听,眉头紧皱,挠头道:"河堤要是决大口子,洪水涌进城中,到那时,别说您的板车,您老人家能不能站着说话,还是两说呢! 所谓'听人劝,吃饱饭'……"

王三偷偷观瞧李老匠一眼,只见李老匠低首沉思,眸子之中已有动摇之色。

他心中暗喜,不禁添油加醋地继续说:"如若你捐出板车,我自会向张伯行先生禀报,他可是大善人,用坏定会赔你。再说,到那时给你大肆宣扬一番,这乃救洪之车,还怕以后没人来买你的车吗?"

那李老匠依旧在沉思,王三已失去耐心,哀叹一声,说道:"洪水不等人啊老师傅,再想下去,恐怕就要冲到你家门前。"

李老匠沉思良久,依旧犹豫不决。王三神情恹恹地说道:"既然你舍不得,我再向他人相借。告辞!"

言毕,王三便一挥手,大步流星走进雨中。

"回来!"

王三止住步伐,脸上笑开了花。

而后,王三跟随李老匠来到后院,一只手握一板车,双手用力,只听"嗨"的一声,两辆板车吱扭着向前行驶起来。再一鼓劲,连人带车一起朝雨中疾行而去。李师傅也拉起一辆车,和自己的徒弟一起,跟着王三同去河堤。

行走数百步,恰逢其他几人。王三将手中一辆板车交付他人,各自去装载集结来的料物,暂且不提。

(二)众人望着仪封知县远去的背影,满脸都是失望之色

北关黑里河的水情,以及仪封城内的动静,自然早已引起仪封现任知县王裕的注意。

知县王裕命属下详细探听河堤决口之事,心下惶然,慌忙命令衙役牵出马来。片刻之间,他头戴斗笠,身披蓑衣,扳鞍认镫上马,抓住缰绳,带着几名衙役朝着黑里河河堤打马前行。

这仪封知县,胆小如鼠,遇事则不就,一向贪图享乐,事来便慌乱如麻,难以撑起台面。

那马前蹄扬起,嘶鸣一声,在雨中飞驰起来。不多时,王裕来到河堤下,定睛观瞧,不禁大惊失色。

马蹄声渐行渐近,透过雨声,传入张伯行的耳畔。张伯行抹把脸上掺杂着的汗水、雨水,极目远眺,望向来人。

王裕到了河堤下,将缰绳交于衙役,走上堤来。张伯行定睛观瞧,认得是仪封知县,心中一时难以衡量,便拱手施礼道:"邑尊。"

王裕礼节性地向张伯行拱拱手,便望向远处的河堤。只见黑里河河水宛如脱缰的野马,猛烈地冲撞着堤坝,时不时涌起一人多高的浪头,水花不断溅落在岸上。已经被封堵的缺口,虽垒满沙袋和石头,但仍有小股河水从缝隙中流淌而出。那些忙忙碌碌的河工和百姓,人人都是落汤鸡一般狼狈。

忽然,有人呼喊道:"不好了,快来人啊,这里快被冲垮了!"

张伯行循声看去,原来是封堵处被凶猛的洪水冲开个口子,泥沙随着河水直往外涌。此时,周围已经没有可用之物,众人瞅着那口子越来越大,手足

无措。

康大保见势大喊道:"快,都跟我去!"

他一把将自己湿透的粗布衫脱下,又喝令身边的几个人脱下衣服。他把这些衣服赶紧揉成团塞进口子,又用自己宽阔的脊背抵住。另有两名河工也过来同他站在一起,用脊背抵住这口子两侧,防止洪水再冲垮沙袋。人墙起到作用,虽然河水在他们身后仍然不断地流出一些来,可力量已经削减大半。

王裕眼见此景,脸色早已骤变,身躯也在衣服里微微颤抖。

张伯行双拳紧握,这样做只能维持一时半会儿。假如不能及时堵塞,决口又要被冲垮,之前的辛苦付出全要付之东流。他暗暗祈祷上天垂怜仪封百姓,让黑里河河水逐渐回落,让救灾料物赶快来到。这种两手空空束手无策的感觉,真是一种莫大的煎熬!

再看那仪封知县王裕,眼睛直直地盯着河堤,久久不语。张伯行便上前说道:"邑尊,防洪护堤刻不容缓,所需料物越多越好,接下来还请您明示!"

闻听这话,王裕将目光落在张伯行的身上,眸光轻闪,声音也不似平时那样中气十足。

"本县来此,便是督查河堤缺口堵塞状况。诸位劳苦,还望对河堤之事多多费心。本县另有紧要公务,不便久留,先行一步。"

言毕,他转身走下河堤,牵马要走。

不止张伯行,堤上众人皆可看出,仪封知县深觉河水破开堤口只是时间早晚问题,才打马而走,这不觉再度勾起众人心下隐藏的恐惧。仪封知县觉得这洪水势必会淹没仪封县城,自己冒险前来护堤,实在于事无补,不如赶快回家,收拾细软举家逃难。

众人望着仪封知县远去的背影,满脸都是失望之色,不禁叹息。张伯行见众人好像是泰山压顶,慌张之色溢于言表,斗志已经消失殆尽。为稳定士气,他忙朗声说道:"诸位莫慌,知县大人临阵脱逃,此事不假。然则,伯行同冉先生依旧守在这里。无论如何,我们不会弃众人而逃。我们的家小就在城中,指望着我们这些人保护他们周全。难道我们能眼睁睁看着他们葬身鱼腹、家破人亡吗?不抵住洪水,我们绝不罢休!"

冉永光也说道:"即使是逃,又有何处可逃?人是逃走,可家没了,只怕祖坟也要泡在水里。"

有人恨声道："这个知县着实可气，不管老百姓的死活，只顾自己保命。"

张伯行道："铁打的衙门流水的官。等洪水退去，这笔账不会轻易勾销。"

康大保接道："说的是，管那狗官做什么？我们只管尽人事听天命，誓与仪封共存亡！"

众人闻听这番话，眼中光芒再次凝聚，士气回升。张伯行环顾大家，不禁心里松口气。

"来了！来了！"河堤下传来一阵呐喊声。

张伯行定神一看，只见一股车流浩浩荡荡朝这边涌来。有十来辆板车，还有几辆马车、几匹骡子和毛驴。车辆看起来都是沉甸甸的，很显然堆放着许多料物。不多时，同一方向又出现了冉永光的家丁以及数辆骡车，车上载着块石和沙石。

"好家伙，不赖！不赖！""运来这么多东西！"看到这样的场景，众人都备受鼓舞。决口处和几处薄弱的位置都需要加固、加高，只要有物资，他们就信心倍增。拼尽这一身力气，就算只剩一口气，也得把河堤守住。

装沙石的，系沙袋的，扛沙袋的，从板车上搬下石头的，把石头在堤上牢固垒放的，挖泥土糊堤的，在河堤上跑来跑去观察水势的，人人匆忙紧张，却又并不慌乱。在忙碌中他们渐渐感到，哺育着他们的黄河，和身边的这条黑里河，像是发怒的母亲。只要他们不怨天尤人，努力去做点什么，母亲就会渐渐怒气消失，早晚又会回到温柔和蔼之中。

这一批运来的料物渐渐用完，决口处也已弥补妥当，沙袋和石头堆积得又高、又厚、又严实，偶尔涌起的浪头再要漫过来已非易事。其他几处出现裂痕的地方经过修补和加固，虽然看上去不太美观，却如给受伤的人敷上一层厚厚的药膏，到底是踏实的。把最后一小绺流淌出来的河水截住封堵上时，张伯行深知，此刻便是功成之时。

在大黑的搀扶下，张伯行挂着粗树枝爬上已封堵好的决口之顶，仔细查看河面水势。浩荡的河水企图挣脱束缚，此时却完全被拦截，便像是丧失三分兴致，稍显温吞地来回涌动着、激荡着。此时，夜幕也已经徐徐拉下，似乎有一股力量在催促万物安静下来，进入祥和的梦乡。

张伯行的脸上不禁露出如释重负的笑意。忽然一个急浪恶作剧似的直冲着张伯行打来，大黑赶紧挽住他的手臂，拉他下堤。

张伯行抹去脸上的水,整整衣服,向堤下的众人喊道:"各位乡亲父老,黑里河堤保住了,咱们仪封保住了!"

苍穹之下,万众齐呼,呼声响彻大河上下!

(三)河道总督张鹏翮亲临仪封察看黄河堤防工事

洪水被抵挡在河堤之内,胆战心惊的仪封人也渐渐放下心里那块石头。参加防洪护堤的人连日来向家人和亲友讲述当时的险情,仍然心潮澎湃。只因连续几日的雨淋,再加上不停地辛苦劳作,他们中有些人身体便吃不消了。张伯行和冉永光都感染风寒,在家静养。张伯行本有旧疾,在风寒和旧疾的夹攻下,着实感到天旋地转、气闷体痛之苦。他的双肩布满沙袋留下的擦伤,因未及时处理,已经渗出脓血来。伤势导致他反复发热。

大夫每日两次前来察看病情,给伤口换药。这日,张伯行稍稍好转,就有不少人在宫保府门外张望,想要进去又不敢进去似的。

夫人王凤仪早就嘱咐管家张安:"老爷需要静养,好心来探病的,代老爷致谢,不必叫他们进来探视。等老爷痊愈,大家自然有见面的时候。"受主家嘱咐,张安恪尽职守,张伯行的病榻前始终安安静静。

虽在病痛中,张伯行脑海中却不时回响起黑里河水浪澎湃之声,那浑身湿漉漉的感觉还未褪尽。室内见不到阳光的时候,他关心外面天气如何,生怕又有雷雨,再度引起河水上涨。尽管夫人多次安慰劝说,张伯行仍放心不下,派人到北关河堤上再仔细巡查一番。他嘱咐,不仅要看洪水对大堤的冲刷程度,还要检查大堤有没有渗水,有没有管涌。夏季雨水较多,若是连日下雨,渗水现象不容易发现,要提高警惕。他让大黑每天向他报一下河堤的情况。

这日,大黑出门,见门口街上徘徊着一些学子,还有那日在河堤上堵口的几名河工。见到熟悉的面孔,大家便迎上去,七嘴八舌地询问许多事情,如先生病好没有,书院目前的重要事项,占用财物的补偿,等等。大黑和张安一一回应,按照张伯行之前的吩咐,分别处理。

这次险情过后,城乡上下安定祥和。城北黑里河河堤两旁,垂柳依依;微风拂过河面,涟漪圈圈漾起。在河堤上,有一垂柳异于常俗。此垂柳半边根茎祖露于外,河水不断洗涤着根茎上的泥土。这棵垂柳,乃是历经洪灾之树,千锤百炼,存活至今。

一直以来,张伯行率众救灾抢险之事,仍是仪封百姓津津乐道的话题。

王三难得有闲工夫坐在茶馆里喝茶。这天他刚在茶馆中坐稳,在他左首边坐着的荣胜便迫不及待地说道:"王三兄,快把那天抢险的情况给在下说说。"

荣胜乃一外乡人,身形微胖,一身长袍马褂,说话瓮声瓮气。

王三不紧不慢地呷口热茶,升腾而起的热气遮住他的神色。

"要说仪封城甚为惊奇之事,乃是张先生在洪水之中逆转乾坤,这事发生于去年六月……"

荣胜听罢,面露诧异之色,沉思半晌,又疑惑地问道:"你所说之事,当真?何以为证?"

王三略微一摸下巴上的络腮胡,说道:"当然当真!那时,我就在场,会不知真假?为挡住洪水,我王三跑上跑下,可出不少力呢!"

荣胜闻听此言,敬佩之色溢于言表,略微一抱拳,说道:"王兄之勇,在下钦佩,还望以后多多关照。"

王三抱拳还礼道:"好说,好说。"

这时,只听外面由远及近传来敲锣喝令之声,很快,一班人马就到茶馆窗外。王三定睛观瞧,只见有一仪仗队鸣锣开道,路上行人纷纷向一旁避让,喁喁私语之声在人群中响起。

荣胜向坐在他左首边、身着土黄色长衫的赵启问道:"启兄,如此大的阵仗,兄台可知乃是哪位大人驾到?"

赵启看了看他,反问道:"这事早传得妇孺皆知,荣胜兄竟然不知道?"

"嘿嘿!在下前一段时间回老家了,这不才来吗?"荣胜赔笑道。

一位两鬓斑白的老者接话道:"此乃河道总督张鹏翮的仪仗队,今年春天刚刚上任。前阵子听说要来视察河务,这不,准时而来。今日一大早,县衙就派出人来洒扫街道,在路旁列队迎接。"

说话归说话,茶馆里众人一直望向街上的仪仗队。只见马车上端坐一位身着官帽官服、相貌堂堂的中年人,在一众人马的簇拥下缓缓经过,并不宽阔的街道顿时被占得满满当当。

这河道总督张鹏翮,字运青,乃四川遂宁人。康熙九年中进士,做过礼部郎中,后出任山东兖州知府,因为政绩卓异,提拔为河东盐运使,曾跟随内大臣索额图等勘定中俄边界。康熙二十八年,张鹏翮当上浙江巡抚。康熙三十八年,康熙帝南巡,命张鹏翮扈从入京。那时候,陕西巡抚布喀弹劾四川陕西总督吴赫等,说他们侵吞贫民籽粒银两,张鹏翮领命赶往陕西审案。其间,因他秉公执法,严惩贪污,受到康熙帝赏识,提拔为刑部尚书。康熙帝说:"张鹏翮去陕西,朕留心访察,他是一介不取,天下廉吏无出其右。"次年春三月,康熙便任命其出任河道总督。河道总督掌管黄河、京杭大运河及永定河堤防、疏浚等事,关系千万百姓的生命与财产安全,更关系到朝廷经济命脉的稳定,实在是举足轻重的要职。张鹏翮到任后,遵从康熙帝治河大计,摧毁拦黄堤坝,清理河道淤塞,开挖黄河水道,兴修水利工程。

眼下,张鹏翮来到仪封是为察看黄河仪封段的堤防工事。他本不想到仪封县衙,可是刚到城外就被仪封知县王裕派来的差官迎上,引到城中。他转念一想,跟这知县谈论一番,再看河堤实情也不迟。

(四)这黄河岸边的人们,无事时耕田读书,有事时勇于担当

张鹏翮来到府衙门口,仪封知县王裕带领大小官吏跪倒在地,口称"恭迎河台大驾"。

张鹏翮自车上下来,朗声说道:"诸位请起。"

众人起身,王裕小心翼翼地躬身施礼,问道:"总督大人,下官已备下薄酒与住所,还望大人在敝衙歇息歇息。"

张鹏翮一摆手,说道:"本督行程繁忙,百事以河务为重,为的是向百姓好交代。还是辛苦王知县,先为本督带路前往城北黑里河河堤视察,本督可与知县边谈边行。"

"这……"王裕心下有些失望,也只得拱手道,"是,下官遵命。"

张鹏翮进入车舆。王裕偷偷一擦额角的冷汗,带领几名心腹在前面引路,队伍浩浩荡荡向北出发。一路上,王裕为思考如何应对可能出现的问题,颇费一番神思。

良久,众人便来到城北黑里河河堤处,仪仗队止住前行。城中百姓出于

好奇,有不少跟随着仪仗队远远观看。

河堤地势颇高,张鹏翮下车后,步行走上河堤。他仔细观瞧,赫然看见河堤上有一处与众不同,一看便知遭遇过洪水。洪水冲出的决口,定是花费不少人力物力才将决口封堵。

时过一年,河堤缺口处,沙袋从下到上整齐罗列着。当时因状况紧急,各色料物甚多,后来经过整修,全用沙袋弥补决口。

张鹏翮打量着这一缺口,又看看上、下几处修缮之处,不禁在心中啧啧称奇。他回头直视王裕,王裕在他炙热的目光下难以自持,不由得低下头来。

张鹏翮自王裕身上收回目光,不似方才那般激动,略微一清嗓子,问道:"此处决口应是一年之前的吧?"

王裕上前一步,躬身施礼,谄媚道:"河台真乃是火眼金睛。大人所言不错,去年六月瓢泼大雨,此处决堤。所幸及时封堵,洪水没有涌进城中。"

张鹏翮点头,又问道:"可是王知县亲自指挥封堵的?"

围观的百姓闻听,来了精神,要看这姓王的县官如何回答。毕竟人人皆知他胆小怕事,不顾百姓死活。他们中有的人还亲身参与抗洪,深知其中原委。

王裕左右为难,一时答不出话来。

众人在不远处不禁跃跃欲试,悄声说道:"张伯行,张先生。"

张鹏翮久久未曾听到回话,不禁回首看了一眼王裕。王裕虽然有心贪功,去年给时任河道总督的奏报中也确把自己列为功臣。但眼下有众人见证,自知难以瞒天过海,独揽抗灾抢险之功。他微一抬头,看到张鹏翮锐利的目光,不禁身躯微微一颤,即刻回答道:"回大人的话,修复河堤之人乃是请见书院的张伯行。"

张鹏翮点头,说道:"此乃张伯行之力?怪不得如此工整。"张鹏翮到任后,即对近年来黄河各处发生的险情仔细了解,河堤何处牢固、何处薄弱,何官防洪得力、何官防洪无能,已经了然于胸。此时听见张伯行这个名字,一来熟悉,二来越发赞赏。仪封离河道总督衙门差不多有千里之遥,一到汛期,黄河水势凶猛,全要依靠地方密切关注,万一危急可及时抗洪。至于河道总督,纵得到消息,也是鞭长莫及。

王裕观瞧张鹏翮巡视良久,似是已将地势、堤防等记在心上,便上前施礼道："大人，河道已然巡毕，还望大人赏脸，前往敝衙歇息一番，以解舟车劳顿之苦。"

张鹏翮回头，直视着王裕，说道："这倒不必，你这里河防图可有？拿来我瞧。"

"有！有！"王裕扭头瞅向一名小吏，小吏从怀中掏出河防图来。

张鹏翮心中忖度，看来仪封知县早有准备，却不主动配合本督视察河务，应该打个问号。这一路上他说的话能不能全信，本督还需细细探听。与这种官吏为伍，委实令人不快，不如自己辛苦一番，即刻启程。

看过图，张鹏翮见图上的标示与自己所掌握的总图稍有不同，当是这两年有所变动，便收下这张河防图。

张鹏翮道："王知县，本官还有其他安排，就不在衙门停留。今日盛情，容他日再领。"

王裕大吃一惊，赶忙说道："大人言重。下官鄙薄，不敢屈大人之尊。"

河堤上凉风愈来愈大，吹得人衣衫猎猎。张鹏翮回首遥望长长的河堤和浩荡的河水，片刻后，缓缓走下。

王裕一行自回县衙。张鹏翮派人询问围观的百姓，得知张伯行现在城内的请见书院教书。百姓们七嘴八舌，纷纷向眼前这位不知有多大的大官，讲述去年张伯行率众抗洪的事。之后，一众车马便穿城而过，去往请见书院。

"子曰：君子不重则不威，学则不固。主忠信，无友不如己者，过，则勿惮改……"

琅琅书声为张鹏翮指引着去往书院的路。此处本来安静，车马来此，辚辚之声与马蹄杂沓竟未引得书院之人的注意，读书声仍然响亮。不多时，传来一个稳重浑厚的中年男子的声音，他在为学子讲解书中要义。张鹏翮在书院大门之外仔细观瞧，只见学堂屋舍俨然，门开轩敞，众学子凝然端坐，举止斯文。那教书先生的背影十分持重，洗砚池的水倒映着树木的绿荫，偶有鸟雀飞来啁啾。一切都是清洁雅致、井然有序的样子。

张鹏翮眼见这种清平景象，联想到方才在黄河岸边所见的雄浑气象，不觉动容。中原厚土固然是气象不凡，一介文弱书生、一城普通小民，竟能迅速团结起来抵御天灾，这恐怕与此地好学向道的风气有关。古人云：穷则独善其身，达则兼济天下。这黄河岸边的人们，无事时耕种读书，有事时勇于担当,不但有修养自身的自觉,还有宽广的胸怀!

张鹏翮向书院外一位老者打听道:"借问老人家,书院里讲课之人是谁?"

老者道:"是书院的先生,张伯行。还有一位先生,冉永光冉先生。两人教育出我们仪封好些孩子,都知书达理、文质彬彬。"

张鹏翮点点头,知晓张伯行和冉永光在此讲学。这两位也算曾经同朝为官,眼下却在这小城里得众英才而教之,其志可嘉。再次遥望书院之内,心中深为叹服,羡慕之色溢于言表。

如此大的阵仗在书院前停留,自然引起百姓围观。他们见张鹏翮一直向书院内张望,却不入内,都很奇怪,不免窃窃私语,不知道这大官心中有何打算。

半月有余,一匹快马自淮安清江浦的河道总督府疾驰而出,直奔开封府仪封县的请见书院。一封信函呈现在张伯行面前,河道总督张鹏翮的印章赫然其上:

> 黄河之事,关乎黎民社稷。本督闻仪封张伯行博闻通识,深谙河务。着请张伯行以河道总督幕府之名,赴河工效力,督修黄河南岸二百余里大堤及铜瓦厢、马家港、东坝、高家堰水利工程。

三
天下黄河

（一）此刻，张伯行正凝视着这条让人爱恨交加的万里黄河

> 黄河西来决昆仑，咆哮万里触龙门。
> 波滔天，尧咨嗟。
> 大禹理百川，儿啼不窥家。
> 杀湍湮洪水，九州始蚕麻。
> 其害乃去，茫然风沙。

河汇百流，九曲不回。黄河源远流长，由青藏高原的涓涓细流，羸弱之水，越高山，过草原，穿山脉，走平原，纳无数支流，以磅礴之势归向大海。这条奔行万里孕育千千万万生灵的大河，发起怒来不知为两岸苍生带来多少灾难。"黄河宁，天下平。"从大禹治水到潘季驯"束水攻沙"，从汉武帝"瓠子堵口"到弘治帝"北堵南分"，历朝历代治理黄河都是一件大事。康熙帝更是把"三藩""河务""漕运"刻在宫廷的柱子上，时时提醒自己。

康熙三十九年（1700 年），清明时节的仪封县铜瓦厢镇，如雪花般的柳絮在黄河岸上尽情飞舞。嫩绿的杨柳枝条垂入河中轻拂着水面，划出一道道波纹向四周荡漾而去。阳光普照着万物，将湿润气息驱逐而去，光辉洒在水纹上，熠熠生辉，浮现着不可计数的光斑。鸟雀流连在树杈间，时不时传来它们欢快的歌声。盛开着五颜六色花朵的黄河大堤绵延到远方，大堤一侧是平静的黄河水，一侧是绿意盎然的农田。

大堤上走来张伯行和冉永光。二人边走边聊，谈得好不投机。二人身后远远跟着一辆马车，大仪与大黑有说有笑地走在马车前面，边走边欣赏沿途

的春色。至黄河最后一道弯的铜瓦厢，张伯行和冉永光停住脚步，举目遥望日夜奔流的万里黄河，张伯行竟情不自禁地咏出李白的千古名篇《将进酒》：

> 君不见，黄河之水天上来，奔流到海不复回。
> 君不见，高堂明镜悲白发，朝如青丝暮成雪。
> 人生得意须尽欢，莫使金樽空对月。
> 天生我材必有用，千金散尽还复来。

咏到这里，张伯行看看冉永光，冉永光接道：

> 烹羊宰牛且为乐，会须一饮三百杯。
> 岑夫子，丹丘生，将进酒，杯莫停。
> 与君歌一曲，请君为我倾耳听。

随后，大仪把诗咏完。当大仪咏到最后一句时，三人齐咏道：

> 五花马，千金裘，呼儿将出换美酒，与尔同销万古愁。

之后，三人将这句又重复咏了一遍。

咏完，三人仰头哈哈大笑，大黑看着三人"咯咯"直笑。

"好一个'五花马，千金裘，呼儿将出换美酒，与尔同销万古愁'。"张伯行看看四周道，"三位兄台，咱们就将酒桌支在这里如何？"

冉永光望了望黄河，又看着绿树百花道："支在这里极好。哈哈！今日我们四人也来个'会须一饮三百杯'，不醉不归。哈哈！"

"对，不醉不归。"

"哈哈！哈哈！"四人又是一阵欢快的笑声。

张家老仆张安从马车上搬下一张小矮桌，摆在大柳树下。又提来一个食盒，将油炸花生仁、凉调白萝卜丝、鸡蛋炒香椿、蒸榆钱等四样小菜摆到桌上，接着又把两小坛仪封醇放到桌边。大黑摆好小板凳和碗筷，招呼大家落座。

四人边喝边聊。

大黑望着黄河问道："都说黄河有万里之长,不知源头在哪?"

大仪卖弄道:"《尚书·禹贡》中云:'导河积石,至于龙门,入于沧海。'"

见大黑愣愣地看着他,大仪补充道:"也就是说,咱们的母亲河发源于积石山。听懂了吧!"

"啥母亲河,我看就是条吃人的害河。"大黑愤愤地说。

见大仪瞪他一眼,大黑不服气道:"三年两决口,百年一改道,不是害河是啥?"

此话勾起冉永光的伤心事,他独自喝了一大口酒,感慨道:"我家中牟也濒临黄河,朝夕相伴。黄河之水,静则如温顺之绵羊,怒则为凶恶之猛虎;静时则带来繁荣,怒时则灾难连连。唉!真可谓成也黄河,败也黄河。"

"太史所言极是。每逢伏秋大汛,防御不佳,轻则河堤溃破,水流泛滥;重则河道变迁,另寻出路。她这一折腾,不知有多少人葬身鱼腹,又有多少人无家可归。"大仪有同感道。

大仪问道:"先生通古博今,都说黄河一担水、六斗泥。敢问先生,河中之泥从何而来?"

张伯行端起酒碗,四人同饮。之后,张伯行望着黄河道:"'九曲黄河万里沙,浪淘风簸自天涯。'河中之沙,源于中游流经黄土高原所致。"

大黑问道:"这害人精是从何时悬于陆上祸害百姓的?"

张伯行道:"先秦时,因黄河下游河水浑浊,就有'浊河'之称。唐宋以后泥沙有增无减,以善淤、善决、善徙而著称。河里泥沙中的一部分堆积在下游河床上,日夜积累,如此这般,河床日益淤高,皆依靠堤防束缚,久而久之,即成悬河。"

大黑与大仪佩服地点点头。

张伯行又说道:"北宋以前,黄河流经河南北部,距仪封较远。虽时常泛滥,仪封却不受影响。北宋末年,由于黄河主流向东南摆动,常由汴、泗、涡、颖之道入淮河。南宋建炎二年、金天会六年,东京留守杜充决黄河自泗入淮以阻金兵。"

张伯行喝口茉莉花茶,继续讲道:"金大定六年五月,河决阳武,过郓城向东汇入梁山泊,中经东明、考城之北。大定八年,黄河于李固渡决口,河水十分有六南流入泗,河势南移。大定二十年,黄河在汲县和延津东埽决口,河分三支入泗,由泗入淮。大定二十七年,黄河仍分为三支均至徐州入泗水下泄。黄河遂失故道,夺泗夺淮已趋明显。金天兴年间,黄河南泛至开封城北四十里的寸金淀一带,祥符、兰阳、仪封、考城均临黄河主流。尔后,金、宋、蒙古之间都曾人为决河,互相淹灌,甚至以水代兵。"

"乖乖嘞!以水代兵,这也太残忍了吧!"大黑惊讶道。

大仪瞪他一眼,感觉大黑插话影响到自己听了。

张伯行继续讲:"元代对黄河堤防重北岸轻南岸,治河先保漕运,其方策为多股分流,结果越分越淤,决溢更为频繁。明代治河方策初为分流,后为北岸筑堤,南岸分流。嘉靖以后为坚筑堤防,'纳水归于一漕','以堤束水,以水攻沙'。黄河多沙,多支分流,'水分则势缓,势缓则沙停,沙停则河饱'。结果造成分流诸道纷纷淤塞,并因'南行故道淤塞,惟北趋渐不可遏'。本朝承前朝之策,投入大量人力物力加修堤防,但黄河仍不断决口泛滥。当今皇上深知'黄河宁,天下平',将'三藩''河务''漕运'刻在宫廷柱子上,时时提醒自己,一定要将关系到国计民生的大事办好。"

大黑听得很专注,一只野兔在距他三四丈外的地方停了很长时间,悠然地从大黑这个捕兔能手眼皮底下没入草丛。

"自黄河南来之后,从金大定二十年在祥符境内决东垆街起,至今五百年间,黄河决溢三百三十八处,其中在仪封、考城、兰阳就决堤六十九处。"张伯行扭头对大黑说道,"最惨是这次。前朝崇祯十五年六月十四,前朝河南总督高名衡在开封城西北的朱家寨河堤,妄图淹没闯王军队,黄河水三日灌满开封城。九月十四,再决朱家寨、马家口,黄河水灌开封,城内仅有铁塔、繁塔依稀可见,房屋街道均淹没在滔滔黄水之中。三十多万人剩下不足三万人,开封府城遭遇灭顶之灾,同秦将王贲引汴河水灌魏都大梁城一样惨烈。"

大黑吓得脸色惨败。

冉永光望着黄河叹口气道:"唉!黄河九曲回环,经历史之沉淀,来仪封逡巡一番。而今,黄河距仪封县比我老家中牟县更近,黄河之水时不时化为凶猛野兽,几乎是一年一小决,三年一大决,黄河沿岸深受其害呀!"

张伯行道:"黄河是一条滚河,水随风走,沙随水走,河随沙走。有时候,河道一天都能滚一二十里地。黄河河岸两侧到处都是浅滩,这些浅滩又导致河道阻塞,来回滚动。"

"孝先,你有治黑里河的经验,现在又得河道总督幕府之名,定要想办法将这条桀骜不驯的害河,治成造福百姓的幸福河啊！如能令百姓安居乐业,令生灵免于涂炭,此乃大善也！"冉永光满脸期盼地望着张伯行。

此刻,张伯行正凝视着这条让他爱恨交加的万里黄河！

（二）树上躲避洪水的铁头在恐惧之余,挂念起黄陵岗上的亲人

六月,因黄河铜瓦厢上游多地连降暴雨,黄河洪峰接连过境铜瓦厢。黄河之水上涨,波涛汹涌,奔腾而来,宛如一只吞天巨兽。极目远眺,西来的洪峰如同从青天之上,倾泻而下,势头不可阻拦。

在铜瓦厢,黄河洪峰过境已不是新闻。全镇百姓人心惶惶,大家都见识过黄河发怒时的淫威,不相信大堤能够挡住汹涌的黄河水。乡间百姓更是吓得不可终日,人们携家带眷,牵着牛马,赶着猪羊,拉着粮食和值钱的物件,纷纷逃走。有的奔县城而去,有的往高岗上跑,有的背井离乡,只想跑得越远越好。各处寺庙中,全是烧香磕头祈求黄河千万不要决口的人。

铜瓦厢街上,集市、茶馆、饭店中,人们谈的都是关于黄河洪峰的话题。

三贵正心事重重地在柴火市看着他的瓜摊,见街坊贾秀才从南边过来。他操着鲁西南的口音大声喊道:"贾先生,这边来。吃块瓜,歇歇脚。"

贾秀才走过来道:"刚从茶馆出来,喝一肚子水,不能吃啊。"

见他就要走,三贵忙道:"不吃瓜歇歇脚呗,我有事想问问先生。"

贾秀才见他满脸愁容,便坐在瓜摊附近的小板凳上,笑着问道:"三兄弟,今天生意怎么样？"

"唉！别提了先生。市面上人倒是不少,可一大半都是跑到镇里躲水的。人心惶惶,谁还有闲心吃西瓜？这不,一上午也没卖几块瓜。"三贵没好气地回道。

他递给贾秀才一把破蒲扇,问道:"大家都在说黄河涨水,河里的浪有一人多高,比一百个大铁锤的劲儿还大,不知哪个浪会把大堤拍塌。洪水下来,不要说镇里能行船,就连开封府城都能淹没。我就想问问先生,这话可是真的？"

贾秀才摇着扇子哈哈大笑道："别听他们胡说八道。黄河涨水不假,河里的浪也没那么邪乎,拍到大堤上还没半人高呢!溃堤倒是有可能。黄河在这里几乎一年一小决,三年一大决,不过洪水进镇里也没几回。再说水向东流,咱们这里决口,就向东南流。向东淹没归德府,也不会向西淹没开封城。"

听过贾秀才的话,三贵心情好了不少。他又问："贾秀才,咱们这里十来天一滴雨也没下,为啥会发大水哩?"

没等贾秀才开口,旁边卖柴火的陈大个插嘴道："你个外乡人才来不久,不知道黄河长着呢,支流多得很。上游下大雨,水都汇到黄河里,咱这下游就得跟着倒霉。"

贾秀才点点头,问陈大个："大个兄弟,这两天到大堤上看看没,水大吗?"

陈大个摇摇头道："今早听从堤上下来的人说,黄河里的水离堤顶已不足两尺,上游再来拨大水就难说了。"

贾秀才关切地问道："家里人都安顿好没有?"

"俺们陈庄离黄河近,这十几天河里的水越涨越高。俺爹怕有啥事,前几天就带着一家人跑到黄陵岗,将家里能搬的东西都搬上。有钱的老爷们带着一家老小不是跑城里,就是往外乡逃。咱这些小老百姓,只能往高岗上躲躲。"他指指柴火道,"这不,家里还剩这些柴。我寻思,让水冲跑也是冲,不如挑到镇里,怎么也能换几斤杂面。一家人待在岗上,总得吃饭不是?"

贾秀才看了看柴火,掏出些制钱道："麻烦大个兄弟给我挑到家吧!快去买些粮回到岗上,就别再下来。"

几次洪峰过后,铜瓦厢境内的黄河大堤已被汹涌的河水蹂躏得犹如一张薄纸,再也承受不住任何一朵浪花。果然,当一个洪峰过境时,浪头拍打到大堤上,口子便被撕开。洪水像千万匹冲破围栏的烈马,倾泻而出。片刻工夫,铜瓦厢大堤决出一道足有两丈长的豁口。洪水撒着欢一路狂奔,堤下的树木如同大海中的一个个桅杆。

巡河的河工见状,吓得惊慌失措,四散而逃。两名跑得慢的河工被卷入水中,不知踪迹。豁口在滔天的河水冲击之下越来越大。洪水抱着一往无前的决心,横冲直撞,咆哮着冲向农田、村舍。所到之处,没有遇到丝毫阻挡。平日看似坚固的房屋竟然如此不堪一击,瞬间融化在洪水的汪洋之中。

洪水迅速向前推进,很快就涌到镇北的陈庄。木匠铁头不放心家里才盖的三间大瓦房,将爹娘、媳妇、孩子和值钱的物件安顿到黄陵岗后,回家看守房子。

临下岗时,铁头的媳妇桂花极力挽留道:"他爹,别回去了,先在岗上缓几天。等黄河里的水落下些,我跟你一起回家。"

铁头瞪眼道:"缓几天?村里的人差不多都跑光啦。不回家看着,村里进去歹人,把咱家的房扒掉,咱也不知道。咱家那三间瓦房可是今年开春才盖的,盖下那房我容易吗?我给人打过多少家具,做过多少门窗。白白便宜歹人,我不甘心。"

他扭头对邻居陈大个的娘说道:"二大大,麻烦您老给照顾点他们娘几个。"

陈大个的娘说:"他们娘几个你就放心吧。"她又嘱咐道:"铁头啊,回家机灵点,夜里别睡恁死。水过来跑不及,就往房顶、树上爬。我家院里老榆树又高又大,有回发大水,你二伯伯没跑及,就是爬到树上捡条命。"

"嗯!"铁头感激地点点头。

铁头和一些抱有侥幸心理没出去躲水的乡亲,与往常一样,依旧忙着各自的事,洪水来到还浑然不知。

当时,铁头正在自家院中编柳条筐,只听村里有人高喊:"发大水了,发大水了!"喊的人嗓子都被吓直。

这一声高喝,惊得铁头一愣,撂下手中的活计,撒腿就往院外跑。跑到门口,他想起屋里的几个红薯和窝窝头,又冲进屋内,抓起红薯和窝窝头胡乱往怀里一揣,拼命往外跑。

还没跑到村中主街,他就听见有人喊:"别跑了,来不及,洪水已经到村口。快上树!快上树!"

"哎!别往房上爬,那里不中,快上树!快找棵大树爬上!"有人高声喊道。

铁头想起陈大个院里的老榆树,折头就往回跑。爬树对于铁头不陌生,儿时常爬,掏鸟窝、摘果子、捉迷藏没少干。虽然如今已三十开外,一二十年没爬过树,情急之下依旧不含糊。他先往双手吐两口吐沫,接着一跃而起,三下五除二便爬上树杈。

树高视野远。在一个大枝干上安顿稳当,铁头放眼望去,只见村里一大半街道、空地,已被黄澄澄的洪水灌满。黄河水一路攻城拔寨,正迅速地向他这里逼近。他向北极目远望,原来的田地、道路、水坑,全被黄澄澄的洪水取代。低头看看,无情的洪水肆无忌惮地闯进自家院子。刚刚编一半的柳条筐、未用的柳条、刚才还在坐的小板凳、没带走的搓衣板,全都在黄澄澄的水上漂着。他眼睁睁地看着洪水毫无顾忌地从屋门涌入他心爱的、引以为豪的大瓦房,心中一阵酸楚。他并非慌乱中忘记关上屋门,而是他娘特意嘱咐不要关。不但门没关,连窗子也敞开着,这样能减轻洪水对房子的冲击力。

他看到一垛土坯垒的院墙轰然坍塌,接着又是一垛。一会儿工夫,远处一座茅草屋就在他眼前消失,他认得那是桩子家的,他俩打过架,他头上的疤就是那次留下的,从那之后两个人十几年都没说过一句话。他本应高兴,可他一点都高兴不起来。几袋烟过后,桩子家的围墙和另一间土坯房相继瘫入水中,桩子家彻底消失。让铁头脖子凉的是,村里彻底消失的不是桩子一家,而是很多家。他没有心思去数,他有一种不好的预感。呸呸呸!铁头对着这个念头连吐好几口吐沫后,他才敢去看自家的房。谢天谢地,自家的大瓦房安然无恙。

在树上躲避洪水的铁头恐惧之余,挂念起黄陵岗上的爹娘、媳妇、孩子,还有三位兄弟。要不是贪念这点房产,现在不也和家人在一起吗?如今,他们不知多为我着急呢。唉!不知他们现在怎么样,高高的黄陵岗不会被水淹吧!即使被淹,一家人死在一起,也比自己一个人死在这里成孤魂野鬼强吧!

两个多时辰之后,他感觉有些渴。伏里天,火辣辣的太阳烤半天,能不渴吗?眼见四处都是水,可没一口能喝的。黄澄澄的黄河水素有"一碗黄河水半碗黄河沙"之说,不澄上几个时辰谁敢喝?还是忍忍吧!迟一会儿,铁头的肚子又咕咕叫起来。想起怀里有吃的,他掏出一个红薯,连皮也没剥,三口五口一个红薯就进了肚里。

(三)张伯行望着汹涌澎湃的黄河,想起脚下这块多灾多难的土地

洪水疯狂前行,摧枯拉朽,不到一顿饭的工夫就逼近铜瓦厢墙下。

请见书院的学子孔祥明正在瓜摊前吃西瓜,就见北边街上大乱。人们惊慌失措地边跑边喊:"大事不好啦,决堤啦,黄河决堤啦!"

"黄河水过来了! 洪水往镇子这边来了!"

孔祥明扔下刚吃半拉的西瓜,冲来人问道:"哪儿决口啊? 哪儿决啦?"

"不知道。"

"北边,北边,水往镇上冲过来了!"

"可不得了,铜瓦厢大堤决口啦!"

有人边跑边回道。

听到水往镇上来,三贵吓得浑身直打战。他见孔祥明扔下瓜拔腿就跑,忙起身边追边喊道:"哎! 瓜钱,瓜钱,二少爷,你还没给钱呢!"

孔祥明收住脚步,掏出几文制钱扔到地上,远远地看他一眼,喊道:"都什么时候了,赶紧跑吧!"说完,飞似的往北跑去。

三贵用吓得发抖的手捡起地上的制钱,边捡边自语道:"我们小老百姓怎么能跟你比,没钱让我一家老小喝西北风啊!"

听说铜瓦厢大堤决口,街上更加混乱。大家知道,铜瓦厢大堤正对着铜瓦厢镇。那里决口,洪水肯定直冲过来。顿时,街上一片混乱,有人往南跑,有人往北跑,有人往房上跑……有人是为观水情,准备抗洪,保卫家园,以防城中进水;有人是为待在高处,看热闹……

城墙上的百姓望着城下汹涌的洪水,个个惊恐万分。有人吓得瘫软在城头,有的吓得哇哇大哭。并不高大厚实的城墙拼命抵着洪水,拼尽自己所能护卫着镇中苍生。城墙的举动更加激怒洪水,它疯狂地撞击墙体,四处找寻墙体薄弱处,不冲入镇中绝不罢休。镇子内早就乱作一团,哭爹喊娘声此起彼伏。百姓扶老携幼纷纷往墙上、屋顶、大树等高处逃。

不少人跪地边磕头边念念有词道:"求求龙王爷,发发善心,让洪水退下吧!"

"龙王爷,行行好,千万别让洪水进城。龙王爷,只要洪水不进城,等水退后小民给龙王爷重塑金身。"

一切祷告全都没用,镇子外的水一直在往上涨。

铜瓦厢大堤是仪封黄河大堤的重中之重。这段时间,黄河洪峰不断。新任仪封知县张弘章怕此段大堤有闪失,就带着县丞、主簿、师爷、衙役一干人等,驻守在铜瓦厢镇上。

史载:张弘章,江南丹徒人,监生,康熙三十八年任仪封知县。

听到铜瓦厢大堤决口,张弘章就带人赶来。百姓见到父母官,算是盼来主心骨。大家纷纷跪地磕头道:"邑尊为百姓做主啊,镇上百姓全仰仗邑尊了!"

知县张弘章也不搭话,满脸严肃地登上镇北城楼。他俯身下望,着实吓一大跳。段师爷也跟着将头探出垛口,只看一眼,心彻底凉透,城外打着旋的洪水已涨到城墙大半高。

铁打的营盘,流水的兵。知县就像流水的兵,走一个,来一个,而段师爷就是铁打的营盘。在仪封多年,黄河发洪水他见过多次,凭他的经验,洪水不怕涨就怕打旋。只要洪水下泄畅通,涨的再高只是一时。等这股黄河洪峰的劲头过去,涨上的水自然也就回落。洪水不停地在原地打旋,证明下泄不畅,这样只会越聚越多,非漫入城中不可。

洪水猛烈地击打着城门,再厚实的门板也抗不住滔滔洪水的一次次撞击。终于,洪水在铜瓦厢镇北门找到可乘之机。

还没等张弘章说话,"噔噔噔",衙役邓德彪从城下跑上来,慌慌张张向他打千道:"禀邑尊,下边城门被洪水憋出条裂缝,正往城中冒水。请邑尊定夺!"

张弘章瞪着眼道:"堵啊!还等什么,快堵啊!刚才就让你们堵。用沙袋、大石将城门洞堵上,为何没堵?"

"禀邑尊,裂缝处太高,城下备的沙袋全部用上,才刚够着裂缝的边。"

"没有快去运啊!"张弘章无奈道,"刚才不还好好的吗,怎么说裂就裂啊!"

"没……没备用的。"邓德彪吞吞吐吐道。

"没有就快去征啊!土不够就近挖,木料、砖石不够就拆房。先拆龙王庙,再拆土地庙,多征些马车、独轮车搬运。"知县张弘章斩钉截铁道。

"喳!"邓德彪打千领命跑下城。

张弘章看看左右衙役厉声道:"愣着干吗,还不赶快下去堵镇门。"

衙役见知县脸上十分难看，哪个敢怠慢，忙下城跑去。

听张弘章说要拆龙王庙，镇上的百姓不干了，纷纷跪下求道："邑尊，万万不可，万万不可拆龙王庙啊！惹怒龙王爷，一城百姓性命恐难保啊！"

"大家快起，不堵好城门，百姓性命才难保。与其在城上耗着，不如随本县下去堵城门。"张弘章说着，转身也跑下城。

很多青壮年一听此话在理，呼呼啦啦跟着张弘章下去一大群。

一会儿工夫，从裂缝涌入的洪水淌的满街都是。张弘章到城门洞里看了看，心放下大半。裂的位置虽高，好在缝不大。

段师爷知道此中厉害，他见知县紧皱的眉头有所舒展，忙上前一步小声进言道："邑尊万万不可掉以轻心。俗话说：'千里之堤，毁于蚁穴。'城外水这么大，小小缝隙也能酿出大祸。"

听到此言，张弘章打个激灵，忙叫人："快快取土，准备大石，赶快堵。"

段师爷又进言道："学生听说，张先生也在镇里。"

张弘章眼前一亮，拍拍脑门道："本县怎么把张中书给忘记了。听说他当年两次堵口，对抗洪有的是办法。"忙对身旁的衙役道，"快去请张中书来，说本县邀他同治水患。"

到哪儿去取土，可难住众人。关键时候，还是段师爷有主意。他凑到知县耳朵边献计道："县尊，以学生之见，不如到附近院中和空地各挖一些，积少成多，怎么也能应急。"

说干就干，知县张弘章撸起袖子，挽起裤腿，要过身边衙役的铁镐。衙役见知县亲自去取土，谁也不敢怠慢。百姓被父母官身先士卒的举动感动，个个干劲十足，也都加入封堵城门的队伍中。曹员外领着家丁，将自家后花园中假山上的土石运出来堵城门；小磨油坊的程掌柜，将油坊中的麻袋全捐出来装土，还把独轮车推出来做运输工具；不少人主动要求到自己院中取土；有人为在烈日中忙碌的人们送来绿豆水、西瓜，供大家降暑、解渴。覆巢之下，焉有完卵，谁都想为保全铜瓦厢出把力。其实，大家心里都清楚，保住铜瓦厢，就保住自己，保住自己的家人和财产。

即便知县不请，张伯行也坐不住。他早听闻黄河涨水，前几日从高家堰控导工程回来后，他说带着大黑到黄河边察看一番。不看不知道，一看吓一跳。以他的经验，今年汛情绝不一般。张伯行有一种不祥之兆。

张伯行望着汹涌的黄河,想起脚下这块多灾多难的土地,感慨万端。迫于黄河泛滥,仪封县城不得不迁治。金元时期的老县城早已被淹没在黄沙之下,很难找寻其踪迹。百姓们翘首以盼能有一人挺身而出,彻底治理黄河水患。然而,日久天长,期望落空。百姓每遇黄河水患,依旧会居无定所,饥寒交迫。对于这番苦难,百姓无可奈何,只能默默承受。他们用勤劳的双手、坚韧的毅力,在黄河故道上,在漫漫黄沙中,修房盖屋,重建家园。于是,仪封这片大地才浴火重生,凤凰涅槃。

是啊,黄河之水,乃国之大利也!人说,"天下黄河富宁夏"。河套一带土地肥沃,农产丰富,皆因取黄河之水灌溉也。而黄河自出潼关后,如万马奔腾,一泻千里,如猛兽般频频发威。河南、直隶、山东三省沿黄百姓守着聚宝盆,竟饱受其害,这难道真是黄河之祸吗?

望着黄河,张伯行沉思良久。黄河西来,到仪封铜瓦厢漫转东南。此处地形低洼,加之河道淤积严重,史上曾多次由此决溢,是典型的"豆腐腰"河段。张伯行着实不愿再看到饱经苦难的乡亲再受黄河之苦。他在思索,如何才能将大黑眼中的"害人精",变为造福乡亲的"摇钱树",变成造福百姓的"幸福河"呢?

凡事需未雨绸缪,张伯行想实实在在为乡亲做点实事。他打发家人到全县各制麻袋的作坊定制麻袋,以备防汛之需。为多多储备,他还派家丁到邻县购买。

　　史载:铜瓦厢,初名铜牙城,属于仪封县,位于九曲十八弯的最后一弯,为武将驻军之城池。明朝在这里设置管河厅,明嘉靖二十一年(1542年)改建河道分司。"大门垣之伟丽,庭阶之宏阔,廨宇严邃清幽,过者改观而改容。"有清一代,铜瓦厢大堤安危代表着黄河汛情。

知县张弘章正带着大家干得热火朝天,主簿凑到张弘章面前,说道:"邑尊,麻袋已用完。"

张弘章心急火燎地说道:"快快去库房取。"

"库房里的都已用完。"

"不可能啊!"知县吃惊道,"前些日子我看铜瓦厢库房的账目,不是还有一千多条麻袋吗?"

"邑尊,镇上有四座门呢。邑尊不是要求每个门都要加固吗?"

主簿四下看看,小声说道:"再说,为防万一,还得留下一部分以备堵驿馆大门之用。"

"紧急关头,没麻袋怎么能行?"张弘章看看堵了一大半的城门洞,还有半人高的城门裸着,焦急地说道。

正当知县张弘章着急之时,从南面传来马铃声。走在马车前的,正是张伯行。

(四)张弘章与张伯行将酒碗举过头顶,接着一饮而尽

知县张弘章见是一身短打的张伯行站在马车前,如遇救星般忙迎上去,拱手道:"哈哈! 孝先兄,来得正是时候。本县刚派人去请,兄就赶来了。"

张伯行还礼道:"洪水围镇,伯行正要来镇北看看。行至半路,遇到邑尊派去的差官。知道北门正缺麻袋,伯行给邑尊送来两车应急。"

张弘章抬眼看到张伯行身后的两辆马车上装满麻袋,心中大喜道:"孝先兄真乃雪中送炭也。哈哈! 太好了。本县正为麻袋之事忧心啊!"

他走到马车前,摸了摸麻袋,自言自语道:"哈哈! 此乃本官之幸,百姓之幸也!"

说着,令衙役、百姓赶紧卸车装土,快快堵门。

经过大家一个多时辰的奋战,城门洞被堵得严严实实。

小磨油坊的程掌柜看着满身泥泞的张伯行,心疼不已。他端了碗绿豆水来到张伯行面前,说道:"看把先生累的,快歇歇,喝碗绿豆水吧!"

张伯行擦把汗,忙双手接碗道:"谢谢老哥哥。"

张伯行将碗递到嘴边,刚喝一小口,就愣住。

程掌柜见张伯行一愣,笑道:"先生,还甜吧? 小老儿特意给先生碗中放了些糖。"

张伯行眼一热,端着碗向程掌柜鞠一躬。程掌柜乐呵呵地看着张伯行"咕咚咕咚"一口气将绿豆水喝个精光。

太阳落山前,铁头四处望望,还是汪洋一片,洪水丝毫没有退去的意思。

远远的,他隐约看到水中飘浮着一只羊。大水无情,这是铁头见到的第一个尸体。接着是人的,那人仰面朝天,躺在水中。起初,铁头以为是他还活着,后来才看清楚,那人肚子鼓鼓的,已经没救。而更多的人还淹没在滔滔黄水之中,不知被冲向何处。

天已黑,水还急,铁头没有一丝睡意。他两腿发麻,浑身酸痛,已在树上待了好几个时辰,口渴已不再是他最大的痛苦。自爬上树后,他一滴水也没喝过。傍晚,渴的实在难受,他咀嚼一把榆树叶,虽然苦涩,但这是他唯一的选择。此刻,他最痛苦的事,也是最绝望的事,是他下午眼睁睁地看着自家的院墙、牛棚、草房,还有比他生命还重要的三间大瓦房,逐一被洪水冲毁,全家人赖以生存的家园被夷为平地。当瓦房倒塌的那一刻,他心疼得嗷嗷直叫。他恨不得跳入水中,用尽自己的力量去阻止洪水最野蛮的行为。

记忆中这已经不是第一次。铁头穿开裆裤的时候,他的家就被洪水冲毁过。那一次,他失去姐姐和弟弟。要不是父亲把他放在木盆中,他也会消失在那次洪水中。面对汪洋一片的家园,父母只得带着他们一路讨饭远走他乡。第二年才回到已被黄沙淹没的家。

夜里开始下雨,狂风暴雨足足肆虐了两个时辰。铁头没有雨具,即便榆树枝叶再茂密,也没有为他遮挡住狂风暴雨。制钱大的雨滴穿过枝叶的缝隙砸向他,叶子不但没有帮上忙,而且适得其反。被叶子挡住的那些雨滴,在叶面不断聚集能量,形成一汪湖。风是它们的冲锋号,一阵风吹来,它们奋不顾身地朝铁头冲去,硕大的水滴砸得铁头生疼。雨对于铁头来说未必是坏事,口渴难耐的他,仰着头,张着嘴,希望雨往他口中流得越多越好。

风也一直在作怪,使尽全力摇晃着树冠,榆树随着风势不停摆动,可苦了树上的铁头。他拼命地抱紧树干,希望自己能同树融为一体。榆树却渴望在风的帮助下,摆脱这个不速之客。榆树终于得逞,在一阵狂风中铁头被晃落水中。落水的那一刻,铁头感觉洪水不但深不见底,而且还暗流涌动。他拼上老命往树干方向游,再一次狼狈地爬上"嫌弃"他的榆树。

四更时,风收雨住,疲惫的铁头才得以抱着树干眯瞪一会儿。他揉揉眼,眼前,除去树梢和一些露在水中的屋顶,全是汪洋一片。天终于放亮。阳光原本应该洒在土地、房屋上,如今,全被洪水代替。这是铁头第一次在没有鸡打鸣声中醒来。

夜里,雨那么大,雷那么响,闪电那么亮,铜瓦厢很多百姓都在战战兢兢中度过漫长一夜。大雨几乎下了一整夜,一夜之间,险象环生,数丈高的浪头不停地拍打城墙,掀起的浪花有时竟从垛口涌入城中。

张伯行在铜瓦厢北门坚守一夜,孔祥明也是彻夜未眠。面对洪水和暴雨,他们一点儿也不敢掉以轻心,轮班在城墙上巡查。

此刻,张伯行眉头紧锁地向北望去,滔滔黄河水丝毫没有退下的意思。他盘腿靠着女儿墙,想起早年在黑里河抗洪的情景,心中忧思不已。

百姓自发送来早饭。孔祥明拿个白面馍和茶鸡蛋,来到张伯行面前,轻声道:"先生,吃点吧。"

孔祥明身材高挑,皮肤白净,为人随和,丝毫没有富家子弟的傲慢。他是请见书院的学子,读书很上进,二十出头已是秀才。

张伯行没有接,笑着对孔祥明说:"我不饿。"

"人是铁,饭是钢,先生不吃怎么能行啊!"孔祥明恳切道。

张伯行看看孔祥明手中的馒头、鸡蛋道:"有窝头、红薯、咸菜吗?细粮和鸡蛋还是拿给百姓吃吧,你去给为师拿个窝窝头就行。"

孔祥明心头一热,眼睛湿润。

上午,知县张弘章巡视到北门,与张伯行聊道:"本县知晓孝先兄在治水上颇有经验,等洪水不再围镇,你我一同到决口处看看如何?大堤一刻不合龙,百姓就多受一刻苦,本县于心不忍啊!"

张伯行道:"洪水退去只是一时,黄河大堤合龙才是长久之计。伯行不才,愿助邑尊一臂之力,解黎民于水火。伯行以为,当务之急是派人疏通水道。下游泄洪畅通,才能解铜瓦厢镇之围。"

张弘章心想,此乃妙计也,张伯行治水果然有一套,我怎么没想到啊!

他心里这样想,嘴上却说道:"孝先兄,本县正有此意。只是不知洪水下泄堵在何处,又苦于无人可胜任。"

站在张伯行身后的大黑道:"邑尊,这有何难?草民自小就在黑里河抓鱼捕蟹,愿去疏通水道。"

孔祥明也道:"学生识得水性,愿随黑叔同往。"

张伯行对孔祥明道:"疏通水道可不比寻常,你一文弱书生,水性、力气可行?"

孔祥明斩钉截铁道："国家兴亡，匹夫有责。先生不是时常教导我们，读书人要'先天下之忧而忧，后天下之乐而乐'吗？学生自幼常在水中嬉戏，得一'泥鳅'之外号，而且学生还会划船，定能担当此任。"

张伯行赞许地拍拍孔祥明的肩膀。

一旁的衙役、百姓也纷纷报名，愿意前往疏通水道。

张弘章见百姓抗洪情绪如此高昂，大喜道："好！好！仪封能有你们这样的勇士，真乃本官之幸事，全县百姓之幸事。邓德彪，备酒，为勇士送行！"

随即，张弘章命人找来两条船，从众人中挑选水性好、熟悉地形的四名衙役和六位百姓，由大黑带领、孔祥明协助，去下游疏通水道。临出发前，知县张弘章与中书张伯行为大家送行。张弘章命人抬出一千二百两银子，分成十二份摆在众人面前，又命人为大黑等十二人，以及张伯行和自己各倒一大碗酒。

张弘章悲壮地举起酒碗，说道："众位乡亲、众位兄弟，孟子云：'生亦我所欲也，义亦我所欲也。二者不可得兼，舍生而取义者也。'洪水围城，百姓遭殃。众位重大义，轻生死，勇于担当。泄洪水道畅通，不但解铜瓦厢之围，也解救全县苍生，本县感佩至极。此银乃本县区区心意，每人一百两，请众位笑纳。来，本县代铜瓦厢百姓、仪封县百姓，敬壮士一碗水酒，一为众位驱寒，二为众位送行。待众位凯旋，本县再大摆筵席，感谢众位。壮士，请满饮此碗酒！"

张弘章与张伯行将酒碗举过头顶，接着一饮而尽。喝完后，将碗狠狠地摔在地上。大黑等十二个人学他们的样子，将酒喝干，把碗摔个粉碎，只是没有一人上前去拿赏银。

十二人带着工具被系下到城外，分乘两船，船在风浪中摇摆不稳。张弘章和张伯行站在铜瓦厢北门城楼上，目送壮士出征，想起那句"风萧萧兮易水寒，壮士一去兮不复还"，禁不住双眸湿润。

（五）众人上下同欲，勠力同心，铜瓦厢城墙的险情又一次被排除

与张伯行告别之后，张弘章才走百余步，巡查铜瓦厢北城墙的衙役就慌

慌张张地跑过来,喘着粗气打千道:"禀……禀邑尊,北门东侧城墙塌方,左堂差小吏来请邑尊定夺。"

张弘章急切地问道:"黄河水可曾入镇?"

"禀邑尊,黄河水离塌方处不足两尺。"门吏回道。

听到"城墙塌方"四字,张弘章脸色大变。他忙在人群中寻找张伯行。那边,见门吏跑来,张伯行料定有事,忙向张弘章这边走来。

"孝先兄,铜瓦厢北城墙塌方,快与本县同往。"看见张伯行,张弘章紧走几步,拉着他的手道。

二人快马加鞭,向北方疾驰而去。众百姓听说城墙塌方,也和衙役一起,拿起工具,匆匆赶往通齐门。

塌方处在北门东侧六丈处,年久失修的墙体被洪水冲刷、浸泡一天一夜,加上暴雨倾泻,导致墙体坍塌。

张弘章和张伯行登上城墙,眼前一幕甚是可怕。城墙外侧的城砖及夯土坍塌有三丈多长,最宽处足有两尺宽。夯土直接暴露在洪水中,任由浪花肆意侵蚀。更严重的是,风吹浪打,夯土仍在不停坍塌。

张弘章焦虑地看着张伯行,说道:"孝先兄,这可如何是好啊?"

张伯行道:"办法只有一个,加固墙体,防止夯土被冲开。"

张伯行抬头看看天,又说:"老话讲,夜雨三场,保不准今晚还得下。"

洪水进城和继续下雨,是知县最不愿听到的话。他大声对站在身后很远的主簿说道:"快去准备料物,加固城墙。"

主簿战战兢兢地走到知县身旁,小声道:"邑尊,除去张先生那半车麻袋,储备料物都已用完。"

张弘章刚要大发雷霆,转念一想,又将怒气咽下。此刻,绝不能让百姓知道无物可用。若引发城中恐慌,更不可控。他瞪着眼睛,低声道:"木料、土石、砖土,这些防洪料物呢?"

"都全部用完,一点不剩。"

"驿馆备用的呢?"

"都用在西墙上了。邑尊也知道,铜瓦厢城墙是前朝所建。咱县穷,这么多年都没拨钱像样修过,如此大的洪水,城墙能扛成这样,已经不错了。"主簿满脸的无辜和诚恳。他弦外音是说,真的没有了,你就是把我大卸八块,我也变不出来。

张伯行道："事到如今，只能拆东墙、补西墙。先拆庙宇应急，再号召城中富户捐助。"

"对，富户的家产大。为保全自己的财产，他们定愿拿出料物。"知县点头道。

保住城墙这道最后的屏障是大事，谁也不敢怠慢和阻挠。从庙宇拆下的木料，富户捐出的砖石，被源源不断地运来，百姓也纷纷捐出物资。众人上下同欲，勠力同心，铜瓦厢城墙的险情又一次被排除。

三贵推着独轮车来到通齐门，见贾秀才正和众人忙着卸砖，边推车向他走去，边大声叫道："呵呵！贾先生。"

贾秀才扭头一看是他，忙笑着迎上道："呵呵！三贵兄弟，卖瓜转到这边来了。今天生意怎么样？"

"呵呵！贾先生，劳驾帮着卸卸瓜。"三贵乐呵呵道。

贾秀才看见独轮车上，两个篓子装二十来个大西瓜，问道："这么多西瓜，谁让你送的呀？"

"什么谁让我送的，贾先生快帮忙卸吧，是我送给大家吃的。"三贵笑道。

听见二人的谈话，与三贵熟识的邻居笑着走过来道："哦！让我瞅瞅。"说着他抬头看看天，"太阳没从西边出来呀，今天三贵怎么大方起来了？"

三贵边卸瓜边笑道："我三贵什么时候抠过，呵呵！快帮忙卸瓜吧！"

"我听说，为抗洪，大家有钱的出钱，有力的出力。连孔祥明那个富家少爷，都冒着生命危险乘船去疏通水道，我可受感动。我没啥好捐的，就拿出几个西瓜犒劳犒劳大家。"

阳光直射着一望无际的洪水，待在树上，铁头感觉如在蒸笼里。看看太阳，已临近正午。他又渴又饿，揣在怀中的窝头和红薯，昨夜落水时掉在水里。落水之事，在他心里留下可怕的阴影。根苗说的对，夜雨三场。他挂念着父母妻儿，他不想再经历夜那一幕。对，不能在这儿干耗着，他决定抱着漂来的木头，去黄陵岗与家人会合。

晌午时分，他看见村里的根苗趴在一扇门板上从他身边漂过。

根苗看见骑在树上的铁头，笑着喊道："哈哈！铁头，你小子命真大，没被阎王爷收去啊！"

铁头吊着脸道:"根苗,你老哥的心真大啊! 房都没了,家都没了,还能笑得出来。"

"老弟,你不懂,钱财都是身外之物,性命最重要。不要老在树上待着,水一时半会儿不会退。老话讲,夜雨三场,估计今晚还得下。老待在树上,不被雨淋死,不叫太阳晒死,也会被饿死、渴死。快找根木头逃命吧!"根苗大声劝道。

铁头喊道:"根苗,你去哪儿?"

"黄陵岗……"门板已经漂远,根苗后边的话铁头没听见。

一根木头越漂越近,铁头看得清清楚楚,这像是根预备做房梁的原木。他记起来,应该是村里骨朵家的,他家准备下月盖房。他又想起自家新盖的瓦房。唉! 房盖起来的被洪水冲塌,房没盖起来的材料被冲走。什么时候将黄河这条巨龙驯服,老百姓才会有好日子过啊!

想到这里,铁头纵身跳入洪水中,奋力游出几丈远,终于抱住那根原木。这时,铁头扭脸看看救他性命的大榆树,榆树随风晃动的枝叶像是在挥手为他送行。他在心中默默地说,谢谢! 老伙计。你等着啊! 我会回来的,我们全家和全村人都会回来的。

洪水一涨再涨,离女儿墙下沿只剩一尺多,再涨就要漫过城墙。张弘章看在眼里,急在心中,不停地搓手,显得手足无措。

段师爷见状,又凑到知县跟前耳语道:"邑尊,照这样涨下去,怕是不行啊,还是献牲,祭河神吧!"

"唉! 事到如今,只能尽人事听天命。让主簿准备祭祀所需吧!"知县叹气道。

不一会儿,祭台备好,就设在铜瓦厢北门城楼上。桌前,规规矩矩地摆着整只牛、羊、猪三牲。

道士念念有词后,知县张弘章率领县丞、主簿等官员,以及张伯行等在家的官宦、乡绅,加上城中百姓,一同叩头行礼。接着,张弘章手拿黄带,口诵祭文。最后,众衙役将牛、羊、猪三牲,依次从铜瓦厢北门祭台投入城外洪水中。

接下来的事,便是期盼洪水回落。城墙上站着很多人,有的一直趴在垛口上察看水情。

"老六,老六,怎么样啊? 黄河水下去些没有?"杨四扒着杨六的肩膀,焦急地问道。

"快啦！快啦！"老六头也没回,不耐烦地答道。

城下的杨七向城上喊道:"六哥,六哥,杨老六,咱妈让我问问水下去没有啊?"

杨六专注地望着水,没有吭声。杨四到城墙边向下回道:"别急啊!快了!"

张弘章和张伯行等人坐在北门楼里焦急等待着,时不时打发衙役到垛口看看。可是每次衙役的回禀都一样,水位依旧。

张弘章急得在门楼中来回踱步,邓德彪慌忙进来道:"邑尊,水又开始上涨了。"

知县一听,脸色顿时煞白,赶忙出去观看,只见黄河水离女儿墙最下沿,最多也就差一拃。

段师爷也探出头看了看,小声对脸色苍白的知县指着城下的洪水道:"邑尊,看见河中一个个旋涡吗,那一定是河妖在作怪。学生听闻,将官服、官帽投入洪水,能镇住河妖,洪水自然就会退下。"

张弘章点点头道:"对,本县似乎也听说过,不知管用不管用……"

段师爷附在张弘章耳边说道:"邑尊,紧急关头,不能顾忌太多,死马权当活马医吧。邑尊只须如此这般,如此这般。"

张弘章叹口气道:"眼下只能如此。"

张弘章命人把百姓召集起来,站在城楼上说道:"本县自到任以来,克己奉公,体察民情,无愧于天,无愧于地。如今,河妖作怪,危害百姓,本县与它誓不两立。今日,本县率众官员定要除掉河妖,福泽苍生。请众位为本县呐喊助威!"

城上城下的百姓纷纷高喊:"愿助邑尊除妖!"

知县张弘章在县丞、教谕、主簿、典史等属官,和张伯行等在乡官员、举人、乡绅人等陪伴下,站到铜瓦厢北门城楼。城上城下百姓也都敲锣打鼓,呐喊声冲天。张弘章郑重其事地整整衣冠,众官员也庄重地整整衣冠。然后,他脱下官靴,投到城外水中;县丞等属官纷纷效仿,也脱下官靴抛到城外。片刻之后,洪水丝毫没有退下的迹象。张弘章又和众官员将官帽投入水中,城下的水位依然没有变化。

见此情景,张弘章心一横,牙一咬,眼一瞪,脱下官服,义无反顾抛出城外。扒着城垛上观水的百姓,看见张弘章抛下的官服在水中上下翻滚,时隐时现,久久不沉。官服漂到一个最大的旋涡当中,来回打旋,连转几圈,沉入水中。片刻,围城的洪水竟缓缓下落。

"落了!落了!洪水落了!"观水的百姓边跳边高喊道。

众人忙从垛口往下看,围城的洪水如抽丝般渐渐回落。

张弘章和张伯行长舒口气,喟然长叹道:"正可谓,水来如山倒,水去如抽丝啊!"

消息传到城门楼下,百姓们欢呼雀跃,高呼张弘章英明,是大禹转世。从此,仪封知县张弘章就有了"赛大禹"的雅号。百姓念其护城有功,在铜瓦厢北门外,为张弘章建生祠祈福。直到道光时期铜瓦厢决口黄河大改道时,张弘章的生祠才被黄河水冲毁。

(六)六部同心协力,治理水患,关键时刻还要亲自堵塞决口

铜瓦厢北门从洪水中露出小半个的时候,大黑他们去疏通水道的两条船回来,城墙上的人用绳索将他们拉到铜瓦厢。去时十二人,回来十一位。与大家的热情欢迎形成鲜明对比的是,回来的人个个垂头丧气。

听说疏通河道的人回来,张伯行非常高兴。他从铜瓦厢的通齐门来到北门,看半天没见到孔祥明,就拉着大黑的手道:"走的时候十二个人,怎么回来是十一个人?孔祥明呢?孔祥明呢?"

大黑挣脱张伯行的手,"唉"的一声,蹲下抱着头不说话。张伯行又问其他人,大家同样叹气不语。

看大家的样子,张伯行已猜出十之八九。他拉起大黑严肃地问道:"孔祥明是怎么出的事?"

"唉!都怨我没照顾好他。"大黑自责地说。

"不,怨我们。"同去的人争着揽责。

当着张弘章、张伯行和孔祥明父亲的面,大黑讲了疏通水道的经过。

出发之后,两条船顺着洪水流势前行。大黑领一条船,孔祥明领一条船。途中,因为水流湍急,有几次险些翻船。行至铜瓦厢镇向东南二十来里的红

庙寨,发现一座拱桥,桥身高高挺立在洪水之中。很多从上游冲下的树枝、木箱、立柜,都堵在那里,阻碍洪水下行。开始,大黑这条船负责左边,孔祥明的那条船负责右边,两条船同时进行作业。后来,发现这个办法太窝工。于是,几个人就想办法登上拱桥,其他人在船上协助,将阻碍物捞出,再扔到桥的另一侧。有个一丈多高的大立柜,死死地卡在中间的桥洞里,必须搬开,才能最终疏通水道。见此情景,孔祥明第一个跳进洪水里。

说到这里,大黑泣不成声,同去的其他人眼泪也都流了出来。

大黑沾沾泪水,继续说道:"孔祥明竭尽全力挪开那个大立柜后,桥洞猛不丁露出来,洪水下泄突然畅通,水流更加湍急。我们几个还没反应过来,孔祥明就从桥洞被黄河水冲走了!"

同去的邓德彪哭着接道:"见二少爷被洪水冲走,我们赶快划船去下游找,寻找十几里也没找到。"

这时大家才明白,洪水退去,是孔祥明用生命换来的,很多人都痛哭起来。张弘章赶忙召集大家去找,很多百姓自愿前往,途中人越来越多。人们寻找三天三夜,依然是生不见人,死不见尸。

后来,百姓感念孔祥明舍生救百姓的恩情,敬其为水神,把那座拱桥改称祥明桥,并在桥附近修建祥明庙,香火极盛。

铜瓦厢虽已保住,可黄河水仍然从决口处源源流出。原本为农田、村庄的地方,变为黄河的一股分支,流出县境才与主河道汇合。

铁头跳入洪水抱上原木后,眼前一片茫然。到黄陵岗也就几里路,铁头闭着眼睛也能找到。黄陵岗如一座大土山般突兀,四周皆是一马平川,很有一种鹤立鸡群的感觉。站在岗上,不仅能望到铜瓦厢的城楼,还能看见镇中高大的建筑物。他小时候常和伙伴们到黄陵岗上玩,捉迷藏,摸爬叉,抓知了,让人流连忘返。

可如今,眼前全是黄澄澄的洪水,熟悉的道路、农田、水塘全无踪迹,连很多可以作为参照物的房屋也毫无影踪。铁头抬头看看天,以太阳为坐标,一只胳膊抱着原木,一只胳膊奋力往黄陵岗游去。平日,不到半个时辰就能到的路,铁头游了两个多时辰。在累得精疲力尽的时候,他终于看清岗上的人。

黄陵岗上的人看到有人抱着木头游来,纷纷到岸边观看。有两人见他实在游不动,就跳入水中,推着原木往前走。

铁头娘和媳妇桂花见到铁头,抱着湿漉漉的他嚎啕大哭。铁头的儿女站在一旁,也都忍不住大放悲声。

桂花边哭边拍打着铁头道:"你个龟孙儿,不让你回去,你偏不听,都快把我们急死了。为操你的心,咱娘自打发大水到现在,一口饭都没吃啊!"

铁头爹抹着眼泪笑道:"别哭了,别哭了,平安就好。呵呵!平安回来就好。"

铁头一家人久久望着淹没在黄河水中的家园,恋恋不舍地远走他乡。

一日,知县张弘章将张伯行请到驿馆。

二人寒暄之后,张弘章言归正题道:"洪水虽退,但黄河河堤尚未合龙。现在正值汛期,黄河防汛又有'七下八上'之说。决口处不堵上,上游再来洪峰,百姓还得再受一遍苦啊!"

张伯行称赞道:"邑尊所言极是,决口一日不合龙,百姓一日不安宁。"

"这次洪水围困,全赖孝先兄相助,才保铜瓦厢免受洪水蹂躏。"张弘章拱手致谢道。

张伯行笑着还礼道:"邑尊过誉,哪里,哪里!"

"孝先兄当之无愧,过谦,过谦!"知县接着说,"今日请孝先兄来,本县想与兄商议堵口之事。本县到任不久,之前对治水了解甚少。早闻孝先兄乃治水高手,请兄不吝赐教。"说着,张弘章起身施了一礼。

张伯行忙起身还礼道:"治水学问极深,伯行略知皮毛。只是经历几次水患,对于堵口之事略有一些心得而已,愿与邑尊分享。"

"哦,那太好了!请兄快快赐教。"张弘章笑道。

二人相谈甚欢,一聊就是个把时辰。张弘章邀请张伯行次日一早同去黄河大堤决口处察看,现场商议堵口细节。

被洪水冲刷、浸泡过的路面泥泞不堪,沿途路段积水很深,连马都不愿蹚水前行。张弘章与张伯行一行好不容易来到决口处,远远望去,黄河水从五十多丈的决堤奔涌而出。看得他们惊心动魄,焦急万分。

张伯行问老河工程石头道:"程老哥,这段河道修于何时?"

程石头六尺开外,体型偏瘦,皮肤黝黑,留着一缕短髯。别看他年近六十,却身体硬朗,双目有神。

他大着嗓门答道："据传，黄河这段河堤修于前朝万历年间。二十八年前，曾大规模加固过一次。这段河岸与河道有一夹角，可起到减缓水流的作用。"说着，他用手指给张伯行看。

张伯行笑道："哦！加固的时间，老哥记得挺清楚啊！"

"那是，那年我家三小子出生。因要赶着在汛期前将堤修好，媳妇生产我没能回去。"程石头笑道。

为了能清楚了解决口情况，张伯行边与老河工交谈，边往决口近处走。

大黑怕出意外，加紧两步，赶到张伯行身边，说道："大堤情况不明，先生不要贸然向前。"

程石头笑道："莫怕，莫怕。老汉在铜瓦厢修四十多年大堤，哪里危险，哪里安全，老汉心里最清楚。"

大堤决口太宽，非一县能力可为，无奈之下，知县提笔上疏：

仪封知县张弘章疏言：

时遇暴雨倾至，黄河之水暴涨。河走仪封，铜瓦厢堤坝毁损。无奈，屡次迁县城，但仍难解现状。而今，黄河河水漫布，全县满目疮痍，百姓流离失所，民不聊生，饿殍遍野，还望圣上裁决。

写好奏疏，一路快马加鞭，送入京城。不仅如此，其他地区也纷纷递上奏疏，康熙帝看后忧心不已，与朝臣商议，即刻颁布圣旨：

奉天承运，皇帝诏曰：江河之事，匹夫有责。吏、户、礼、兵、刑、工六部食君之禄，担君之忧。而今，黄河水患于各处泛滥，当下，既应思眼前之策，更需念长远之计。因而，吏户礼兵刑工六部均担负治理黄河之重任，筹备粮草，组织河工，培训捕快，以备不时之需。

圣旨下，六部不敢耽误一丝一毫：吏部即刻筛选治水之能臣，派往各处；户部则筹备粮草，以备不时之需；兵部则培训捕快，强其体魄，习其能力，遇水患时，可派上用场；工部则修建堤坝，以防水患；礼部、刑部则按照其能力，从旁辅助。一时间，从上至下，黄河河务成为重中之重。

四
最后一弯

（一）让黄河成为造福百姓的幸福河，真正使其永保安澜

官道上，几位行者背负行囊，散漫前行，边走边聊。

其中一位两鬓斑白者，身着浅黑色长衫，年过花甲，却精神矍铄，腰板硬朗。他问右首边的人道："听闻，仪封县深受黄河水患侵扰，曾屡迁县城，于兰阳、考城之间徘徊，不知真假？"老者声音苍老，却很有底气。

老者右首边这人，约莫不惑之年，身着一袭银灰色长衫，身材瘦削，面若银盘，鼻直口方，看着老者说道："孙老哥，此言不假，仪封县老县衙皆淹没在黄河河底。今年铜瓦厢大堤又溃坝决堤，因决口太宽，单凭仪封一县之力实难堵上。无奈县太爷只得上疏朝廷，已一月有余，却还不见动静。"

孙老哥一笑眼角皱纹就浮现，他手捻花白胡须，说道："冯老板，怪不得，人人称你为百事通，此言果然不虚。京城以及各地方大小事情，真是难逃你的千里眼、顺风耳。"

听孙老哥夸奖，冯老板眼眸之中不免露出几分得意之色。他挥手自谦道："老哥过奖。在下走的地方多，不过是道听途说而已，不足为信，不足为信。哈哈！哈哈！"

孙老哥左首边之人，比冯老板要小七八岁。此人身材魁梧，膀大腰圆。他颔首说道："老哥所说不假，冯老板真乃神人也，李仁佩服。"

这时，马蹄"嗒嗒"之声响起，只听背后有人说道："此乃半月前的消息，乃是众所周知之事，何必拿此显摆。"声音之中透着慵懒。

几人谈性正浓，猛地被人打断，大家抬眼望向来人。只见那人身着湛蓝色长衫，天庭饱满，地阁方圆，一副富态之相，端坐于马上，手拉缰绳，神情悠

然,此刻,撇着的嘴还未收起。

冯老板闻听此言,又瞧见那人轻视的模样,心生几分怒气。他双目圆睁,不甘示弱道:"既然你如此知晓京城之况,那你可知其他事宜?"

来人嗤笑一声道:"在下不仅知晓此事,还知为解决水患,圣上颁布圣旨,命令六部出动,治理黄河水患。而且,不日六部之人便会来此治理水患。"

来人言毕,俯视冯老板,只见冯老板闻听,脸上一阵青一阵红,面颊炽热不已,一时之间哑口无言。

来人又道:"'黄河宁,天下平'。治理黄河,自古就是安民兴邦的大事。当今皇上更是把'三藩''河务''漕运'刻在宫廷的柱子上,时时提醒。"

孙老哥、李仁两人闻听此言,肃然起敬。李仁朝端坐马上之人抱拳施礼,说道:"兄台真乃神人也,连朝中军机大事也知晓。"

来人抱拳还礼道:"哈哈! 这是什么军机大事,不过是世人皆晓而已。"

孙老哥言道:"敢问兄弟尊姓大名?"

来人道:"在下钱海昌,因于家中排行老大,可唤在下钱老大。"

冯老板收起脸上的惊愕,也对着钱老大抱拳道:"仁兄所言世人,指的可是京中的世人? 小弟没猜错的话,仁兄可是从京城而来?"

钱海昌颔首示意,冯老板眼中闪过一丝得意之色。

钱海昌慢悠悠地说道:"从衣着服饰自然可看出在下来处。"

冯老板眼中的得意之色,顿时消失殆尽。

然而,其他二人再次面露敬佩。他俩用羡慕的眼光看着来人问道:"阁下带来如此重磅消息,我们兴奋不已。如若黄河水患治成,老百姓则可安生一段时日。"

这时,"嗒嗒"的马蹄声自远处响起,一群人挥鞭打马而来。只见为首一人,身着暗底蓝花长衫,外套暗青色马褂,浑身上下透着一股高贵的气息。这人带领着身后人马,快马加鞭,片刻之间便奔驰而过。

钱海昌不禁喃喃自语道:"这六部之人来也,真可谓及时雨。"而后,在马上拱拱手,对孙老哥他们说道:"在下还有要事,在此告辞,后会有期。"

还未等这几位行者言语,钱海昌便挥鞭打马跑出很远。孙老哥等人耳闻钱海昌私语之声,不禁眉间有着喜色,对视一眼,大步流星疾行而去。

钱海昌走后,三人继续边走边聊。

冯老板道:"你们二位不是我们铜瓦厢的本地人,不知这黄河在我们铜瓦厢人心中的位置。黄河是我们心中的爱,也是我们心中的痛。常道,靠山吃山,靠水吃水。我们生活在黄河岸边的百姓,自然与滔滔黄河有不解之缘。黄河水产丰富,铜瓦厢的百姓平日除种地外,还下河捕鱼捉虾。"

李仁插嘴道:"对,听说铜瓦厢的黄河鲤鱼尤其著名。若捕上条大鲤鱼,在县城能换好多钱。"

冯老板看着他,点点头,接着说道:"除去捕鱼,我们这里还能打猎。"他朝黄河方向指了指,"黄河滩涂人烟稀少,却是野兽、鸟类的乐园。捕到野兔,肉不但能留着,改善一家人的伙食,也能送到镇上的昌福记。这家的风干兔肉在全县最著名。"

"对,听说连开封府的达官贵人都爱吃。"李仁咽口唾沫,得意地笑道,"嘿嘿! 这次回家,我给我娘也捎了一块。"

"你可知为何好吃?"冯老板问李仁。

李仁摇摇头。

冯老板接着说:"昌福记只收购铜瓦厢黄河滩里的野兔做原材料,因为铜瓦厢这一片水草丰美,所以兔肉才好吃。"

"哦! 怪不得这么贵呢。"李仁恍然大悟道。

冯老板又说:"狐狸皮、野兔皮可以卖到镇上的皮货行,对于百姓来说,又是一笔可观的收入。"

孙老哥道:"更重要的是,你们铜瓦厢守着黄河种地,浇灌不愁。"

"是啊! 对庄稼人来说,能打下来粮食最重要。大旱之年,别的地方或减产,或颗粒无收。咱挨着黄河边的铜瓦厢就不一样,有水灌溉,能保证旱年丰产。"

"而且,滩涂里种的地还不用交皇粮。哈哈! 你们铜瓦厢要说是块宝地啊!"孙老哥笑道。

"唉!"冯老板叹口气道,"即便这样,镇上的人也不富裕。黄河不发威则已,发一次威,轻者河水漫滩,庄稼毁坏殆尽;重则堤坝冲毁,房倒人亡。黄河已成百姓的心腹之痛。镇上百姓日夜翘首以盼,盼朝廷派人修缮堤坝,抵御黄河之水。这下可好,万岁爷派来了修堤之人。"

话说钱海昌与孙老哥等人分别后,快马加鞭,抵达仪封铜瓦厢,正遇见六部之人来到北门前。

铜瓦厢紧邻黄河,镇子规模庞大,常住百姓过万,乃黄河岸边有名的大集镇。镇上店铺、作坊、商贩,一家挨着一家。每日有数百只船在渡口停泊,南来北往的货物在此集散,繁华程度可与仪封县城相媲美。

铜瓦厢的百姓闻听朝廷派下修缮黄河堤坝之人,争先恐后赶来,要一睹京城来人的芳容。

康熙帝向来对黄河之事非常重视。他多次对百官说,黄河一直以来也是体弱多病,水患频繁。治理黄河是国之大事,黄河沿岸人口众多,物产丰富,历来是大粮仓。长久以来,黄河屡治屡决的局面始终没有根本改观,黄河沿岸百姓的美好愿望一直难以实现。如何让黄河造福百姓,从而真正使其永保安澜,朕认为对于黄河的治理,既要谋划长远,又要干在当下。

这次派六部之人来铜瓦厢堵堤,康熙帝很是重视。

这天早朝,康熙帝对六部尚书说道:"朕闻河南开封府铜瓦厢黄河大堤又决,洪水滔天,危害数省,百姓受苦,朕心不忍。铜瓦厢是黄河九曲十八弯的最后一道弯,朕听闻那里一年一小决,三年一大决,百姓深受其害。这次,朕要派六部同去铜瓦厢堵口,建一道百年、千年不决的大堤。各位尚书推荐几个治河有经验的官员,报上来由朕挑选,纸上谈兵的朕一个也不要。"

听说康熙帝要亲自筛选,六部尚书怎敢怠慢,回去就精挑细选。呈到康熙帝御案上的共六十多人。这次朝廷派到铜瓦厢的十余人,个个均是经过康熙帝仔细挑选而出。他们各有所长,或是知晓堤坝修缮事宜,或是对河水水流研究颇深,或是身怀治河良策,每人都有一线的治河经历。

朝廷派人来修堤,人们无比欣喜。人刚到铜瓦厢镇的地界,镇上的百姓就拥到官道两旁。一时间官道两旁人声喧哗,如过年般热闹。

人们远远望见十余位京官身着官服、脚踏官靴、头戴官帽,腰杆板直地骑着高头大马,从官道上徐徐前行,在随从的簇拥下他们显得更加威武。百姓看着喜欢,怎么看也看不够。当他们从身边经过后,不少人喜气洋洋地尾随其后,久久不愿散去。

（二）铜瓦厢乃黄河九曲十八弯中的最后一道弯

日暮时分，京城来的这十余人抵达仪封铜瓦厢城门前，知县张弘章早已带领众人在此等待。见有人相迎，京官们遂甩镫离鞍下马。

张弘章立即上前一步，笑着拱手施礼道："哈哈！众位大人，一路风尘仆仆，受累许多。下官已在铜瓦厢最好的酒楼'皇茶苑'备下酒宴，为众位大人接风洗尘。请众位大人先到驿馆稍作休息，而后，再移步酒楼。"

十余位京官对视一眼，双眸之中都有赞同之意。为首者名叫周德文，乃工部主事。此人正值不惑之年，身材瘦削，头上夹杂着几根白发，短髭长髯，微笑之时眼角浮现皱纹。

周德文拱手还礼道："如此甚好，那我们便恭敬不如从命，前去歇息一番。明日前去勘探河情，早日修缮堤坝，以防黄河水患的侵袭。"

张弘章立即颔首示意，身躯微偏，做出"请"的姿势，十余位京官鱼贯而入。

将十余位京官让进驿馆，张弘章不禁惭愧道："镇上驿馆局促，而今又遇水患，实在是简陋无比，还望众位大人莫要嫌弃才好。"

周德文嘴角挂着笑意，手捻须髯，说道："邑尊不必挂怀。只要能有避身之所即可，万事还是河务为大，治理水患乃是重中之重。"

稍作休息，十余位京官在张弘章等人的陪同下前往酒楼赴宴。

行至"皇茶苑"酒楼门前，周德文抬头望去，只见酒楼高有两层，五间门脸，房高屋宽。门前高搭牌楼，牌楼上绘着五彩图案，挂着的彩带随风飘扬，好不气派。周德文赞道："如此气派的酒楼，不要说府城，就是放到省城也不逊色。哈哈！邑尊，如此招待，有些过了吧！"

张弘章忙道："不过，不过！众位大人是奉皇命来为百姓办实事之人，区区乡野小店，几杯寡淡水酒，实乃委屈众位大人了。"

"我等奉旨堵口，初到铜瓦厢，寸功未立。受邑尊如此款待，食之不安也。"周德文道。

"主政但可放心，菜品全为本地所产的风土野味，并无山珍海味。实不相瞒，本县常遭水患，各位大人若想吃山珍海味，嘿嘿！小县还真招待不起。"张弘章尴尬地笑道。

听过知县所言,十余位京官才安心。

酒菜上齐,全是铜瓦厢特色的美味佳肴。虽无名贵食材,却五味调和得当,十余位京官吃得很可口。

众官员边吃边聊,周德文问道:"这么大个的花生,也是产自铜瓦厢?"

张弘章道:"黄河常在铜瓦厢境内泛滥,泥沙淤积严重,不适合小麦等农作物生长,却适合花生、红薯、西瓜等种植。因此,铜瓦厢的花生、西瓜远近闻名,连京城的客商都来采购呢!"

正说着店小二端上一盘糖醋鲤鱼。周德文见此鱼一尺来长,让人称奇的是,鱼嘴还在动。他夹了一筷,鱼肉刚到口,便惊喜地赞道:"嗯!此鱼鲜美,鲜美至极,这也产自铜瓦厢?"

知县笑道:"正是,铜瓦厢乃黄河九曲十八弯中的最后一道弯。此处,河道开阔,水流湍急,鲤鱼活动量大,又有大量的小鱼小虾可食,因此鱼肉食之鲜美。对于吃鱼,我们铜瓦厢有种说法,鲤吃一尺,鲫吃八寸。鲤鱼一尺来长时,肉最鲜美。"

"嗯!没想到铜瓦厢的百姓对吃鱼研究得这么透,多好的地方。要不是黄河泛滥,此处百姓的日子过得该多好啊!"周德文感叹道。

这时,店小二端上一碗黄焖鱼,礼部主事姚义鸿见黑陶碗中的鱼,长度不过一寸有余,不觉笑道:"这不是猫鱼吗?"言外之意,这等小鱼不能登大雅之堂。

张弘章忙解释道:"这是铜瓦厢的名吃黄焖鱼,此种做法就要选用此等长度黄河中所产的白条,裹上白面,经过炸制,再加以五香大料等调料,用极小的文火焖制两个时辰。姚主政,请尝尝,入口即化。"

姚义鸿夹了一条,放入口中:"嗯!嗯!果然入口即化。"他连吃好几条,称赞不已。

酒宴过后,众京官便回驿馆歇息。从京城到铜瓦厢千里之遥,皇命在身,他们一路马不停蹄,不敢耽搁,行程数日,的确疲惫不堪。

京官们暂时休息,驿馆外围观的百姓却迟迟不愿散去。他们见京官们不再出来,便议论起来。

"张二哥,你见多识广,你老哥说说,他们真是万岁爷派下来给咱们修黄河大堤的吗?"李小三疑惑地问道。

"那还有假? 三弟,你看看他们这穿着,这气质,还有这马,不是从京城来,还会从哪儿来?"张老二道。

"万岁爷,真还知道天底下有个铜瓦厢? 真还知道咱们铜瓦厢的黄河大堤决口啊?"李小三依然一副疑惑的表情。

"当然知道。天下的事,万岁爷什么都知道。"一旁的得福插嘴道。

张老二道:"万岁爷操着百姓的心呢! 他多次下江南,干什么? 就是为了解民情。哪里有疾苦,万岁爷当然知晓啊!"

"这下可好了,万岁爷派来了修堤的人。等咱铜瓦厢的黄河大堤,修的真如咱铜瓦厢的名字那样,成为铜墙铁壁,哈哈! 咱们的小日子,真就如得福哥的名字那样,得到幸福。"李小三满脸憧憬地乐道。

张老二、得福和众人都由衷地乐起来,很多人已开始谋划新生活的蓝图。

次日,十余位京官早早起身,吃过简餐,在知县张弘章的带领下,前去黄河勘探水情。

铜瓦厢的百姓们昨天听说,明早京官们要去大堤实地察看,兴奋得彻夜未眠,很多人老早就在馆驿门前等候。堵口对于他们可是天大的事,不尾随而去能行吗?

太阳还没升到树梢高,京官们就从驿馆中走出。站在驿馆门外的百姓发现,今日京官像换个人似的,一改昨日一身官服的模样,脚蹬草鞋,粗布短打。有几位还拄着根竹竿。

得福点头道:"嗯! 这群老爷像是干成事的人。"

京官和县衙里的人走在前面,百姓远远尾随在后,两拨人一前一后登上黄河大堤。

一条大堤隔出两个世界,一边是日夜奔流的黄河水,一边是供人们休养生息的大平原。

登上大堤,周德文发现一个有趣的现象,他自言自语道:"早听闻黄河下游是悬河,今日一见果不其然。从河道这面看,大堤不过高三五尺;站在堤上往堤外看,田地在两丈之下。"

知县张弘章边走边向京官讲解道:"黄河西来,在铜瓦厢处转向东南而流。"

周德文看着拐向东南的黄河问:"此处就是大名鼎鼎的万里黄河最后那道弯?"

张弘章道:"正是。黄河九曲十八弯,铜瓦厢是最后那道弯。因处于拐弯处,这里水势凶猛,汛期上游来的洪峰直冲这段大堤,造成黄河常在此漫堤、决口。民间有'一年一小决,三年一大决'之说。"

知县张弘章指着这里的地形,接着说道:"此处地形低洼,加之河道淤积严重,是典型的'豆腐腰'河段。这段大堤自古就为险工险段,也是令历代治黄人最为头疼之处。"

大家终于来到黄河决口处。望着汹涌澎湃的黄河水从决口处奔涌而出,一泻千里,众京官面面相觑,噤若寒蝉。

张弘章还在兴致勃勃地讲着:"这个决口就是今年六月间所决。本县和张中书第一次来看时,还不足二十丈宽,如今,差不多有六十丈宽。众位大人都是治河翘楚,堵口之事,仪封百姓就全仰仗众位大人了。"说着,张弘章向诸位京官拱手施礼。

"张中书? 可是仪封的张孝先?"姚义鸿问道。

"正是张孝先。他也是位治河的行家里手啊! 这么说,姚主政与张孝先相识?"说起张伯行,张弘章眼睛就发亮,他笑着问道。

"岂止认识,呵呵,本官与孝先乃同榜进士也。他现在可在仪封?"姚义鸿问道。

张弘章道:"在,为大堤之事,他一直在铜瓦厢,这几天又到马家港督修堤坝去了。"

周德文问张弘章道:"决堤口的水情可有记录?"

"有,自从洪水围困铜瓦厢后,孝先每天都来记录水情。他回去前,专门安排人来记录。"

望着汪洋恣肆的黄河水,周德文道:"哦! 太好了,此人真有心!"

决口面之大,水流量之多,完全超出周德文的想象。对于治河,他的确有一套。在河道衙门为官时,他曾在江苏参与修建淮河大堤;为保漕运畅通,也清淤过运河。堵口的差事他不止干过一次,其中还有一次他是总负责。可是,那两条淮河的支流,如何同眼前这如狼似虎的滔滔黄河相提并论呢?

起初,他还信心百倍。工部尚书的推荐,皇上的钦点,那是何等的荣耀?

当听说皇上钦定铜瓦厢堵口的差事由他负责时,他激动得泪流满面,这是多大的恩典呀!周德文一连对夫人说好几遍,铜瓦厢与我有缘,我的小名就叫铜瓦子。他心里清楚,只要把皇上钦定的差使漂漂亮亮地干好,不要说升官,以后绝对前途无量。

可如今,他紧锁的眉头告诉所有人,他确实被眼前的景象吓得目瞪口呆。不但目瞪口呆,而且还无计可施。他知道,他不能指望同来的那些锦衣玉食之人。他之前问过他们,除一位参与治理过甘肃境内的黄河,另两位分别参与过黄河的支流渭河和洛河的治理外,其他人的治河经历都与黄河无关。

姚义鸿他们也被决口处黄河的咆哮声给镇住了。"黄河之水天上来,奔流到海不复回。"以前只是在李白的诗中有所闻,感觉意象如此宏大。没承想,现在黄河之水真的就是从天上而来。如瀑布般的黄河水奔腾而下,不要说决口六十丈的宽度,单这几丈的落差怎么堵?

京官们紧锁的眉头和严肃的表情,令本来激动不已的仪封知县张弘章心中"咯噔"一声,他的心情也随着京官们的表情而转变。

虽然离得远,但官员们的表情没有逃过百姓们的眼睛。大家没想到,盼星星,盼月亮,以为盼来能让大家脱离苦海的救星,却是群无用的草包。人们的心顿时凉了大半截。

站在大堤上,百姓将目光落在铜瓦厢决口处,只见冲毁的大堤无法阻挡肆虐的黄河水。黄河水携带着大量泥沙,肆无忌惮地向前奔涌着,冲刷着辽阔的豫东平原。

滩地之上,曾经生机勃勃的庄稼,此时,被黄河水冲得向一旁倒去,再也难以挺直腰板。黄河滩地庄稼如今颗粒无收,百姓接下来的生计如何维持?饥寒交迫的冬季如何度过?大家不由得心生苦涩。美好的期望也许落空,围观的百姓纷纷离去。

(三)冲出堤坝的黄河水在辽阔的豫东平原上汪洋恣肆地肆虐

张伯行看着几十丈宽的决口日夜不息地吞噬着百姓赖以生存的农田,听着百姓撕心裂肺的哭声,内心忧思不已,彻夜难眠。家乡的父老乡亲在受苦,黄河水泛滥之地的百姓在受苦,他不能坐视不管。胸怀文人士大夫精神的他决定留下来，留在铜瓦厢。既然有河道总督幕府之名，就要为乡亲们实实在在地做点事。

张伯行和大黑、大仪先是住在铜瓦厢的一家客栈，因每日往返于决口处不方便，他们便打算在决口附近的南北庄住下来。

张伯行来南北庄租房时，房东李河生用惊异的眼光看着他道："先生，你可是教书教糊涂了。决口处离我们庄不足五里，泄出的洪水就从我们庄的地里流过。待在庄里，不要说晚上，就是白天，也能听见滔滔的流水声。守着脱缰的黄河水，庄里的人吓得夜里不敢睡安稳觉。乡亲们都是往外逃，唉！我老头子要不是年纪大，腿脚不好，早就跟着儿孙跑了。你这识文断字的先生，咋偏偏跑来租房住啊？"

李河生说的时候，张伯行他们仨一直抿着嘴笑。他们知道，眼前的这位老汉是为他们好。

李河生说完后，张伯行笑道："大家都跑了，谁来堵口啊？黄河决口一日不堵上，乡亲们就过不上一日的安稳日子。"

"先生，我看你真是成书呆子了。堵口修堤是大事，历来都由朝廷操心。"他上下打量张伯行道，"先生一文弱书生，哪能管这么大的事啊？"

"孝先自幼读圣贤书，知道国家有难、匹夫有责之理。我守着决口，了解地质、记录水情，为堵口做些准备。"张伯行和颜悦色地说道。

李河生比比大拇指道："先生真乃大好人。唉！我一老头子为堵口也不能做什么。这样吧，先生，你在我家随便住，爱住多长时间就住多长时间，我分文不要。"

张伯行的至情打动李河生。他将自家三间上房收拾出来，给张伯行他们住，将新被褥拿出来给他们用，自己搬到儿子住的东厢房。张伯行看到崭新的红被面，忙道："老大爷，这可使不得，这是给你孙子结婚预备的吧？"

李河生笑道："怎么使不得？等大堤修好，他们有的是好日子过。"

看着李河生的热情，张伯行感动得不知说什么好。

安顿好之后，张伯行让大仪回到仪封县城，协助冉永光管理请见书院，让大黑和继昇同他一起在南北庄住下。继昇是孔祥明的同窗好友，孔祥明悲壮的事迹激励着他，他要跟着先生张伯行，踏踏实实地为乡亲做些什么。大黑负责日常生活，继昇协助张伯行记录水情，察看土质，顺便也巡视大堤有无险情。闲暇时,继昇也没忘记学业,时常坐在院中的石榴树下读书。除讲解功课外,张伯行也会为他讲历代先贤励志的故事,讲大禹治水三过家门而不入的传说。

在大堤上,张伯行经常与巡河的老河工们聊天。这些人常年与黄河打交道,最知具体情况。

这天,张伯行看着一处河堤,感到稀奇。昨夜一场大雨,堤上别处土质不是松软就是泥泞,而这里却和平常没什么变化。正当张伯行专心研究时,老河工程石头走了过来。他老远就笑着与张伯行打招呼道:"先生,在看什么啊,这么入迷。"

张伯行抬头见是熟人,笑着说道:"老哥,今天这么早啊!"

"不是昨夜下大雨吗? 我不放心,今天一早就出来巡河。"程石头边说边走到张伯行跟前。

"老哥,你看昨夜雨那么大,这里的土坝为何没太大变化?"张伯行疑惑地问道。

"这一片植被好,排水也好。雨水一部分被植物的根系蕴藏起来,一部分被快速排走。因此,大雨也不能耐它何。"程石头四处指指道。

张伯行顺着他指的方向,仔细看看,点点头。程石头将话题扩展开道:"别小瞧植物的根,厉害着呢! 它们在地下四通八达,相互交错,构成一张网。洪水来时,能把土牢牢抓住,对抗洪保堤可有帮助。"

他继续听程石头讲,有植被的大堤,要比纯石头垒的抗洪能力强。程石头讲的一些治河谚语、经验,张伯行都记录下来,回去后一一整理。

张伯行去马家港督修堤坝的这几天,记录水情的工作就交给继昇。

继昇像张伯行一样每天来决口处认真记录。那天,在大堤上,他站在人群中,看到京官们面对决口严峻的表情,也听到百姓悲观的议论,他却不以为然。他坚信,不但决口一定能堵上,而且铜瓦厢这段大堤一定能修成铜墙铁壁。

泰和茶馆内人头攒动,有闲聊的,有谈生意的,有歇脚的。钱海昌独自一人端坐在一张八仙桌旁喝着闲茶。

这时,三人边说边笑走进茶馆,正是钱海昌在路上遇见的冯老板等人。冯老板眼尖,一进茶馆便瞧见钱海昌,于是用胳膊肘碰碰旁边两人。这两人面露喜色，立即上前，冯老板摸摸鼻子，也识趣地跟上去。

三人像久别的老友般边向钱海昌走来，边热情地笑着大声招呼道："钱兄，这厢有礼了，不曾想到如此有缘，在这里还能碰见兄台，真是人生之幸事。"说着，三人朝钱海昌拱了拱手。

钱海昌闻听此言，抬首瞧见几人，面上浮现一抹诧异之色，起身道："是也，是也。人生有四大幸事，咱们也算他乡遇故知这一幸事吧！"

冯老板闻听钱海昌的话语，不禁惊喜道："钱兄，难不成也是这铜瓦厢之人？"

钱海昌与他们相视一笑，一切皆在不言中。钱海昌招呼他们坐下，并请他们按自己的喜好点茶，所点之茶记在自己账上。三人推让一番，只得恭敬不如从命。

钱海昌将这两日铜瓦厢发生之事娓娓道来。三人闻听，内心起伏不定。

李仁不禁出声问道："兄台，可知朝廷派来的官员能否治得住这黄河水患？"

端坐在一旁的冯老板，瞧见自己迟迟难以插上话来，闻听此言，便立即说道："当然可治成。朝廷派来的官员，皆是各有所长，对河情也是研究颇深，胸中良策颇丰，怎会被铜瓦厢决口难住？"

孙老哥、李仁二人瞅一眼冯老板，又将脸转向钱海昌。孙老哥焦急地问道："兄台，能否告知？"

冯老板只觉他们彻底无视自己，面颊上宛如火烧一般，火辣的疼痛之感袭遍全身，目光也落在钱海昌身上，心里想着："看你老钱如何讲得天花乱坠。"

钱海昌呷口茶，目光深沉，说道："甚难。"

二人闻听，不禁心下一紧，问道："怎么说？"

钱海昌抬手抚平衣袖上的褶皱，不紧不慢道："黄河铜瓦厢段水流湍急，地势险要，自古便为险工险段。若非治水之能臣，便无法解此难题。"

孙老哥和李仁闻听此言，觉得此话甚为有理，不住点头称是。

冯老板瞅准机会，又插嘴道："按钱兄所言，就任凭这黄河敞口流淌吗？"

"非也。"钱海昌瞧也没瞧冯老板，说道。

"依钱兄看，这决口就堵不上了？"李仁问道。他的东家本想在铜瓦厢镇开个店,店面都已租好,黄河一决口,搞得李仁的东家不知如何是好。

"三位兄台莫发愁,有河就有堤,天底下没有堵不上的堤,大家静候佳音便是。"钱海昌还是一副不紧不慢的样子。

铜瓦厢并非就他们这几人议论堵口之事。街头巷尾,饭店茶馆,连戏园里,人们看着戏还在聊堵堤的话题。

"得福哥,今天怎么来戏园了? 没去驿馆门口看京城来的老爷啊?"李小三笑道。

"不想去。那帮老爷都是些假把式,弄不成事儿。"得福没好气地说道。

"呵呵! 你那天不是说他们是干成事的人吗?"

"那是我看走眼了。原本我看他们的打扮像干成事的人,后来跟到大堤上一看,都是些花拳绣腿。"

几人都小声地笑起来。

"不尽然。初到一地,他们怎么也得有个熟悉的过程吧! 我看他们那天勘察记录的认真劲儿,堵口的事有门。"张老二道。

几人又点点头。

(四)黄河水掺和着暴雨,从铜瓦厢决口处肆无忌惮地奔涌而出

六部之人抵达仪封县铜瓦厢已有数日,可面对着铜瓦厢的险工险段,依然束手无策。

铜瓦厢的百姓在六部之人来到之时,充满希冀,翘首以盼着朝廷遣派而来的官员能治理黄河水患,还他们安宁。

然而,这些天来,他们日日跟随着京城来人前往铜瓦厢大堤勘探水情。可是从六部官员面庞上浮现出的无奈神情,大家知晓今天的期盼又要落空。

渐渐地,围观百姓愈发稀少,直至皆回归原本生活,不再关注堵口之事。京官予以百姓们期望,复予以百姓们失望,大起大落之间,百姓们对朝廷官员不复寄予希望。

百姓的离去并未影响到京官的工作。他们在决口处细致勘察、讨论,做详细的记录。回驿馆后,他们翻阅古籍,勘察地形,记录水情,商议对策,一直

到深夜。

然而,面对黄河铜瓦厢大堤的决口,他们却迟迟不敢动工,原因只有一个,那就是没有堵上的把握。

他们知晓,贸然出手,不只修复河坝不成,到时还会搭上河工性命。如此这般,可就得不偿失。若是朝廷追究下来,他们谁都担待不起。如今,最好的办法唯有搁置。

周德文他们也暗自着急。他们知道,好多双眼睛都在盯着他们,皇上的,朝廷百官的,还有铜瓦厢百姓的,以至整个滩区百姓的。有的是期望,有的是祈盼,有的是幸灾乐祸,有的是瞅准时机要弹劾……他们中有很多人愁得夜夜睡不着觉,可是再愁也没有用。周德文天天在心中祈祷着上天莫降大雨。

然而,天不遂人愿,往往心想非所愿,而行之多不合。

这一日,晴空万里,湛蓝一片。偶尔,浮云飘过,转瞬间又无踪影。

百姓们仰望天空,无不心情舒畅。没有黄河水患之骚扰,百姓面庞上,总会浮现出笑颜。

不过,这般神情并未留存住,转瞬之间众人脸色骤变。

空中乌云渐渐从远处黑压压地飘来。不多时,大雨即至。

百姓们惊慌失措地找地方避雨,很多人纷纷奔向街边茶馆,泰和茶馆里又热闹起来。

钱海昌端起茶盏,清啜一口茉莉花茶,抬起手,略微一抚长衫上的褶皱,目光落在茶馆屋檐之下稠密的雨线上,神情里藏着悠远,似透过时间瞧见往昔之事。

李仁、孙老哥以及冯老板三人路遇大雨,不得不前来茶馆避雨,身上皆有着雨滴硕大的印记。

这时,李仁眼尖,一瞬间又瞧见端坐于窗边饮茶的钱海昌,不由得用胳膊肘一杵身旁的孙老哥。

孙老哥不明所以,回首望着李仁,眼眸之中有些疑惑的神色。

李仁用眼神示意,孙老哥顺着李仁的目光望去,苍老的眼眸中闪过惊喜的神色。

于是乎,孙老哥带着李仁向前紧走几步,他们一左一右端坐在钱海昌的身旁。而冯老板则跟随着二人,亦端坐在钱海昌的对面。

钱海昌看着面前的三人，回首喊道："小二，再来壶特级茉莉花茶，三只茶盏，给我这三位友人。"

小二闻听客人吆喝声，立即回答道："好嘞，这就来。"

李仁对着钱海昌一抱拳，说道："兄台，久违久违。许久不曾见到兄台的身影，可是有事？"

钱海昌听闻李仁的言语，扭过头来，抱拳还礼道："家母有恙，床前尽孝，未能外出。"

孙老哥闻听钱海昌的话语，说道："令堂现在如何？ 如若兄台有用得着我们的地方，还望兄台直接开口。凡是我们能为的，皆会尽力而为。"

李仁颇为赞成，对着钱海昌微微颔首，说道："兄台，有何需要，尽管道来。"

钱海昌对着李仁、孙老哥二人颔首示意，脸上充满感激之色，说道："家母现已康复，鄙人在此先谢过二位仁兄。"

李仁与孙老哥扭回头来，抱拳说道："那是自然。"

冯老板瞧见三人如此模样，深觉在这三人面前，自己就是题外人、旁观者，不由得暗自咬牙切齿。

这时，小二拎着一壶茶、三只茶盏，来到四人面前，面带微笑说道："客官，您的茶。"

钱海昌看着三人，摆出请的手势，说道："三位，请。"

三人端起茶盏，瞧着冒着热气的茶水，眼神微微眯起，轻抿一口，茶水携带着微微苦涩的清香在三人嘴里化开。

钱海昌瞟一眼三人，目光落在那瓢泼大雨之中，眉宇之间满是忧愁。

李仁放下茶盏，一抬首，瞧见钱海昌的忧色。不等李仁发问，钱海昌轻叹一声，端起茶盏，呷了一口，说道："大雨滂沱，河水上涨，滔滔黄河水又要从铜瓦厢决口处猛劲流出，不知要危害多少百姓啊！"

李仁同孙老哥听过，都不觉叹息一声。冯老板却嗤之以鼻，略微一撇嘴道："怎会？ 而今，有朝廷派来的官员坐镇铜瓦厢，他们熟知水文地理，而且铜瓦厢自有筒瓦镶城口，定会无忧。"

钱海昌微微摇摇头，说道："怎会如此容易？ 这两月来，朝廷派来的官员面对铜瓦厢大堤毫无动作，堤坝未曾修复，倒霉的还是百姓。"

李仁、孙老哥听闻，叹口气，不约而同地望向窗外。只见远处雨滴稠密，模糊一片，不禁又哀叹一声。

对于堵口，冯老板心中一直认为，有一人定能担当此任。他几次三番想说，却总是插不上嘴，此人便是张伯行。

这些日子他一直听儿子说，先生在干一件大事，大黑和继昇都跟着他。以冯老板对张伯行的了解，他一定是在干与堵口有关的事。

此刻，馆驿之内，六部官员瞧见屋外暴雨倾盆，不由脸色巨变。他们深知，没有堤坝阻挡的黄河水，借着暴雨，会如脱缰的野马，横冲直撞，难以抵挡。顿时，个个脸色煞白。周德文更是脑袋一片空白，呆若木鸡。

雨滴不断击打在地面之上，飞溅出不可计数的水花，复又淹没在雨滴中。雨滴亦在不断融入河流之中，河水迅速上涨。黄河水掺和着暴雨，肆无忌惮地奔涌而出。从铜瓦厢决口处经马家港到高家堰，二百多里的黄河大堤决口不断。

雨水洗涤着世间，亦将灾难带给世间。黄河经雨水倾注，不断上涨，大堤决口处未曾堵住，洪水又奔向铜瓦厢镇而来。

铜瓦厢镇城口有筒瓦镶嵌，白云苍狗，沧海桑田，皆有岁月之痕迹。河水来势汹汹，不断击打着城门和城墙，宛如百万雄师携带着炮车正在攻城。

半响，铜瓦厢镇在河水冲击之下，露出一道缺口。河水点点渗透，无孔不入，直接顺着缝隙钻入其中。起初人们并无所觉，然而河水凶猛，既已破开缝隙，那缝隙便会不断扩散。

时间在一分一秒地流逝。经黄河水冲击，铜瓦厢城墙逐渐出现一道巨大裂痕，很快裂痕造成崩塌，河水奔涌而入，向城中四处蔓延。知事之严重，有人立即头戴斗笠，身披蓑衣，奔往驿馆。

此刻的县衙里，朝廷派来的官员与知县张弘章聚集于此，商讨着对策。衙役慌忙的身影从大雨滂沱中显露出来，他直奔议事厅。

知县听到匆忙的奔跑声，回头向院中望去，眼神之中透着不祥的预感。

衙役疾行而入，满脸焦急地向着知县张弘章打千道："禀报邑尊，黄河水奔向铜瓦厢而来，如今已流入城中，请邑尊定夺。"

知县张弘章闻听此言，心中慌乱异常，身体微微发软，一时之间难以起身。他略微定神，瞧着端坐椅上的六部官员，悬着的心逐渐落下。

张弘章起身,向着六部官员拱手施礼道:"诸位大人,你们看这可如何是好?"

此时,六部官员许是料想到会出现如此结果,脸上并无慌张之色。

周德文沉吟片刻,抬首环顾四周,冷静地说道:"邑尊莫慌。我们近期未发现黄河水情猛增,这次洪水应是本场大雨引发,应该危害不大。城内可有高地?"

张弘章听后,提到嗓子眼的心落下一点点。他答道:"有,城南有一高台,城外有黄陵岗。"

周德文道:"邑尊可一边令人堵塞四门,一边令百姓就近到高处避避。时间紧迫,务必迅速行动。"

张弘章闻听此言,急忙拱手道:"是。"说罢,连声叫人,很快厅下聚满大小官吏和差役。分派好任务,众人便流星一般冲进雨中。

张弘章和周德文等人继续安排善后事宜。因无船只,需要准备一些易漂浮的木板和木盆,又命仆从备些干粮。忙了许久,才携带这些物资出门避难。

时间宛如指缝间的细沙,不断流逝。在众人齐心协力之下,百姓们背负行囊,纷纷向城西和城南跑去。也有个别另择佳地,自行避难。钱海昌几人,也在这逃难的人群中。

知县张弘章环顾着四周,男女老幼不计其数,似乎全镇的百姓都已出动。他生怕秩序紊乱,走散孩童或老人,便高声喊道:"带好孩子和老人,不要挤散!"

"快,快跑!"

雨声、呼喊声与脚步声,甚至牲口的声音,掺杂一片。仿佛一个看不见的敌人正在后面追逐,只要被他追上,必是性命不保。很快,大街小巷皆空,只有满街的惊恐和不安。

数日之后,镇中洪水逐渐退去。因为撤退及时,此次并未有人员伤亡。只是昔日繁华的铜瓦厢,如今一片狼藉。

铜瓦厢渡口上,艄公划起双桨。一望无际的河面之上,唯有艄公一人在唱着黄河号子,那声音,高亢、悲壮;坚韧、苍凉;嘹亮、悠远!

黄河清啊,黄河黄

天下黄河万里长

黄河九曲十八弯

最后那道弯叫铜瓦厢

千里大平原

万年铜瓦厢

沙丘堆高山

黄河翻大浪

谁知道九曲黄河几道弯

最后那道弯叫铜瓦厢

五
铜瓦厢下

铜瓦厢遭遇这场水灾时，张伯行没有在场。因劳累过度，他病倒在床。数日来，从天明到天黑，张伯行都是在铜瓦厢黄河大堤上度过的。看着从决口处流出的河水，张伯行百感交集，忧思不已。他恨不得自己变成六十丈铜水浇筑的大堤，堵住这六十丈的缺口。他不停地记录、勘察、测量、琢磨，努力思索堵口的好办法。

张伯行绞尽脑汁，继昇也天天发愁。

一日，一场让人突如其来的倾盆大雨，让张伯行和继昇猝不及防。空旷的黄河大堤无处可躲，张伯行忙将做记录的本子揣在怀中，带着继昇跑到黄河大堤的大树下。硕大的树冠像一把巨伞，为他们二人撑出一片天地。

继昇望着雨水顺着堤坡往下流，突然兴奋地对张伯行说："先生，您看，从堤上流下的雨水，多像从决口处流出的河水呀！我们可以不可以在堤下建个水池，模拟堵口。"

张伯行看着从大堤排水槽流下的雨水，笑道："此法甚妙，哈哈！大堤合龙后，给咱继昇记上一功。"

听张伯行这么一夸，继昇腼腆地笑道："堤下有的是空地，我们可以在那里用土筑个水池。"

张伯行道："在池子一边再开个口，模拟大堤决口。"

"我按决口处的水流量往池中注水，先生您用小石子、小沙包、小树枝堵缺口。"继昇比划着说道。

"嗯！小沙包可以请你大黑叔做。"张伯行点头道。

"水桶好办,只是这水……"张伯行四下看看,"得找个离水源近的地方。"

继昇道:"这里就挺好,没水我可以从黄河里打。"

张伯行看看数丈高的大堤道:"那怎么行? 堤高坡陡,提着一桶水下坡,谈何容易? 要建,咱们就建在大堤上。咱们就是让黄河看看,咱们天天在炼征服她的灵丹妙药。"

张伯行的话掷地有声,让继昇信心百倍。

"说干就干,咱们明天就开工。走,现在就回去准备。"张伯行边说,边要往外走。

继昇叫住他道:"先生,正下着瓢泼大雨呢!"

第二天,他们就开始做模拟。张伯行和继昇在堤上建了个五尺见方的水池,在水池的一面开了道缺口。继昇用水桶打上黄河水,按决口处的水量比例,往池子中注水;张伯行则用小石子、小沙包等料物堵缺口。继昇一次又一次地注水,张伯行一次又一次地堵,每次的尝试却都是徒劳。堵口的材料被水冲走,缺口的宽度依旧没有改变。二人不气馁,他们将尝试的数据记下来,根据数据进行改进。

去马家港督修堤坝前,张伯行就感到身体不舒服。他头发晕、心口疼、出虚汗,老觉脚底没跟,踩着棉花似的。

大黑见他整日没食欲,心疼地说:"老爷,歇歇吧! 白天在大堤上忙活一天,晚上就不要再熬夜看书了。"

张伯行轻咳两声道:"不看书怎么能行,在实际中想不出办法,就只有到书里找。大黑放心吧,我心里有数,会悠着点儿! 对了,还得劳烦你明天回书院,把这几本治河的书给我取来。"说着,张伯行递给大黑一张书单。

大黑接过书单,"唉"一声,走出屋门。

李河生见张伯行来他家才一个月,人就瘦一大圈,晒得像抹层锅底灰,就端着十几个鸡蛋,走进张伯行的房间。

张伯行正在昏暗的油灯下写写画画,见李河生进来,忙站起身来。

"先生,您忙您的。我没事,就是进来看看您。"李河生边笑,边让张伯行坐下。

李河生笑呵呵地看看桌上摊着的书和纸,拉个凳子坐下道:"先生是干大事的人,老汉每次起夜时,都见您屋里亮着灯。一大早您就去大堤,二半夜才回来。雨天一身泥,晴天也一身泥,先生这个干法,身体能吃得消吗?"

张伯行笑道:"没事,我身体棒着呢!"

"再棒也经不住这折腾,再好的铁能打几个钉啊! 看看这些天把先生累的,人都脱形了。听老汉一声劝,一口吃不出个胖子,什么事都得慢慢来。"

张伯行本想说,慢慢来能行吗,大堤上六十丈的大口子,天天还在淌水呢! 当他看到李河生一脸赤诚、和善的样子,知道人家是真心为自己好,就咽咽吐沫,没说出来。

"先生干的事,老汉虽不懂,但老汉知道,您干的都是为咱老百姓好的事。"李老汉指了指鸡蛋道,"这些是咱自家老母鸡下的蛋,您留着吃。以后咱家这几只鸡下的蛋,老汉也不拿到铜瓦厢镇上去卖了。呵呵! 都给您和继昇补身体用。"

说完,李河生就要出去。张伯行起身,忙拉着他道:"老哥,这怎么能行? 鸡蛋是农家人的小金库,一家人的油盐酱醋全靠它呢!"

"怎么不行? 先生为堵上我们铜瓦厢大堤的决口,没日没夜地干,吃老汉几个鸡蛋又怎么啦?"一听张伯行的话,李河生的倔脾气顿时上来。

张伯行见李河生急得瞪圆了眼,忙赔笑道:"那我每次让大黑把鸡蛋钱给老哥。"

"给钱? 给钱上外面买去,别吃我的鸡蛋。"说着,李河生气呼呼地走出去。

看着李河生的背影,张伯行眼睛顿时湿润。

张伯行拖着疲惫的身体,从马家港回到请见书院,就一头栽倒在地。这下子可把众人吓坏了,大家又是叫,又是拍,又是掐人中,忙作一团。

还是大仪临危不乱,大喊一句:"快去请郎中!"

袁郎中赶过来,一根银针扎下去,张伯行苏醒了,大家这才松口气。

袁郎中开好方子,交给大仪道:"先抓三服药,让先生吃吃试试,三天后我再来。"

大仪接过方子看一眼,问道:"先生,我家老爷得的这是什么病?"

"唉! 累得急火攻心,还受些风寒。"袁郎中摇摇头道,"人咋能这么玩命干? 身体都被透支了。再好的大夫,医了病,可医不了命啊!"

袁郎中的药吃过一段时间不见效，又换罗郎中、黄郎中，连换好几位名医，张伯行的病依然不见好转。

看着躺在床上的张伯行越来越瘦，王夫人直心疼。她扶起张伯行，给他一勺一勺地喂药。

张伯行靠着床头道："夫人，给我拿本治河的书来。"

听到"治河"二字，王夫人落下泪来，心想，老爷这病就是堵口给闹的。如今都已这样，还想着治河。她边抹去眼角的泪花，边说道："行，老爷，等咱把病养好再看啊！"

京城来的治河官员姚义鸿，登门拜访张伯行。他与张伯行是同榜进士，听说张伯行对治河很有办法，本想来讨教一番。当在床榻前看到眼窝塌陷、目光呆滞、说话无力的张伯行，实在是不忍心开口。

张伯行就这样在床上躺着，一个半月悄然过去。这天午后，张府的门房跑来叫管家道："张安叔，门外有人见老爷。"

这些天，不时有人来看张伯行，张安并不感到稀奇。老爷人缘好，学生又多，天天都有好几拨人来看他。只是夫人吩咐过，老爷身体不好，尽量不见客。因此，来看张伯行的人大都被好言劝走。

张安道："你没说老爷不见客吗？"

门房道："说了，他说是来给老爷瞧病的。"

"哦！是位郎中，可我没请郎中啊？"张安边自言自语，边往大门走去。

张安来到门前，见此人五十来岁，皮肤黝黑，胡子拉碴，一身粗布短衣，背个药箱，便道："先生，我们没请大夫啊？"

来人笑道："对，是没请。呵呵！我是不请自来。"

张安道："请先生回吧，我家老爷只吃熟大夫开的方子。"

"哦！我是河道衙门的巡诊大夫，今日巡诊到铜瓦厢段黄河大堤，一位老河工恳求我来给你家老爷瞧瞧病。他说，你家老爷是堵口给累的。我听过他的故事也挺感动，所以就不请自来了。呵呵！"来人解释道。

"先生，快请，快里边请。"张安一听此言，忙将来人让到客堂。

张安命人上过茶后，对来人说道："请问先生尊姓大名，我好禀告夫人。"

来人道："鄙人叶浩。"

原来，张伯行走后，记录水情的事交给继昇。只是张伯行没想到自己这一走就病倒,卧床不起。

程石头听继昇说张伯行一病不起,非常挂念。正好这天叶浩巡诊至铜瓦厢,程石头便央求他来给张伯行瞧瞧病。

叶家四代河医,都是医术高明的名医,叶浩更是上至河道总督、下至河工船夫都知道的神医。平时,叶浩沿着黄河四处给河工诊病,若是想要找他,真还不好找呢!

叶浩见到病榻上的张伯行,不由得皱皱眉。

他给张伯行号过脉道:"先生,兵来将挡,水来土掩,没有过不去的火焰山。呵呵!当年赤壁之战,曹丞相八十三万大军,不是被周瑜的连环计给破了吗?"

"连环计?船船相连?哈哈!我咋没想到啊!"张伯行猛地坐起大笑道。

"哈哈!现在想到也不迟啊。"叶浩笑着起身到堂屋,给张伯行开药方。

开过药方后,他对张安说道:"你家老爷没什么大病,心病而已,只是急火攻心。刚我已给他医过,心病已医好。这两个方子先后各吃三服药,调理一下,身体自可痊愈。"

张安心想,医好了?也没针灸,也没吃药,这就医好了?他半信半疑地看看叶浩,又想想刚才张伯行满脸的兴奋和炯炯有神的眼睛。

药方开好后,张安将一两银子放到桌上道:"先生远道而来,一点心意,请笑纳。"

叶浩看看银子,笑道:"哈哈!诊金给的还真不少。鄙人食朝廷俸禄,给河工看病向来不收钱。"

张安惊讶道:"那我们怎么谢谢先生啊?"

叶浩大笑道:"哈哈!将铜瓦厢的黄河大堤修好,就是对鄙人最好的感谢。"说完,茶也没喝,就起身告辞。

(二)就是想为咱们铜瓦厢修条一百年、一千年也冲不垮的黄河大堤

黄河水在仪封、兰阳、考城、祥符四县肆虐,房屋在洪水中毁坏不计其数。百姓们流离失所,无家可归,或背井离乡,或露宿街头。

铜瓦厢镇内外,放眼望去,一片残砖烂瓦、污泥积水。有的百姓守着自己残破的家园哭泣哀号;有的百姓在狼藉中翻捡着可用之物,准备重建家园;有的百姓眼中浮现着悲伤、愤怒,准备远走他乡。

三贵背着行囊,推着独轮车,领着媳妇、孩子在巷子里碰到贾秀才。

贾秀才见三贵一家把全部家当都带上,不禁问道:"三贵兄弟,一家人这是要上哪儿啊?"

"回老家,先生。"三贵道。

"唉! 走就走吧!"贾秀才叹口气道,"不要说你们外乡人,就是我们本乡本土的,很多人都逃荒要饭走了。"

"唉! 老家的年景不好。"三贵也叹口气,"听说咱铜瓦厢是远近闻名的水旱码头,遍地都是钱。本想着带着老婆孩子一家人,来铜瓦厢讨个活路,可没想到是这种结局。铜瓦厢地方再好,也架不住接二连三发大水。最后,别落得活路没讨,再把一家人小命给搭上了。"

"先生,您保重,咱们后会有期。"三贵向贾秀才挥挥手,一家人黯然离去。

得福背着包袱在前边走,李仁紧走几步撵上他,喊道:"得福兄弟,这是要去哪儿啊?"

得福回头一看,是瓷器店的账房先生李仁,便回道:"唉! 家里没法待,到通许县城投亲去。"

"哦! 正好咱们路上做个伴。"李仁道。

"李先生,这是要……"得福见李仁背着铺盖卷,问道。

"唉! 别提啦,这次洪水,瓷器店房倒屋塌,一屋瓷器都成碎片。东家损失严重,将铜瓦厢镇的店给撤掉,把我派到通许的店里去了。"

仪封知县张弘章和朝廷派来的修堤官员一起在铜瓦厢察看灾情。他们瞧见如此惨状,不禁心头发酸,两腿发软。接连不断的洪水,令百姓看不到一丝曙光。

张弘章看着京官,身体微微地颤抖着,声音也略带颤音,向周德文拱手道:"大人,您看,这可如何是好?"

面对眼前的情景,周德文也不知所措,一时间头脑一片空白。他吸气,呼气,想通过此动作,稍微平静下慌乱的心情。而后,他想说些什么,又不知道说什么好,嘴动了动,没出声,又紧闭上。

见此情景,姚义鸿想为京官们挽回些面子。找什么话题呢？他瞟了一眼知县,忽然灵机一动,灵光一闪,有了应对之策。

于是,姚义鸿义正词严地对着知县张弘章说道:"邑尊,食君之禄,分君之忧。你作为仪封县一县之父母官,食朝廷之俸禄,就应为皇上分忧,为百姓谋福。仪封乃黄河水患频发之地,邑尊理应未雨绸缪,早思虑出应对之策,常备于胸,才不至于面对于铜瓦厢今日之事而犯愁。想必邑尊素来是习惯依靠他人,为难之计我等好心为你出谋划策,如今为难过去又想怪起我等,此何道理？"

张弘章闻听此言,不禁面红耳赤,不敢再言语。

姚义鸿棒打落水鸟,见张弘章无言以对,又道:"为官者,需'先天下之忧而忧,后天下之乐而乐'。正所谓:'责重山岳,能者方担之。'邑尊既为一方之官,不但应知此理,还应有临危不惧之魄力,岂能因福祸而趋避也。"

张弘章闻听此言,臊得脸更红,唯有连连点头称是。今日见识京官口舌之锋利,知道他们并不好惹,以后定不敢再得罪。与京官的谈话窝一肚火,张弘章看着眼前之惨状不知如何解决,不由得又增加几分忧色。

姚义鸿言毕,只觉胸膛之中舒畅许多。他瞧见被斗败的知县满脸愁容,不免脸上生出得意之色。而后,他步入正题道:"邑尊如今当务之急,便是安抚百姓,筹粮赈灾,了解灾情,上报朝廷,寻得朝廷赈济才是上策。此外,倡导百姓生产自救,帮助重建家园,才能消除当前颓废之相。"

张弘章心想,本县以为他们能高明到哪,不过也是纸上谈兵。黄河时常在仪封决漫,这些赈灾的路子本县不比你们明白？依本县看,当务之急,是你们赶快将铜瓦厢黄河大堤的决口堵上。

周德文、姚义鸿他们岂能不知此理？眼前的景象,他们心里更不是滋味。他们只恨自己才疏学浅,不能为皇上分忧,不能为百姓造福。铜瓦厢黄河大堤的决口不堵上,不把黄河"铜头铁尾豆腐腰"的"豆腐腰"修成百年、千年不坏的"金刚腰",他们感觉就没脸回京城。

看到知县和京官出现,百姓们纷纷围拢过来。衙役们想拦着百姓,张弘章怕引发骚乱,连忙制止。大家愁眉苦脸、唉声叹气地你一言、他一语,埋怨之声不绝于耳。

李小三一脸愁容地问道:"敢问众位京城来的老爷们,你们到来这么长时间,铜瓦厢大堤什么时候开始修啊?"

"是啊!决堤都多少天了,什么时候能修好啊?"百姓们纷纷附和道。

周德文看着知县,百姓的事本应他出面作答,张弘章却装着没听见似的不说话。其实,张弘章心中在想,京官们不是伶牙俐齿吗,本县倒要看看你们怎么解释。

周德文见张弘章一直不吭声,自己的脑子还没从一片空白中缓过劲儿。加上自知愧对百姓,突然又围上这么多人,一时紧张,不知道说什么好。

张弘章见京官们不说话,心中不免幸灾乐祸。他想:怎么不出声了?刚不是还挺能说的吗?原来不过是些只会窝里横、欺负老实人的主呀!呵呵!

姚义鸿见此情景,忙对百姓说道:"乡亲们,我等知道大家心里急。其实,我等比大家还着急。乡亲们一定不知道,我等在铜瓦厢天天如履薄冰。皇上把堵口的差事交给我等,是对我等的恩宠,也是对我等的考验。干好了,龙颜大悦,或许会给我等褒奖;干砸了,龙颜大怒。轻则我等丢职罢官;重则项上人头不保,赔上一家人性命。其实,我等也是老百姓家的孩子,都知道百姓日子过得不易。不瞒乡亲们说,我父母如今快七十岁,还在家乡靠十几亩薄田过日子。"说到此处,姚义鸿沾了沾眼泪。

他这一席话,在百姓中产生共鸣,大家的眼光中少了许多愤怒。

姚义鸿接着说道:"我能理解大家对于洪水的心情。一场洪水过后,一年的辛苦白费,半辈子的积蓄泡汤,这还是轻的。对于有些人家,几代人积攒下来的家业,一场大水说没就没。我等何尝不想早日将大堤修好啊?"

说到此处,姚义鸿向黄河的方向指了指,一脸无奈道:"乡亲们都知道,咱们铜瓦厢这段黄河大堤,就是传说中'铜头铁尾豆腐腰'中的'豆腐腰'。什么是'豆腐腰',不就是因为咱们这里的大堤在洪水面前不堪一击?为什么不堪一击,不就是因为黄河在咱铜瓦厢这里拐个弯吗!"

不少百姓点头表示认可。

姚义鸿接着说:"我等迟迟没有开工修堤,就是想为咱们铜瓦厢修条一百年、一千年也冲不垮的黄河大堤。"

"好,说的太好了。"有的百姓被姚义鸿激情澎湃的讲话感染,不由地叫起好来。

李小三却说道:"别拿着无用的话糊弄我们,我们只关心结果。"

"对,我们老百姓只关心结果,你们就说什么时候修吧!"张老二问道。

"对,你们就说什么时候修吧!"不少百姓又附和道。

周德文急了,大声嚷道:"在没有把握的情况下,急于开工,是拿河工、民夫的生命开玩笑,是犯罪。你们懂不懂?"

"我们不懂,我们就是不懂。我们只懂得,不开工,大堤永远就修不好!"

"对,不开工就永远修不好!"

周德文的话激怒了百姓,大家的呼喊声此起彼伏。知县张弘章见局面要失控,忙劝解道:"乡亲们,都静静,都静静。咱们铜瓦厢地势复杂,决口处水量大,流的又急。京城来的大人们,一直在探寻好的解决办法。"

"想不出好办法,为啥不换人?"李小三又嚷嚷道。

张弘章道:"大家有好办法可以讲出来,有治河能人大家可以举荐嘛!"

"我举荐张伯行,他是治河高手。"听知县说让举荐治河能人,冯老板嚷道。

"对,张先生会治河,为什么不请他?"不少百姓附和道,"请张先生治河绝没有错。"

"不是不请,是张先生有病在身,而且病得还很严重。"姚义鸿道。

冯老板道:"张先生的病早已痊愈了!"

"对,我也听说张先生的病好了。"李小三道。

知县张弘章闻听,脸上浮现一丝喜悦。

(三)仪封、兰阳、考城、祥符四县知县面对铜瓦厢决口之惨状,一筹莫展,手足无措

张伯行的身体的确已经痊愈,他的病是铜瓦厢大堤决口引起的。

黄河决堤就得把决口堵上,这个道理谁都明白。可用什么堵呢?当黄河铜瓦厢段大堤决口后,张伯行和张弘章经过千辛万难,第一时间登到决口附近的大堤时,面对汹涌而出的黄河水,张伯行就在想这个问题。

张弘章见张伯行目不转睛、神色凝重地望着决口,良久无语,不由得问道:"孝先兄在想什么呢?"

张伯行转过脸看着张弘章,反问道:"邑尊认为,咱们该用何料物堵此

缺口?"

"当然用土石啊! 对于治河,本县虽是门外汉,但这点常识还是知道的。"知县未加思索,便脱口而出。

张伯行将脸又转向黄河道:"没有那么简单。决口处水量大,流速急,河床又高出地面数丈。以我治河之经验,咱们土石填入多少,河水就冲走多少。"

张弘章听闻惊讶道:"依孝先兄所言,堵住决口并非易事!"

"除非用急流冲不走的大石才可。"张伯行依旧望着决口处道。

张弘章发问:"得要多少大的石料?"

"从水量上看,估计得数百块三头牛那么大的石料才行,这还不算土方和小石块。"

张弘章叹气道:"唉! 铜瓦厢附近皆是平原,哪里弄这么多、这样大的石料。"

"石料之事倒不难,豫西、豫北皆有。只是体积巨大,数量之多,运到数百里外的铜瓦厢,绝非易事。"张伯行眼中充满忧伤。

张弘章望着从决口处流淌出的黄河水,道:"看来此工非一县可为,本县唯有上疏。"

这也是张伯行反反复复在大堤上做实验的原因。也正因为如此,朝廷派来的治河官员才不敢贸然开工修堤。

可河医叶浩的一句话,点醒梦中人。

叶浩从小在黄河边长大,十几岁就跟祖父、父亲,沿着黄河为河工看病。他与天南地北的河工打几十年的交道,见惯了黄河的喜怒哀乐,也体会到河工、船夫和沿黄百姓的酸甜苦辣。这些年来,他不知治好过多少人,"叶神医"已成河工和沿黄百姓对他的称呼。至于他叫什么,真还没几个人知道呢!

叶浩听说黄河著名的"豆腐腰"——铜瓦厢段大堤又决口,忙顺着黄河一路向东往铜瓦厢赶。他知道,大灾之后必有大疫,医者仁心,为百姓治病,是医生的天职。

叶浩行至铜瓦厢镇,在黄河决口处,他偶然看到一位二十来岁的后生,一直在大堤上写着什么,就好奇地上前观看。后生因太过专注,并未发现他。

"小兄弟,在这儿待没多久吧?"叶浩看他在做水量记录,就问道。

后生猛不丁地听见有人说话，吓一大跳，忙回头向上扬了扬草帽沿，打量着叶浩道："先生怎么知道？"

叶浩一看是个新面孔，笑道："呵呵！老夫看你皮肤晒得不够黑，便知道你来大堤应该也就半年光景。"

"嘿嘿！先生看得不算太准，我来大堤也就两三个月。"后生调皮地笑道。

"哈哈！从早到晚，这孩子一直在大堤上晒呢！"听声音，叶浩就知道来人是程石头。

"呵呵！老哥哥，你身体还这么硬朗啊！"叶浩忙转身与程石头热情地打招呼。

程石头也高兴地回应道："哈哈！哪阵香风把叶神医吹到铜瓦厢了？老汉正想叶神医呢，哈哈！叶神医就来到眼前了。"

程家与叶家是几十年的老交情，叶浩父子每次来巡诊都住在程石头家。

"哈哈！我不是也想老哥哥嘛！来看看你。这是老哥哥新收的小徒弟吧，蛮认真的嘛！"叶浩用欣赏的眼光回头看看后生。

"我一糟老头子哪有这福分，人家继昇是请见书院的大才子，地地道道的读书人。"程石头竖起大拇指道。

"哦！读书人？怎么在这里记录水量？"叶浩惊讶地再次打量继昇一番。

继昇抿着嘴笑道："程老伯取笑，我不是大才子，只是个刚入门的小童生而已。"他又对叶浩说道："太好了，先生，您就是叶神医呀，程老伯经常提起您呢！"

"他是给他家先生做助手来的。他家先生张伯行厉害得很，是请见书院的山长，两榜进士嘞！"程石头介绍道。

叶浩忙问道："可是修过黄河大堤的张伯行？"

"不是他，还有谁？自打铜瓦厢大堤决口后，张先生就天天守在大堤上，一门心思想把口堵上。可口宽水急，张先生想不出堵口的好法子，又急又累，病倒在床。听继昇说，张先生的病还挺重。唉！"说到这里，程石头叹口气。

"唉！"继昇也叹口气道，"先生卧床一个半月还多呢！"

"前两天我还对继昇说，要是叶神医来就好了。没想到，说曹操曹操到，烦劳叶兄弟去给张先生瞧瞧吧，他可是个一心一意为百姓的大好人啊！"程石头恳求道。

"先生，求求您去给我家先生瞧瞧吧，赶快把他的病治好，他还要修大堤啊！"说着，继昇"扑通"给叶浩跪下。

叶浩忙笑着搀起继昇道："小兄弟快起，老夫这一去，保你家先生病好。"

叶浩沿着黄河到处走，虽没修过河，但见识多。他猜想，张伯行应该是愁在没有个头大、体积重的材料，填充决口。他想出个用木笼将石块装在一起的办法，没想刚一提，张伯行就全明白。

当叶浩说到连环计，张伯行猛然想起，石头虽不能连在一起，却能装在一起。至于怎么装，这只是细节问题，用竹笼、用木笼，管它什么笼已不重要。增大投入物体积、重量这一难关已攻破，接下就能修堤堵口，张伯行能不高兴吗？

当天晚上，张伯行吃了两大海碗的汤面条，这可是他生病时几天的饭量之和。

王夫人看着张伯行狼吞虎咽的劲儿，既高兴，又担心。她一边擦着喜极而泣的眼泪，一边说："老爷，悠着点吃。猛地吃这么多，可别一下撑着了！"

张伯行吃完一碗，笑着对王夫人说："没事夫人，我心里一高兴，感觉什么病都没有了。嘿嘿！夫人去再给我盛一碗。"

发洪水的那天，钱海昌撑着雨伞，随着众人到城墙上躲避洪水，孙老哥、冯老板二人头戴斗笠，身披蓑衣紧随其后。三人从远处眺望城中之景，心中之悲凉升腾而起，满脸忧愁。

钱海昌望一眼他们二人，未曾有丝毫波动，依旧带着非等闲之辈的沉着冷静。他说道："莫慌，上天自有好生之德，定不会就此绝我等之后路。"

孙老哥点头道："正所谓，'车到山前必有路，船到桥头自然直'。对，定会有解决之法。"

冯老板闻听此言，不由得想起张伯行，顿时精神大振，颓废之色全无。他对二人说道："请见书院的山长张伯行张先生，乃治河高手。他若出山修铜瓦厢的大堤，准成！"

钱海昌点点道："早就听闻张孝先有治河之材。"

此时，他们三人还不知道，这场瓢泼大雨引发黄河水位上涨。蛰伏在睡梦中之河水，突然再次醒来化为凶猛野兽，不断肆虐着村庄。暴雨悄然而去，河水犹如经数次战斗疲惫不堪的野兽，浑身上下凶性褪去，逐渐陷入沉睡之中。数日后,雨过天晴,长空之中,旭日东升,天空宛如未曾发生任何事一般。可是,人间不计其数的房屋已变作残垣断壁,极目远眺,一片狼藉,百姓饥寒交迫,瘟疫横行。一场洪灾,逼迫着多少百姓远走他乡、妻离子散,又夺走多少百姓的性命。

仪封、兰阳、考城、祥符四县知县面对如今铜瓦厢决口之惨状,一筹莫展,手足无措。一时之间,难以寻到任何良策以解燃眉之急。

百姓期盼着能治服大水之人横空出世。这时,河道总督张鹏翮大驾光临。

(四)百姓期盼已久的黄河铜瓦厢段大堤堵口工程终于开工

昌江直下水能平,却爱泷流激激声。

频岁水灾何自拯,政由疏凿欠流行。

听说张鹏翮要来铜瓦厢察看修堤进程,朝廷派来修河的官员个个吓得脸色惨白。尤其是为首的周德文,更是天天在房中唉声叹气。

周德文紧锣密鼓地做着开工的准备工作,可真是人背,喝口凉水都塞牙。先是遇上连阴雨,道路泥泞,外边的石料、木材运不过来;后来材料运到,可工地上的人手不够。

周德文只得去县衙找知县要人。他对张弘章说:"邑尊,如今百姓期盼已久的铜瓦厢黄河大堤堵口准备开工,为何邑尊征调的民夫还未到?"

"唉! 主政有所不知。"知县叹口气,一脸无奈道,"今年接连几场大水把仪封搞得民不聊生,百姓流离失所、无家可归、食不果腹。很多人迫于生计远走他乡,有些染上病不能劳作。剩下的,大多因无粮果腹,连路都走不动,哪儿有力气干活啊? 没征到多少人,本县也急,天天派衙役四处催征,可收效甚微。本县实在是没有招数了!"

的确,知县早就派衙役四处征民修堤。

衙役邓德彪与朱贵负责征城西一些村的民夫。

二人来到张庄,里正陈富有见到他俩,热情地招呼道:"哈哈! 二位爷咋这么老远跑来? 老三,愣着干什么? 快给二位打酒去。记着要打好酒!"

朱贵不耐烦道:"不喝! 不喝! 爷忙得很,哪儿有闲工夫喝你的酒啊?"

邓德彪和气地说："陈爷,铜瓦厢大堤的决口就要封堵,邑尊差我们兄弟来,是为让咱庄出八十名民夫去修堤。三天后一大早,八十个人到修堤工地点卯。"

朱贵恶狠狠地说："邑尊说过,人到不齐,给里正戴上枷锁抓到大牢里去。"

"朱爷,别,别,别吓唬我,我胆小。嘿嘿!"陈富有转过脸对邓德彪说道,"修大堤是大好事,我二百个赞成。八十人? 我庄小,才五百来口人,是不是太多啊?"

"少给我哥俩磨叽,有什么事找邑尊说去。"朱贵瞪着眼说道。

陈富有一看没讨价的余地,只得赔笑道："行,行,二位爷一万个放心,大后天一早,我准把八十人带到。邓爷,这银粮是多少,大家问起我也好说不是? 能不能先发些。不瞒二位爷,庄里很多家都揭不开锅了。"

"唉! 县里如今没粮,得等朝廷赈灾粮拨到,才能赈济。乡亲们先克服克服吧!"邓德彪说道。

二人走后,老三对陈富有说："爹,我听说县里没粮,修河工地上连饭都吃不饱,我可不想去。"

周德文从县城回来,把自己关在屋里生闷气。他坐在屋里,越待越觉烦闷。本想到街上转转,又想到市井之中的千疮百孔,随处都能见沿街乞讨的灾民,随即打消这个念头,只得在驿馆中的后花园溜达溜达。他步入后花园,看到姚义鸿正在树下闲坐,便走过去。姚义鸿也看到周德文,忙招呼他坐在自己身旁。

二人闲聊几句,姚义鸿提议道："待着烦闷,不如去我房中喝几杯。我那儿有从京中捎来的好酒。"

周德文道："回房中喝,不如去镇外找个没人的地方,痛痛快快喝一场。"

"我去叫上张孝先如何?"姚义鸿道。

周德文想想道："张孝先整日忙着开粥篷施粥,哪儿有这闲工夫? 还是算了吧!"

听说铜瓦厢镇里挤满露宿街头、饥肠辘辘的灾民,身体还没彻底痊愈的张伯行,就带着大黑、大仪等人,赶着一马车粮食,拉着一口大铁锅,往铜瓦厢赶来。

一路上的景象,着实令张伯行等三人大吃一惊。这次洪水给百姓带来的灾难更为严重。洪水将田地化为一片汪洋,很多肥沃的土壤,被洪水冲走,露出生土层。其余的即便留在原地,也淤积了一层厚厚的黄沙。放眼望去,一片坑洼,凹凸不平。凹下之地,灌满残留的河水。地里面,等待收割的庄稼更是惨不忍睹。高粱秆子、玉米秆子东倒西歪地躺在水中,结出的高粱穗子、玉米棒子被水浸泡,都发了芽。红薯、花生大都淹没在水中,完全看不见。

望着变为一片汪洋的千亩良田,张伯行心里清楚,等田里的水退去,已错过农时,良田又将会被闲置。种不上庄稼的农田,会杂草丛生,一片荒芜。杂草来年不能当饭吃,百姓的苦日子还在后头呢!

到铜瓦厢来的这一路上,不时看到漂浮在水上、已被泡胀的动物尸体,散发的恶臭令人作呕。河水淹过的道路,皆泥泞不堪。张伯行他们走在上面,深一脚浅一脚,简直寸步难行。有时脚踩在稀泥中会陷得很深,大家早把鞋脱掉,赤脚前行。即便每个人都将裤腿卷得很高,裤子上还是沾满泥巴。一路上张伯行,不知滑倒多少次,他没有半途而返,他只有一个信念,赶快去铜瓦厢救济饥饿中的乡亲。

来到铜瓦厢镇内,眼前的景象也好不到哪儿去。无家可归的百姓不计其数,他们滞留在镇上。虽然躲过洪水,可连日来降雨不断,很多人穿着被雨水浸透、满是污垢的衣服。他们或因水害而无家可归,或因风吹雨淋而忧心忡忡,或因饮食不洁而染上疾病。即便是未曾倒下的百姓,亦朝不保夕,饥寒交迫,不知还能撑到何时。

大灾之后必有大疫,疾病在灾民中蔓延。很多染病之人没有得到及时救治而一命呜呼,哭喊之声增加了百姓心中的恐惧,人们惶惶不可终日。

面对如此情况,知县张弘章也束手无策,唯有唉声叹气。仪封年年遭灾,县里的粮仓早无粮可放,只有盼着朝廷赈济的粮食赶快运来。

局势愈演愈烈。如今已发展到易子而食、哀嚎一片的景象,不禁让人哀伤不已。看到眼前的一切,张伯行潸然泪下。

张伯行选个开阔的地方,对大黑、大仪说道:"大家克服一下,先不休息。咱们先将锅支起来,熬上粥再说。"

大黑道:"好,咱们说干就干,二河跟我垒灶。"

"好嘞! 大黑叔。"二河说着,和大黑一起麻利地卸盘火用的砖。

大仪也没闲着,提水桶去打水。

看到有人来施粥,很多灾民过来帮忙,盘火的盘火,劈柴的劈柴……不到一个时辰,一大锅稠稠的面糊汤就熬好了。

周德文听说张伯行来铜瓦厢施粥,忙拉着姚义鸿来见他。看张伯行正忙着为灾民盛汤,二人感到很惭愧。若是早点把决口堵上,也不会再有这次洪水。

姚义鸿热情地同张伯行打招呼道:"哈哈!孝先兄,大病初愈,可喜可贺。"

张伯行抬头一看,是姚义鸿二人,忙放下勺子,笑道:"义鸿兄,别来无恙。呵呵!"

三人来到一旁,姚义鸿向张伯行介绍道:"这位是德文兄,工部主事,这次修铜瓦厢大堤的总负责。"

张伯行拱手道:"久仰!久仰!"

周德文忙笑着还礼道:"久闻孝先兄乃治河翘楚,又是河道总督之幕府。德文冒昧拜访,望兄恕罪。"

张伯行谦虚道:"不敢,不敢!对于治黄,伯行只是略知皮毛,与二位兄差之甚远。"

三人刚移步粥棚边一空地,周德文就急着问道:"黄河水流湍急,铜瓦厢决堤六十一丈二尺。依兄之见,如此宽的决口,如何堵得?"

张伯行道:"不瞒德文兄,前段伯行为堵口之事急火攻心,一病不起。幸得河医叶先生指点迷津,伯行才起死回生。"

周德文问:"哦!叶先生怎么讲?"

"他说,可用连环之计。伯行突然悟得,可将多个石块装入同一个笼中,投到决口处。"张伯行道。

"哦!妙哉,妙哉,此法甚妙哉。哈哈!德文怎么没想到啊!"周德文高兴得像个孩子手舞足蹈。

姚义鸿又问道:"黄河大堤土质松软,下边皆是流沙层,如何承受如此之重。"

张伯行道:"不怕。石料陷进去,咱们再投。只要不被河水冲走,多投一些,自然能露出水面。"

姚义鸿和周德文点点头。

难点攻克，大家心中有数。几日后，百姓期盼已久的黄河铜瓦厢段大堤堵口工程终于开工。

六
治河之策

（一）二人突然感觉心里好受许多,一路聊着天,登上黄河大堤

河道总督张鹏翮听闻黄河在铜瓦厢决口已三个多月,迟迟不见堵口工程有大的进展。工程前些日子才刚刚开工,不知为什么又停下了。遭受黄河灾害的百姓怨声载道,朝中百官议论纷纷。张鹏翮要亲自赴铜瓦厢一看究竟。

张鹏翮乘船从江苏清江浦沿河一路西来。船行到铜瓦厢,张鹏翮站在船头,看到码头萧条破败的景象,不禁大吃一惊,这还是原先那座繁华的铜瓦厢吗? 心中自问。

张鹏翮早年曾路过铜瓦厢镇,并在此夜宿一晚。昔日繁华的景象,浮现在他的脑海之中。那时,铜瓦厢岸边停泊着万桅千帆,码头上装船卸货,路人行商登舟下船,熙熙攘攘,一派繁忙;铜瓦厢镇里镇外,人头攒动、摩肩接踵,街巷两旁店铺林立,商贩叫卖声此起彼伏。

行至镇中,隔着轿帘,映入张鹏翮眼中的市井满目疮痍,街面随处都能见到从受灾村镇拥来的灾民。有的衣衫不整,有的沿街乞讨,不少灾民在街边粥篷前排着长队领粥。由景触情,令他有刘辰翁《忆秦娥·烧灯节》中"百年短短兴亡别,与君犹对当时月。当时月,照人烛泪,照人梅发"的凄凉之感。

张鹏翮还没到,治河的京官们就乱了神儿。别看周德文治河有一手,可遇见事就没一点主意。

上次姚义鸿提议喝几杯,正中周德文下怀,他也想放松放松。可见到张伯行,三人说起来黄河堵口滔滔不绝,喝酒之事未能如愿。这次,周德文主动对姚义鸿道:"我让厨房准备四样菜,别的谁也不叫,就咱俩,到大堤上喝个痛快。"

"对,那里人迹罕至,景致也好。"

"关键是咱俩能好好说说话。"

来铜瓦厢这些天,周德文看到,自己遇到难事,每次姚义鸿都挺身而出,为自己解围,够意思。所以,张鹏翮来的事,他想请姚义鸿帮忙出出主意。

姚义鸿回房间拿酒时,顺便把半斤五香花生仁也揣到怀中。周德文安排厨房做两荤两素,四道菜肴。放入食盒后,让他的随从小六提着,三人走出驿馆大门。

虽然有些房屋开始修缮,有些店铺也已开门营业,但街面依旧是乱糟糟的。洪水留下的垃圾还未完全清运,路边堆积的垃圾散发着呛人气味。镇上,灾民的情况更加糟糕,饥饿、疾病和逐渐转凉的天气困扰着他们。

周德文等三人的心情随着灾民的惨状变得非常郁闷。

"老爷,行行好,给口吃的吧!"

"老爷,可怜可怜吧,我几天都没吃一口饭了。"

这是他们三人一路听见最多的话。他们后悔没有坐马车出来,车厢至少能阻隔眼前的惨状,眼不见心不烦,他们看不到就少一些自责。现在,他们只能熟视无睹,硬着头皮往前走。他们认为这都是他们的错,没有及时将决口堵上。

两个稚嫩的声音拦住他们。

"老爷,把我买下吧,一口棺材钱就行。我妈走了,没钱买棺材。"

"老爷,买下我吧,我妈病得快不行了。做饭、洗衣服我都会,给点看病钱就中。"

周德文看到眼前站着一男一女两个孩子,从头到脚脏兮兮的,背后各插一个麦草。男孩五六岁的样子,女孩顶多八九岁。

周德文的心再也绷不住,忙从怀中掏出几个小碎银塞给两个孩子,带着哭腔说道:"记着孩子,咱再穷也不能卖自己。"

两个孩子接过银子,忙跪地给他磕头。众灾民见状,蜂拥而至。

"大善人,行行好吧。"

"活菩萨,给口吃的吧。"

周德文面对一只只伸过来的脏手,有求必应。他把身上所有的银子、制钱都掏给灾民。姚义鸿同样如此。

得到银钱的灾民一个劲地说:"今天遇上活菩萨,大善人。"

灾民太多,没得到银钱的灾民围着他们不停地央求。看灾民实在可怜,周德文将自己身上挂的饰品全都取下,抱歉地对灾民说道:"不好意思,身上实在没银钱,把这个拿去换些制钱吧。"

姚义鸿也将腰里挂的玉饰,怀里装的鼻烟壶、五香炒花生仁,全给了灾民。

周德文的心彻底破碎,面对灾民伸来的手,他摸遍全身,实在没有东西可给,猛地瞧见站在身后的小六,说道:"身上有银钱吗? 全掏出来!"

小六从怀中依依不舍地掏出一二十文制钱,交给周德文。周德文沉着脸道:"再掏掏!"

小六将手伸到怀中掏了又掏,掏出七八文。

周德文厉声道:"看你这磨叽劲,还有吗?"

小六一脸无辜,诚恳道:"老爷,真的没有了,不信你掏!"

周德文把那几文制钱夺过来,随手就送给灾民。周德文见眼前的一位老哥穿的实在破烂不堪,就将自己的长衫脱给他。

三人实在没东西可给,姚义鸿突然看到小六提着的食盒,苦笑道:"我都忘记这里有吃的。"

周德文、姚义鸿忙将里边的食物连同盘子全给灾民。二人突然感觉心里好受许多,一路聊着天,登上黄河大堤。

远眺,黄河苍茫,无边无际。二人盘腿坐到地上,很有眼力见儿的小六忙从食盒中将酒和酒盅取出来,放到他们二人面前。

看到酒,周德文惊讶道:"怎么还有酒?"

小六一脸无辜道:"这事不怨我。酒在下层,方才在镇里时,老爷没发现。"

"哈哈! 有酒正好。在黄河边喝酒,别有一番豪迈啊。"

姚义鸿把酒打开闻了闻,"嗯! 好酒。"说着,就给周德文和自己各斟一杯。

"只是没有下酒之菜。"周德文遗憾道。

"别急,让我掏掏。"姚义鸿将手伸入怀中,"哈哈! 果然还有。掏给灾民时,我就发现包花生的纸烂了,感觉似乎还有些。"

姚义鸿从怀里掏出一小把花生。他数了数,一共三十六粒。他给小六十粒,自己与周德文各分得十三粒。小六拿着花生,到远处边吃边看风景,他们二人边喝边聊。

周德文问道:"唉!河台眼看就到,咱这口堵得还没个眉目,该如何是好啊?"

姚义鸿喝口酒道:"依兄弟之见,咱最当紧的是要先让工程干起来。"

"怎么干,没人,也没粮。"说到这事,周德文就生气。他端起酒盅,一整盅酒下肚,辣得他咧咧嘴。

"工地上干活的人多人少不要急,干的快慢也没事,关键得重新开工,这是态度问题。咱的工程运转着,即使河台怪罪下来,大不了说咱们活儿干得拖拉。"

周德文听过,点点头道:"言之有理。那咱们明天就复工。"

"对,老兄还得准备些治河的想法,预备着河台来后询问。也可把咱工地缺人缺粮的现状告诉他,看他怎么说。"姚义鸿为周德文出主意道。

"堵口的想法我倒是有些,回去我再梳理梳理。告诉河台,咱缺东少西的能行吗?"

"把'吗'字去掉,当然行啊!咱们关键是没粮,有了粮人好办。现在是灾年,缺吃少喝的人多着呢,谁不想往有粮食的地方跑?"说完,姚义鸿往嘴里撂了半粒花生。

"行呀老弟,挺有想法,让哥哥我刮目相看。"周德文举起酒盅,和姚义鸿碰了一下。

二人一饮而尽后,姚义鸿又吃半粒花生,笑道:"不瞒老兄说,呵呵!这里边很多都是张孝先想的。"

周德文用力点点头道:"嗯!张孝先高,实在是高。"

(二)定要堵住黄河大堤决口,使百姓们安居乐业,无复忧心水患之事

张鹏翮在铜瓦厢的禹王庙拜谒过大禹后,直奔黄河大堤堵口工地。

看到工地上稀稀拉拉就百十人在干活,张鹏翮对周德文大怒道:"你等岂不知,'黄河宁,天下平'?皇上将堵口的重担委给你等,你等食君之禄,却不

行忠君之事。洪水泛滥三个多月,你等才修成这样啊?"

周德文吓得哆哆嗦嗦道:"河台息怒。只因铜瓦厢段乃有名的'豆腐腰',河流湍急,流量都在五千以上。我等为在湍急的河水中堵住六十多丈宽的决口,绞尽脑汁才想出办法。开工后,我等一心只思替皇上分忧,为百姓谋福,日夜不敢离开工地半步。而自开工以来,河工、民夫无粮可食,决口处无料可填,工地无人可用,下官急的一夜白头。"说着,周德文跪倒在地,眼泪竟齐刷刷地流出来。

"这都不是借口。无粮、无料,为何不报于本帅?"张鹏翮转脸对陪他来的河南河道说,"限你三日之内将铜瓦厢工地缺的粮、料、人补齐。以后再有短缺,唯你是问!"

河南河道刚想推诿:"这个……"

张鹏翮怒道:"少给本督说这些没用的,本督知道你有的是办法。"

河道不敢再言。

张鹏翮环顾四周,感觉似少一人,便问道:"本督着请张伯行以河道总督幕府之名,效力河工,督修堤坝,怎不见踪影?"

周德文跪在地上嗫嚅着说道:"日前,张先生从铜瓦厢赴马家港督修黄河南岸大堤,不辞辛苦,鞍马劳顿。堤工二百余里,往来催督,无时即安,而日用车马皆为自备,毫无所染。张先生一直为修堤所累,从马家港回来即病倒在床。"

张鹏翮又对周德文说:"快起来,别在本督面前装可怜!限你等半年之内,将铜瓦厢决口堵好。若再误工期,或搪塞敷衍,本督奏请皇上,定将你等革职查办。"

临走,张鹏翮撂下一句:"你等若不是皇上钦选的堵口官员,本督早就直接将你等拿下!"

张鹏翮当晚下榻在船上。次日一大早,他便令人将仪封知县张弘章叫来。

河道总督衙门的人气势汹汹地来到县衙门前,不等衙役通报,径直走到后宅。知县张弘章正在发呆,猛然见几个穿官衣的差官,腰中挎刀,闯进屋来,着实吓一大跳。

领头的差官一脸严肃地道:"仪封知县在哪?"

"小县便是。上差有何吩咐?"张弘章起身故作镇定道。

差官礼节性地拱拱手道："河台召邑尊官船上回话。"

知县张弘章心中直打鼓。

昨天，张鹏翮在大堤发火时，张弘章也在场。征调民夫不力，他有不可推卸的责任。河台召见自己干啥，难道是要兴师问罪？知县越想越害怕，心中跟揣个兔子似的来到官船上，见到张鹏翮，也不敢抬头，直接跪倒行礼。

"起来吧。看座。"

张弘章听闻张鹏翮说"看座"，心里的石头才算落地。

张鹏翮问道："昨日，本督多次听见儿童唱道：'昌福记'的兔肉，'瑞隆顺'的酒，张先生的大堤九十九。这童谣怎讲，张先生是谁，修的又是哪里的大堤？"

张弘章暗想，原来为这事，忙回道："铜瓦厢镇上有家'昌福记'，店里的兔肉远近闻名；县城'瑞隆顺'酒坊出的仪封醇乃本县最好的酒；歌谣中的张先生，名叫张伯行，本县人，乃乙丑科进士。因是请见书院山长，百姓都尊称他张先生。有一年黄河大汛，他主动作为，勇于担当，修筑的大堤坚固无比，保百姓免受洪灾，九十九就是大堤能用九十九年的意思。"

"是张孝先吗？他可是本督着请的幕府啊！你速请他来船上，本督有事吩咐！"

张伯行接到知县张弘章的口信，不敢耽搁，便让大仪协助冉永光继续管理请见书院，大黑在家施粥赈灾。之后，独自一人疾趋而来，一步一个脚印，感触颇深。

道路泥泞，张伯行只好在脚上缠绕着厚厚一层布，艰难前行。

张伯行遥望远方，心下想着：为官，就如同这脚下之路，需脚踏实地，成为一方为民造福之父母官，方能做到心中无愧。而今，我应铭记脚下之痛，方能不忘初心。

在寂寥无人之处，张伯行自言自语道："吕本中所著《官箴》中曾有云：'当官之法，惟有三事：曰清、曰慎、曰勤。'清、慎、勤乃为官之道。"

张伯行极目远眺，心下默念："清者，乃清廉之意。看取莲花净，应知不染心。周敦颐《爱莲说》中有云：'出淤泥而不染，濯清涟而不妖'，为官便如同这青莲一般。"

张伯行喘息一口气,继续默念道:"廉为始,廉为计,廉为本,理应修'财贿不以动其心,爵禄不以移其志'之德行,守'富贵非吾愿,帝乡不可期'之心态,持'竹影扫阶尘不动,月穿潭底水无痕'之定力,方能廉。"

张伯行稍作歇息,而后起身,继续前行,仍旧默念着:"慎者,乃谨慎之意。庄子有云:'谨慎能捕千秋蝉,小心驶得万年船。'祸患生于乎微,如若不慎,便会成千里之堤、溃于蚁穴之恶果。"

张伯行深吸一口气,聆听着耳边风声,在心里想着:"勤者,乃为勤勉之意,一勤天下无难事。古语云:'凡事,勤则成,怠则废。'"

张伯行一路之上,心中默默铭记前人所言。饥渴之时,便从行囊之中拿出馍来食之。而后,自腰间拿起水壶饮之。

在与地面的摩擦之下,脚底起了血泡。血泡磨破,结痂,周而复始,脚下起层厚茧。张伯行似无所觉,继续前行。

天有不测风云,人有旦夕祸福。离铜瓦厢镇还有数里之遥时,一场骤然而至的瓢泼大雨,阻拦住张伯行前进的步伐。

张伯行看着眼前突如其来的暴雨,不由得心急如焚。他略微一咬上嘴唇,身披蓑衣,头戴斗笠,冒雨前行。

雨水不断击打在张伯行身上,颇有一番"天将降大任于斯人也,必先苦其心志,劳其筋骨,饿其体肤,空乏其身"的意境。

又行三四里,张伯行的衣衫逐渐被雨水濡湿、浸透,只觉头脑发胀,眼前一片模糊。

不知行了多久,张伯行晕倒在地,正倒于一户人家门前。

那户人家闻听屋外有声响,不禁向外观瞧,见有一人倒于地上,立即疾行而出,将张伯行扶入屋内……

翌日清晨,张伯行清醒过来,只觉头痛欲裂,嗓子干疼。方要起身,然则,浑身上下酸软无力。

张伯行感觉自己已经染疾,不禁焦急不已。

这时,一人从屋外快步而入,雨滴顺着蓑衣向下流淌。那人瞧见张伯行要起身,急忙说道:"莫动,你染上风寒,需歇息一番,方能无碍。"

那人褪去蓑衣,摘下斗笠,将手里的一服药置于案上,紧走两步,扶住张伯行。

张伯行看着那人,用嘶哑的声音说道:"是你救了我?"

那人面带微笑,对着张伯行说道:"你倒于我屋前,我就将你扶入屋内而已,谈不上救。"

还未等张伯行言语,那人继续说道:"你先歇息一番,我前去煎药。"

言毕,便徐步而出。

张伯行在此停留一晚,服些草药,喝点姜汤,风寒见好,只是偶尔还会咳嗽两声。他按捺不住心中的烦忧,便向那人告辞,启程出发。

路途上,四处遍布着逃荒乞讨的百姓。有一对大概是祖孙两个,老哥步履蹒跚,眼窝深陷;小童面黄肌瘦,骨瘦如柴。二人衣衫褴褛,脸庞上沾满污秽,眼睛里没有丝毫光亮,宛如行尸走肉。

张伯行自行囊之中拿出几个馍,放入老哥手中。老哥将馍塞到小童掌中,小童眼前一亮,在饥饿难耐之下,狼吞虎咽。

张鹏翮初次见到张伯行,感觉他气宇轩昂,举止稳重,果不一般,心中暗喜,随即问道:"孝先,对治理黄河有何良策?"

张伯行道:"黄河下游高悬地面数丈,一旦泛滥,百姓苦不堪言。伯行以为,若想驯服黄河,加固大堤是首位。牢固的大堤能将河水控制在河道上,才不危害百姓。其次,建泄洪区,丰水期将河水导入泄洪区,以确保黄河不漫堤。再则,修虹吸引河水灌溉农田,变害为利,惠及百姓。"

张鹏翮微微点点头道:"本督着请你为河道总督幕府,知你鞍马劳顿,呕心沥血。眼下,马家港堤坝已见眉目,可这铜瓦厢却让人束手无策。若堵口交付于你,你该如何?"

张伯行道:"因决口太宽,河水湍急,伯行以为:其一,竹、木做笼,将多块大石放入一个笼中,投入决口处,以防被冲走。其二,在决口处搭建木架分割水流,投石一一堵之。其三,黄河泛滥灾民众多,食宿无着,采取以劳代赈,招募灾民,上堤堵口,一举两得。"

张鹏翮点点头,神色凝重地对张伯行说道:"本督既予你幕府之名,更赋你幕府之实。从即日起,你以本督之名,行本督之职,心无旁骛,全力以赴,带领众人,封堵铜瓦厢决口!"

闻听此言,张伯行不禁暗自发誓:定要堵住黄河大堤决口,使百姓们安居乐业,无复忧心水患之事!

（三）黄河的水,仪封的塔,请见书院顶呱呱

张伯行奉河督张鹏翮之命,来到驿馆门前。他稍整衣冠,正想往驿馆中迈步,不想被全顺和存利拦下。

他们两人正在门房中喝着茶水闲聊,听见脚步之声,全顺将头探出来。但见门外站着位年近五十、身着蓝粗布长衫、背一小包袱之人。他略微一皱眉,瞧见此人要往驿馆中进,忙从门房中出来,问道:"这是驿馆,不是客栈,闲人免进。"此时,存利也跟出来。

张伯行看着眼前二人,微微一笑,拱手施礼道:"在下要见京城来的周德文大人,还望二位通传一声。"

全顺和存利看来人彬彬有礼,不由将来人上下打量一番。只见此人满身灰尘,鞋上沾满泥垢,连长衫下部也沾有不少泥巴,长衫洗的都有些发白。一眼看去,就不是官场之人,大不了也就是个教书的穷秀才。

二人嘴角微微一撇。存利满脸蔑视地说道:"哪儿来的灾民?哪儿来回哪儿去,京城来的大人是你等说见就见的吗? 去,去,去! 快点走,免得我哥俩麻烦。"说着,他指了指门房前立的两根杀威棒。

张伯行闻听此言,不禁一愣。他未曾想到,刚来效力,便遇见如此之人。张伯行依旧平心静气地说道:"在下并非灾民,有事要见周大人,烦劳二位通传一声。"

二人轻蔑地瞟了一眼张伯行。全顺颇为嫌弃地说:"'粥'大人,还'米'大人呢! 少在这里费口舌。这是驿馆,里边住的都是当官的,是个人都能随随便便进来,还要我们干什么? 快点走,否则,休怪我哥俩不客气。哼哼! 被我哥俩打走的也不是十个八个,多你一个老小儿又何妨?"

全顺话没说完,便转身去拿杀威棒。

他俩的言行不禁令张伯行的脸色微微一沉,气势自内而外散发而出。二人瞧见张伯行这般模样,心下骇然,不由得后退两步,稳住身形。等缓过神来,二人陡然发觉,竟被一灾民逼迫至此,不禁愤怒不已,向前紧走两步,要将张伯行打走。

张伯行瞧见二人姿态，晓得二人要做什么。于是乎，后退一步，站稳身形，怒目圆睁，气沉丹田，高喝一声："谁敢？"

张伯行这一声，平地中炸雷一般，于二人耳边响起。二人不禁浑身一抖，被张伯行浑身上下的气势镇住，难以再向前一步，唯有留在原地，面面相觑。

驿丞听见大门外的吵闹声，忙带领两名驿卒出来一看究竟。

初入驿丞眼帘的是张伯行这身装束。他神情之中带着鄙夷，大喝一声："何事在此喧哗！"

跟在驿丞身后的两名驿卒，更是狐假虎威的一脸凶神恶煞相。这架势，似乎驿丞一声令下，他们就能把张伯行撕成两半。

全顺见驿丞出来，忙打个千道："禀报大人，此人要擅闯驿馆，被我二人及时拦下。不承想他竟在此无理取闹，惊扰大人，还望大人恕罪。"

存利也上前禀道："大人，小吏看他鬼鬼祟祟，不像好人。要不要把他锁送到县衙，好好问一问。"

驿丞又瞟了一眼张伯行，而后，转身对二人低语道："到县城的路又不好走，赶跑算了。"说完，就要回去。

二人得令，嘴角勾起一抹冷笑，向着张伯行而去。

张伯行眼中闪过一道寒光，腰板挺直，丝毫不惧那二人的架势。他略微一清嗓子，声音低沉却不失嘹亮道："本人乃候补中书张伯行，奉河督之命到黄河铜瓦厢段堵口工程效力。我张伯行倒要看看，哪个敢赶我！"

已然回身刚走几步的驿丞闻听此言，先是愣了一下，不禁浑身僵硬，一时之间不知为何身体想往一边歪。跟在他身后的两名驿卒眼疾手快，忙向前急跨一步，扶住驿丞。

张伯行的大名在仪封谁不知道，请见书院又是全县最有名的书院。仪封有句顺口溜：

> 黄河的水，仪封的塔，请见书院顶呱呱；
>
> 昌福记的兔肉，瑞隆顺的酒，张先生的大堤九十九。

驿馆的人虽没见过张伯行，单这几个月听京城来的那些治水官员经常提，也能把人的耳朵磨破。更何况张伯行说，他是奉命而来。

可怜正要扑向张伯行的全顺、存利二人，听到此言，吓得忙收脚。脚虽收住，身体却向前倾，只听"扑通"一声，二人全跌在地上。存利最倒霉，脸还被摔破。

姜还是老的辣。南来北往的官，驿丞毕竟见得多。他稍一稳神，转过身热情地笑道："哎呀呀！今天一大早，喜鹊就在驿馆院中的树上叫，对不对？"驿丞边说，边看两边的驿卒。

驿卒不知驿丞在说什么，二人心想，喜鹊从来就没在驿馆院里的树上叫过。可二人嘴上却笑着附和道："对！对！"

"哈哈！我说今天必有贵人到，看我说的准不准？"

"准！准！"

"果然张先生就屈尊前来。哈哈！张先生，里边请。哈哈！张先生，来，包给我背着。"驿丞笑着，不由分说去抢张伯行肩上的包袱。

"呵呵！里边请，里边请。"驿卒继续附和着。

驿丞只管往里让张伯行，没人看一眼趴在地上"哎呦"的全顺和存利。二人满脸惭愧，只恨自己狗眼看人低。

张伯行对驿丞的转变摇摇头。他没往里走，也没让驿丞接过包袱。

张伯行看看趴在地上的全顺和存利，对着驿丞道："这二人？"

驿丞立刻会意，说道："下官这就将他们二人赶出驿馆，永不录用。张先生，您看如何？"

那二人闻听此言，面如死灰。顷刻之间，瘫软在地。

张伯行瞧见那二人如此模样，不禁微微摇首，对着驿丞道："不必如此。"

而后，张伯行的目光又落在二人身上，说道："你二人可知错？"

全顺和存利二人忙爬起连连磕头道："谢谢大人，谢谢大人！小人知错，小人知错！"

张伯行在二人面前踱了两步，说道："何错之有？"

二人对视一眼，全顺抬头说道："小人不该狗眼看人低，冲撞大人。还望大人恕罪，饶恕小人吧！"

张伯行闻听此言，不禁叹息，略微摇头道："你等之错，不在于此。"

二人面面相觑，不知如何是好。

张伯行略微一顿，挺着腰板，遥望远方道："你等错在，不该将灾民打出去。"

张伯行继续说道:"万事则要将心比心。如若我将你二人赶出驿馆,此刻,灾民会将你们强加在他们身上的疼痛还于你们。你们可知晓?"

全顺和存利低下头来,面上带有羞愧之色。

此刻,张伯行眼前浮现出沿路上的场景,轻叹一声,说道:"在这荒年,理应同甘苦、共患难,共渡难关。尔等身为驿馆之人,更应如此。你们二人可知错?"

经张伯行一番言语,二人面红耳赤,顿首施礼,说道:"大人,我等知错。还望大人给我们二人一次改过自新的机会,我们定当痛改前非,谨遵大人之言。"

张伯行点头道:"此次,我就不追究你二人,罚你二人向被你们打过的灾民道歉,可有疑义?"

二人起身,恭敬着说道:"我等并无疑义。"

张伯行对二人继续说道:"如若有下次,绝不轻饶。去吧!"

二人躬身施礼道:"是。是。"

而后,张伯行转回身来,看着驿丞。

驿丞察觉到张伯行投来的目光,似觉心中一紧,浑身僵硬,一时之间不敢言语。

随后,张伯行问道:"周主政可在馆中?"

驿丞回道:"周主政在,邑尊也在。他们正在一起议事。"

张伯行点点头道:"好,引我去见他们。"

(四)凡是隈水的堤根,要用柳枝、玉米秸秆填充,避免洪水直接冲堤

六部的官员和知县正在议事,周德文听见驿丞在院中喊道:"周主政,张先生到了!"

周德文忙迎出来,笑道:"哈哈!说曹操,曹操到。孝先兄,大家正在说你,你就来到了。哈哈!"

姚义鸿也迎出来,笑道:"年兄,呵呵,来得好快呀!"

二人边说，边把张伯行让到屋中。张弘章和众官员起身，与张伯行一一打招呼。

周德文道："孝先兄，快坐，快坐！河督之命我们都已知晓。这下可好了，有你这位治河高手加入，大堤合龙之日就在眼前。"

大家寒暄几句，又议起事来。

周德文问张伯行道："孝先兄，对堵口有何高见，不妨说说看。"

张伯行道："堵口是大事，但以伯行拙见，当务之急是保堤。"

"哦！保堤？怎讲？"说到"保堤"二字，周德文不觉打个冷战，他想起这次铜瓦厢进水。

张伯行道："深秋时节，风大浪高，洪水淘刷大堤，很容易造成堤根坍塌和大堤渗水、管涌，严重威胁大堤安全。因此，要安排好人手日夜巡堤。巡堤时，不仅要看洪水对大堤的冲刷程度，还要查看大堤有没有渗水。特别是在阴雨连绵的时候，这种渗水现象不容易发现，更要提高警惕。"

周德文和屋内众人都赞同地点点头。

张伯行又道："要专门安排人员，一帮一负责抢险加固。对大堤一些坍塌部位，要迅速填充起来。另外，凡是偎水的堤根，要用柳枝、玉米秸秆填充，避免洪水直接冲堤。"

周德文心想，张伯行讲的这些我怎么就没想到呢？

"可用红夷大炮轰，派船现场挖的办法，除去决口附近的浅滩，改变河水流向，减少从决口处流出的水量。"张伯行说的这个办法，更令周德文目瞪口呆。

当议到灾民安置问题时，知县张弘章叹气道："自从铜瓦厢大堤决口后，从决口流出来的水，不停摇摆。黄河来一次洪峰，它就改一次道，把仪封和兰阳、考城等周边几个县祸害得不轻。如今，仪封境内县城和几个大的城镇里，到处都是灾民，他们要吃没吃，要穿没穿。常言道，救急不救穷！这么多人，整日单靠县衙和几个乡绅开的粥棚过活，也不是事儿。不知孝先兄有何高见？"

不提此事还好，提到灾民之事，张伯行心情更加沉痛。他说道："路上，伯行也看到不少灾民，他们的日子的确艰难。当务之急是帮他们复工复产，生产自救。有手艺的、会做买卖的，县里可鼓励他们在县城、镇上干个营生。刚才周主政说,堵口工地缺人,有力气的灾民可到工地上以工代赈。别的不说,工地上管顿饭还是没问题的吧!再发上几个钱,连家里的老小也有口饭吃。"

周德文道:"自从上次河台视察以来,本官按孝先兄的主意,把缺粮、缺料的事给河台汇报,没出十天,粮食就已运来。招抚灾民以工代赈的事,就由邑尊去办吧!"

张弘章说:"以工代赈的法子很好,既解决灾民生活问题,又解决封堵决口的人手问题,一举两得。明天一早,本县就让衙役把修河工地征民夫的告示贴出去。"

知县张弘章顺着张伯行的思路说:"本县也可以牵头,对洪水造成的垃圾、泥沙等进行清运。同时,号召官绅修复自家房屋和寺庙破损的建筑。这样,又能解决一大批劳动力吃饭的问题。"

张伯行点点头道:"此法甚好。"

张伯行又接着道:"现在天气转冷,大量百姓露宿街头并非长久之计。邑尊可否考虑一下,将无家可归的百姓暂时安置在寺庙之中?"

张弘章道:"本县正有此意。前日,同一些大的寺庙说过此事,他们表示愿意接受,有的已着手腾房。"

张伯行又道:"大灾之后必有大疫。近来仪封连遭洪水侵袭,很多百姓染上疾病。为躲避洪水,大量人口涌入城镇,人员聚集造成疾病传播。尤其是灾民,吃不饱、穿不暖,整日露宿街头,风吹雨淋,导致他们体质虚弱,更易遭疾病侵袭。我这里有两个方子,乃是被百姓誉为'神医'的叶河医所开。"说着,张伯行将药方交给张弘章。

张弘章接过,看看道:"嗯!叶神医本县也听说过,医术高明。"

张伯行又道:"伯行一直用这两个方子熬药,很多不是灾民的百姓领走全家一起喝,效果很好。请邑尊在全县粥棚里推广,惠济更多百姓。"

张弘章长出一口气道:"患病的灾民太多,本县也着急。这一下可好,本县这就在全县推广。"

原来,那天在铜瓦厢粥棚里,张伯行和大黑各拿一个勺子,站在铁锅两侧依次为灾民盛粥。

张伯行看看锅里的粥,又望望排队领粥的队伍,扭头催促大仪道:"大仪,熬好了吗?"

大仪一边用铁锨费力地在锅中搅，一边回道："马上马上，再滚两滚就熬好了。"

大黑也催促道："快点吧，老弟，这锅粥马上就要见底了，大家还都等着呢！"

大仪用袖子擦把汗道："两位哥哥，别催别催，越催越慢。二河，快，再添两根柴火。"

那天，来领粥的灾民实在太多，张伯行的粥棚施过两大锅，领粥的队还很长。

这时，一位六七十岁的颤颤巍巍、穿的脏兮兮的老太太排到锅前，大黑为她盛过一勺。张伯行见老太太病歪歪的实在可怜，本应一人一勺，他心一软，为老太太又盛一勺。

老太太见状，忙给张伯行不停作揖，边走还边说："世上还是好人多。张先生，好人一定有好报啊！"

排在老太太后边的人见大黑只给盛一勺，满脸怒气道："同样是来领粥，为何给她两勺，只给我一勺？"

张伯行赔笑道："这位大哥，别生气，全怨我。本来定的是一人一勺，我看老太太病得都快走不动了，心一软，就给她多盛一勺。是我坏规矩了，呵呵！你别生气，来，我再给你盛一勺。"

此人没有把碗伸过去，而是转怒为笑道："既然说好一人一勺，张先生，老坏规矩可不行。再说，有了病，也不会因多喝一勺白面糊糊就好了。"

此人满脸泥垢，张伯行却越看越眼熟，就是一时想不起来。再看看他的碗，分明是新的。张伯行忙问道："这位大哥，恕伯行一时眼拙，您是？"

此人大笑道："张先生好忘性啊，哈哈！才下轿，就把抬轿的给忘了。"

"叶神医？哈哈！您是叶神医！"张伯行兴奋地笑道。

叶浩笑着说："呵呵！鄙人把脸画成这样，张先生也能认得出来？"

张伯行忙来到叶浩面前，整整衣冠，郑重其事地说道："大恩人，请受伯行一拜。"说着，跪倒要拜。

叶浩忙将其拉起道："小事一桩，无足挂齿。"

张伯行见到叶浩，非常激动，"叶先生，来，来，来！咱们这边说话。"说着，热情地拉叶浩往粥棚后边去。临走，他还不忘喊一声："大仪，你们几个继续盛粥。"

叶浩将粥带碗让给后边排队的人,与张伯行手挽着手往粥棚后边走。

自给张伯行看过病后,叶浩就在铜瓦厢周边为受灾百姓义务诊病。因患病灾民太多,且多流离失所,叶浩发现灾民因无力买药,有病得不到救治。他一外来的游方郎中,也无力承担太多的药费。看着很多病人病情日渐转重,叶浩干着急也没办法。

这天,叶浩听说,铜瓦厢镇来了位张先生,开粥棚向灾民施粥。他想,这位张大善人既然有能力为灾民施粥,也应有能力为百姓施药。为稳妥起见,他要先来铜瓦厢看看。

来到铜瓦厢镇,叶浩远远看见,施粥的正是他为之诊过病的张伯行,不由心中大喜。他为试上一试,就将自己脸上涂上泥,又买个碗,排在领粥的队伍里。

二人才坐定,叶浩就把来意说明。这一切,正中张伯行的下怀。

叶浩拿出两个药方说道:"张先生,鄙人开好两个方子,对水灾后常发的霍乱很有疗效。霍乱属于烈性肠道传染病,是水受到污染所致。将此方中的药在大锅里熬好,每天给百姓喝一次,可有效遏制霍乱蔓延。这个方子里边有胡椒、姜、辣椒等驱寒发热的药,与开封府的胡辣汤类似。可掺在面糊糊里给百姓喝,能祛湿寒,起到抵抗湿潮、寒冷的作用。"

张伯行接过药方,高兴地说道:"太好了!患病的灾民太多,又不可能全部诊治过来,伯行正想求一个能为广大灾民同时喝的药,这下可好了。叶先生真乃医者仁心,请受伯行一拜。"说着,就要跪地磕头。

叶浩忙拉着道:"要谢,也该鄙人谢张先生才是。鄙人只是开两张药方,真正出钱、出力救人的,乃张先生也!"

七
决口会战

（一）张伯行起身褪去鞋袜，挽起裤腿儿，赤脚踏入泥土之中

来到铜瓦厢镇当天晚上，张伯行在驿馆中梳洗一番，换身干净衣服。第二天一早，驿丞看见张伯行时，他已浑身上下焕然一新，和昨日那个灰头土脸的样子截然不同。

今天，张伯行要和周德文等人一起去黄河工地，就新开一条运输道路进行实地勘察，对塌方河堤的修复进行论证。

张伯行站在离决口处十余丈的位置，蹲下身去，伸出手来，贴近泥土，感受泥土的湿度。此时，黄河大堤外，地面依旧泥泞不堪。张伯行起身褪去鞋袜，挽起裤腿儿，赤脚踏入泥土之中。在黄河大堤上，他不止一次这样做。

周德文等人互相看了看，最后，狠下心来，也学着张伯行的样子，赤脚踏入泥土之中。

张伯行和众人深一脚、浅一脚，慢慢向前。在稀泥中行走，张伯行的步伐依然矫健，而周德文他们行动起来却步履维艰，好几个人险些滑倒。

黄河大堤旁，河水汹涌，不断击打着堤岸，时不时将岸边的泥沙裹挟而去。

张伯行和众人沿路观察着水情以及河道周边情况，每于一处，便做笔录。

他们走走停停，不时讨论着什么。有时，张伯行止住步伐，静静伫立在原地，低头不语，或遥望远方，陷入沉思。

张伯行对周德文道："这样察看，并不能全部知晓河道之事，还需访问村民，这样才可完全掌握第一手资料。"

听到张伯行的话，周德文深感意外，他治河从不与当地百姓打交道。既然张伯行这样说，他便对跟在后边的仪封县管河主簿道："此处可有人家？"

管河主簿与当地河工对视一眼,河工道:"有,列位大人请随我来。"

张伯行点点头,河工为众人前方带路。

众人前行不到一里,果然瞧见一户人家。那房屋用泥草搭建,简陋万分,距离黄河大堤一里多远。

来到屋前,见一位四十来岁的中年人从草屋出来。此人身着粗布麻衣,皮肤黝黑,体格强壮。此人瞧见过来一群人,鲜衣怒马,不禁一愣,眼神之中充满警觉之色。

张伯行紧走几步,拱手施礼道:"大兄弟,莫慌,在下只是想询问黄河河患之事。"

河工走上前道:"王大哥,莫害怕,这些都是朝廷派来治理黄河的大人们。"

河工还未曾言毕,张伯行回头,用眼神狠狠瞪他一眼。老百姓本就很少见官,听说是朝廷派来的,惊扰百姓如何是好。

果然不出张伯行所料,此人猛然听说是朝廷派下来的大员,被吓得后退好几步,身体抖如筛糠,低头不敢言语。

张伯行将头扭过来,和蔼可亲地轻声说道:"大兄弟,莫慌。我们奉命来堵黄河决口,是来为百姓造福的。"

此人闻听此言,竟然泣不成声,跪地就拜,说道:"大人,还望为我们做主。"

张伯行立即躬身将人扶起,说道:"大兄弟,快快起身,有何苦楚,不妨直说。"

此人起身抹抹泪水,说道:"草民王大山,历来居住黄河大堤岸旁,深受黄河水患侵扰,今年所种庄稼皆被河水冲走。如今,一家老小快揭不开锅,还望大人能尽快堵住决口,还我们百姓太平日子。"言必,又是一把鼻涕一把泪。

张伯行安慰他道:"大兄弟,莫难过,你放心,我们绝不会辜负百姓的厚望,一定会把黄河治理好。"

说完,张伯行和周德文详细询问一些问题,才告辞离去。

张伯行行走数百步,又停下脚步。他深知寥寥数语不能完全慰藉王大山心中之痛楚。仰天长叹,毕竟黄河欠百姓的太多太多。唯有让黄河安澜,让黄河变害为宝,造福百姓,才能真正抚平百姓受伤的心。

张伯行快步追上带路的河工道："大兄弟,待会儿前往百姓家中询问之时,莫要如此莽撞。不要将我们的身份告知他们,避免引起百姓的恐慌。"

周德文听了,觉得张伯行言之有理,对河工说道："一会儿对百姓只说我们是来治河的河工便可。"

河工面带羞愧,对着张伯行和周德文拱手施礼道："大人,小的知错。二位大人请放心,小的一定注意。"

张伯行点点头,他问河工道："请问大兄弟贵姓,尊名如何称呼?"

河工闻听张伯行用"贵姓、尊名如何称呼"这样隆重的词汇问自己姓名,不禁受宠若惊道："大人太抬举小的。小的免贵姓张,大号天勇,就是铜瓦厢本地人。"

张伯行笑着点头道："太好了,咱们说不定五百年前还是一家。我也姓张,叫伯行,也是咱仪封本地人。看年龄,伯行应比大兄弟虚长一些,以后就称你为天勇兄弟。"

张天勇一听,眼前此人就是大名鼎鼎的张伯行,激动地说："原来是张先生啊!早听程石头提起您,今日有缘相见,果然气度不凡。"

"哦!程石头这一段身体还好吧?"张伯行关心地问道。

"好着呢!天天在大堤上巡查。"有了共同的朋友,张天勇在张伯行面前不再感到拘束。他像朋友之间拉家常似的同张伯行聊起来。

一行人继续向前走。张天勇在前边带路,他们边走边聊,不觉又到一户百姓门前。

连日来,张伯行夜以继日地奔波,不断深入调查研究,询问村民河患规律,对大堤河道各方面皆有更深认识。

在驿馆张伯行的草房内,周德文与他谈着治河之事。说话间,张伯行不由轻咳数声。他端起茶盏,热气升腾而起,氤氲着眼睛。他轻抿一口,略微一润喉咙,又将茶盏置于案上。

周德文听见张伯行轻咳之声,不由得心下紧张。复瞧见张伯行茶盏之中,不曾有一丝茶叶,微微一愣,暗自记于心中。

张伯行微缓气息,满脸歉意地对周德文说道："连日来,昼夜奔波,不免受些风寒,让主政见笑。"

周德文忙关切地问道："孝先兄,连日来不辞劳苦,万事亲力亲为,劳累不已,实在是我等之楷模啊!"

张伯行面带微笑,略微摇摇头,说道:"水患之事,苦民久矣!"

周德文点点头道:"咱们不把黄河治好,上对不起皇上,下对不起百姓。"他话锋一转,接着问道:"依孝先兄所见,接下来当何为?"

张伯行起身,极目远眺,对周德文说道:"修黄河大堤,需收购大量秸料,咱们得前往各垛查看一番。秸料,乃为农作物收割以后的茎,俗称禾秆。它极易霉烂变质,更容易着火,素来不易保管。"

张伯行略微一顿,略与周德文对视,继续说道:"随着工程进展,陆续会有大量秸料运来。未雨绸缪,我们需事先找几处适合存放秸料的地方。此事得找位熟知地形的当地人带路。"

周德文点点头道:"孝先兄所言极是。依本官看,还找那日带路的河工如何?"

张伯行道:"此人乃本镇人,对这里情况熟悉,找他带路正好。"

张天勇听说又派他带路,非常高兴。能为堵口做些事,能为受百姓敬仰的张伯行带路,他感到十分荣幸。

张天勇带着张伯行众人,来到离黄河大堤数百步远处,便瞧见于黄河大堤岸旁堆放着众多垛秸料。

河工和民夫们见张伯行一行到来,忙放下手中活计,垂手恭迎。

工头迎上来打千施礼道:"大人们前来,小的有失远迎,还望恕罪。"

周德文略微一摆手说道:"诸位辛苦,本官前来查看秸料。"

工头心想,今天太阳从西边出来啊,京城里来的老爷们怎么来查看秸料了? 他料定这帮老爷同以前的管河官员不会有什么不同,定不会查出什么。于是,他满脸堆笑道:"大人,请!"

张伯行逐一穿行于每垛夹道之中,用丈尺量其高宽,相其新旧虚实;有松动之处即抽,有可疑之处便拆;按束称斤,无一垛不量,亦无一厅不拆,未曾有半点含糊。

工头瞧见张伯行等人查看得如此仔细,而且懂行,不禁脊背发凉,鬓角冷汗直冒,似觉身置数九寒冬中。

（二）秸料乃河工第一弊端，其门垛、滩垛、并垛诸名目，非抽拔拆视，难知底里

自古河务乃贪官污吏钻营之巢穴，河官们为从中营私舞弊，可谓是无所不用其极。秸料乃河工第一弊端，其门垛、滩垛、并垛诸名目，非抽拔拆视，难知底里。

张伯行深知这里面的猫腻。秸料便宜，用量大，且易损耗，正好给心术不正之人以可乘之机。秸料一般在堤上堆放好，作为"门垛"，蒙混到底层，架井虚空；或用朽黑腐烂的秸料充塞，作为"滩垛"；更有利旧翻新，名为"并垛"；以新盖旧，名为"戴帽"。

张伯行遇事必亲力亲为，尤其是治河这样关系百姓生命和财产安全的大事，更不能有半点马虎。

他查看完毕，眼中闪着寒光，紧盯着工头道："实际的秸料为何与账面不一致？"

工头只好硬着头皮，拱手施礼道："秸料轻又便宜，一百斤就能将一辆大车装满，一车也换不了几个制钱，百姓不愿远跑。因此，咱们每年麦收后、秋收后，挨村各收购一回。因运输不便，就将收上来的部分秸料就近存放一处，需要用时再去拉，所以，大堤上这些只是其中一部分。"

周德文看张伯行查出问题，便厉声道："本官不管往昔如何，自今日开始，将堵口工程账目上的秸料全拉到大堤下备用。十日之后，本官再来验查。再有短缺，本官决不轻饶！"

工头怎敢有异议，头点得跟小鸡啄米似的，口中连连称："是，是，小的明白。"

回来的路上，周德文心中暗想：这张伯行果然厉害，有他在，我就能省不少心。

回到驿馆后，周德文心情极佳地对张伯行说道："哪天孝先兄得空再到工地上看看，因你的妙计，如今工地上热闹着呢！"

"这都是主政和知县的功劳，伯行并没做什么。"张伯行笑道。

第二天，张伯行独自一人到堵口工地，查看工程进展。

工地上热火朝天,这都源于县衙贴的告示。

自从县衙贴出告示,灾民中就炸开了锅。老倔头一家是从东边土山寨躲洪水跑到铜瓦厢镇的。一家老小八口,露宿街头已两三个月。家里带出的东西,能吃的都已经吃光,能卖的都已经卖完。前些天,他大儿子存金回去看看,村里积的水还能没过腰。回家无望,一家人全指望张伯行在镇上开的粥棚过活,大人小孩整天吃不饱,日子过得那叫难。

"爹,这下可好了! 这下可好了!"二儿子存银从看告示的人堆里挤出来,兴高采烈地跑到他们一家搭的窝棚前。

老倔头嘟囔句:"好什么好,自打跑洪水出来,我都没好过。"

"县衙贴出告示,愿意帮助有手艺的人干营生。爹不是会做豆腐吗? 领着咱们干呗!"存银兴奋地说。

"钱呢? 有钱你爹早干了,还用你小子说?"老倔头瞪一眼儿子道。

"告示上说,县里借给钱,明年秋后还,三厘的利钱。"存银补充道。

"三厘的利钱? 明年秋后还?"老倔头吃惊地问道。

"是的,爹。"怕老倔头不相信,存银狠狠地点点头。

老倔头一下来了精神。做豆腐是他家祖传手艺,逢有集市时,他都会做些拿到集市上卖。他早想卖豆腐,可做豆腐的家伙不是被水冲走,就是埋在倒塌的作坊里。这下好,县里肯借给本钱,全家就饿不着。

当天晚上,老倔头把全家人召集在一起。他对全家人说:"咱们的霉运算是到头了,明天存铜跟我去县上借钱。借来钱,咱就开始做豆腐。"

全家人脸上露出躲洪水以来少有的笑容。

老倔头接着说道:"明天一大早,老婆子和老大媳妇给存金、存银的东西收拾收拾,明天让他哥俩到堵口工地当民夫去。"

听老倔头这样安排,存银的脸色大变。他问道:"爹,咱家不是要做豆腐吗? 为啥还让我哥俩去修河啊? 我不去。"

"做豆腐用不了那么多人,有我、你娘、你大嫂、存铜就够了。告示上不是说,堵口工地要人吗? 你哥俩去工地,工地不但管饭,还给钱,又能为家里省俩人的口粮。咱们攒下钱,等水退了,还得回去修房盖屋呢!"

"咋不叫存铜也去啊?"存银赌气道。

老倔头重重拍了一下存银的头,厉声道:"混账东西! 工地上都是重体力活儿,你弟弟才十四,能去吗?"

不但存金、存银本地的灾民在工地干,附近考城县、兰阳县、祥符县的灾民知道后也跑过来。因为是农闲,有些没遭灾的百姓也赶来帮工。就连之前嫌工地吃不饱、不愿来的陈富有家三儿子,也干劲十足地在工地跑来跑去。

老三听说如今工地上不但管饱,时不时地还能吃回白面馒头,他和庄里的几个伙伴一商量,便结伴而来。

张伯行仔细看着碎石及石料的耗用。他发现,河工使用料物极少,有偷工减料、图懒省事的嫌疑。如此一来,所修筑之堤坝,平日看着没有什么问题,在洪峰和大浪面前,则会不堪一击。

张伯行在工地上四下转转,瞧见岸旁几位修河的民夫,他的目光落在岸旁一石头上坐着的壮汉身上。那人身穿褐色粗布麻衣,正不断擦拭着流淌的汗水。

张伯行紧走几步,向着那壮汉拱手施礼,和蔼地笑道:"大兄弟,辛苦了。在下心中有些疑惑,想请教大兄弟,不知可否?"

壮汉从未被穿长衫的人如此以礼相待,不禁受宠若惊,立即起身说道:"老爷请讲。"

张伯行略微顿了顿,问道:"修筑堤坝,只顾图省事,难道就不怕堤坝坍塌吗?"

壮士环视四周,发觉四下无人,方小声对张伯行说道:"老爷,建房还讲百年大计呢,修堤更是天大的事,这些我们都懂。可我们不当家啊,是工头要求我们这样干的。我们就是些小老百姓,只能听他们的。唉!我们都是本地人,日后洪水将地冲毁,倒霉的还是我们这些小老百姓。"

张伯行这才恍然大悟。他在心中思索,大堤如照此修建,口是被堵上了,几次洪峰过后堤坝必松动。用不了几年,还会出现溃堤的可能。到时,朝廷修堤的钱不但白花,老百姓的生命又要受到威胁。绝对不能放任这种情况发展下去!

张伯行又一想,不能单听一面之词,把事情彻底搞清楚,下一步才好处置。

张伯行不露声色地对壮汉说道:"大兄弟,这可是关乎咱们老百姓身家性命的大事,可否给在下指指哪位是工头,在下要看看他长什么样。"

壮汉狐疑地看看张伯行,瞧着张伯行面带微笑,不似奸恶之人,于是四处窥视一番,向远处指指道:"外边没有,估计在那边屋子里。老爷来的真巧,监工老爷前几日去府城,昨日才回来。"

张伯行顺着壮汉手指的方向,看到数百步远有座临时搭的草房,又问道:"工头长什么样?"

壮汉想了想,说道:"穿件蓝长衫,外面套个青色马褂,身材微胖,哦!下巴留着山羊胡。"

张伯行谢过壮汉,就往草房处走去。房门开着,房中果然坐着一人。此人身着一袭湛蓝色长衫,外罩瑾青色单襟马褂,脚下薄履深灰纳步鞋,身材微胖,脸上留有一撮山羊胡,正靠在椅背上闭目养神。

张伯行来到门前,对着屋内之人抱拳施礼道:"请问哪位是监工大人?"

监工抬起眼皮,上下打量一番眼前这位土里土气的陌生人,不理不睬地哼一声,表示自己就是,又将眼皮放下。

张伯行问道:"监工大人,这一工段的料物督办,可皆由你负责?"

监工颇为高傲地又哼一声道:"嗯!确实不假。"

张伯行看着他,说道:"河工使用料物之时,偷工减料,监工可知晓?"

监工打量打量张伯行,冷笑道:"哼哼!偷工减料又怎样,没有偷工减料又怎样?"

"偷工减料难道就不怕堤坝坍塌,黄河再决口吗?"张伯行义正词严地说道。

"决口?哈哈!老子就盼着黄河决口,不决口老子还没钱赚呢!"他直直身子,沉着脸道,"此事与你有关吗?"

"此事当然与在下有关。"张伯行冷笑两声,厉声道,"河督派在下来,就是要修一道能为百姓抵御洪水的铜墙铁壁!"

监工闻听此言,脸色突变。他一拍椅子扶手,猛然起身,大怒道:"哪儿来的刁蛮之徒,竟敢冒充河督派来的。来人,来人啊!三孬,老八,快把这个疯子给老子弄走!"

三孬、老八等四五个人忙跑过来。众人刚想从背后抓张伯行,张伯行转过身,大怒道:"我看你们哪个敢!"

众人一看,顿时傻了眼。三孬紧走两步,来到监工前,低声道:"老爷,这位是河督派来封堵决口的张大人,张伯行。"

监工不听则罢，一听脑袋嗡嗡作响，全身直打战。他虽没见过张伯行，却久闻其名，知道他是仪封响当当的人物，连知县都得敬他三分。他还听说，这回河道总督张鹏翮亲自保举张伯行来堵口。这么一个大有来历之人，他可惹不起。

监工忙满脸堆笑，向张伯行躬身施礼道："不知大人到此，有失远迎，请大人恕罪！请大人恕罪！"

张伯行怒气未消道："监工身为督办料物之人，理应尽职尽责，一心要想着怎样将堤坝修筑牢固，怎样阻挡住洪水，而非欺上瞒下，钻营私利。到头来，害人终害己！"

监工闻听张伯行一席话，不禁冷汗直流，连声称："是，是！小的混蛋，小的一派胡言，小的知错！"

张伯行身后的人，瞧见监工如此模样，不禁暗自偷笑。平日里，监工骑在大家头上作威作福惯了，大家敢怒不敢言。如今，看到他被张伯行训成这样，大家能不高兴吗？

张伯行看到监工认错诚恳，亦不忍再责怪，怒气微消，对他说道："正所谓'知错能改，善莫大焉'。本人望你能痛思己过，督办之时，尽职尽责，将之前偷工减料之处全补上，在下便不再追究。如若再瞧见钻营谋私，本人上报朝廷，绝不轻饶。你可知晓？"

监工连忙点头答应道："小的这就补上！小的再也不敢了！"

（三）居者有屋，耕者有田；食者有饭，穿者有衣，百姓幸事也

因黄河水流湍急，无人能驾船去挖河中的浅滩，周德文只得调来火器营的几门红夷大炮。十几炮下去，浅滩炸去一大部分，洪水下行畅通，从决口处流出的洪水明显减少。

忙活一天，张伯行回到镇上时，已是傍晚。夕阳西下，余晖洒于他的身上，镀着一层金光。他来到粥棚，二河忙迎过来。

张伯行问道："这几日粥棚还忙吗？"

二河答道："自从县衙贴出告示，鼓励百姓生产自救，号召灾民到堵口工地去做工，每天来喝粥的灾民少了大半。"

张伯行点头道:"居者有屋,耕者有田;食者有饭,穿者有衣,百姓幸事也!"

晚上,张伯行斜卧于床上,久久难以入眠。经过这几日的查看,很多问题浮出水面,需一一解决。

一连数日,张伯行日日监督,绝不缺席。不仅如此,时常亲自带领河工们修筑堤坝,河官、河工们敬佩不已。监工不敢再偷工减料,也不曾有一人敢消极怠工。

这一日,黄河堵口工地突现管涌。

起初不曾有人发觉,然而,张伯行似觉水面之上出现异常,不禁定睛观瞧。只见水面出现翻花,大量涌水翻沙,孔道不断扩大,撞击着堤防、水闸地基,冲刷着土壤骨架。

张伯行急忙大喊:"不好,出现管涌!"随即脸色突变,立即飞奔过去。

河工和民夫见张伯行身先士卒,十分感动,很多人跟着跑过去。

张伯行治过河,他知道,大片管涌非常可怕。管涌在渗流作用下,水在孔隙中流速增大,极有可能出现塌方。

张伯行大喊道:"弟兄们,快填粗沙。"

存银扛着一袋粗沙飞奔过来。他与张伯行一起,将这袋粗沙倒进去,可于事无补,水继续往外涌。

这时,陈大个和存金也扛来几袋粗沙倒下去,接着又有一大帮人扛着沙跑过来。十几袋粗沙接连不断地倒进去后,水终于不往外冒。

陈大个推着一车碎石赶过来。

张伯行忙说道:"大兄弟,现在不能填碎石。要压实管涌,必须下细上粗。现在得填石屑,然后才能放碎石。最后,压上块石和土袋,再不断降低渗压,以防止渗流携带泥沙。"

"好嘞,我去推一车石屑来。"陈大个道。

没等陈大个去,老三和他的一位伙伴就推着一车石屑跑过来。还没走到跟前,老三就大声地问道:"张先生,石屑倒哪儿?"

"小兄弟,倒这里。"张伯行向他俩指指。

一番抢救,管涌终于被堵住,大堤终究没有决口。

张伯行不禁松了一口气,瘫软在地,良久方才起身,看着一众河工说道:

"巡查人员在何处？为何不曾发现如此状况？尔等可知，如若管涌形成，基土就会被淘空，堤防、水闸地基、土壤骨架破坏殆尽，最终造成决堤、垮坝、倒闸。"

这时，巡查人员自人群中现出身，面有愧色，低首不语。

张伯行看着那人，恼怒不已道："此人巡查不力，撤职查办！"

尔后，张伯行不曾看那人一眼，转身便离去。

一连忙了好几天，张伯行不免有些疲惫。回到驿馆，他躺下憩息片刻。姚义鸿没见张伯行过来吃饭，便去看他。

"年兄，在吗？"姚义鸿敲着张伯行的房门，问道。

张伯行忙起身开门相迎。

"呵呵！没什么事，就是晚饭时没见年兄，过来看看。"姚义鸿边坐边说道。

张伯行向姚义鸿拱手致谢道："谢谢年兄关心。伯行没什么，就是稍微有些疲倦。"

二人正聊着，张伯行感觉嗓子发痒，不禁轻咳数声。

姚义鸿听闻张伯行又咳嗽，关切地问道："年兄，可是感染风寒，不曾痊愈？"

张伯行嘴角浮现出笑意，额头微点，说道："无碍，只是小病小痛罢了。"

姚义鸿将手伸入怀中，拿出一小包药放到桌上道："年兄，义鸿这里有包丸剂，乃治疗风寒之良药。每次三丸，早晚各一次，服上几日，定能痊愈。"

张伯行看看药，微微一愣，尔后，将药包推至姚义鸿面前，摇头道："年兄费心，只是小病而已，不久便会痊愈。这药，给那些染疾之灾民吧。"

姚义鸿说道："年兄身体痊愈，方能为百姓造福。和义鸿客气什么，还是收下吧！"

张伯行见姚义鸿盛情难却，只得收下。

姚义鸿问道："年兄，周主政说让绘制一张黄河地势图，可何人对铜瓦厢附近黄河地势了若指掌啊？"

张伯行闻听此言，微笑道："绘制铜瓦厢黄河地势图，十分重要。不仅这次封堵决口，就是以后治理黄河，也离不开这些地图和水文资料。"说着，拱手向姚义鸿施礼。

姚义鸿笑着摇摇头道:"只是义鸿对此处地形不甚了解。"

张伯行道:"这倒不难,伯行认识位老河工,名曰程石头。他在铜瓦厢段黄河大堤干了几十年,明日我们不妨去请教他。"

次日天未亮,张伯行和姚义鸿一起前往黄河边找程石头。

见到程石头,二人说明来意后,程石头大笑道:"哈哈! 张先生找我,算是找对人了。我不到二十岁就在铜瓦厢黄河大堤上转悠,哪里有棵树,哪里有个坑;哪里有野兔,哪里有狐狸,我都知道。"

程石头带着二人熟悉地形,讲解这段大堤什么时候修的,那段埽坝是什么人堵的,终于绘制出铜瓦厢黄河地势图,以此作为指挥施工的依据。

数日奔波,张伯行风寒愈发严重,咳嗽声接连不断。姚义鸿忙为他请来郎中医治,总算有所好转。

(四)小船在汹涌的黄河中,随着波浪左右摇摆,上下起伏

黄河铜瓦厢段封堵决口,不仅仅是仪封县,就连开封府、归德府、曹州府的百姓,也都络绎不绝地前来支援。

张老二和李小三结伴来堵口工地,帮忙施工。

看到修堤进展缓慢,李小三对张老二道:"二哥,这速度还没只蜗牛爬得快呢!"

"急啥,这叫慢工出细活。"张老二说罢,二人齐笑起来。

一旁的老倔头不爱听。他瞪着眼对二人说道:"嫌慢,你俩跳到决口里堵堵试试。"

李小三一看,笑着拱拱手道:"哟! 这不是卖豆腐的掌柜吗? 大老远的你老咋也跑来看热闹啊?"

"啥掌柜不掌柜,就是一个摆摊卖豆腐的。"老倔头定眼一看是他们二位,拱了拱手道。

张老二恍然大悟道:"哦! 听说掌柜的两位公子,都在工地上堵口吧?"

"现在谁家能有人在工地上堵口,可是件荣耀的事啊!"李小三说道。

"啥荣耀不荣耀,老汉我就觉得,堵口筑堤、掏力干活,是为咱老百姓干的实实在在的好事。决口堵上,村里没黄河水,我就能回家安安稳稳种地打粮,

秋收冬藏。"

原来,自打存金、存银来到堵口工地,只回去过一次,家人都很惦记。加上天气转冷,这日做完豆腐,老倔头来给他们送衣服,顺便告诉兄弟俩,在东街租了房,家人都已经从窝棚搬了过去,一家人算是暂时稳定。

看着堵口进展缓慢,最心急的就是像老倔头这样的家被洪水淹没的灾民。他们天天盼望着决口早日堵上,好早点回家过日子。

冯老板站在离他们不远处,听着他们的谈话,光笑不吭声。他知道老倔头的嘴厉害,脾气倔。他也来大堤看过几次。决口不堵上,外地商人就不来进货;百姓遭遇洪灾,腰包里没钱,购买力明显下降,生意不好做啊!不仅工程进度,他关心的还有决口能否成功堵上。他有一个计划,在确保堵口成功的前提下,他要到外地进一大批货。等铜瓦厢恢复元气时,他要好好赚一笔,把洪水带来的损失弥补回来。

工程进展慢,张伯行也格外着急。这一日,他来到黄河大堤堵口工地,边带领大家修筑堤坝,边思忖着如何加快工程进度。

这时,张伯行远远看见黄河上有只船驶来。这只小船在汹涌的黄河中,随着波浪左右摇摆、上下起伏。张伯行远远地看着,很为船上人的安全揪心。

小船艰难地向这边驶来。黄河水携带着泥沙,不断击拍着船身。船上的舵手熟练地控制着船舵,一人奋力地划着桨。

船快靠岸时,船上掌舵的壮汉喊道:"岸上的兄弟,麻烦帮着靠一靠船。谢谢啦!"

张伯行忙让张天勇下到水边,接过船上人撂过来的缆绳,将绳套在岸边的大石头上,又帮着将船靠稳。

上岸后,这位满脸络腮胡的壮汉向张伯行拱手施礼道:"谢谢先生鼎力相助。"

张伯行笑着向壮汉抱拳还礼道:"大兄弟言重了,我那小兄弟不过是举手之劳。河水汹涌,旋涡又多,你们是怎么过来的?"

壮汉笑道:"不瞒先生说,我家世代就居住在这黄河岸边,我从小听着黄河的涛声长大。不是小弟自夸,虽不敢说对黄河习性了如指掌,但黄河里哪儿能游泳,哪儿能渡河,还是知道一二。"

张伯行问道:"请问大兄弟,尊姓大名?"

壮汉瓮声瓮气地答道:"我乃仪封铜瓦厢南北庄人士,姓李名海长是也。"

张伯行闻听笑道:"在下向李海长兄弟打听一人,南北庄庄北头的李河生,你可认识?"

李海长大笑道:"哈哈! 先生算是问对人了,李河生是我大伯。"他指了指身旁的老者道:"这位是我父亲,叫李砖头,排行老二。"

张伯行也大笑道:"哈哈! 原来是李老哥家的至亲。在下在李老哥家住那么多天,为何没见过二位啊?"

李砖头一听,先是一愣,继而拉着张伯行的手激动地说:"您是张先生吧? 我常听大哥说起您。"

李海长也兴奋地说:"张先生在我大伯家住时,我们一家出去躲洪水了,回来还没一个月呢!"

说起洪水,李海长叹口气道:"先生也知道,我们南北庄原本是个热闹的地方,可一场洪水,庄里的人跑得差不多了。"

张伯行神色凝重地说道:"是啊,我在李老哥家住时,庄里也就零星几户人家。"

李海长转悲为喜道:"这下可好,大家听说朝廷正派人在大堤上堵口,很多出去逃难的人都又回来啦。"

张伯行闻听感慨道:"毕竟故土难离啊!"

"张先生,工地还缺人吗? 别的不说,咱从小就是在黄河里泡大的,有需要下水的活儿,绝对不含糊。"李海长豪情满怀地说道。

"现在正是缺人的时候,海长兄弟,来吧,工地上正缺像你这样识水性、又了解当地环境的人呢! 咱早一天把口堵上,老百姓早一天心里踏实。"张伯行热情地邀请道。

"行! 张先生,我回去把家里的事安排好,这几天就来。"李海长爽快地应允道。

张伯行遥望李海长他们远去的身影,不禁喃喃自语着:"如若建座大桥,就能天堑变通途。两岸之人往来如走平地般,就不必如此心惊肉跳。"

突然,张伯行脑海之中灵光一闪,不禁眼前一亮,就连手中之物落于地上都不曾察觉。

张天勇瞧见张伯行的异常,忙放下手中的活计,上前关切地询问道:"大人,可曾有事?"

张伯行闻听呼唤,回过神来,笑着对天勇说:"无碍。"

张天勇松了口气,便去接着干活。

良久,张伯行眼中惊喜之色仍未褪去。不行,这事得找程石头唠唠去,张伯行想到。

张伯行按捺不住激动的心情,对程石头说:"堵口进展缓慢,河台规定的期限已过去大半,周主政急得嘴上起泡,伯行也跟着着急。刚才伯行受到渡河的启示,咱们能不能在决口处直接先架个木桥,再将桥下分隔出若干桥洞,分块实施,逐步推进,从而减少从决口处流出的水量。"

程石头随即称赞道:"先生这个想法好。"

张伯行接着说:"这个想法之前我就有,只是没有想到具体实施方法。今天听李老哥的侄子李海长说,他能在黄河里游泳,更加坚定伯行之前的想法。只是……"

张伯行忧虑地说:"面前决口处的流量会不会将木桥冲垮?"

程石头想上老半天,试探着说道:"在没有桥墩的情况下,就不会冲垮。先生,咱们用船架个浮桥怎样?"

"太好了! 石头兄弟,这个想法太好了!"张伯行激动地说道。

"架好浮桥后,咱们再一一打桩,分割决口。"程石头道。

张伯行赞许地点点头。

回去的路上,张伯行在脑海之中盘算着架浮桥的方法。还没回到驿馆,方案他已了然于胸。

张伯行深知,通路架桥急需人力、物力,他便直接来到周德文的房间。

周德文见张伯行来找,忙起身相迎,笑着问道:"孝先兄,今日工程进展如何?"

张伯行神情之间带着犹豫。他沉思少许,方对周德文说道:"周主政,在下寻思,若想加快工期,在决口两侧大堤之间架道浮桥是个办法。"

周德文闻听此言,笑道:"孝先兄真是用心,架桥这种办法也能想得出,本官全力支持。只是水流湍急,这浮桥能建吗?"

张伯行道:"伯行觉得,若有熟悉水情之人和老练的船把式,建造浮桥不难。"

周德文想想道:"本官觉得此事可以试试,由孝先兄全权负责吧。切记一点,一定要注意安全,莫闹出人命。"

第二天,张伯行就着手准备。他从河工中抽出一部分人,专门从事架桥的工作。

黄河之水,汹涌澎湃,不断拍打堤岸,向着远方奔涌而去,颇有一番李白《将进酒》中所云"黄河之水天上来,奔流到海不复回"的气势。

然则,通路架桥并非易事,人力、物力缺一不可。浮桥所用的船由县衙负责联系购买,木板等材料工地上都有,关键要有熟悉黄河水性的船夫、水手。

这时,张伯行脑海之中浮现出李海长行船渡河的场景,心中一动,便去南北庄专程请李海长出山。

张伯行带着张天勇朝着南北庄方向而去。只见一处房屋因所处地势较高,因而洪水并未将房屋席卷而去。

只是那四周地势较低的房屋,却无一幸免,皆冲毁殆尽,地面之上依旧残留着残垣断壁。

张伯行正想找李河生打听李海长的住处。这时,从院落内传来说话声,张天勇觉得声音耳熟,不禁往院里望上一眼,果然是李海长。

李海长也瞧见张伯行二人,不禁惊讶不已,忙从院中出来紧走几步迎上前来,对张伯行抱拳施礼道:"张先生,您怎么来了?"

张伯行笑着抱拳还礼道:"伯行此次前来,就是要请兄弟出山。"

李海长闻听此言,心中大悦。他粗声粗气地说道:"先生言重,我乃一介草民,并无所长,何谈出山一说。"

张伯行对着李海长神秘一笑,手捻须髯,说道:"兄弟谙熟黄河水性,驾船技术精湛。伯行想来想去,建浮桥之事非兄弟莫属。"

李海长闻听此言,不好意思道:"小弟是略知一二而已。"

张伯行眼角带笑意地说道:"莫要谦虚!堵口修堤,功在当代,利在千秋,乃是十足的大好事,兄弟莫要推脱。"

"只是……"李海长面露难色地往院内看看,说道,"张先生,实不相瞒,小弟本来打算去修堤工地,为堵口复堤出些力。谁知,昨天我爹走到村边的小水坑时,脚下一滑,摔了一跤,胳膊摔折。现在,我得在家伺候他。"

张伯行听闻李家变故,也不好再勉强。他正想说,能不能推荐几个能手,只见李砖头扛着胳膊从院里走了出来。

李砖头对李海长说道:"刚才你们的话我都听到了。修桥铺路是积善成德的大事,何况堵口修堤呢! 你不用管我,家里有你娘和你媳妇,你就安心跟着张先生,为咱们老百姓出把力,让咱不再受这洪水的气。"

张伯行感动地看着李砖头。

李海长看看父亲,又看看张伯行,说道:"张先生亲自来请,令我受宠若惊。既然我爹这样说,就冲张先生对百姓的良苦用心,我也要随你同往。"

张伯行也笑道:"这可太好了,咱们这就走吧!"

李海长笑道:"哈哈! 张先生不急。二位先到寒舍稍坐片刻,容我收拾好行囊,咱们就走。"

(五)为咱的子孙后代,咱也要把铜瓦厢决口堵上,把黄河大堤修好

在决口处架浮桥并非易事。李海长又找来几个熟悉黄河水性、熟知木船性能之人,县衙代买的船也停在黄河岸边。

搭浮桥这天,张伯行早早来到工地,对事先准备好的料物又仔细检查一遍。搭建工作准备就绪,李海长等人要上船时,周德文、姚义鸿等人也赶过来送行。

李海长等人将外衣脱去,光着膀子,穿着短裤。张伯行为每人倒一大碗酒,依次双手端给大家。

最后,张伯行也为自己倒满满一碗酒。他端起酒碗道:"黄河在豫东时常泛滥,咱仪封百姓都被黄河祸害得没遍。现今,皇上派人为咱们修堤堵口,咱们也要出把力。不为别人,为咱的父老乡亲,为咱的父母妻儿,为咱的子孙后代,咱也要把铜瓦厢决口堵上,把黄河大堤修好!"

张伯行的话掷地有声,李海长等人听得情绪激昂。

张伯行将酒碗举过头顶,说道:"众位兄弟辛苦,伯行先敬大家一碗。等浮桥架好,周主政在铜瓦厢最好的酒家,为众位兄弟庆功! 伯行先干为敬。"

说完,张伯行"咕咚咕咚"一饮而尽,李海长等人也一口气将酒喝完。

大家上船后,张伯行又嘱咐一遍:"众位兄弟,一定要注意安全。"

众人答道:"放心吧,张先生!"

说着,就将船驶向决口处。

为使小船吃水深,在水流里更安全,李海长特意在每只船上都放了几块大石头,用来压船。因此,船在急流的决口处,还比较安稳。

水流湍急,大家试过后发现,船不可能全部一字排开。张伯行决定,先从堤坝的一侧固定船只,然后再一只一只地连接。

为保证其他人的安全,李海长要求先固定他所驾驶的小船。上下左右摇晃半个时辰后,小船终于固定好。接着,另外几只船也驶过来,紧紧靠在他的船一侧。在李海长跳到一只船上时,一个浪打来,刚靠过来的船随着浪突然猛烈地晃动起来。李海长没站稳,差一点掉入河中。

站在大堤上的张伯行,时刻关注着船上人的一举一动。当看到李海长身体摇晃时,张伯行忙喊道:"小心!"

李海长站稳后,感动地向张伯行喊道:"没事,张先生,放心吧!"

浮桥架好,钉木桩更不容易。浮桥晃动不说,钉桩子根本使不上劲儿。张伯行昼思夜想,方寻到解决之法。

张伯行望向黄河之水,浑浊之中带着莹莹光泽。他环顾四周,面对丈把长的木桩,直接采用搭建"人体平台"之办法,以两个人为一组,伫立于齐腰深的水中,腰往前弓,双手搭扣在对方肩上。

水中两人站稳,打夯者站在脊背搭成的平台上,复有两人双手扶着木桩,打夯者则用双手抡起巨锤,重重砸下。

随着几十斤重的大锤举起又落下,声音不断在耳畔响起,丈把长的木桩慢慢打入水中。

经过大家数天努力,浮桥两边,根根木桩整齐半露于水面。张伯行看到之后,满心欢喜。

浮桥搭建成功,引来众多百姓们围观,大家口口相传,一时之间,众人皆知。

人群中,李小三道:"二哥,浮桥搭建成功,封堵决口应该指日可待吧?"

"那是,还是咱张先生有办法。"张老二道。

"咦!怎么这几天没见冯老板,他不是老爱在工地转悠吗?"李小三问道。

张老二道:"那老小子贼得很,八成看大堤合龙有望,去仪封县城进货了。

他那小心思,我还不知道? 想狠赚一把呗!"

"早些天他咋不去啊,不见兔子不撒鹰。"李小三说完,两人哈哈大笑起来。

浮桥竣工之日,张伯行自筹资金,为招募而来修桥打桩的百姓发放工钱。来到李海长所住之处,未等他说话,张伯行便将手里银子交到他手中。

李海长道:"张先生,这是干什么?"

张伯行说道:"这么多天,兄弟带领大家察看黄河水势,还冒着生命危险搭浮桥、钉木桩,你们为堵口立下汗马功劳。呵呵! 此些银子,作为酬金,请大家买些生活用品,重建家园。"

李海长推辞道:"张先生,为堵口出把力,是咱义不容辞的事。"

张伯行紧握李海长之手道:"今年黄河多次在咱仪封泛滥,大家损失都不小。用这些银两,修房盖屋,好好过活。"

众人感动不已。他们看着张伯行,直接跪倒在地,齐声说道:"张先生,请受我们一拜。"

张伯行立即紧走几步,扶住一白发苍苍老者,问道:"诸位父老乡亲,这是为何?"

那老者涕泪横流,用苍老之音说道:"张先生为我们百姓谋福,我等感激不尽,便自发来此,叩谢先生!"

张伯行闻听此言,感慨万端,说道:"诸位父老乡亲言重了,此乃在下分内之事,怎敢居功? 诸位不必如此,快快起身。"

百姓们仍旧不愿起身。

张伯行无奈,唯有后退一步,对着百姓们躬身施礼,说道:"如若诸位不起,那伯行便在此长跪不起。"

百姓们闻听此言,惊慌不已,立即起身说道:"先生之礼,我等承受不起,还望大人莫要折煞我等。"

张伯行瞧见百姓们起身,方直起腰身,笑道:"诸位请回吧,在下必定全力以赴治理黄河之水,还望诸位莫要忧心。"

百姓们闻听此言,对视一眼,向着张伯行施礼告辞,慢慢离去。

八
黄河复堤

（一）为保障黄河长治久安，康熙帝最后决定用砖修筑黄河大堤

竹外桃花三两枝，春江水暖鸭先知。
蒌蒿满地芦芽短，正是河豚欲上时。

自从那次洪水冲进铜瓦厢城内，铜瓦厢镇便元气大伤。洪水虽然退去，却留下残垣断壁，哀鸿遍野。

然而，决口处的浮桥又在百姓心中点燃一盏灯，也使水灾后一片狼藉的铜瓦厢，逐渐恢复生机。

修整一新的泰和茶馆已开门营业。钱海昌又端坐泰和茶馆，慢悠悠地饮起茶，对面端坐着孙老哥、冯老板等人。

钱海昌呷口茶，说道："而今，浮桥建成，桩子也栽上，工程亦有小成，我们也可轻松一阵。张先生出山，果然不一样，可真乃神人也！"

孙老哥闻听点头道："钱先生所言不假。自从张先生来此治河之后，咱们铜瓦厢镇便逐渐恢复元气，如此甚好！"

此番洪水之后，冯老板往昔之妒恨逐渐磨平。他从外地进了一大批货回来，铆足劲儿要大干一场。他瞄一眼钱海昌，眼中流露出复杂之色。他至今犹记洪水退去后的惨状，当时他无处所宿，无粮可食。而钱海昌不计前嫌，留出口粮，救济于他，还为他一家人提供房子居住，才使他没有露宿街头、忍饥挨饿。

钱海昌抬起手来，抚平衣角褶皱，说道："张先生实乃百姓之福音。如若铜瓦厢没有张先生，此刻依旧是死气沉沉。"

孙老哥等人闻听,点头赞同。

钱海昌抬起眼眸,略微一顿,继续说道:"近日,在下闻听,张先生成竹在胸,治理黄河已有对策,就要实施。如若黄河治理有方,那咱们铜瓦厢之繁荣指日可待。毕竟,黄河赐予我等灾难,同时亦赐予我等福祉。"

孙老哥精神矍铄地说道:"如此这般甚好,我等铜瓦厢之人便可松一口气啊!"

孙老哥对着钱海昌略微一抱拳,继续说道:"钱先生,灾荒之年,皆是自顾不暇。我等二人不承想,遇见先生这位贵人,此乃我等荣幸。先生对我等的救济,我等铭记于心,感激不尽。如若先生遇困,我等必肝脑涂地,报答先生之恩。"

钱海昌闻听此言,略微摆手,说道:"老哥言重了。灾荒之年,理应如此,方能渡过难关。怎能因眼前小事,弃尔等于不顾呢!"

二人闻听此言,大受感动,不禁潸然泪下。

这一日一大早,驿馆门外熙熙攘攘,聚集的百姓将驿馆围得水泄不通。

驿卒来到周德文房中道:"禀主政,大门外来了许多百姓,要求见张先生。"

周德文笑道:"百姓要见张先生,你报于他,怎么来告诉本官啊?"

"他们说是为修黄河大堤之事。"驿卒道。

"为修黄河大堤之事?"周德文咂嘴,品品确实不是味。他心想,唉!是我这个总负责没当好吧!

"既然百姓点名要见他,你就去请张先生与本官同往。"周德文对驿卒说道。

百姓们瞧见周德文与张伯行自驻馆内出来,立即跪倒在地道:"大人,救救我们。"

周德文立即紧走几步,将面前的百姓搀起道:"快快请起,有何事尽管开口。凡是本官能为之事,皆会尽力而为。"

百姓闻听此言,起身。

为首者是一白发苍髯、身着浅灰色长衫的老者。他上前一步说道:"我等皆是黄河岸边的百姓。咱们仪封境内河宽滩广,尤其是铜瓦厢这段,每遇伏秋大汛,洪水漫滩,将滩面冲成许多串沟,首尾与大河相通,往往分溜成河,冲刷大堤,造成决口之患。我等见决堤处已搭浮桥,钉下木桩,复堤就在眼前,也想请大人把我等铜瓦厢这段大堤修一修,好使我等能安居乐业,免受洪水所祸。"

周德文闻听此言,对百姓们说道:"本官等六部官员和张中书是奉旨来此堵口。至于修堤之事,等本官上报朝廷,再答复各位乡亲。请各位乡亲请回吧!"

百姓走后,张伯行跟着周德文到房中。

他对周德文说道:"铜瓦厢这段大堤还是前朝所修,早已千疮百孔。如趁主政奉旨堵口之机,重修此段大堤,使百姓免遭黄河之害,乃功德无量。"说着,他朝周德文深施一礼。

周德文仔细思考道:"修堤是大事。修与不修,不是咱们说了算,容我上报朝廷,请圣裁吧!"

没过多久,圣旨下,令周德文等六部官员及张伯行重修铜瓦厢大堤。

时光荏苒,岁月如梭,杨柳枝条上抽出新芽。柳条轻柔垂下,宛如碧绿色的丝带,在微风轻抚下婀娜舞动着。

张伯行身着深黑色长衫,遥望那黄河之上的杨柳,不禁吟诵而出:

> 碧玉妆成一树高,万条垂下绿丝绦。
> 不知细叶谁裁出,二月春风似剪刀。

张伯行感叹一番,身上疲惫之感稍退。而后,扭回身,继续观察着黄河堤坝。

身旁的大黑和程石头二人,闻听此诗,不禁对视一笑。

程石头上前一步,对张伯行拱手施礼,笑道:"张先生,可喜可贺。"

张伯行一愣。

程石头接着说道:"难得先生心情这么愉悦,当然是可喜可贺之事。"

张伯行眼睛微眯,自眼角之中散发出夺目之光芒。他略微点头道:"正所谓'一年之计在于春,一日之计在于晨,一生之计在于勤'。早春悄然而来,不禁令人心中舒畅不已。"

程石头闻听此言,不由得在心中感叹着。

"张先生之境界,果然与众不同。我等真是自愧不如。"

来到堤坝,张伯行见堵口工地的人们正干得热火朝天,丝毫没有懈怠之心。

张伯行略微一清嗓子,高声说道:"诸位辛苦! 早春乃是一年之中最好时刻。而今,清风相伴,杨柳作陪,诸位可莫要辜负这良辰美景。"

大家闻听张伯行之言,笑声连连。

存银一边干活儿,一边对存金说道:"张先生哪儿都好,就是有点太较真儿。前两天张先生咏个什么,黄河远上什么间。"

"白云间。"陈大个道。

存银一脸疑惑地说:"你说说,黄河去那儿干吗啊?"

存金铲一铁锨土,对存银回一句:"你懂啥,张先生是秀才嘛!"

陈大个边往筐里铲土边说道:"人家张先生是进士。"

"进士也是从秀才过来的。"存金一本正经道。

又是惹得一片哄笑。

人们边干活边说笑,不禁心情愉悦,劳作起来,亦感轻松。

张伯行和大黑看完这边,又从浮桥去那边。河水从桥下流过,决口比之前窄了许多。站在桥上,张伯行不禁感叹时间过得飞快,转眼已是春暖花开。桥上干活的人瞧见张伯行,皆频频行礼,他也以微笑回应。

走过浮桥,张伯行等人沿大堤一直向东察看,发觉此处堤坝亦破损不堪,难以入目而视,保堤的秸料更是残缺腐烂严重。

张伯行不禁叹息一声。他看到滩地里有很多民房被洪水冲塌,房砖堆在原地,很是凄凉。

张伯行在心中盘算一会儿,之后问程石头道:"若是用砖筑堤,老哥觉得怎么样?"

程石头想想道:"从成本上看,咱这里属于平原,石料采运成本高,一方石料的钱可购两方上好的大青砖。并且碎石虚方大,砖料虚方小,一方砖料可当两方石料用。从耐用上看,二者区别不大。"

"砖料筑堤与秸料筑堤又有何差别?"张伯行又问。

程石头道:"秸料抗洪能力不强,年久易腐烂,与砖料根本没法比。"

张伯行若有所思地点点头，又问道："老哥听说过黄河大堤有用砖料的吗？"

程石头向西指了指道："听说原武县、阳武县那边的大堤，用的就是砖料。只是咱没去过，不敢瞎说。"

不远处的张天勇道："大人，阳武县的黄河大堤用的是砖料，小的亲眼见过。"

张伯行忙问："抗洪能力和耐用情况怎么样？"

"抗洪和耐用程度与石料一样。前年，管河主簿派小的去阳武县出趟公差，小的还问他们，你们的大堤怎么是用砖修的？他们说，这有啥好奇怪的，这段堤已经修好四五十年了。从坚固程度上，小的还真看不出是几十年的老堤。"

张伯行面带笑容地点点头。

几天后，就修黄河大堤之事，周德文召集大家一起商议。单筑堤材料，大家就讨论老半天。

知县张弘章首先说道："修堤乃千年大计，为保百姓平安，应用石料筑堤。"

姚义鸿心想，你倒是为图一劳永逸，花的不是你的钱，你不心疼。他反对道："石料修堤成本太高，本官以为不如用秸料筑埽。"

"秸料埽，抗洪能力不强，年久易腐烂。"张弘章反对道。他心想，他们修好堤就走，没用几年冲毁怎么办。

二人你一言我一语争得不可开交，搞的周德文不知如何是好。

张伯行道："依伯行看，不如用砖筑堤。"

"砖？还没听说砖能筑黄河大堤呢！砖是土烧的，水一泡不就泡粉了吗？"姚义鸿惊讶地道。

"砖筑的黄河大堤，本官在原武县见过，用几十年还非常牢固。"礼部主事汪培严说道。

张伯行说："砖比石料便宜一半，而且坚固耐用程度与石料差不多。"

"虽说便宜一半，但成本也不低啊。"姚义鸿道。

张弘章一听，说道："咱们仪封虽没石头，却有的是土。咱们沿堤建些砖窑，自己烧砖，又能降低不少成本。"其实，知县张弘章的目的只有一个，只要大堤建得结实耐用,用砖用石无所谓。

还是周德文结束了这场争论。他清清嗓子道:"修黄河大堤是大事,用何等材料,得由圣裁!"

为保障黄河长治久安,康熙帝最后决定用砖修筑黄河大堤。

张伯行来到修堤工地,看着眼前河工都在忙碌,高声喊道:"诸位兄弟,而今,黄河南岸大堤破损不堪,还需诸位劳心劳力,将堤坝修筑成铜墙铁壁,就像咱们铜瓦厢这个名字一样。如此一来,百姓们身有保障,便不必忧心黄河水患之事。伯行在此感激不尽!"

张伯行言毕,对着众河工拱手施礼。

众河工瞧见张大人如此,不禁受宠若惊。

陈大个瓮声瓮气地回道:"张先生,放心吧! 我等都是靠此堤挡洪水的百姓,自当尽心尽力。"

张伯行闻听此言,面露喜色。

(二)如若耳闻汝等欺压百姓,休怪伯行无情

一日,张伯行照常来到修堤工地,他正要和几位河工去检查筑坝的质量,一位身着海蓝色长衫、满脸横肉、眼角有着一颗黑痣的中年人来到张伯行面前。

他满脸堆笑,哈着腰向张伯行拱手施礼道:"大人吉祥,呵呵! 在下乃采办修堤堵口料物的王顺。此次前来,乃是向大人汇报要事,还望叨扰先生片刻。"

因为媚笑,他的眼已堆积在一起,成为横肉间的一条线,让人看着恶心。

张伯行微微点点头,而后,扭回身看着众河工。

河工们还未等张伯行言语,便对张伯行拱手道:"大人事务繁忙,还望以要事为重,我等先去修筑堤坝。"

张伯行环顾众人笑道:"好,诸位先忙,我一会儿就去。"

张伯行目送河工们走远,方回头看着王顺道:"走吧,咱们一旁说。"

王顺点头哈腰,神情之间颇为诡谲。

二人行至一安静处,张伯行站定,看着王顺说道:"何事?"

王顺对着张伯行躬身施礼说道："大人，而今，石料、树枝、秸料、木料等各种修堤料物，皆已用之殆尽，还望大人定夺。"

张伯行凝神低头，沉思片刻。而王顺则静默着垂首在一旁。

良久，张伯行抬头，仰望天空，阳光氤氲着他的眼睛。之后，他看着王顺说道："各种料物皆可前往铜瓦厢、仪封县采购，采购的每笔账皆要详细记录在案，勿要偷奸耍滑，本官最后一一详查。"

张伯行目光落在王顺的身上，眼神之中带着缕缕寒光。

王顺似觉浑身上下一阵发寒，鼻洼鬓角冷汗直冒，忙拱手施礼说道："遵命，小人定会尽职尽责，认真督办，绝不偷奸耍滑。"

张伯行闻听此言，微微点头，目光亦逐渐柔和。

王顺偷瞄一眼张伯行，欲言又止。

张伯行看着王顺，疑惑地问道："又有何事？"

王顺嘴角含笑，眼睛微眯，低首哈腰说道："大人，银两……"

张伯行乃何等通透之人，怎会不知王顺心中所想，略微一摇头，说道："银两皆从公家拨付，勿要忧心。"

张伯行微微一顿，继续说道："采购所需之料物，皆要上乘，价格亦需合理。本官瞧你乃精明能干之人，自不会被此等小事难住。不过，采购之时，勿要欺压百姓。如若伯行发觉有不妥之处，或是伯行耳闻汝等欺压百姓，休怪伯行无情。你可知晓？"

王顺闻听此言，只觉心中宛如哑巴食黄连一般，苦涩不已，脸上的神情亦如苦瓜一般。

张伯行眼神微微一凝，看向王顺问道："怎么，你对此有异议？"

王顺苦着脸，头摇得似拨浪鼓一般，说道："没有，没有！大人吩咐，小人自然遵从。"

张伯行闻听此言，说道："本官给你三天时间，务必准备齐全。"

而后，张伯行略一摆手，王顺会意，便悄悄退下。

张伯行遥望着远方，良久方回神。他又前往河堤，同河工们检查工程质量了。

自张伯行走后，王顺就觉心中烦闷。然而，他依旧马不停蹄地集结所有采购之人，将张伯行交代之事，一字不差地叙述给他们，让他们务必遵守。

此时,王顺哪还敢有欺瞒之心,与其余之人日夜筹备,不敢有一丝懈怠之心。

张伯行忙碌一天,回到驿馆。

张伯行与王顺谈话之时,大黑正巧就在不远处,他听得一清二楚。他忧心忡忡地来到张伯行门外,徘徊过来,徘徊过去,踌躇不前。

张伯行坐在书案前,还在想着治河之事,一时没有察觉门外的大黑。

直到觉着口干舌燥,张伯行端起茶盏,发觉茶盏中滴水全无。起身倒水时,他听见门外有来回走动的脚步声。

张伯行抬起头,向门的方向问道:"谁在门外?"

大黑应声而答:"我,大黑。"

张伯行道:"有事吗?进来说话。"

大黑面庞之上露出凝重之色,上前一步说道:"听闻大人日间将办理料物之事,交付于王顺。"

张伯行闻听此言,说道:"有何不妥之处?"

大黑继续说道:"我听河工皆曰,王顺乃奸诈狡猾之人,素来喜爱贪赃枉法。此等大事交付于王顺,不怕王顺携带钱财逃离而去?"

张伯行眼睛微微眯起,陷入沉思。

大黑耳畔久久不曾响起张伯行的声音,不禁心中打鼓,似是可听到心脏"怦怦"直跳,不由得偷瞄一眼端坐于书案前的张伯行。

张伯行面带笑容,微微摇头,从书案前起身,腰板笔直,挺立在大黑身前,说道:"凡事皆有正反两面,王顺奸诈狡猾,也不失为妙处。"

张伯行于原地徘徊几步继续说道:"堤坝所需之料物繁多,因而,需向大户人家采购。无商不奸,商人时常利用此次灾难,从中谋利。而王顺因奸诈狡猾,往往可用合理价位采购来料物。"

张伯行抬头,目光深远地说道:"于此灾荒之年,王顺去往何处,皆会成为逃荒者,因而,在此乃为妙选。以王顺的聪明,定会知晓其中之理,正所谓'用人不疑,疑人不用'。你勿要忧心,信王顺一次。"

大黑瞠目结舌,不知说什么好,许久,方回神说道:"但愿如此。"

张伯行扭回身,面带微笑,说道:"不必过虑,下去吧。"

日升日落,昼去昼来,转眼间,三日便过去。

张伯行带领着大黑伫立于黄河大堤旁,等待王顺的到来,神情之间,不曾有丝毫焦急之色。

这时,远方一人影,在阳光之下逐渐勾勒出轮廓,此人正是王顺。

王顺来到张伯行近前,抱拳施礼说道:"禀报大人,一切准备完毕,还望大人派遣船只前往,将料物运来。"

此刻,王顺眼窝深陷,双眸无神,头发凌乱,一瞧便是几日来奔波劳累所致。

张伯行略微点头,面带微笑,拱手道:"兄弟受累,在下替百姓们拜谢兄弟。"

王顺受宠若惊,忙还礼道:"大人言重,此乃小人分内之事。"

而后,王顺自身后包裹之中拿出账本,双手捧着,说道:"大人,此乃账本,还望大人过目。"

张伯行接过账本,看着疲惫的王顺,说道:"下去歇息一番,有事待歇息完毕再详谈。"

王顺不由自主地抬起头,眼眸之中有着晶莹泪光在闪动,对着张伯行抱拳施礼说道:"谢大人体恤。"

张伯行点点头,王顺便大步流星离去,步履中透着轻盈和开心。

大黑瞧见王顺这一举动,甚为惊奇,深觉张伯行乃神人也,对人以礼相待,胸怀坦荡。

张伯行命大黑前去征集船只。除官船以外,大量征集民船,把摆渡的货船调来运料,把小船调过来运人。

张伯行特意嘱咐,船的费用要及时结算,价钱讲好,一天一结,不要欠民工的账。大黑会意,自然照办。

大量料物源源不断地运来,望之不绝。

张伯行将运来料物一一检查,核对账册,满意不已。料物皆为上乘之选,价位合理,账册亦无误,不由得在内心之中赞叹着王顺办事之能力。

(三)决口早日堵上,黄河尽快复堤,咱们好回家种地啊

随着决口越收越窄,大家的干劲更足。

存金、存银一大早就来到堵口工地。他们二人看到陈大个已在这里,存金老远就笑着打招呼道:"陈大哥,来得挺早啊!"

陈大个看是他兄弟俩,笑道:"你哥俩不是来的也挺早嘛!"

"早干完,早回家。决口早日堵上,黄河尽快复堤,咱们好回家种地。"存金说着,便来到陈大个跟前。

陈大个神秘地笑道:"如今铜瓦厢镇又热闹起来,听说你家的豆腐卖得挺火。呵呵!豆腐坊的少掌柜还种啥地?"

存金一脸憧憬地说:"种地是咱庄稼人的本行。我爹说了,如今决口快要堵上了,大堤也要重修。等黄河复堤,就用卖豆腐攒的钱把被洪水冲毁的房再盖起来。"

陈大个一本正经道:"是啊,金窝、银窝,不如自家的草窝。我爹捎信儿来,让我安心在工地干,家里正盖房呢!等决口堵上,回家就能住新房子了。"

"咱们的好日子还在后面呢!"存金感慨道。

存银插嘴道:"咱们托的是皇上的福!"

"咱们也得好好感谢感谢张先生,为治河他可没少操心。"

和往常一样,早饭过后,张伯行要先去堵口的工地,再到修堤的工地。

这天,他刚走到驿馆门口,就听见"出来了,张先生出来了!"还没等张伯行反应过来,就被早已等候在门外的百姓团团围住。

看门的驿卒全顺、存利见势不妙,就紧走几步,想将张伯行解救出来。张伯行摆摆手,他知道百姓并非不辨是非、不明事理之人,亦不会无缘无故地进行攻击。

张伯行向前趋步而行,拨开二人,立于百姓身前。

全顺瞧见张伯行走到他们的前面,眉宇之间染上担忧之色。他忙说道:"张先生,小心,我早就发现这帮人在这鬼鬼祟祟的。"

"就是,他们一大早就在这里转来转去。要是从前,我早把他们赶走打跑了……"存利道。

自从上次张伯行狠狠地教训过他俩,如今,这二人对百姓客气很多。

犯错时教训归教训,平日里张伯行对驿卒、河工都很和蔼,家里送来东西,也都分给大家一些。张伯行被人围住时,全顺、存利之所以第一时间冲过去,就是因为他们觉得张伯行看得起他们。不为别的,就为张伯行出出进进常给他们二人打招呼,有时还聊上几句。他们二人在驿馆干了这么多年,和他们打招呼的,张伯行是第一个。

还未等存利说完,张伯行摆手示意,不让他俩再讲下去。

二人只好不再言语,眼睛却时刻盯着大家,身体紧绷,时刻准备应对突发事件。

张伯行面容和蔼,笑着对百姓拱手道:"呵呵,诸位父老乡亲,拦住伯行有何事啊?"

百姓相互对视一下,如同在用眼说:你说,你说! 我不说,还是你说吧! 我可不敢说,要不让他说?

人群中,一位两鬓斑白、精神矍铄的老者,拨开人群,来到张伯行面前。

老者对张伯行深施一礼,说道:"既然大家难以开口,那我这老汉代大家说。"别看老者年纪大,声音却宛如洪钟。

老者看看众人,见大家并无异议。他又看了看站在张伯行身旁的全顺、存利,笑着对张伯行说道:"张大人,莫怕,我们前来并无歹心,只是聊表谢意。"

全顺、存利闻听此言,这才松口气,绷着的弦也放松下来。

老者略微一顿,继续说道:"张先生,我们都是铜瓦厢及附近的百姓。我等就在黄河边住,堵口修堤对我等可是天大的事。因此,大家一有空闲就到工地上去看看,修到什么程度,质量如何,咱们心里跟明镜似的。"

老者说到此处,众人纷纷点头:"嗯,就是,就是。"

老者捋了捋胡须道:"河官老爷中,我们就见您去得最勤。后来,大家一打听,原来是咱们仪封的张先生。张先生不但去工地勤,还和河工们同吃同劳动。"

"对,那次大堤管涌,我亲眼见张先生第一个跳过去。"人群中不知谁说一句。

"管涌多危险呀! 一塌方,人陷进去,说没就没了。"

"张大人还一个人扛木头呢!"

见有人插话,大家便七嘴八舌地说起来。

的确,张伯行从未将自己当作治河的官。有活儿他和大家一起干,有危险他第一个冲上去。

那次，他和大家一起扛木头，一尺多粗、六七庹长的木头，他扛起就走，上坡时脚一滑，摔倒在地；中午吃饭时，他在泥水里随便洗一下手，就同河工们一样，抓两个窝窝头，就着芥疙瘩咸菜，随地一蹲，三口五口吃起来。这些都被站在远处观望的百姓看在眼里，记在心里。

今天大家相约来看张伯行，就是为此。

老者摆了摆手，示意大家静一静。等没人说话，他又说道："张先生整日为我们百姓修堤堵口，劳累不已。我们都是小老百姓，手中没有什么钱，这不，都将自家的东西拿来，以表示我们的感激之情，还望先生莫要嫌弃。"

老者说着，百姓纷纷将手中的鸡、鸭、鸡蛋、花生、大枣、包子、烙饼等物，争先恐后地往张伯行手里塞。

"给，张先生，这是咱自家养的鸡。"

"张先生，这烙饼是我媳妇今早天不亮专门为您烙的。"

"张大人，这野兔是我昨天才在黄河滩里打的。"

"这点大枣，张先生您拿着吧，别嫌少。"

一时间，驿馆门前吵闹之声不绝于耳。

见此情景，张伯行忙高声说道："诸位父老乡亲，莫急，听伯行一句。"

百姓们闻听此言，止住吵闹，鸦雀无声地听张伯行说。

张伯行环视众百姓，感激地说道："诸位父老乡亲的好意，伯行心领。可现在是灾荒之年，相比伯行，诸位更需此物。还望诸位拿将回去，渡此难关。"

百姓们闻听此言，面面相觑，一时之间不知该如何是好。

老者急了，看着张伯行道："如今，因修堤堵口，大家又看到希望，附近村镇也逐渐听到鸡鸣犬吠。此乃众人心意，还望先生收下，莫要辜负我们一番好意。"

"就是啊张先生，您就拿着吧！我们来一次也不容易。"

张伯行眼中流露着诚恳和感动。他对百姓深施一礼道："诸位父老乡亲，恕伯行难以从命。如此厚礼，伯行受之有愧，还望诸位体谅。"

全顺、存利二人也被眼前景象感动。他们见张伯行执意不收，忙出面解围。

"大家都先回去吧，大家的心意张先生已经心领了。"

百姓们闻听言，依旧久久不愿离去。

看大家不愿离去,张伯行颇为无奈地说道:"诸位父老乡亲,治理黄河乃伯行分内之事,诸位的心意伯行在心里收下了。伯行唯有将黄河治理好才不辜负皇上的恩宠,才无愧父老乡亲的好意,也无愧于心。至于大家所持之物,还是拿回去吧!"

百姓们瞧见张伯行眼神之中坚定的神色,不禁叹息一声。

老者看出张伯行执意不收,便对着张伯行躬身施礼道:"既然如此,那也不再强求。我们叨扰先生,还望先生莫要见怪。"

张伯行微笑着还礼道:"多谢诸位体谅,伯行感激不尽,诸位父老乡亲请回吧!"

百姓们向张伯行躬身施礼,恋恋不舍地离去。

这时,全顺来到张伯行面前,低声说道:"张先生,此时前往黄河大堤已晚,隔壁药铺的严老板一直将自己家的马车给先生备着,先生要走,随时可以启程。"

张伯行闻听此言,摇摇头道:"百姓之财物一丝一毫绝不能取。"他抬头看看天色道:"烦劳全顺兄弟另雇一辆马车。"

全顺听闻张伯行之言,敬重地点点头。他对着张伯行深施一礼道:"遵命,先生。"

(四)两袖清风,殚精竭虑,不取民一丝一毫,无不令百姓叹为观止

张伯行乘坐着雇来的马车,向黄河大堤赶去。

时光荏苒,日月如梭,一路上阳光灿烂,枝叶繁茂,百花绽放,暖风拂面,不知不觉已近暮春。

忙过一阵子,此时,众多河工聚在一起边聊天边休息。

其中,身材魁梧、满脸络腮胡的满囤,对右手边的麦旺粗声粗气地说道:"麦旺哥,你说,张大人从来不迟到,今天都这个时候,咋还不见大人的身影呢?"

麦旺生得虎背熊腰,满面横肉。他摇头说道:"不知道,兴许是公务繁忙,难以脱身吧?"

"会不会是生病了啊!"满囤一脸关切地问道。

"呸!呸!呸!乌鸦嘴。张大人那么好的人,你咒他生病干吗?"麦旺瞪他一眼道。

"麦旺哥,天地良心,我绝对没坏意思,我就是关心张大人。都这个时候了,张大人还没来,我不是操他的心嘛!"满囤一脸无辜地忙辩解道。

麦旺闻听此言,眼中闪过一丝复杂的神色。他摸摸胡须说道:"要说张先生身担重任,确实繁忙。不过,所忙之事皆乃河务,不会因他事耽搁。哥哥你说,张大人是不是已经离开咱铜瓦厢了?"

麦旺略微想了想,叹息一声道:"离开,自然会离开。不过,暂时还难以离开此地,毕竟决口还没堵上,黄河大堤也未修好。依我看,他一时半会儿不会走。"

满囤听过,脸上浮现出欣喜之色。他对麦旺说道:"太好了!我在黄河大堤上干好几年的河工,从未见过像张大人这样体恤百姓、铁面无私之人,让河工们该歇息歇息,该劳作劳作。他还身体力行,同大家一起挖土搬砖。遇见如此好官,真乃百姓之福!"

左手边留有一抹山羊胡的春雨闻听二人谈话,插嘴道:"所言甚是。我还听说,张大人不取民一丝一毫。刚抵达铜瓦厢那时,张大人身染风寒却不曾耽误公务,也不曾有半分懈怠之心。知县大人瞧见张大人身染风寒,送去一服药,你们可知张大人怎么办的?"

那二人闻听,看着春雨,眼中流露出迫切神色,异口同声地问道:"怎么办的?"

春雨神情之间闪过敬佩之神色,不紧不慢地对二人说道:"张大人将那一服药交于驿卒,让他送给身染风寒的百姓,还特意交代,此乃知县赐予。如此好官,当今之世,真乃少矣!"

二人闻听此言,点头赞成。旁边盘腿席地而坐的天益,眼中充满疑惑地问道:"你这是从哪儿听来的?"

春雨眼中浮现出得意之色,说道:"我亲弟弟在驿馆当差,那个驿卒就是他,怎会有假?"

二人顿时肃然起敬。他们对春雨抱拳说道:"老哥,正所谓'苟富贵,勿相忘'。往后发达,莫要忘记兄弟们,我们还等着老哥提携一把呢!"

春雨也装出一副洋洋得意的狂妄神态,大笑道:"哈哈! 好说好说,有前途之时,定不会忘记你们。"好像他就是县太爷一般。

二人听过,也哈哈大笑起来。

工头听见人群之中嘈杂之声不断,不禁一皱眉头,高声喝道:"莫要吵闹,歇会儿赶快干活儿。"

大堤上的欢笑声戛然而止,大堤和往常一样静静伫立于黄河岸边,默默看着黄河水向东奔流。

良久,张伯行方乘马车前来。当他看到工地上大家忙碌的身影,不禁愧疚不已。

张伯行对着众人拱手施礼道:"兄弟们,不好意思,因有事耽搁,伯行今日来迟,还望诸兄弟见谅。"

大家原本就对张伯行颇为敬重,如此一说,更让大家对他敬佩不已。

工头连忙紧走几步,对着张伯行说道:"张大人言重,莫要如此,折煞小的们。张大人要务缠身,方来迟片刻,还望大人莫要自责。"

张伯行忙碌一日,回到驿馆,并未歇息,而是先将一日工作记录下来。晚饭后,他又对明日事务做出安排和计划。

夜已深,全顺迷糊着从室内出来,看到张伯行屋内的灯依旧明亮着,不禁轻叹一声,自言自语道:"张先生又在熬夜。"于是,他轻轻敲了敲张伯行的房门。

张伯行耳畔响起叩门之声,眼神之中闪现出疑惑之神色,随口问声:"谁?"

"我,先生,全顺。"全顺轻声道,生怕吵醒旁人。

张伯行站起身来,打开门,瞧见站在门外的笑眯眯的全顺,悄声问道:"何事啊?"

全顺关切地说道:"大人,夜已深,早些歇息吧!"

张伯行笑道:"谢谢全顺兄弟的关心,马上就完,这就歇息。"

张伯行回屋后,将明日所需料物、车马、人员皆调配安排妥当,方才入眠。

没几天,张伯行拒收百姓礼品之事,从铜瓦厢传遍全仪封,百姓闻听此事,皆惊讶不已。河工们知道那天张伯行因此事晚来工地,还向大家解释,不禁心中愈发敬佩。

张伯行自来铜瓦厢治河以来,两袖清风,殚精竭虑,不取民一丝一毫,无不令百姓击节叹赏。张伯行爱民清廉,和蔼亲民,在坊间被百姓口耳相传,成为佳话。

九
岁岁安澜

（一）黄河大堤下边住的可都是咱们的父老乡亲，咱们的父母妻儿啊

两岸舟船各背驰，波浪交涉亦难为。

只余鸥鹭无拘管，北去南来自在飞。

张伯行站在黄河大堤上，遥望远方。宽广的黄河苍茫一片，河与天在远处交汇出的一条黑线，高低错落，虚实相间，笼罩在薄雾之中。张伯行知道，那是黄河北岸大堤上的树木。几只白鹭闯入张伯行的视野，在半空划出几道弧线后，落入远处的滩涂。他从暖气十足的风中感知出初夏的热烈。然而，黄河之水却不会因季节转换而停滞，依旧日夜澎湃着流向大海。

张伯行可没悠闲之情，他心里很清楚，夏季来临意味着什么。铜瓦厢决口不但要在汛期之前堵上，还要将这段黄河大堤修好。任务可是不轻啊！

夏日的天，孩子的脸，说变就变。这一日，上午还晴空万里，午后，乌云从西边铺天盖地地涌过来，似有暴雨将要降临。

张伯行抬头望了望天，眼中露出担忧之色，心中浮现不妙之感。这几日，黄河水突然涨了不少，使他心生疑虑。按说黄河汛期不该来这么早啊，难道上游河段连降大雨不成？

他问程石头，程石头答道："汛期之前黄河涨水并不稀奇。咱这河段好比是黄河的树干，上游的河段好比是黄河的根。是根，就有无数条细须，上游的支流和支流的支流，就像这无数细须。倘若大片云彩一直在上游河段上空不走，不说多，下个三天三夜就够咱们下游受了。"说话的时候，程石头满脸

忧虑。

张伯行看看河中的旋涡,又望望头上的天空,说道:"咱那堵口处的土还未完全夯实。若是这片大雨云飘到咱这儿,上边大雨冲着,下边黄河的大浪再一拍,恐怕几个月算是白干了。"

说到这里,张伯行下意识地抬头看看天。

怕什么来什么,雨说来就来。转瞬之间,暴雨倾注而下,张伯行立即带领河工们躲避雨水。

瓢泼大雨不断冲刷着地面,硕大的雨滴飞溅着。大雨不住点地下了一个多时辰,天空乌云密布,天色越来越暗。

这时,有一人自雨中飞奔而来。待来到近前,张伯行才看清原来是大黑。他浑身上下已经湿透,雨水从他脸庞流淌而下。

大黑气喘吁吁,抹一把脸上的雨水,说道:"老爷,大事不好,决口处出现塌方,姚大人请您快点去呢!"

听闻决口处塌方,张伯行不禁瞳孔紧缩。他心中在想,铜瓦厢大堤决口处从去年入冬开工,如今半年有余,河道总督张鹏翮定的时间也快到了。眼见堵口工程就剩个尾巴,怎么会出现塌方啊?他稳稳心神,眼中却没现出一丝一毫慌乱。

张伯行对大黑点点头。接着,他对众人说道:"决口塌方是大事,还望诸位兄弟出力,随伯行一同前去抢险。"

张伯行说完,看着大家,众河工相互看看。

大黑说道:"任凭大人差遣,赴汤蹈火,在所不辞。"

众人纷纷说道:"对,跟着张大人,赴汤蹈火,在所不辞。"

张伯行向大家深施一礼,径直向放置蓑衣斗笠之地而去。大家跟着张伯行,秩序井然,将蓑衣穿于身上,斗笠戴于头顶。张伯行瞧见众人,眼中充满感激之情。众人穿戴整齐,神采奕奕地站在张伯行面前,等待着他的指令。

张伯行将一套蓑衣、斗笠递给大黑,望一眼工棚外的滂沱大雨,又回头看看大家,说了句:"走!"便首先冲进大雨中。河工们也纷纷紧随张伯行消失在大雨中。

雨水不断击打着众人的面庞,只觉疼痛不已。道路之上,经雨水浇灌,泥泞不堪。张伯行带领着众人,深一脚,浅一脚,向前疾行。张伯行心中焦急,即便光线暗淡,道路泥泞,高低起伏,速度亦丝毫不减,河工们毫无怨言地紧紧跟随。

不一会儿,张伯行带领着众人赶到决口处。张伯行紧走几步,到跟前仔细观瞧,只见黄河之水凶猛异常,不断冲刷着大堤。新修的堤坝塌方一大片,在河水的冲击下决口在不断扩大。因决口变大的缘故,从黄河流淌出的水量陡然剧增,直接威胁着百姓的安全。

姚义鸿正不知所措,见到张伯行,如遇到救命稻草。他忙上前一脸哭丧相地哀求道:"年兄,你可过来了,快救救我。"

"人出事没?"张伯行第一反应是河工的安危。

"幸好,下着大雨,人都在工棚中躲雨,才没伤到人。"姚义鸿无比庆幸道。

事实上两天前,张伯行就把程石头的忧虑转告给姚义鸿。按照分工,堵口工程现在由姚义鸿具体负责。

当时,姚义鸿看河水一直没上涨,笑道:"年兄太过多虑。如今是什么时候? 呵呵! 是初夏。你们仪封不是就有老话吗,'七下八上',黄河大汛在七八月间。如今端午节还没过,哪会有大雨和洪峰呢! 年兄只管把心放肚里吧,这点水,用不了两天就会过去,掀不起什么大浪。"

他又抬头看看万里无云的蓝天,笑眯眯地看着张伯行,向天上指指道:"年兄看,这天干净得多像一面镜子。"

姚义鸿既然如此讲,张伯行也不好再说什么。

如今,出现这种状况,张伯行既没有袖手旁观,更没有幸灾乐祸。

他安慰姚义鸿道:"年兄莫慌,伯行刚看过,没有糟糕到不可收拾的地步。年兄先在一旁稳稳神,伯行来安排便是。"

"那就全仰仗年兄。"姚义鸿向张伯行深施一礼道。

张伯行扭回身来,先环视一下四周的人员,然后沉着冷静地进行安排。凡是派活之人皆毫不耽搁,即刻开始行动。

张伯行雷厉风行,将任务安排妥当后,便拿着工具,疾步如飞,与河工们一齐抢险。大家见张伯行不顾自己安危冲锋在前,个个也都卖力地干。张伯行不时嘱咐大家一定要注意安全。

雨水不断地浇在众人身上,宛如颗颗黄豆凶猛异常,无孔不钻地砸向众人。大家任由雨水渗透蓑衣,将衣衫打湿,也不曾有一丝一毫懈怠。

料物在抢险中不断耗减,人们在大雨中精疲力尽,马匹在泥泞中疲惫不堪。张伯行见此情景,心中着急,脸上却镇静自若。他一边安排人去拉料物,一边鼓励大家坚持。

张伯行大声地向河工们喊道:"兄弟们,再加一把劲儿,无论如何,咱们也要把这个决口堵上。若任由河水越冲越大,不但咱们前功尽弃,更重要的是还会威胁到百姓的安全。黄河大堤下边,住的可都是咱们的父老乡亲,咱们的父母妻儿啊!"

有河工喊道:"张先生,您不用说,我们知道,保大堤就是保咱们的家园,保咱们的父母妻儿。是不是兄弟们?"

"对!张大人,这道理咱们懂,您就放心吧!"

"大黑,你不是会喊号子吗?喊个号子!"陈大个喊道。

大家在大黑铿锵有力的号子中干劲更足。

在料物快耗尽的时刻,装运料物的车辆由远及近赶来。大家欢呼着立即迎上前去,将料物卸下来继续抢险。

在大家齐心协力之下,决口流淌出的河水逐渐削减,险情得以排除。见抢险成功,张伯行和大家才松口气。此刻,所有人的面上都显露出满足的笑意。

暴雨还在下,黄河水还在继续涨,正在修建中的大堤受到暴雨和河水的双重冲击,多处告急。张伯行和众河工全力抢护,才逐步化险为夷。

黄河之水浩荡东流,铜瓦厢的百姓却惶恐不安。

(二)若是黄河之水难以抑制,再次决堤冲入城中,会如何啊

泰和茶馆中,钱海昌坐在椅子上满脸忧愁。坐在他对面的冯老板,更是显露着恐慌之神色。

冯老板一筹莫展地望着窗外连绵不绝的雨水。良久,他将目光落在钱海昌身上,眼神之中的忧郁宛如潮水一般涌出。

他说道:"钱先生,可知这雨何时停?可知此次张先生能否将黄河之水遏制住?"

与此同时,孙老哥亦满脸愁容地紧紧盯着钱海昌,想从他口中得到答案。

钱海昌方抬起眼皮,叹息一声说道:"此时此刻,难说啊!张先生对于治水之事经验颇丰,然则,此次不同以往。雨水连绵不止,来势汹汹,再加上黄河上游的来水凶猛异常,张先生治水已有数昼夜,水势仍未有衰弱之势。如此这般,在下亦未知结果如何。"

二人闻听此言,低首不语。茶馆之中,唯有零星数人而已,他们也对水患之事忧心不已。此刻,沉重的气氛笼罩在茶馆之中,茶馆安静得宛如耳畔能闻银针落地之声。

冯老板抬起头看着钱海昌,说道:"先生,如若黄河之水势难以抑制,再次决堤冲入城中,会如何啊?"他想的是他那些货,那可是他的身家性命啊!

钱海昌略微沉思片刻,忧心忡忡地说道:"以此次黄河水势来看,河水弥漫城池,乡亲父老就需要离开此地,远走他乡了。"

钱海昌目光又落在屋外的雨水之中,继续说道:"如若上游的雨水停歇,黄河之水便可遏制。不然,就难以想象。"

冯老板焦急地说道:"可我那一仓库的货怎么办啊?"

孙老哥自作聪明地提醒道:"趁这个时候,赶快转移到安全之处。"

"可你也知道,我那些货最怕雨淋了。"冯老板一脸焦急和无奈地回道。

孙老哥和冯老板同时"唉"了一声。

钱海昌也叹了口气。他并未再继续言语,而是低着头,缓缓端起茶盏,呷口茶,略微润润干渴的喉咙。

三人似觉心中压着一块大石,沉重不已,难以喘息。大家都不再说话,低头各喝各的茶。

钱海昌未曾言毕之话语,他们自然心知肚明。这已经摆在面前之事,只是他们不愿相信。刚迎来安居乐业的生活如今又要成为泡影,他们只是一时之间难以接受罢了。宛如沉浸于一场春秋大梦,到头来,却是一场空。梦醒,梦碎,那层窗户纸终究需要有人前来捅破。

孙老哥双手瘫软于双腿之上,腰背愈发弯曲,喃喃自语道:"莫非就没有其他之法?我这把老骨头,还能折腾多久啊?"

钱海昌与冯老板二人闻听此言,心中发酸,不知该如何回复。二人张张嘴,都没有言语,如鲠在喉。他们叹息一声,便一同继续沉默着。

铜瓦厢的百姓世代居住于此,即便是黄河水患来袭,他们也未曾有离开此地之心。而今,百姓们遥望着茫茫雨水,束手无策,眼中掺杂着三分无奈、三分期盼,还有四分恐慌,他们不知该何去何从。

大雨滂沱,不曾有丝毫停歇之趋势。雨水不断冲刷于地面之上,混入泥土之中。黄河滩涂土质松软,雨水已将不可计数的黄土携带而去。那留在黄土之上的细小沟壑,不断证明着雨水袭来之足迹。

此刻,张伯行身披蓑衣,头戴斗笠,满身疲倦地回到驿馆。他褪去蓑衣、斗笠,衣衫早已湿透,雨水不断从衣服上滴落,而裤腿之上满是混合着水的泥浆。

这时,驿卒勇强将热水打来。张伯行声音之中夹杂着疲倦道:"兄弟受累,在下于此谢过。"

勇强忙说道:"此乃小人分内之事,大人莫要折煞小人。"

勇强言毕,看着张伯行欲言又止,站在原地久久未动。张伯行疲倦地抬起眼,见他还站在那里,便问道:"兄弟,有事吗?"

他看勇强还不说话,又说道:"有何难处只管说,在伯行面前不用支支吾吾。说出来,看看伯行能不能帮你。"

勇强沉默片刻说道:"待大人换过衣裳,小人再细说。小人先行告退,如若大人有事,尽管吩咐小人。"

张伯行点点头,勇强先出门而去。

张伯行梳洗完毕,只觉一身清爽。打开门窗,瞧见勇强、全顺二人站在廊下。张伯行微微一愣,之后笑着说道:"二位兄弟,有事就进来说吧!"

二人对视一眼,就走进张伯行房中,向张伯行打千,之后全顺说道:"大人,勇强方才不敢讲,非拉着小的来同大人说。"

张伯行看看勇强,笑道:"呵呵!有何不敢讲的,非要全顺给伯行说。"

"说吧!什么事?"他对全顺说道。

全顺道:"而今,黄河水势不衰,百姓们人心惶惶,还望大人为百姓做主。"

张伯行闻听全顺之言,陷入沉思。

全顺半天没有听到张伯行开口,不由得望一眼张伯行,小心翼翼地继续说道:"大人,小的有一言,不知当讲不当讲?"

张伯行抬起眼,将目光落在全顺身上,说道:"但说无妨。"

全顺微微顿了顿,眼中闪烁着光芒道:"大人,百姓们言,此乃上天震怒,唯有焚香祈祷,才可让上天平息怒意。"

张伯行闻听此言,眼神一凝。全顺看到张伯行脸上的神色,不禁低下头,心中充满着忐忑。

良久,张伯行对着全顺二人道:"此事二位向周主政讲过吗?"

全顺低着头道:"周主政整日板着脸,小的们都怕他,所以不敢同他讲。小的们商量,想请大人把小的们的意思转告周主政。"

张伯行问道:"这是大家的想法吗?"

全顺道:"这几日,天天有百姓想见大人们,都被我和存利拦住,百姓请大人们焚香祈祷。"

勇强道:"是的,大人,我们很多人都这么想。因为大人随和,平日里又都是由小人服侍大人,所以,大家让小人转告大人,可小人不敢。"

张伯行说:"好!既然是百姓和大家的想法,伯行就将此事转告周主政。"

张伯行将此事告于周德文。

周德文正为洪水之事急得焦头烂额,忙说道:"如此可行!既然此乃民意,自然遵从。能使百姓们心中安定,再好不过。时间紧迫,斋戒的环节也就免去。依本官看,明日卯酉二时进行焚香祈祷,以安民心。"

其实,周德文也是有病乱投医。原本堵口完工在即,大堤修得也差不多,就连张伯行提出修的分洪渠也快挖好,眼看就能回京复旨,没想到会出这档事。若是焚香祈祷能把水治住,再好不过。若是不能,也算尽人事,只等听天命。

张伯行将勇强、全顺叫入房中,将周德文的决定告诉二人。勇强闻听此言,竟然愣住,直至身旁的全顺轻拽其衣衫,方回神,眼中全是欣喜之色。

他对张伯行说道:"二位大人英明。经过此事,百姓们必定安下心来,不再惶恐,小的们这就去告诉百姓。"

张伯行微笑道:"外面雨大,穿戴好蓑衣、斗笠再去。"

二人难掩心中的激动,恨不得立即前往。闻听张伯行的关心,感激地说道:"遵命,大人。"身影便淹没在大雨中。

铜瓦厢镇市井繁荣,寺庙众多,其中以禹王庙、高祖庙、铜瓦寺、玄都观四大寺庙规模最为壮丽。这四座寺庙香火昌盛,听闻来此寺庙祈祷之人,无一不灵验。周德文将此次祈祷定在禹王庙。

"禹之决渎者,因水以为师。"禹王庙为纪念大禹治水而建,铜瓦厢百姓将其视为抗击洪水的保护神。禹王殿门上挂有康熙帝御书的"功存河洛"的匾额。庙内除塑有大禹像外,还效仿开封府城禹王台上的水德祠,立历代29位治水功臣的牌位,来到铜瓦厢的治河官员必来此祭拜。

（三）黄河以甘甜河水孕育出中华灿烂文明

第二天一大早,周德文、姚义鸿、张伯行等治河官员沐浴更衣,一切准备妥当,便乘马车去往禹王庙。昨天,周德文已派人将今日要焚香祈祷之事告知知县张弘章。仪封这么大的事,怎能少得了仪封知县呢!张弘章天不亮就沐浴更衣,一大早就往铜瓦厢镇赶过来。

此刻,治河官员要焚香祈祷之事,早已在百姓中传开。路远的百姓早早就从家中出发,即便是大雨倾盆,依旧难以阻拦他们的脚步。不可计数的百姓身披蓑衣,头戴斗笠,聚集在禹王庙外,默默等候着。众人面庞之上严肃不已,宛如他们承担着神圣职责一般。雨依然在下,丝毫没有因人们与恶劣环境抗争的坚定决心而改变。

百姓望着周德文等治河官员的来路,翘首以盼。

百姓中不知谁喊一声:"来了,来了,马车来了!"

闻听此言,大家"哗"的一声闪立两旁,让出一条道路。

这时,知县的马车也同时赶到。

马车先后在庙门前停下,身着官服的众官员依次来到庙中。周德文走在最前面,姚义鸿、张弘章、张伯行等人紧随其后。等众官员进入大殿后,百姓们也争先恐后地拥到庙里。顷刻间,禹王庙院内挤满了人。

周德文主祭。他先朗声宣读祭文,之后,他在庙祝端来的盆中净手,又毕恭毕敬地手拈三炷香,安置胸前。香头平对大禹塑像,再举香齐眉。片刻,渐次插入香炉。而后,周德文回到原地,摒除一切杂念,撩起衣衫,跪倒于蒲团之上,喃喃自语着:"祈求大禹王,护佑铜瓦厢。朝廷之工程不可坏,无辜之小民不可虐。"

周德文率众官员恭敬叩首后,起身,拱手后退,目视香烟缭绕。官员在大殿内叩首的同时,禹王庙内庙外的百姓,也在大雨中随官员一起叩首。

礼成。百姓们看着官员们从大殿内徐步而出,顿时,似觉心中巨石落下。

周德文走出大殿,环视院内的百姓,说道:"焚香祈祷已毕,请乡亲们回去吧。"

周德文不大的声音掺杂着雨水之声,传入百姓耳中。百姓们对着周德文和众官员施礼道:"多谢大人们,体恤小民之心意。"

官员们离开后,百姓们又在禹王庙中焚香祈祷一番,才逐渐散去。

焚香祈祷之后,经亲眼瞧见的百姓四处传播,没出一天,铜瓦厢镇的百姓皆听说。大家对抵御洪水的信心大增,自然也就不再恐慌。加上百姓们陡然发觉雨水竟有变小的趋势,更是心生欢喜。

泰和茶馆中,钱海昌悠闲地喝着茶。他面带微笑地对冯老板说道:"冯兄,可听说治河的大人们焚香祈祷之事?"

冯老板心情不错地笑道:"呵呵! 不但听说,冯某还亲眼所见。"

坐在旁边桌上的张老二接道:"冯老板不但亲眼见到,还烧香叩首呢!"

钱海昌微抿一口热茶,说道:"此次大人们焚香祈祷,不久雨水便会停歇。黄河之水,自然会治理成功。"

张老二道:"听说,这次焚香祈祷之事,全赖张先生促成。"

"对,冯某也听说如此。张先生真是一心为百姓啊!"冯老板夸赞道。

三人眼中神采奕奕,又重新发出希望之光。

在仪封连降暴雨的前两天晚上,知县张弘章做了个梦。他梦见衙役来报,邑尊,大事不好,黄河大堤被洪水冲毁一百多丈,洪水正往县城这边来。快跑吧! 他瘫软在地上的火盆中,火烧着他的裤子,他吓得"嗷"的一声醒了。他定定神,原来是个梦。他起来推开窗望望天空,当他看见满天星斗时,彻底把心放到肚里,又大睡起来。

第三天,真是突降大雨,张弘章猛然间想起两天前的梦,忙叫来段师爷,将那晚的梦讲给他听。

段师爷捋捋山羊胡,想了想说道:"洪水? 火盆? 烧着了? 火盆乃冬天取暖之物,洪水乃夏秋多发,二者不会同时出现,因此,邑尊莫怕。何况,水火相冲,必能逢凶化吉也。即使有小灾小难,也是虚惊一场。再则,水火都为财也,又是一县之主的邑尊梦到,看来,邑尊和百姓都有好日子过啊。"

张弘章想了想,段师爷说的似乎也对。

谁知第二天一早,周德文就派人来说大堤塌方之事。张弘章一听,这哪是"小灾小难",这可是要命的事啊。他瞪了一眼段师爷,忙命人备马前往铜瓦厢。

来到大堤上,张弘章见到周德文,忙拱手问道:"周主政,如今塌方如何?"

周德文深知黄河水患之事重大,自然不敢欺瞒,拱手回礼道:"塌方险情昨日已被张中书带人排除。而今,黄河水势凶猛异常,雨又大,本官派人在大堤上日夜抢护巡察。"

张弘章闻听此言,不由得倒退几步,神色骤变,似置身于数九寒冬之中。只觉浑身冰冷异常,眼前恍惚一片,良久,方恢复正常。

周德文瞧见知县如此反应,一时之间也不知该如何是好,只好宽心道:"邑尊莫要太过忧心,我们会全力以赴抢护的。"

与此同时,张伯行正身披蓑衣,头戴斗笠,带领河工在大堤上进行拉网式排查。

雨水淅沥,不断落于河面之上,荡漾出一道道纹路。黄河岸边的花早已败落,颇有一种繁花散尽之感。

突然,前面巡查的存金大喊道:"张先生,这里有个很大的串沟。"

张伯行忙跑过去。他瞧见被黄河冲击出的串沟又深又长,河水源源不断地还在冲刷,任其发展,极有可能引发决堤。张伯行忙指挥大家进行抢护。

大雨中,大家身披蓑衣,头戴斗笠,雨水掺杂着汗水,不断流淌而下。然而,大家顾不了这些,他们深知黄河的厉害,往往一时疏忽就能造成功亏一篑。在大家奋力抢护中,又一险情被排除。看着被填平的串沟,大家相视一笑,不管是水是泥,都一屁股坐在地上。其实,大家浑身上下早已是雨水和泥水。

张伯行伫立于黄河堤岸旁,遥望着远方。不知过了多久,他又将目光落于河工们身上,瞧见大家疲惫的样子,不禁陷入沉思。

张伯行知晓,长江乃面善心恶,黄河则乃面恶心善。

黄河之水浊流滚滚,使百姓畏而远之,无性命之忧。且绝大部分乃地上河,河水一旦泛滥,其泄洪渠道便是中下游平原百姓们聚集地区,带来不可估量的损失。黄河表面上浑浊不堪,却以甘甜河水孕育出中华灿烂文明,更冲积出黄河中下游平原。河水泛滥时,亦会留下肥沃土地。

如此这般,只要找到黄河的水沙特点和冲淤变化规律,就可给这条巨龙套上缰绳。然而,水沙特点与冲淤变化规律最难寻觅。否则,历史如此悠久,治水能臣不计其数,却未曾有几人能将黄河之威胁消除殆尽。

这次黄河涨水给大家提个醒,主汛期马上就到,决口再不堵上,接下来不知道还要出什么乱子。可如今黄河这水量,堵口谈何容易?想到这里,张伯行眉头紧锁,轻叹一声。

大黑看着张伯行久久不曾言语,不禁担忧地问道:"老爷,大雨渐小,可想出什么良策?"

张伯行摇摇头,笑笑说道:"此次黄河水势汹涌,上涨多日,皆不曾衰,贸然堵口,亦只是徒劳罢了。"

大黑眼中充满惊讶地问道:"那该如何是好?"

张伯行说道:"等雨停下,你叫上几个人,去请附近的老河工、老船工、老农过来,伯行请教请教他们,看有没有堵口的好办法。"

大黑闻听此言,在心中想道,找他们?京里来的大人都乃治河高手,还束手无策呢,他们能有什么方法啊?

张伯行瞧见大黑一脸疑惑地在想心事,便说道:"怎么?哪里不对吗?"

大黑闻见张伯行问他,立即回过神来,坦诚地说道:"为何要请教老河工、老船工、老农,他们不过乡野村夫,能有什么好办法?"

雨水流到张伯行的脸上,遮挡住他的视线,他不由地抬手擦了一下,瞬间,眼前一片清明。

"上之为政,得下之情则治,不得下之情则乱。"张伯行说道,"河工、船工、老农常年生活在黄河岸边,他们对黄河水沙特点与冲淤变化规律了如指掌。如若要将缺口堵住,必须召集他们一同商议,方有良策。"

听张伯行这么一讲,大黑才恍然大悟,立即去找老河工、老船工、老农等人来讨论堵口之事。

大黑走到门口,张伯行又把他叫住说道:"记着,一定把程石头也请来。有程石头在,大家就不会拘束。"

大黑点点头。

老河工、老船工、老农听说张伯行想见他们,都感到挺意外。张大人那么大的人物,竟然要请教大家,着实让人感动!

（四）张伯行带领众人在铜瓦厢和夹河滩建成透水月牙堤

张伯行早已在工棚中等候,老河工等人都气喘吁吁地赶过来。瞧见张伯行,大家或从容不迫,或手足无措,或非常激动。

张伯行热情而诚恳地说道:"各位老哥,如此大雨请诸位过来。若非事情紧迫,伯行绝不会叨扰大家。"

张伯行略微一清嗓咙,接着说道:"诸位常年生活在黄河边,生于斯,长于斯,自然对黄河水沙特点与冲淤变化规律了如指掌。还望诸位莫要拘谨,畅所欲言。"

众人听张伯行这样讲,谁也不愿先开口,你看看我,我看看你,面面相觑。

张伯行见此情景,忙说:"哈哈! 各位老哥不要拘谨。"

程石头笑道:"呵呵,怎么啦,各位平常不都挺能说的吗? 怎么一见官老爷都不吭气了。"

"你修几十年河,你先说说。"程石头点将到。

别看那人平时嘴碎得很,一到关键时候就说不出来。他扭捏半天,也没说出一句囫囵话。

有位剑眉星目,鼻直口方,身材魁梧,膀阔腰圆,名叫方水跃的老河工,定定神,站起身,怯声怯气地说道:"大人,要不草民先说几句。"

"好,这位大哥你谈谈。"张伯行和蔼地笑道。

"草民知之甚少,还望大人莫要嫌弃。一直以来,黄河暴涨暴落,历时短,含沙量大,不断淤积。"因为紧张,方水跃想着赶快说完,话说的跟连珠炮似的。

雨不知什么时候又下起来。雨水"哗哗"作响,方水跃之言,伴随着雨声传入众人的耳中,听得大家目瞪口呆,没想到方水跃说的这般无所顾忌。

张伯行微笑着称赞道:"此言不虚。"说着,他把方水跃说的话记录下来。

程石头打趣道:"都说老方说话办事磨叽,呵呵,这不也挺利索的嘛!"

除方水跃红着脸外,其余的人都笑起来,工棚内的气氛瞬间轻松许多。

众人看张伯行一脸和蔼之色,丝毫没有怪罪之意,还认认真真地记录,顿时放松下来。

方水跃的话，宛如一把钥匙，打开棚内每一位老河工的心门。大家突然觉得，憋在心里多少年的千言万语一定要讲出去。

此时，一位身材略微瘦削、双眸却炯炯有神，身着一袭天灰色长衫，叫老乐的长者起身对张伯行拱手说道："黄河水少沙多，水沙之间不协调。洪水之时，沙量更为集中，水势凶猛。因而，洪水来临之际，堤坝便会冲毁。"

张伯行闻听此言，点头不语，双眸和神情之中满是笑意与赞叹之色。

众人我看看你，你看看我，逐渐敞开心胸，畅所欲言。

此刻，棚内一片嘈杂之声，然而，张伯行的脸上却无一丝一毫不满神情。

这时，大黑走到张伯行的身旁，喃喃低语道："大人，这帮人不知轻重，如此这般吵嚷，乃是对大人不敬，是否需要制止？"

张伯行微微摇摇头，低声说道："无妨，如此这般甚好。"

之后，张伯行和蔼地说道："麻烦各位老哥一位一位地说，呵呵！伯行手忙，一时都记不过来。"

众人言语，一字不差地落入张伯行耳中。张伯行根据他们所发表的意见，不断展开讨论。

这时，有一位身穿粗布短衣、须发皆白、精神矍铄的老者喝了口水，又清一清嗓子道："我这糟老头子也说两句。"他声如洪钟，顿时，棚内吵嚷之声皆无。

老者要起身，张伯行忙说："老哥，不用站，请坐着说。"

老者还是坚持站起来说道："大人，洪水来临，水势猛烈，不断击打于堤坝之上，水能巨大，便会使堤坝决口。如若降低河水流速，阻碍河水对河岸侵蚀，问题便能迎刃而解。"

张伯行闻听此言，不禁眼前一亮，说道："老哥所言极是，敢问老哥尊姓大名？"

老者面有惭愧之色，说道："大人言重。草民乃是无名小卒之辈，因于此摆渡数十载，方有此番言语，还望大人莫怪。"

张伯行微笑着说道："岂敢，岂敢，老哥高见，正中要害。"

老者谦虚地说道："草民只知晓这些，如何决断，还望大人定夺。"

张伯行看着老者的眼睛，略有浑浊的眼中却满是真诚。他环视一眼大家,说道:"各位老哥,以为此意见如何?"

众人相互看看,眼神之中透出赞赏。

有人说道:"李老哥说的甚好,我没有异议。"

张伯行点点头,略微沉思片刻,说道:"那就先行修筑透水月牙堤,以自然的力量改造自然,怎么样啊?"

众人闻听此言,满口称赞。

张伯行与众人商议堵口对策,决定修筑透水月牙堤。

讨论一番后,众人散去。张伯行将众人送至棚外,临行向大家深施一礼,表示感谢。

大家说着笑着走出工棚时,不由得惊呼出声。张伯行不禁诧异不已,忙向外观瞧,亦喜出望外。只见不知何时,雨水已然停歇,万里长空褪去乌云所编织的外衣,一缕阳光自云层之中透出,洒下万道光辉。

张伯行和众人脸上满是笑意。这是发自内心的欣喜,也是充满希望的欣喜。

这时,小六瞧见长空放晴,立即撒腿前去禀报周德文。

小六跑到周德文的房中,气喘吁吁地说道:"禀报老爷,雨已停,天也放晴。"

周德文闻听此言,眼神中重新恢复往日神采,不禁起身,说道:"张中书现在何处?"

小六一脸不理解地嘲笑道:"听闻从大堤上回来的人说,张大人召集一帮老河工、老船工、老农在工地的工棚内讨论治黄的事,让他们想办法。老爷,您说说那帮人懂什么啊?"

周德文闻听此言,不禁瞪大眼睛,眼神之中透露出难以置信之神色。他幽幽地说道:"召集老河工、老船工、老农一齐讨论?河工、船工、老农怎会有良策?"

小六夸张地点点头,表示赞同。他不屑地说道,"不过,听说真还出了不少主意。哼哼!恐怕都是些馊主意吧!"

周德文闻听此言,抬起眼皮看着小六说道:"难不成是张中书还征集来不少办法?俗话说,'家有一老,如有一宝'。唉!本官怎么就没想到呢?"

小六一脸谄笑道:"张大人再有办法,到最后,嘿嘿!不也是记在老爷的头上嘛!"

闻听此言,周德文也心情舒畅地大笑起来。

"一语不能践,万卷成空虚。"经过论证后,张伯行便带领众人前往黄河堤坝旁,沿决口半里的地方打入木桩,捆上绳索,在铜瓦厢和夹河滩抛柳树头,建成透水月牙堤,以消杀水势、减缓流速、分散水流、落淤泥沙,使主流归槽。

如此一来,水流通过透水丁堤时,损失部分水能,流速不断降低,挟沙能力亦随之而降低,并导致泥沙淤积。总而言之,使其降低流速形成缓流,达到在堤附近淤积的目的。

同时,张伯行还在铜瓦厢两里上方,修建透水丁堤,用来阻止河岸侵蚀,淤堵汊河,保护堤防,使主流远离堤防;亦可缩窄宽河槽,提升通航水深。

自从连阴雨过后,夏日的骄阳烤着仪封大地,河工们要赶着在晴好的天气里,将堵口工程最后完工,将大堤修建好。

(五)黄河铜瓦厢大堤决口终于被堵住,千年铜瓦厢重现热闹与繁华

黄河大堤上,绿草茵茵、花儿点点;大堤下,树影婆娑、莺歌燕舞;薄雾笼罩下的黄河,好一派诗情画意。

主汛期将至,黄河水浩浩荡荡从西奔来,翻滚的波浪拍打着堤岸,也拍打着人心。

周德文、张伯行等人带领着众人日夜赶工,决口在渐渐缩小。

在数十里的黄河大堤上,几十个草庵子一字排开,宛如一道堤坝挺立在黄河岸边。一辆辆满载木料、石料、砖料的大马车相互交错,来回穿梭。蜀黍秸秆、柳树头、石子都投入决口中,黄河铜瓦厢段大堤决口终于被堵住。

百姓们得知此消息,奔走相告,仪封及周边县的百姓来此观者如潮。看到牢牢封堵住的决口时,大家皆喜极而泣。

为抵御主汛期洪水,决口处的大堤正在加紧修筑。通过夏初的这次洪峰,周德文看到,张伯行主张的用砖料修建的大堤,与石料所建的大堤一样坚固,并且费用低、用时短。因此,他决定,这六十多丈长的大堤也用砖料修建。

因这段地势险要,水势凶猛,为免遭河水冲刷,又在大堤内侧镶嵌琉璃瓦。琉璃瓦在阳光的照射下,发出古铜色光芒,夺人眼目。百姓纷纷前来观赏,"铜堤炫目"遂成为仪封八景之一。

金秋时节,田间洋溢着丰收的喜悦,铁头一家回到阔别一年的朱庵。因决口处大堤合龙,从朱庵漫流而过的黄河水也已消退,土地再一次在朱庵显露出勃勃生机。看着被黄沙淹没的家园,铁头一家哭了,眼泪里除去悲伤,还有不屈不挠的坚定与守望。

铁头抚摸着救了他性命的大榆树,深情地说一句:"老伙计,我回来了,我们全家都回来了!"

这时,大个他娘从窝棚里小跑着出来。她欣喜地大呼道:"哎哟,铁头回来啦。"

"回来了大娘,我们全家都回来了。"铁头看到大个他娘,高兴地回道。

"回来好,回来好。还走不?"大个他娘关切地问道。

"不走了,回来就不走了。大娘,水退了,回来把房重新盖上,好好过日子!"铁头眼中充满坚毅。

"好,好,好,不走就好,故土难离啊! 这不,你大个哥把砖、坯买好,等木料运来,就把房盖上。"

"大个哥呢?"铁头问道。

"你大个哥现在忙得很。这不,大堤刚修好,又跟着张先生挖泄洪渠呢!这叫什么,以工代赈。等泄洪渠挖好,咱们种田旱时浇上,涝时排水都不用愁。"铁头他娘兴高采烈地说道。

"那不成旱涝保收田了?"

"可不是嘛!"

两人的笑声在朱庵响起。

张伯行认为,疏、浚、筑、塞是治理黄河的根本。黄河之害,苦于洪水来临,无处可泄,其结果势必冲决堤坝,或倒灌淮河,造成水灾范围愈发扩大。仪封的黄河在于"分"其水。鉴于洪水来时,仪封没有泄洪分流的通道,他经过考察地形,走访百姓,绘制蓝图,提出从铜瓦厢经夹河滩开挖一道黄河支河,同仪封县城北的黑里河连为一体。一可分黄河水势;二可经沉淀池沉淀后,以灌民田。经周德文上报后,河道总督张鹏翮同意修建。

消息传入百姓耳中,大家欢呼跳跃。

河道开挖后,张伯行来此巡视,发觉河工无不干劲十足,毫无懈怠之感,不禁暗自欣慰不已。

铜瓦厢镇又重现往日的繁华。孙老哥走在去茶馆的路上,看见贾秀才在买三贵的苹果,他向贾秀才拱拱手道:"贾秀才吉祥。"

贾秀才还礼道:"孙老哥吉祥。"

三贵忙道:"孙老哥来尝尝,苹果甜得很。"

孙老哥摆摆手笑道:"再甜也吃不成,没牙了。"

孙老哥正说着,差点与得福撞上。他埋怨道:"你小子走路看点道,什么时候回来的啊?"

"嘿嘿! 不好意思,孙老哥,前天才回来。"得福向他拱拱手,嘴上虽说不好意思,心里却说,你要不扭头与人说话,能差点撞上吗!

"还回通许吗?"孙老哥顺嘴问道。

"不走了,准备在镇上开个包子铺。"得福一脸喜庆。

"好。等开张了,老夫去照顾你小子的生意。"孙老哥正说着。

李仁笑着向孙老哥拱手道:"孙兄,呵呵! 多日不见,一向可好!"

孙老哥一看是他,忙笑着还礼道:"哦! 是李兄啊,这是来……"

"这不,东家听闻铜瓦厢镇热闹繁荣,派兄弟将这里的分号恢复起来。"李仁踌躇满志道。

"好,好,李兄又要回来当账房先生,以后咱们又能在一起喝茶聊天。"孙老哥笑道。

李仁忙道:"不,不是账房先生。"

孙老哥脸上闪出诧异的神情。

"是大掌柜!"

二人对视一眼,李仁大笑,孙老哥也大笑起来。

时光荏苒,不断地流逝着,宛如指缝中之河水,一去不复还。时至今日,张伯行参与修建的黄河大堤,将汹涌的黄河水牢牢地锁在河道中,为百姓的美好生活保驾护航;他提出开挖的泄洪渠,依旧灌溉着万亩良田,滋润着豫东平原。

第四章

一

京城面圣

（一）张鹏翮举荐张伯行，言辞恳切，皇上深为感动

康熙四十一年（1702 年）冬十一月，京师上空寒风萧瑟，香山红叶大多已经飘零。连绵不断的雨雪让漫山遍野雾气阑珊，偶尔几声鸟鸣更显得异常悲凉。

北京城内，连续几日的雨雪让温度骤降，大街小巷之中没有往日间的喧闹。偶尔几个长者身着厚厚的衣衫，相互见了，也只是匆忙打声招呼，言语之间透着瑟瑟的语调，之后奔向各自的远方。

乾清宫内，众官端凝谨肃，呼吸声都像迫不得已才发出来的一样。康熙帝脸色显得分外凝重，内心虽若开锅一般，但举止依旧沉静。他不时用手指敲打着玉案上的奏折，两眼看着面前众位大臣，神情之中有不满，有着急，也有询问。

突然，康熙帝站起来，眼神一扫，在河道总督张鹏翮身上盯上片刻，然后看向窗外。

窗外，红砖黄顶，雕梁画栋。几只鸟在不停地觅食，更衬托出皇宫的沉闷。

康熙帝回过身子，若有所思道："今夏，山东五县发水，至秋颗粒无收。山东巡抚王国昌接连发本，说数县境内已有饿殍，百姓流离。"

说到这，康熙帝顿了顿，把手在几案边的暖炉上握了握，眼睛微微闭合，继续言道："山东灾患，朕心甚忧，朕的眼前总是出现百姓流离失所之情景。若不及时救治，恐引起骚乱。众卿以为如何啊？"

户部尚书李振裕出班启奏道："皇上宅心仁厚，忧民之难，皇上之圣明让我等钦佩不已。以微臣之见，山东府仓可开，着专人赈灾，避免山东百姓再有

因灾荒死亡,受灾五县可免赋一年。"

户部侍郎焦毓瑞慌忙出班跪奏道:"启禀皇上,山东府仓前年有粮一万五千石。去年河南大水,调山东粮八千石,剩余存量恐不能支山东五县三个月的救济。"

"山东赈灾几个月方可度过?"康熙帝问道。

"至少五个月。"李尚书急忙答道。

康熙帝做个手势让焦毓瑞起身。他回身呷口茶,自言自语道:"两个月所缺之粮,由江苏补给,尚不为难。不过山东水灾,致两年内府仓空虚,如再有事端,将会焦头烂额。"

"黄河在甘陕之间,尚且平缓。至晋豫之间,亦能可控。从兰阳铜瓦厢,经仪封县一路东南,过归德府,沿汴河夺淮入海,并未见河水溢出。朕先用靳辅,后用于成龙,蓄清刷黄,束水攻沙,潜心治河,卓有成效。"

康熙帝慢慢转身,走到龙案阶前,俯身看向张鹏翮道:"张河道啊,黄河怎么在山东就变成洪水猛兽了? 山东诸府州县竟束手无策,任其泛滥。总督大人河务繁忙,当是无暇顾及了!"

"皇上明察。臣自今夏五月赴山西河东府查勘黄河水势,见两岸堤势短矮,急命知府招募营兵民丁加固之。时当洪期,不敢懈怠,朝夕催工,至九月秋方回京面禀。"时为冬十一月,张鹏翮忽觉浑身燥热,额头微汗,出班跪伏,奏道:"只是从兰阳铜瓦厢以降,黄河河水水流趋缓,河道堵塞,漫滩行洪,苦不堪言。仪封、考城河道纵横,河水时常偏离主河道。其中一束沿赵王河一路北上,过曹州,至济宁,偎堤行洪,管涌不断,至今尚无良策。臣为治河诚惶诚恐,坐卧不安,定鞠躬尽瘁,不敢稍退。"

康熙帝下阶,温言道:"爱卿身为河道总督,治水不遗余力,朕心甚慰。平身吧!"

之后,走上玉阶,转身言道:"可惜治河能臣如卿者,能有几人? 治得上游,淹了下游;管住了山西,又漫了山东。黄河绵延何止千里,千里之堤,溃于乏才。众卿啊,何以为君解忧,为民保命?"

张鹏翮刚稳住心神,就像补河堤似的刚补个缺口,迅疾又有一个缺口摆在面前。他心中酝酿了几个人的名字,猛地想起去岁查勘河务路过开封府仪封县时,见河堤决口修复完备,牢固有加,知县禀告修河堤都是张伯行之力;

想起仪封有个请见书院,当日路过,书院书场依旧,秩序井然,询问得知乃张伯行和冉太史在此讲学,自己河务羁身,不得宁日,对书院情景深为叹服,甚为羡慕;想起着请张伯行以河道总督幕府之名,督修铜瓦厢和黄河大堤决口,深得民心。于是忙启奏道:

"皇上容禀。微臣勘察河务,途经河南仪封之时,看当地堤坝修建极其厚重,且石料后备充足,无一处缺失。臣治理黄河多年,其时心内惊异,不知何人主持当地河务。查询当地知县,方知乃仪封张伯行丁忧后在家,兴办书院,教书育人,暇时料理当地河务。臣着请其以河道总督幕府之名,赴河工效力,督修黄河南岸二百余里大堤及铜瓦厢、马家港、东坝、高家堰水利工程,成绩斐然。后微臣详加查访得知,张伯行尽心河务,勤敏趋事,为人诚实,卓然有守,才可堪用。请圣上明察。"

"吏部,张伯行现居何官?"皇帝问道。

陈廷敬奏答:"张伯行是二十四年进士,三十一年入内阁,三十三年丁父忧在家。三十七年入京候补中书,半年之后返乡至今。"

康熙帝问道:"若着其办理河务,可入何职?"

陈廷敬奏道:"可先以原职征召。河务之职,张河台以为如何?"

张鹏翮道:"江南河道,由臣总理。现山东河道事急,可授山东济宁道。"

康熙帝点头,面色和缓,对身旁内侍说道:"传朕旨意,授仪封张伯行山东济宁道,接旨进京。"

而后康熙帝挥手,众大臣退出。

(二)题补张伯行为山东济宁道,随本入京

请见书院内,张伯行与冉永光对坐闲谈,学生们在师兄苏万民的带领下温习朱子。

冉永光学识渊博,对朱子之学颇有见解,不断爱取《四书集注》研精覃思,近来颇有小成。可他面对张伯行却甚是自谦,两人在学院讲学,见解自然是互相启悟。

此时,张伯行穿着一袭暗蓝底织纹棉袍,藏青色单襟马褂,脚下厚履浅黑纳步鞋,长髭短髯,看着一旁的冉永光说道:"这四书集注博大而精深,《宋史》

说，程颐'以《大学》《论语》《孟子》《中庸》为标指，而达于《六经》'……"

他略微一顿，极目远眺，继续说道："南宋光宗绍熙元年，朱熹在漳州刊刻'四书'，为之作注，'四书'之名从此确立。注释重在义理，不重训诂，于天理、人性、格物、致知、道统等问题和政治教育方面阐发尤详，旨在将'四书'纳入理学轨道。"

冉永光提提深青底蓝花的长袍，摆手摇头道："孝先，我还乡以来，中牟老家一私塾先生，屡次来信咨教于我，说'四书'注难解不明，问我当何以发端。朱注秘奥，如论语注，不在于圣人语而在于朱子语。我常说熟读'四书'不知一注，即为此意。"

"冉先生妙论，恐私塾先生亦不能会此意。"

"孝先精于朱解，心会神领。无奈吾乡先生不明，我感于此，随辑录有关四书浅析定论之说，辅以拙见。此书付版之貌确与旁书不同，是我独见。"

张伯行忙问："有何独见？"

冉永光啜茗提袖而言道："学术系于人心，人心关乎气运；学术不明则人心不正，此气运升降之大机也。我把此书'四书'正文印版小于注解，名为我注'四书'，实为'四书'注我。如此，方能求解'四书'于'四书'之外矣！"说毕，捻髯畅笑。

张伯行点头称赞道："'四书'流布千余年来，一代有一代之注解。道统承续，正当如此，恨不能现在就一观耳。"

此刻，只听书院外有"嗒嗒"的马蹄声，好像有急事奔赴到此。二人疑惑，共同起身踱步而出。正值课间休息，学子们出于好奇，也跟随着徐徐而至。

这时，只听到"吁吁"两声，两匹马在请见学院之外停下来。马鞍上端坐的两人，身着灰色宫廷内侍之华丽棉服，鲜衣怒马，打扮不俗，周身上下风尘仆仆。脸庞经过寒风的侵袭，透着沧桑，装束却不失干练。在马鞍桥上这么一端坐，颇有一番春风得意马蹄疾的风范。

那两人甩镫离鞍下马，气息还未喘匀，便朗声问道："张伯行，张大人何在？"

张伯行曾任内阁中书科中书之时，与众多内侍有过一面之缘，因而，对他们并不陌生，遂向前拱手施礼，说道："两位大人，在下乃仪封张伯行，请问二位官家有何贵干？"

那二人上下打量一番张伯行,从身后请出一物,还未等众人看清,那名内侍朗声说道:"圣旨到,张伯行接旨!"

闻听此言,张伯行同冉永光都大吃一惊,连忙整衣跪下,学子们也跪倒在地。

此刻,张伯行心中暗想:我自康熙三十三年冬十二月,丁忧在家,至今已整八年。虽康熙三十七年五月入京候补中书,然则半年有余即无志功名,欲退而修订先儒之书,引掖后进,以广传正学,遂归故里,至今也已四年。在此期间,并无任何不妥之处,怎会有圣旨突降?

只听宣旨道:

> 奉天承运,皇帝诏曰:江河之道,系乎民命,关乎运数,凡才德堪用者,皆应趋向河务。朕闻仪封张伯行治河有方,敏于才干,为民保土,有公无私。着其中书任复职,题补山东济宁道,随本入京。钦此。

张伯行闻听,如坠五里雾中,一时之间呆住。

另一位内侍不禁出声提醒:"张大人,接旨吧!"

张伯行方从迟疑之中醒悟,朗声道:"张伯行接旨,谢主隆恩,吾皇万岁,万岁,万万岁!"

而后,张伯行便叩首在地,腰身挺直,双手高举。内侍将圣旨置于张伯行之手,张伯行恭恭敬敬地捧于手中。

张伯行带领众人站起身来,那名内侍面露笑意,说道:"张大人,恭喜,恭喜!"

张伯行谦逊道:"上官一路辛苦,在此歇息一番,如何?"

那名内侍摇头,说道:"张大人好意,咱家心领。只是还要回宫向圣上回禀,便不久留,告辞!"

两名内侍扳鞍上马,寒风袭来,吹得衣襟猎猎作响。顺着风势,两人挥鞭打马而去,一路上扬起尘土无数。

冉永光回身拱手,说道:"孝先,恭喜啊!"

然而,张伯行面颊之上并无喜色。立在这凛冽的寒风中,他的心中翻江倒海,好似这并非一件喜事,而是无限烦难。

这些时日,张伯行潜心治学和教书,对于仕途早无热忱。眼下忽然拔擢他远赴济宁,岂不正与本心相违?

接下来的几天,无论在家还是书院,张伯行日日夜夜心中矛盾。他内心不愿出仕从政,只愿留守家乡教书育人,可似乎又不能只顾自己意愿。说来也是天意弄人,想自己有心致仕报效社稷时,却只是在这乡野之地徘徊;如今无意做官,却被催逼着快去赴任。张伯行不禁辗转反侧,昼夜难眠。

这一日,冉永光在书院瞧见张伯行眉头紧皱,面上怅然,不禁问道:"孝先,何故如此怅惘? 不如与我说说,或可为你出谋划策。"

张伯行不禁叹息一声,说道:"冉先生是明知故问罢了,我是忧心出仕之事。因我未谙河务,恐难以当此大任。且我身有沉疴旧疾,更难以胜任。何况我只愿潜心程朱之学,于学院教书育人,并无他想。"

冉永光道:"孝先,闲居几载,今被圣上重用,可谓喜事!"

张伯行摇摇头,两人相对而坐。张伯行问道:"覃庵先生,前次入阁,非我本意,乃是丁忧期满,回京复命,故旋即而归。我本匹夫之才,只愿读书耕田,兴办书院,实不愿身入官场。"

冉永光捋着胡须,笑道:"孝先,你我可谓志趣相投。然则圣命难违,更何况你是太过自谦。你可并非不谙河务,对河务也不是略知一二,城中百姓皆可为此作证,这乃不争之事实。"

冉永光看着低头沉思的张伯行,继续说道:"黄河水患连年不绝,如猛兽侵民,恶龙害民;百姓流离失所,无家可归。难不成张大人愿看'民有饥色,野有饿殍'之境况?"

张伯行一时之间哑口无言,面上泛起愧色。

"孝先今岁已经是天命之年,光阴过半。虽是年长,可真算得老吗?"

"我懂得先生的意思。"

说到此,顿了顿,张伯行又问道:"当今圣上只殿试时瞻拜一次,何以仍然记得我?"

冉永光捻髯而思道:"此必是有人在朝堂之上举荐你,皇上方有旨意。"

"何人?"

冉永光突然拍手道:"定是当今河道总督张鹏翮。他曾着请你以河道总督幕府之名,赴河工效力,督修黄河南岸二百余里大堤及铜瓦厢、马家港、东坝、高家堰水利工程,且有一面之交,对你自是熟知。"

"虽是如此,然我并不熟谙河务。只因世居河边,常遭洪袭,久病成医而已。况我耽于程朱,道之所求,只在于此,实不愿离书院而去。"

冉永光坐下笑道:"你我志之所在,实是相投。读书课子,教书理经,忙时躬耕,闲来弈棋,不亦快哉!"

张伯行悦然称是。

冉永光呷口茶,不慌不忙又道:"虽是如此,还有几说。一则圣命难违。"

张伯行微笑打断道:"无奈我有沉疴何。"

冉永光摇头道:"以此为由,辞而不就,如不准,当如何?况此乃欺君,必当慎言。二是张鹏翮举荐之恩,无以为报。三是当今皇上继位以来,盛聪有为,国富民强,亦得拥戴。古语云'君圣而仕,不圣则隐',当今圣上英明,则可仕矣!"

张伯行面露庄重之色,端肃问道:"张伯行必要如此吗?"

冉永光起身叹道:"古人说穷则独善其身,达则兼济天下。你在书院,固然可以做自己喜爱之事,却只能让书院得益。若你走入仕途,以一颗廉正之心对待政务,则治下受益之百姓又何止千万?"

"先生之言,令张伯行醍醐灌顶,茅塞顿开。"一席话说得张伯行连连额首,拱手说道。

冉永光点头道:"范仲淹云:'居庙堂之高则忧其民,处江湖之远则忧其君',便是如此。"

此刻,张伯行眉头舒展,望着冉永光,心生钦佩之意,说道:"老骥伏枥,志在千里。我才五十之龄,不敢妄以老病自居。先生一席话,于我犹如醍醐灌顶。张伯行愿为朝廷分忧,为百姓解难。"

冉永光呷口茶,继续说道:"而今,朝堂之上,官员良莠不齐。孝先你——不,张大人,你清廉自守、处事勤勉,此番再入仕途,定能为百姓谋福。也许过上三五年,必能大展宏图。"

张伯行站起身来,躬身施礼,说道:"先生一席话,伯行铭记于心。食君之禄,定会忠君之事。"

说此话时,张伯行内心暗自思忖:若必要出仕为官,则张伯行做官必得清廉如水方可。

冉永光看到张伯行已然振作精神,决定前往济宁赴任,心下宽慰不已。他年长张伯行十岁,对这位治学上的好友充满信任和期待。国家与百姓,正需要这样操守和才干的官员!好在张伯行得到重用,不至于使明珠蒙尘,英雄落寞。

(三)张伯行与同时赴京的济东道一起拜见皇上

张伯行离开书院,回到家中。

王夫人问道:"相公,平日回府都是日头偏西,今日如何回家这么早啊?"

张伯行对王夫人说道:"夫人有所不知。今日皇上来旨,着我即刻进京面圣。"

王夫人欢喜异常,说道:"古人云:学成文武艺,货与帝王家。夫君学富五车,著作等身,若有此报国之门,不仅光宗耀祖,也可造福桑梓,恩泽百姓。"

张伯行道:"夫人知我无意仕途。我只愿如祖上所传,舞文弄墨,教书育人而已。"

"相公所言,乃吾所愿。只是相公若不能上报朝廷,下安黎民,岂不辜负了一身文武艺?"王夫人端上一杯茶,笑着说道,"奴家曾祖也如相公一样,写诗著文,教化众生,只是终是一小众,非大器。后来,吾祖出将入相,官拜太子太保,诗入七子之列,文载典籍史册,未尝不如夫君之志。"

"夫人如此明白事理,直叫黑孩儿惭愧不已。只是侯门一入深似海,以后家中诸事,恐怕会难为夫人。"

说到此,张伯行禁不住凝视这个与自己相濡以沫的女人,心中充满深深的感激之情。这些年来,夫人虽是大家闺秀,出身名门望族,却贤惠善良,知书达理,从未有一丝一毫的闪失。可以说,张伯行之所以能潜心攻读、著书立说、求取功名、兴办书院,都与夫人的贤能密不可分。常人说,每个成功的男人背后都有一个优秀的女人。自己虽未成功,但夫人却是秀外慧中,让人尊敬有加。

正当张伯行有话却对夫人说不出口的时候,忽然外面有人大声喊道:"老爷,听说皇上宣旨,让大人进京面圣,是不是要封大人当大官呢?"

张伯行一听声音,就知道是大黑来了,遂起身走出房门,果然大黑与大仪不约而至。

大黑风一般来到张伯行面前,拉着张伯行哈哈大笑,说道:"老爷,是也不是?"

张伯行微微颔首。

大黑笑道:"今日皇上怎么睁开了眼,竟然知道仪封有老爷您啊?"

张伯行瞪大黑一眼,沉声说道:"大黑,不得无礼!"

大黑嘿嘿笑道:"大黑只是一时激动,竟然忘记老爷平日说的礼数。"

大仪上前一步,说道:"老爷,皇上为何突然下旨让大人进京,莫非有人举荐?"

张伯行微微笑道:"大仪说的极是。书院冉太史推测,应是河道总督张鹏翮张大人。"

大仪道:"我听闻,这位张鹏翮大人为官清正无私,今日能够举荐老爷,也印证所言不虚。"

张伯行将两人引入客厅。

张伯行对大黑与大仪道:"此次进京面圣,家人很是欢喜,但我内心却有不安之意。"

大仪道:"老爷,你平日总说,男子汉大丈夫应该为国效力,为民请命。今日有此良机,却为何有犹豫踌躇之意呢?"

大黑也高声说道:"对啊,老爷,这么好的机会,还犹豫什么?我们哥俩正想跟着老爷大展身手呢!"

张伯行道:"若说内心之意,步入仕途实非我愿,还是每日著书立说,弘扬程朱理学,不亦乐乎!"

大仪道:"老爷,依我之见,学成文武艺,货与帝王家。大人每日苦读程朱,若只是隐逸于山林之间,倒是辜负这些著述。步入仕途,为民请命,才能真正让心中所学有所作为。"

张伯行叹道:"冉太史也这样说,我才决定明日起身面圣。"

大黑道:"老爷面圣,路途遥远,恐有意外。我跟大仪兄弟追随保护大人,怎么样?"

张伯行微微笑道:"我正想喊你们商议此事,不想你们却先我一步。这么多年,我们三人凡事皆是共进共退。"

大仪道:"既然如此,我们二人回去收拾行囊,明日再见。"

大黑与大仪告辞。

张伯行安顿好老小后,第二日唤张安与大黑、大仪聚齐,坐马车行至书院,辞别冉永光,交代好书院之事,启程进京。

一路无事。

来到皇都,阅不尽繁华热闹。大黑与大仪看得眼花缭乱,艳羡不已。

当日天晚,张伯行在入京公办驿馆安歇,等候明日觐见。

主仆四人旅途劳顿,饭食从简,只在房内静坐。张安检查老爷明日要穿的官服,见袖口褶皱得很,就拿去找衣铺熨烫。

张伯行正在房内展读《濂溪选集》,驿卒送来一个拜帖,上写着:"江宁余承宗题补山东济东道拜忝为同科官至同僚慕名敬佩"。张伯行心道:余承宗为同科,怎么竟然毫不记得? 一面说"快请"。

只见进来一人,中短身材,有髭无须,着织锦青褐色绸袍、藏青底提花马褂,一脸和气扑面而来,拱手言道:"仰慕,仰慕! 张大人一路辛苦。"

张伯行忙道:"不敢,不敢。有幸得见余大人,拜帖敬收,实不敢当。"

两人坐定,余承宗笑道:"张大人,我自江宁任上,得蒙擢用,随本入京,今早才到。刚才得知张大人亦至此,题补山东济宁道。想往后你我同僚为官,不可不拜。"

张伯行亦笑道:"我本一书生,身无长才,得蒙举荐,实是汗颜。不像余大人劳心政务,栋梁之才。"

余承宗道:"朱子曰:辨才不如宣仁。我何德何能,只是诚心敬事。我在江宁时,处物阜民丰之地,不敢妄取一物。今去山东,更当中正自律,报效皇恩浩荡。"

张伯行见他出此言论,心内顿生好感,也就知无不谈,两人一见如故。

掌灯时分,余承宗起身告辞道:"张大人明日如何见驾?"

"先到吏部选司报到,等候召见。"

"选司处陈大人今日可曾得见?"

"来时已过午,明日吏部面见吧。"

"我看张大人轻车简从,竟无长物?"

"张伯行只带随身用度,不及其他。"

"告辞,告辞。"

"恕不远送。"

天色大晚,遂各安寝,不提。

(四)济东道埋怨张伯行不通人情世故

第二日一早,太阳升起。虽是隆冬季节,但阳光甚好,且春节将至,京城内一片喜庆之气。

张伯行官袍履带,端容整肃。恰逢余承宗来约,两人各雇一乘小轿,前往吏部衙门。

来到选司,在门口把履历递了进去,方才入内。

只见公事房内,有两三主事在审阅文案,另有一人独坐中堂。此人年纪不大,长相老到,鼻高目深,乃郎中陈净莲。

余承宗一拉张伯行的袖子,趋步向前,躬身道:"下官余承宗、张伯行拜见陈大人。"

张伯行尚未摸着头脑,只得跟着行礼。

陈净莲抬头看了一眼,做个手势让他们坐下,继续看他们二人履历。余承宗低首偏坐,张伯行坐直了身子,只等问询。

良久,陈净莲合上手本,说道:"两位乃乙丑同科,今又同补山东,可谓大有前程。张大人何时来京的?"

张伯行离座躬身答道:"下官昨日方到。"

陈净莲道:"既然昨日已来,却为何不先来拜见?"

张伯行忙拱手道:"昨日酉时方到,鞍马劳顿,时间仓促,故不曾前来,望大人恕罪。"

张伯行虽这样说,心内却纳罕不已。张伯行心道:昨日到时,天色已晚,难道晚上皇上也会召见大臣?

陈净莲看张伯行满脸的疑惑,就追问一句,说道:"张伯行,那今日你可曾准备?"

张伯行急忙拱手,说道:"今日自是准备充分,故特来恭聆圣训。"

陈净莲闻听,脸上显出一丝喜色,说道:"张大人却也是明理之人,既然准备好了……"

说着话,陈净莲的眼神对张伯行略瞟了一下。

张伯行依旧不明就里,躬身站在那里,半天未动。

一时之间,空气中弥漫着尴尬的气氛。

那陈净莲等了半天,见张伯行无动于衷,呆呆地站立在那里,心内已经明白张伯行并不曾备好礼品。

陈净莲鼻孔中轻轻哼了一声,对两人道:"两位且现行等候,容我见过皇上再行宣召。"

陈净莲旋即转身离去。

一炷香工夫,陈净莲进来高声道:"皇上有旨,宣余承宗进见。"

余承宗急忙站起身,掸了掸衣袖,毕恭毕敬地跟着陈净莲进去。

张伯行心中纳罕:怎么还要一个一个觐见? 却也无奈,只好站在那里静静等待。

大约过了半个时辰,余承宗从里面出来。见到张伯行,余承宗拱手道:"张大人,事情已妥,我先行一步。"

张伯行与余承宗拱手告别,而后依旧静静等待。

从巳时直等到日中时分,仍不见传唤。虽是隆冬时节,张伯行额头却微微见汗,双腿麻木,亦不敢随意走动。

正焦急间,忽见陈净莲缓步而回,忙躬身相迎道:"陈大人,皇上宣我了吗?"

陈净莲轻拍张伯行手臂,道:"皇上今日已不得闲,张大人明日来候吧!"

张伯行只得告退。

走到门外,大黑与大仪早就等得万分焦急。见张伯行出来,急忙上前问道:"老爷,怎么样,可见到皇上?"

张伯行叹口气,说道:"且先回去,等候明日召见。"

大黑急道:"大人,这等待半天,竟还要到明日。早知道这样,就不在此等,皇上什么时候得空,再宣我们不就行了。"

张伯行对大黑道:"大黑,不可乱说!"

大黑急忙噤口。

回至驿所,张伯行赶忙去寻找余承宗。

其时,余承宗收拾行李已毕,正与下人交代回程事宜,见张伯行拜帖,忙请进内说话。两人相见,寒暄落座,余承宗屏退仆从,问道:"张大人未被宣召?"

"何以得知?"

"你可知陈净莲其人?"

"今日初见他面,不曾认识。"

"小弟来京前已知其人,坊间有言:若被皇上见,先拜陈净莲。昨日晚上我先去陈府拜访,略表心意。不然,今日何得传见?"

张伯行不语。

余承宗察言观色,探问道:"兄今夜可略备薄礼,前往陈府,相信明日兄台定可被皇上召见。"

张伯行沉声道:"这薄礼又当如何准备?"

余承宗摇摇头,起身转向阁子内,回来时手里提一小小锦盒,在茶几上打开,原来是白玉扳指一对。

张伯行不解,余承宗笑道:"我看年兄来时未必准备,如蒙不却,可先用之。"

张伯行怫然不悦道:"余大人读圣人书,听天子命,昨日言语坦荡,张伯行本甚钦佩。今日竟劝张伯行做这等苟且之事,难道这就是余大人所说的'宣仁'不成?"

说着话,张伯行将脸前的锦盒推至一边,说道:"多谢余大人盛情,张某不敢领情。"

张伯行言语之间,略有些讥刺。

余承宗窘急道:"我是推心置腹,世故如此,张大人又何必耿介拘泥?"

张伯行站起道:"张伯行一介文人,只知君子坦荡荡。岂不闻'清风吹涟漪,波平复如镜'。官可不做,此等事,非我所为。"

"只怕仍是空等白候。"

"我虽坐观垂钓者,却非徒有羡鱼情。告辞!"

张伯行回至房内,静坐沉思,心不能平。当晚亦不能眠,暗自怅叹。

（五）张伯行叩见康熙帝，未及上任先参同僚

连续几日，陈净莲均以圣务繁忙，未能宣召为辞，劝退等候。

张伯行到京不觉已有七日。

这一日是腊月二十三，祭灶之日，麻糖和冰糖葫芦的生意格外兴隆。京城大街小巷开始繁忙起来，家家户户都开始备年货，买鞭炮，写春联，做新衣，准备过年。各家商铺的生意也极为繁忙，伙计出出进进，顾客来来往往，一派热闹景象。

而张伯行再一次怏怏而归。

大黑在门外看到张伯行又是无功而返，不禁有些焦躁，高声道："老爷，这个姓陈的到底是什么意思，竟让我等在此等候多日。如今，快过年了，若是在老家，猪都准备下锅了。"

张伯行道："那余承宗走的时候说得明白，陈净莲乃一贪官污吏。若是不给他送礼，恐怕见不到皇上。"

大仪看看张伯行，说道："老爷，我知道老爷肯定不愿意做这些见不得人的苟且之事。可这一直拖下去，也不是好办法，老爷还是早做定夺为好。"

张伯行沉声说道："若是给那厮送礼，自然可以面见圣上。可若让我张伯行做这等低三下四之事，实乃非我之愿。临行之时，我实不愿来，但冉太史告诉我，若做一清廉之官，定能为民请命，这等功德远远超过在书院之中独善其身。在家时，大仪也讲过类似的话。如今，若是为安心度年就违背初心，我定不从。"

大黑与大仪对视一眼。二人皆知张伯行之禀性，知道劝也无用，三人回到驿馆。

张伯行回到房间，拿出书本，安静看书。忽然张安在门外喊道："老爷，冉太史信到。"

张伯行闻听大喜，急忙道："快快拿过来。"

冉太史在书信中赞其不从流俗，劝其守得云开。张伯行看过之后，更加坚定自己的想法。故他也不复苦恼，也不走动，日日玩读《濂溪选集》。

京城物华天宝，临近春节尤其繁华，人皆盛装，物皆鲜艳，天子脚下更是

一派祥和富贵。

第二日,阳光有着淡淡的暖意。张伯行一早起来,用完早膳,穿戴好衣着,再次带着大黑与大仪前往选司衙门。

张伯行已经做好在驿馆之内度过这个春节的准备。他也已经想到,那陈净莲今日依旧会冷言冷语地把自己打发走。

但是,当张伯行走进公事房,见过陈净莲之后,发现今日陈净莲和往日竟然大不相同。那陈净莲看到张伯行进入公房,竟然满脸堆笑迎了上来。

陈净莲上前一步,拱手施礼道:"哎呀,张大人今日好早啊。来,张大人请坐。"

而后,陈净莲又让人端上茶碗说道:"张大人,请用茶。"

张伯行有些诧异,也有些不甚习惯,就道:"陈大人,今日可得见驾?"

陈净莲干笑两声,说道:"连日来圣驾操劳,又逢佳节,故此未有宣谕。昨日我想张大人日日奔波辛苦,特意请李公公转上折子禀告此事。张大人,皇上着你巳时一刻觐见!"

张伯行虽知陈净莲故弄玄虚,也不当面点破,躬身称谢,心中暗打主意。

你道为何今日张伯行突然被召?

原来,自那日康熙帝宣见过余承宗之后,却一直不见济宁道张伯行前来进见。

初时康熙帝以为张伯行是因为路途遥远,方才滞后,也没放在心上。后两日,因朝中事务繁忙,康熙帝竟渐次忘掉此事,故陈净莲才能日日搪塞张伯行。

今日早间,康熙帝在和几位大臣议事之时,偶然谈到黄河治理,猛然想到张鹏翮举荐的张伯行竟还未前来进见。

于是,康熙帝宣陈净莲前来,问张伯行是否到达京城,为何迟迟不来见驾?

陈净莲唯恐皇上怪罪下来,急忙回答说昨日方到,只因昨日朝中事多,故未曾通禀。

康熙帝不禁有些惊异,心道:当日张鹏翮举荐张伯行,说张伯行勤于政务,却为何迟滞多日方才进京?康熙帝对张伯行略略有些成见,但也不曾过于放在心头。

康熙帝道:"已经临近岁末,今日巳时宣张伯行进见。令他速速赴任,不要在京城耽搁。"

巳时，张伯行随陈净莲自怀远门入，过熙和门、右翼门，直至养心殿外等候。把履历折由小太监递进去，不一时，只听传旨道："济宁道张伯行觐见！"

立即从里面出来一个公公，领着张伯行入内。

张伯行不敢抬头，紧随其后。至御座前，三级台阶下有白毡铺地。张伯行趋步向前跪倒，口称："臣张伯行恭请皇上圣安！"

康熙帝见张伯行长髭短髯，面阔顶方，甚有儒者气相，心中大悦。

康熙帝问道："张伯行，朕且问你，你是何科进士？"

张伯行跪在阶前，俯首道："皇上，臣乃二十四年乙丑科三甲八十名。"

康熙帝略略沉思片刻，说道："若朕没记错，那年状元乃是江苏陆肯堂，是也不是？"

张伯行高声说道："皇上圣明，那年状元确是陆肯堂。"

康熙帝又问张伯行："近来所读何书？"

张伯行回道："臣素喜程朱，近日所读乃《定性》《识仁》。"

康熙帝微微点头，说道："明道先生学达明通，实乃河南人的骄傲。张伯行，你是何处人？"

张伯行道："皇上所言甚是，臣也是河南人。"

康熙帝抬头眺望远方，语气有些凝重，说道："黄河治理，乃历朝历代之大事。黄河事务若安，天下则安。张伯行，你可知此次为何拔擢你为济宁道？"

张伯行俯首道："微臣愚钝，不知因何拔擢。"

康熙帝道："今年夏天，水患不断，河南、山东百姓屡遭罹难。山东饿殍满地，实为心痛，治理水患已经成为国家大事。朕听闻你在治水之时，身先士卒，且成效卓著，故特召你进京，欲授你为济宁道。望你在山东境内再接再厉，眼中有活，心中有责，用心去做。河务乃国之大事，勉励为之，不可稍懈。"

张伯行听完康熙帝所言，心道：皇上所言，处处皆为百姓所想，实乃千古之明君。看来，冉太史所言甚是有理。

张伯行说道："承蒙皇上信任，臣张伯行定当鞠躬尽瘁！"语气之间，激动不已。

康熙帝又道："朕谕旨甚早，张伯行，你为何今日方到？"

张伯行闻听，心内踌躇，不知是否该讲出实言。

康熙帝见张伯行沉吟不已,说道:"张伯行,难道你有难言之隐不成?"

张伯行略一沉吟,已知该当如何,决然道:"启奏皇上:臣已到京城半月有余,吏部郎中陈净莲弹压不报,因私废公。故时至今日,臣方能面圣!"

康熙帝闻听,脸显不悦之色,看着张伯行,心道:此人过于执拗,不知变通。未及上任,却先参同僚,恐怕以后在同僚之间难以相处。

康熙帝心内虽有不悦,但脸上却不动声色,道:"这事朕知道了。卿如此清正,必能勤勉为民,朕心甚慰。"

张伯行听康熙帝对自己弹劾陈净莲之言轻描淡写,虽想再说,最终未曾张口,道:"微臣告退。"

张伯行跪安退出,康熙帝看着张伯行离去的背影,轻轻摇头之后又微微点头。

二
赴任济宁

张伯行进京面圣，被陈净莲刁难。虽在皇上面前参他一本，稍出恶气，却也不知有无下文。

上任期限催逼，到吏部选司衙门办理手续后，张伯行带领张安、大黑、大仪急急离开京城，返程准备赴任。

隆冬季节，寒风凛冽，又恰逢岁末，一路之上人烟稀少，店铺大多关门。几人沿途受尽严寒，这一日终于回到家乡仪封。

回到家中，元宵节已过。一家老小看到张伯行顺利到家，悬挂之心方才放下，彼此见面，皆喜极而泣。张伯行给耿太夫人请过安，回房与王夫人简略说及面圣的事。只见王夫人早已情动于衷，嘤嘤啜泣。张伯行只得安慰。

王夫人道："还没上任，就这么不顺心，百般受阻。等到任上，又不知何事等着？这样做官，让我成日提心吊胆，怎么是好？"

"我既已决定做这个官，就要舍身舍命，还能怎样？"张伯行叹道，"你在家中，上敬慈母，下抚幼儿，会更加辛苦。记住：不论任何人，以任何理由，在任何时候，用任何方式，来给我们家中送任何物品、礼金、银两等，一概莫收。外人相助，一概莫受。这要作为一条底线、红线，让宫保府上下都铭记在心，不得越雷池半步。还记得张氏家训吗？"

王夫人抹了抹眼泪，说道："妾身不但记得，还日日教育孩子背诵复读。"

遂转身对儿子张师栻说道："你背诵一遍，让你父亲听听。"

张伯行的儿子张师栻顿了顿神情，用稚嫩的童声背道："修谱系，志坟墓；建祠宇，谨祭祀；顺父母，敬长上；和兄弟，教子孙；毋诉讼，戒赌博；力农耕，敦读书。"

"难为你记得这么清楚。"张伯行看着王夫人，说道，"顺父母，人只有身，受气于天地，禅形于父母。生育之恩，天高地厚，岂不大哉？为人子者，务在竭力奉养，小心承顺，以求得其懽心。若有所愿，欲教令之类，其为理，所可从者，固当欢悦趋赴，以慰其情。虽于理有所不可者，苟劝之。不得，亦宜曲意应承，再图规，可也。"

王夫人认真地点点头，说道："这个，我自然知道。"

"玉不琢，不成器；子不教，父之过。此去一别，不知何日才回，教子之责恐要由你代为。"张伯行殷切地对夫人说道，"子孙贤愚，皆父兄教养与否。今人恃目前之富贵，忘他日之远虑。虽有中才子弟，而亦溺于禽犊之爱。纵其骄堕之性，狎邪佞而远方正，守身治家之道冥然惘闻。恐吉凶莫测，否泰如环。一旦盛极，而衰门废户，坠饥寒交迫。耕则不能，读则已晚，贾则无资。有耻，则填于沟壑；无耻，则流于乞丐盗贼，无所不知矣。夫父兄之教不先，则子弟之率不谨，凡我子孙可不予养而教正之哉！"

王夫人屈膝一礼，说道："这个夫君尽管放心。外有书院诸位先生，内有妾身叮咛嘱托，自当让孩子耕读传家，知书达理。如夫君所愿，进可报效国家，退能养儿育女。"

"适才你说道耕读传家，甚合吾意。"张伯行又道，"耕稼，为衣食之所自出，税粮之所由供，乃国家之大本、生民之常业也。世有舍农业而他图，弃力本而逐末者，始见利之速也。若将易于耕，及其久也。利穷本尽，竟至困惫。欲反于农，不可得也。凡我子孙，俱务垦荒芜，除害虫，浚水道，时种莳，开源节流，量入为出，谋生之道，无以他求矣！"

"王家虽非大富大贵，也是书香门第。自曾祖至今，虽世道轮回，人事更替，然二者皆未废弛，亦耕亦读，亦农亦文。"王夫人抬手理了理鬓角，对张伯行又深施一礼，说道，"妾身自进张府，尊老爱幼，相夫教子。上传承祖训，下教育子女，不曾有丝毫懈怠，更无半点非分，断不敢有失妇道，有辱家门！"

"夫人出身名门望族，知书达理，举止得体，言谈有度。宫保府上下，皆夸赞不已；老夫人说起，更是赞不绝口。只是我这一走，宦海沉浮，一切皆由不得我，不免多说几句，夫人定要铭记在心。"张伯行一字一句地对夫人和儿子说道，"古人云：子孙虽愚，经书不可不读。盖诗书，皆圣贤垂世立教之言，所以破其愚以启其智也。夫不读诗书,安知礼仪? 贫而失节,饥寒易起窃盗之心;富而自骄逸居,且类禽兽之行。虽天资难强,穷达有命,而不可不延师督课,使之诵诗书而明礼仪也。我子孙其恪遵斯训哉!"

张伯行问张师栻:"这些你可记住?"

张师栻似懂非懂地点点头。

"既如此,我且用家传先祖之言,说与夫君。惟愿夫君守底线,知敬畏。我不求你大富大贵,出将入相,只希望你能平平安安,健健康康。"夫人王凤仪给张伯行讲起其先祖王廷相的一段传闻:

明代御史张瀚初任御史时,曾去参见王凤仪的先祖王廷相。王廷相给他讲述自己的一次乘轿见闻。一天,其乘轿进城,路遇大雨。一轿夫脚穿新鞋,从灰厂到长安街,小心翼翼择地而行,生怕弄脏鞋。进城后,路面泥泞渐多,轿夫一不小心,踩入泥水坑中。由此,便高一脚低一脚地随意踩去,不复顾惜。王廷相说:"为官之道,亦犹是耳。倘一失足,将无所不至矣!"

张伯行肃然起敬,说道:"多谢夫人提醒。吾当牢记在心,定不辱先祖,仰慕圣贤。"

王夫人拉过儿子,向张伯行问道:"你什么时候动身呢?"

张伯行略一沉吟,说道:"任期催得紧,后日就走吧!"

王夫人脸上又有悲戚之色,说道:"刚刚到家,却又要离开,也不知何日能返回。"

王夫人平静一下心绪,问道:"此去济宁,都和谁去,带什么东西?"

张伯行说道:"等我见过冉太史,回来详拟。"

略微停歇,张伯行就去请见书院见冉永光。两人见面,书房落座,冉永光感慨道:"你这次面圣,也算见识京官面目。"

张伯行叹一口气,说道:"先生,这也是我不愿为官的原因啊! 官场积弊竟至于此,我总觉自己与之格格不入。"

冉永光道:"淤泥污秽,何处无有? 若能出淤泥而不染,方为难得。相信孝先以后定能持有初心,为百姓造福。"

冉永光接着问道:"此次面圣,皇上还问什么话没有?"

张伯行道:"皇上问起科身和读书之事。最后还问进京行程,我直言陈净莲,并请皇上治其罪。"

冉永光不禁叹道："孝先勇气可嘉。不过，也不可太过耿直，诸事能转圜才好。"

张伯行正言道："出淤泥而不染，濯清涟而不妖。濂溪先生所言，张伯行念念不忘。"

冉永光道："你去山东赴任，书院之事不必惦念。倒是你在任上，河务之事最是要紧。既然已担得此任，一定要尽力而为。只是以后为官，身份不同，对象不同，看问题的角度也不同。凡事要三思而后行，切勿意气用事。"

张伯行咬咬下嘴唇，郑重说道："在其位而谋其政，谋斯事必尽其心。我做这个官诚如先生所言，为国为民，定不会去做违背初心之事。若是惹得百姓辱骂、后人耻笑，还不如在家办书院。"

冉永光接着又说道："其余诸事我皆放心，只有一点，就是喝酒。吟诗作赋，教书育人，喝酒多少俱是无妨。而为官入仕，喝酒更易误事。你为人豪爽，性情耿直，喝酒从不耍赖，这一点是为官之大忌。酒色财气，酒的危害排在第一位啊！"

"读书、习武、喝酒，是我三大嗜好，多少年来一直不断，缺一不可。能喝酒，不是优点，但是优势；不能喝酒，不是缺点，但是缺陷。"张伯行说道，"既然先生如此担心此事，那我以后只自斟自饮，不在外面喝酒。如此可好？"

"那我就放心矣！"

两个人又谈了些书院的课程设置、学田管理、教师聘请等诸多事宜。张伯行对书院学生一番叮嘱，即回家准备行程之事。

启程之日，主仆一行五人，穿着平常衣帽，乘两辆马车，取道赶赴山东济宁州。物品书籍装置四个箱子，吃穿用都带齐备，以免再行备置。

自离仪封始，过考城、东明、鄄城，一路沿黄河而走，曹州、泰安各府县境内，目之所及，甚为寥落。

其时，已到二月，天气转暖，迎春花悄然绽放，道路两旁的杨柳也开始吐露嫩芽。但是，张伯行所过之处，一片萧瑟之景，全无半点春天的生气。去年水患带来的伤害依旧存留，田野荒芜，房屋倒塌，沿途之上，乞丐甚多。

张伯行每到一个驿站，都尽可能多地补给干粮，为的是行经村落时，遇到漂泊流离、忍饥挨饿的人能够舍他们一口吃的。河道两岸曾经发过水的地方更是十室九空，民不聊生。一路之上，张伯行将所带银两、干粮几乎施舍殆尽,奈何饥民甚多,所做只不过是杯水车薪,力所不逮。看到老弱妇雏面黄肌瘦的样子,往往叹息落泪。

这一日,过了菏泽,离济宁已经很近。张伯行回身对大黑、大仪道:"大黑、大仪,前面已经进入巨野境内,莫如我们今日暂且休息,如何?"

二人道:"老爷,连日来我们风餐露宿,已经赶了不少路。既然已经快要到济宁,缓上一缓,也不妨事。"

张伯行笑道:"既然如此,你们二人留意一下,若有合适之处,就暂且歇息。"

话音未落,大黑喊道:"哎,老爷,前面有一家客栈,我们就在此歇息吧?"

张伯行抬眼一看,果然前面不远道路旁边,一根木杆竖起,木杆上扯着一面旗子,上面写着四个大字:孔孟客栈。

张伯行笑道:"相逢不如偶遇。既是孔孟客栈,必是儒学之门,且让我等在此歇歇脚。"

几人来到这家客栈,大黑过去一看,只见房门紧闭。

大黑回身对张伯行道:"有些奇怪,天色尚早,为何这家客栈就已关门?"

大黑上前一步,用力拍打门环。没过多久,只听得房门吱扭打开,从里面走出一人。此人年龄大约四十,穿着朴素,一脸菜色。

大仪上前一步,拱手施礼道:"敢问您可是店家?"

那人道:"正是,你们几位可是住店?"

大黑高声道:"不是住店,敲你们家房门干吗?"

那人见大黑膀大腰圈,声高气粗,不禁有些胆怯,说话之间已有些不甚流畅。

张伯行见状,瞪了一眼,说道:"大黑,不得无礼!"

张伯行又回身对店家拱手道:"店家,我们几个路过此地,人困马乏,故打算在此歇息一下。"

那店家看张伯行言语和善,提着的心方才放下,说道:"既然如此,且请进屋。"

几人来到院内,店家将张伯行等人的车马拉到后院,又将几人房间安排妥当。

见一切收拾完毕,张伯行就把店家喊过来,问道:"店家,今日天色尚早,却为何早早关门?"

店家打量着张伯行,说道:"客官,听口音你们像是从河南那边来的。想必你也知道,去年水患,河南、山东大片土地被淹,士农工商俱受影响。我这个小店也没什么人光顾,沿途之上俱是一些逃荒要饭之人。我接待客人吧,人家没钱;不接待吧,又不能撵走,所以每日早早关门。若不是祖辈在此,我早就不做这个营生了。"

张伯行道:"我听闻去年受灾之时,皇上已经派人赈灾,调派各地粮食到山东,却为何还有如此多的逃荒者?"

那人看着张伯行,不禁苦笑几声,说道:"客官,我看您是读书人,肯定不知各处衙门里那些勾当。皇上是好皇上,可当官的却有些贪官污吏,好好的经书遇到的却是歪嘴和尚。那些赈灾用的款粮,最后能够落到百姓手中,能有十之一二就已经不错了。"

还没等张伯行说话,大黑拍案而起,厉声喝道:"难道他们眼里就没有王法不成?"

那店家看大黑横眉立目,吓得连忙噤口,说道:"客官息怒,客官息怒。"

话没说完,那店家急忙退了出去。

大黑恨恨不已。

次日一早,几人继续赶路。又行了几日,终于到达济宁州。

(二)济宁州衙的门吏见是几个布衣之人,便百般刁难

"济宁"一名最早出现在元至元八年(1271年),济州升为济宁州开始的。因"济水南会泗,北会汶,州居其中,故以济宁为名"。自元代开始,济宁成为运河的咽喉之地,是江北最大的码头和物资集散地,有"七十二衙门"之称的治运和司运中心。

> 一条大运河,千里碧水流。
> 帆船首尾衔,都过济宁州。

过往船只到济宁必须落帆停船,等候提闸放水,方能通过,每天最多时停

留船只上千艘。河道内帆樯如林,舟船如练,官船商舟,画舫游艇,你来我往,川流不息。船工摇桨击水,拉纤号子响彻云霄,河两岸百物堆积如山,商贾云集,南船北马,人烟拥簇,酒楼歌馆,笙歌喧嚷,一片热闹繁荣景象。

有诗云:

> 运河流水千古流,流到济宁古渡头。
> 画里帆船江南来,船到码头货到州。

康熙帝把张伯行拔擢济宁道,足见他对张伯行的期待,对运河的重视。想一想也是,济宁地邻汶水、泗水、沂水、洸水、济水,再加上京杭大运河贯穿南北,南旺分水枢纽工程又是运河咽喉中的咽喉,这怎能不让康熙帝忧心忡忡呢!

此时的张伯行也和康熙帝一样着急。他抵达济宁州时,天色尚早。没有停顿歇脚,他就直奔知府衙门,想见过知府吕岩年再说。

走到府衙大门外,大黑正要上前,张伯行拦住他,转身对大仪道:"大仪,你上前与那看门的衙役说明情况。"

大黑嘴里嘟囔道:"老爷,却为何让大仪兄弟过去,不让我过去?"

张伯行道:"你言语鲁莽,恐吓着别人。前些时日你在路上将那店家吓得门都不敢开,可曾忘记?"

大黑嘿嘿一笑,便不做声。

大仪上前一步,对着那守门的衙役拱手施礼,说道:"麻烦大哥通禀一声,我家大人……"

话音未落,立在左边的一位矮胖小吏,长得四平八稳,一脸倦怠之气,看见几个人满面灰尘地直奔过来,早已心中不顺,抢上一步,喝道:"走!走!做什么?"

大仪再次拱手道:"麻烦这位兄弟,请让吕知府……"

右首的衙役厉声喝道:"知府大人公务繁忙,怎是你等平民百姓想见就见的?离远点,别往前来,若不然别怪我对你等不客气!"

大黑见状,上前一步,走到大仪前面,高声喝道:"你们两个狗奴才,如何对我兄弟无礼?你可知道我兄弟所说的大人是谁吗?"

那两个看门的衙役看到大黑身高八尺开外,说话声调甚高,且满脸凶气,先前的嚣张气焰不自觉弱了一些,但依旧盛气凌人。那矮胖之人尖着嗓子骂道:"你们二人从哪里来,胆敢辱骂朝廷命官,是不是活得不耐烦了?"

大黑正要与他争辩,张伯行拦住大黑。

张伯行上前一步,说道:"你不过一个看门小吏,又如何自封为朝廷命官?只凭你这一句话,若被圣上知道,治你一个欺上罔下的罪名,不知道到底是何人活得不耐烦了?赶紧通禀你们吕大人,若误了公干,就扒下你这身衣服!"

胖衙役见张伯行自有一股凛然之气,说话之间不怒自威,且话里话外似乎来头不小,不敢答话。

另一个门吏见张伯行虽然青布长衫,读书人打扮,但气度非凡,心内不禁有些犯嘀咕。知道今日大约遇见硬茬,再也不敢顶嘴,上前一步作揖道:"不知先生是什么人?找我们知府有什么事?"

张伯行说道:"速去通禀知府大人,就说新任道台张伯行来访。"

那瘦长的门吏闻听,语气大变,吓得有些结巴,急忙跪倒于地:"小的有眼不识泰山,不知张大人前来,请,请大人稍候,小的,小的这就进去通禀。"

之前甚为嚣张的矮胖子,早吓得体如筛糠,跪倒在地上,一句话也不敢说。

瘦长门吏回身对胖子说:"赵二,赶紧去禀报大人,别让张大人久等。"

赵二听完之后,半天方才缓过神,急忙爬起来,一路小跑到衙门里报信去了。

不一会儿,吕岩年迎出,见张伯行面,连忙上前躬身行礼道:"下官吕岩年有失远迎,请张大人恕罪!"

张伯行道:"劳烦吕大人出迎,张伯行这里谢过。我自奉敕,马不停蹄,今日方到尊府治。知府衙门的门吏是否都是如此气度非凡,吓得我竟不敢言语!"

吕岩年听出来张伯行言语之间讥讽的语气。

吕岩年素知守门衙役贾大、赵二惯于倚势凌人,厉声喝道:"贾大、赵二两个狗奴才,还不赶紧向张大人谢罪,等着讨打不成?"

两门吏赶忙近前跪下磕头。

张伯行不再计较,随吕岩年走进二堂。

二人坐定,吕岩年道:"数日前已见邸报,得知张大人擢济宁道,日日盼望,不料今日来到。"

张伯行道:"我本闲居在家,得蒙谬举,沐皇上恩典补缺,实是无才无德,难堪重任。河工要务,还要请吕大人不吝指教!"

吕岩年笑道:"下官定当效力,这个但请放心。道府衙门离此两道街口,已遵规分拨衙役。请张大人回府稍歇,晚间下官在内堂备薄酒,为大人接风洗尘。"

张伯行拱手道:"有劳吕大人,只是连日赶路,人困马乏,晚上酒席恐难从命。"

吕岩年道:"如何使得?张大人初来乍到,吕岩年定当为大人接风洗尘。"说着话,他回身对身后站立之人说道:"师爷,速去风雅楼定一间房,备好酒菜!"

身后的师爷急忙起身,正要出去,却被张伯行拦住。

张伯行对吕岩年道:"吕大人,沿途之上确实鞍马劳顿。且一路走来,只看到百姓们因去年水患灾荒而流离失所,我等怎敢再宴请吃喝?吕大人盛情,张伯行心领再谢!"

吕岩年脸色之间有些不悦,心想:这位新来的道台是何等样人,却在我面前故作清高?

吕岩年呵呵笑道:"哎呀,张大人高风亮节,吕某佩服。那今日就怠慢一回。"

吕岩年回身对师爷道:"张大人今日劳乏,改日再给张大人接风。马师爷,你且带张大人去道台府衙歇息。"

张伯行道:"吕大人,济宁河务官在何处,我想了解一下济宁河务情况。"

吕岩年道:"河务官员尽在本府办差,我这就差人去找,让相关人员即刻去见张大人。"

张伯行拱手道:"多谢吕大人,那暂且别过!"

吕岩年急忙起身,拱手相送。

张伯行起身回道台府安置行装,吕岩年派一队衙役领送至府上方罢。

（三）张伯行断然裁革陋规，库银悉数用于河务

济宁自府治以来，繁华热闹，底蕴深厚。皮毛业、酱园业、竹器业、陶瓷业、茶叶业、粮食代理业、国药业、绸布业等诸多行业的繁荣，使得城区不断发展。

康熙帝时，济宁物阜民丰，盛况空前，城内出现许多以行业市场命名的街巷地名，如竹竿街、果子巷、鸡市口街、驴市口街、菜市口街、柴火市街、纸坊街、糖坊街、皮坊街、打绳街、打铜街、大油篓巷等。大街小巷，店铺摆摊也算热闹。

康熙四十二年，河南、山东段遍发大水，济宁各地备受灾殃，府治之所虽不复熙攘，却也不甚零落。

当日，张伯行率家仆府役在道台府安置整顿。

运河道署衙门正堂六楹，前有抱厦如堂，后有数德堂四楹，左为客厅，右为书吏房，后为署眷内宅。堂两侧为皂隶、门房。前为仪门，门东为寅宾馆，门西为衙神、土地祠。

次日一早，隶属济宁道河务官一十五人列候在道台府正堂，张伯行端坐中间，一一翻看着他们的履历。河管、防管各五人，河务总兵正副三人，司库二人。张伯行询问了山东段河运基本情况，深觉修堤通渠之务纰漏甚多，重任在肩。

张伯行问司库李清、薛明道："山东水患如何？"

李清、薛明二人互相对视，之后，李清上前一步道："回大人，山东济宁位于山东西南，地势比较低洼，故黄河夺道后极易引起水患。且此地境内多湖泊，排水也甚不易。自古有小雨小灾、大雨大灾、无雨旱灾之说。"

薛明也上前一步补充说道："山东境内水患皆多，而济宁尤甚。其他地方约五年出现一次水灾，而济宁境内两年就会有水灾一次。"

张伯行眉头略皱，脸上显出凝重之色。

张伯行看着下面的十几人，微微叹息道："水患猛于虎，想来这些年济宁百姓深受其害。"

下面人七嘴八舌说道："张大人说得极是。每每水灾过后，百姓流离失

所,鬻儿卖女者比比皆是。"

张伯行又低头看着李清、薛明问道:"适才听大家所说,济宁水患频繁,朝廷应该重视,毕竟河堤要务关系国计民生。我且问你们二人,每年河务库银入支多少?"

李清忙不迭地抢道:"回大人,河务赀费繁杂,账簿都放在知府衙门。大人要看的话,下官这就去取。"

张伯行对李清说道:"先不必忙,下次直接取回我再仔细查看。你们且说一下大概收支,我先做到心中有数。"

李清见状,松口气说道:"回大人,如您所言,山东历来都是水患重地,朝廷对此也甚为重视,每年朝廷拨款和地方税筹共计约十万银。其中,购石修堤约费两万,疏浚通渠约费两万,巡防各项杂务约费两万,其余银乃供给补贴费用。"

张伯行接着问道:"前三项都是专款,你所谓的补贴又是补到什么地方?"

李清与薛明二人又互相对视一眼,薛明对李清微微点了点头。

薛明声音略有些低且紧张:"回大人,山东河运弯多段长,我们做河务官的一年四季吹风淋雨,常年皆需四处勘察,一有漏洞,马上就要修补。故凡在河务为官为吏者,最为辛苦。逢有灾患,更要亲临现场,身先士卒,重者还有性命之忧。"

铺垫半天,薛明低声说道:"故余下的几万银子也算是安家费,历任河道皆是如此,如今已经成为定规。"

张伯行眉头再次紧锁,脸上有些怒色。他说道:"这么说来,数万银子都是堂上众人的吗?"

李清看张伯行脸色不对,急忙上前道:"回大人,不止堂上诸位,余下河道上每日巡查者尚有几十人不等。"

张伯行脸色依旧凝重,说道:"即使如此,区区不足百人,竟要分这几万银子?"

薛明额头有些冒汗,说道:"大人,往年都是如此。"

李清又上前一步,轻声说道:"河道大人最为辛苦,故属下们一致商议:河道大人每年应得安家费用一万两,余下的方是其他兄弟们按照各自职务不同、辛苦不同来分。"

李清想着如此一说，眼前这位河道大人定会不再追问此事。毕竟，每年一万两雪花的白银，那可是普通百姓一辈子也挣不到的。

张伯行闻言，心内不禁"腾"地火起，语气之中有些严厉，说道："如此说来，我在此任一年，就可以白白多拿一万两银子？"

李清听着张伯行语气不对，但也只能硬着头皮说道："回大人，正如适才所说，大人您每年可得安家费用一万两。"

张伯行轻轻摇了摇头，略略思索片刻，最终说道："不妥，不妥啊！"

李清腹内揣度，不知张伯行所说不妥到底何意。他低声接话道："大人，适才所说分银两的方案，这都是历任的旧规，并无朝廷的律例。既然大人上任，如何分法，全凭大人做主。"

众人也皆附和道："全凭大人做主，我们不计较多少。大人若觉河道大人所分有些少的话，可再增加一些。"

张伯行笑言道："各位同僚兄弟们辛苦了！外官不易，河官更难。既然你们众人听我做主，那么我有一言，不知当否？但张伯行还是想要说出来。"

众人面面相觑，不知张伯行要说什么，但还是齐声说道："单凭大人做主，我等皆无异议。"

张伯行闻听，微微笑道："既然如此，那张伯行就直来直去。"

随即，张伯行脸色肃然，高声说道："河运关系民命，是国之命脉。你我身为一方父母官，上食朝廷俸禄，下受百姓身家性命之托。在其位，则谋其政。山东大地，近年灾荒频仍，治下黎民穷愁流离。我沿河一路行来，常常遇见有的食不果腹，有的卖儿鬻女，更有甚者易子而食。济宁州虽不复昔日繁华，在他们看来也无异于天府仙境一般。百姓受苦在于河患之灾，河库之银分厘都应用于筑堤通渠，保民无忧。百姓流离无家，你我尚要从河库银中分得数万安家费，于心何忍？"

说到这，张伯行长叹一声道："我想裁革此项陋规，库银悉数用于河务。你我为官一任，造福一方，各位想必没有异议吧？"

堂上众人闻听，皆呆立当场，一句话也说不出来。脸色之间虽有不满，但又不敢说什么。

济宁道职司及属下数十人，每年分安家费用数万金的陋规，自张伯行到此，悉行裁革。

（四）张伯行明令工作日午间时分不得饮酒

时至三月，春风和煦，阳光甚暖。

济宁一带，已经一个月未曾下雨。运河河水已明显下降，汶水、济水、沁水水量更是渐少，有的河床已经露底。张伯行知道，此时乃治理河务最佳时机。若等初夏雨至，河堤塌陷，水灾就无法控制。

张伯行即日下令，济宁河道大小官员都要亲督河务，不得懈怠。

且说自那日公堂之上，张伯行宣布废除陋习，凡朝廷所拨银两俱要用于河务。自道台到各级河务官员，只能按月领受朝廷俸银，却不得染指河务银两。

李清、薛明等十数人当着张伯行的面不敢有丝毫违抗，但是众人出得公堂以后，皆议论纷纷。言语神色之间，皆有不满之意。

一个道："我每年俸银不足二十两，如今又废黜惯例，这日子以后该如何过？"

另一个急忙附和道："王大哥，你这还好，听说伯父在家做着小生意，每年尚有其他收入。我一家老小，全指望我每年的俸银，这下更加入不敷出。"

众人议论半日，皆看着李清与薛明。

那位王大哥看着李清与薛明，说道："两位大人，能不能找新来这位张大人说说情，哪怕少分点也行啊？"

李清看着众人，说道："今日公堂之上，我看这位大人所言，甚是郑重，恐怕我俩再说，只能是自讨苦吃。"

众人都急道："那难道每年就这样凭空少了几百两纹银不成？"

李清微微笑道："诸位，我有一计，诸位可想一听？"

众人闻听，急忙围了上来，说道："李大人有办法，快快讲来。"

李清将众人聚拢在自己身边，悄声说道："每年三月皆是筑堤修坝之时，我等只须……"

众人闻听，哈哈大笑，皆说道："就按李大人所说。到时候，我们这位大人恐怕只能亲自挥动铁锹修建堤坝了！"

说着话，一人还做出挥锹扔土的动作，众人皆笑。

张伯行下令河道诸位官员皆要亲自上堤督工。第二日一早，他来到河道府大堂，等候点卯出发。

卯时已到，十五个河道官却只来了七个，倒带来八份告病假的条子。

张伯行一问，皆是伤寒严重，体虚无力，步行艰难，故乞告假一天。

张伯行看着这几份告假书，略一思索，已知缘由。他眉头微微有些皱起，但却并不着急，对其余几人道："季节变换，阴晴不定，有病亦能理解。既然如此，诸位跟随我前往筑堤现场，勘察一下堤坝情况。"

张伯行带领众人骑马而行，一辆车捎带着衣食杂物和犒劳酒肉跟在后面，直奔运河、汶水汇流之地。

来到两河交汇处，只见河水虽浊流滚滚，因是三月仲春，上游初泄，河位尚浅，此时正是筑堤通渠的最好时机。

张伯行带领众人来到河营驻地，见河段共有三营两百人之多，却大都有些羸瘦，有气无力而又不堪重负。总兵何闻听说河道大人前来勘察，不敢怠慢，急忙整列队伍出帐迎接。

张伯行下马，跟随何闻进帐。两人寒暄片刻，何闻请张伯行上座。

张伯行道："本官初来，已知山东济宁乃水患重地，诸位常年在此驻扎，实为辛苦，却又让人钦佩。"

张伯行又略顿了顿说道："本官实知诸位不易，但水患猛于虎，稍有不慎，会给百姓带来无穷伤害。本官沿途之上，每每看到鬻儿卖女之事，叹息不止。为更好治理水患，让百姓安居乐业，本官到此制定新规，还望何大人能够配合！"

何闻急忙拱手施礼道："若为保护百姓安危，下官在所不辞，属下兵士也自当遵从。"

张伯行闻听，对何闻说道："既然如此，劳烦何大人将兵士召齐。"

何闻出帐将二百兵士召齐。

张伯行回身对大仪说道："大仪，代替本官宣读告河兵书。"

大仪闻听，拿起昨日拟好的文书高声读道：

建堤疏河，关乎民生，河兵重务，百姓仰仗。去岁山东水患，五县罹难。朝廷惦念尔等，深以为忧。张伯行临危受命，领圣上慈悲之心，偕吾皇惠济之爱,恭领济宁河道之责,舍身保民,敢不尽瘁?今当三月,治河之时,众等听告:舍身忘我、担石垒土、不遗余力者,奖!出工不力、滥竽充数、玩忽懈怠者,罚!张伯行初来,略备酒肉为尔等补壮气,午时同领共享。官授内阁正补济宁道张伯行谨此以告!

河兵本来长时间不见上官督促,惰性十足,河务废弛,成日聚众贪玩。今见道台亲至,众河务官一齐都到,又有酒肉犒劳,忽然就人人踊跃起来。一声令下,分班列组,扛担挑石,挥锹垒土,人人都忙碌起来。

众河务官本想偏坐一隅,坐观成效。却见张伯行进帐脱去官服,换上短衣短裤,走到河兵队伍里,亲自指挥调度,时而动手测量,身体力行;时而挥动铁锹,挥汗如雨。跟随而来的河务官见状,谁敢怠慢?众人纷纷脱下官服,或督促河兵,或亲自挑担抬土。

当日天气晴爽,空中湛蓝,几朵微云飘浮,春风一丝无有。中午时分,众兵丁暂歇,各分得肉食半斤佐餐,众人问及能饮酒否?大黑与大仪笑说:"张大人有令,午间时分不得饮酒。虽备有烧酒,但要等到晚上收工之时方能发放。"

几个河务官疲惫不堪,众人商议,欲待小酌一杯。因李清告假,薛明跟随,于是众人怂恿薛明去请示张伯行。

薛明走到张伯行所在的营帐,因在工地现场,自没有太多礼节。薛明掀开帐帘,径自入内,却见张伯行主仆几人正吃着自备的素菜粗食。张伯行一手握筷,一手拿书,边吃边读。

张伯行看到薛明进帐,笑着问道:"薛大人啊,可有事情?"

薛明嗫嚅半天,回道:"没事,没事,外边弟兄们饭菜之内皆有肉食,大人却为何如此简单?"

张伯行闻言,笑道:"张伯行习惯粗茶淡饭,且河务辛苦,诸位弟兄须要忙碌多日,方能将堤坝修好。还是节俭一些,省下饭菜可发放给劳苦兄弟。"

薛明闻听,脸上略略有些惭愧之色,急忙告退。出帐之后,告知众人。

众人都暗暗诧异,当然也皆不好意思再说饮酒之事。

（五）众人皆被张伯行的精神感动

张伯行带着大黑、大仪等人在营帐里歇息。年纪稍大的张安觉得疲累至极，又吃了些毫无油水的素食，忍不住向张伯行抱怨道："老爷，我听人说，主人做了官，家奴不愁吃和穿。我们几个跟着老爷您来到这里，老爷您好歹也是四品大员，可是您看看我们吃的、穿的，哪里像是朝廷命官？"

张伯行看着张安一脸认真，忍不住笑了起来。问道："张安，依你之见，怎么样才算是做官的样子呢？"

张安说道："老爷，不说像人家当官的锦衣玉食，至少吃饭也让沾点油腥，更不说我们还要亲自下工地干活。你看，我这腰都直不起来了！"

张伯行说道："张安，你说做一个地方父母官，是要让百姓养你如父母，还是你要爱民如子为民解忧呢？"

张安嘴里依旧嘟嘟囔囔："河兵都能吃肉，我们却吃粗食，老爷这又怎么说呢？"

张伯行叹道："河兵长年驻扎于此，每日里风吹日晒，甚是辛苦。此地又连年欠丰，想来士兵们平时很难吃到肉食。据我所知，之前河道疏于管理，河兵懈怠已成习惯。我等初来乍到，要河兵扬鞭奋蹄，定要多加犒赏激励。如若河兵们不能全力修筑堤坝，那夏天若是河水泛滥，百姓必将遭殃。我等平日居家颐养，在此荒年之时，必定一切从简方可。"

一番话说得张安默然不应。

张伯行转身又对大仪、大黑说道："我进京赶考路过河北无极时，见到一通碑，上写：吏不畏吾严而畏吾廉，民不服吾能而服吾公。廉者吏不敢慢，公则民不敢欺。公生明，廉生威。落款是：嘉靖三年冬十月朔无极县知县阙里郭允礼书。碑文一直让我铭记在心。诸多前辈，大德先贤，永远是吾辈的楷模与标杆！"

大仪说道："当天晚上，我还专门查阅一番，这郭允礼还真是个清官。"

史载：郭允礼，山东曲阜人，举人出身。明正德十六年（1521年）任无极知县。"天性淳厚，谨慎处事，遴选得人，志向远大，颇有才干，处理政务井然有条,百姓安居乐业。"他注重教育,不修内衙修校舍,创建社学,修整无极县城。他书写的"居官箴言碑"刻在无极县衙大堂的墙壁上,成为廉洁自律、勤政为民的箴言。

当日一直劳作到日落西山,河兵领过犒劳,酒后入帐安歇,只留巡河兵守夜。张伯行到晚间又巡视一番,见四处无事,方才入帐歇息。

扎营之后,张伯行日夜操劳,修建堤坝,疏通沟渠,与河兵同甘共苦。河兵们深受感动,每每提到张伯行,无不竖大拇指称赞。

但是李清、薛明等人内心依旧不忿,私下趁张伯行不备,消极怠工。

这一日,天色略略有些阴沉,天气较之前一日冷了许多。张伯行正带人在河边巡视,忽听不远处有人高喊:"不好了,有人掉到水中了!"

张伯行闻听,大吃一惊,急忙往喊叫声方向跑去。只见几人围成一团,神色间极其惊慌。

张伯行过来,高声问道:"何人掉入河中?"

一个身材瘦小的士兵急忙施礼道:"张大人,是薛明薛大人适才不慎滑入水中。"

张伯行上前一步,只见水流湍急,一个黑影在水流中挣扎,旁边几个身材高大的士兵正在脱衣准备下河。

张伯行见此,没有任何犹豫,纵身跳入河中,往那团黑影处游去。

虽说已是阳春三月,河中之水依旧冰凉无比,但张伯行内心着急,浑然不觉。片刻之间,他已经游到那团黑影旁,一把拐住薛明的前胸,而后便奋力向岸边游去。

终于游到岸边,众人上前,将薛明俯身放在地上,早有河医过来施救。

不一会儿,薛明"哇"的一声,吐出几口浊水,河医方松一口气。

张伯行已累得气喘吁吁,瘫倒在地。

大黑与大仪过来搀扶着张伯行,高声问道:"老爷没事吧?这等救人的事,只需大黑前去就行,老爷怎么可以亲自下河?如果有什么闪失……"

大黑说到此,急切而不能语。

张伯行抹了一把脸上的水,微微笑道:"事发突然,不容多想。"

说着话,众人七手八脚地将张伯行搀扶到帐内,找来一套衣服与他换上。

且说薛明被河医救醒以后,众人将其抬至帐中,换掉衣服。薛明精神方始好转,问道:"是何人将我从水中救出?"

众人皆说:"是河道大人亲自下水将大人救出!"

说着话,众人又七嘴八舌地描述一番。

薛明闻听,内心激荡,不禁哽咽道:"河道大人现在何处,我要过去谢罪!"

薛明在众人搀扶之下,来到张伯行帐中。

见到张伯行后,薛明"扑通"跪倒,说道:"河道大人救命之恩,如同父母再造。从此之后,薛明的命就是大人给的。薛明定会尽全力助大人治理水患,虽赴汤蹈火,亦在所不辞!"

张伯行将薛明搀起,说道:"无须再提,无须再提。"

不消三两日,济宁河道所有官员俱知此事,众人莫不感动,之前因为张伯行取消陋规导致的怨恨也烟消云散。

张伯行每日里依旧在河堤之上,与河兵同甘共苦。一有闲暇,便端坐帐中,抱书而读。

众人看到,莫不钦佩,皆说这新任河道果然与以前大人不同,遂齐心协力,不辞劳苦。告假的官员也纷纷过来,且主动招募壮丁流民进行通渠修坝。

河岸两旁,每日里都是一片热火朝天的景象。

三
赈济灾民

（一）身先士卒的张伯行与河工一起同吃同住同劳动

身先士卒的张伯行，日夜督工，不辞劳苦，与百姓一起，同吃同住同劳动。众人精神面貌焕然一新，个个都是斗志昂扬，劲头十足。上至河务官员，下到河兵壮丁，全都一改往日之积习，每天都在河务上忙碌奔波，没有任何怨言。真的如前人所说："人视水见形，视民知治不。"

经过众人的齐心协力，运河筑堤和汶水疏通得以在四月底全部完工。

水渠虽然畅通了，不过从开春以来，山东各地已经滴雨不下，大旱三月有余。地面龟裂，树木干枯，人们汲水困难，不得不到河边去挑水食用，很多人因此患上疟疾。

特别是去年发生洪灾的几个州县，本来就是靠朝廷和地方赈济为生，现今又遇见数月大旱，更是民不聊生，路有饿殍。官府收到各地民报，俱说旱情严重。

张伯行更是焦急，心想真是天不佑鲁。去年是水灾，好不容易把堤坝修好，今年却又滴雨不下，让齐鲁大地的老百姓怎么活啊？

自古逢灾必有难，难民流离必会乱象丛生，这对百姓来说更是雪上加霜、难上加难。

张伯行在府上坐立难安，不知道现在各地灾情到底怎样？于是吩咐大黑、大仪并家人张安收拾行囊，下乡微服私访。

几人徒步走到临清县的田家口，看见田地中的麦苗俱已干枯。

张伯行走到麦地之中，俯下身子，查看麦苗的长势。只见麦穗干枯发黄，有的麦苗虽已抽穗，但麦穗之上全是秕子。庄稼地里干裂成蜘蛛网一般的形状。

俗话说："小满椹子黑，芒种吃大麦。"其时，马上就要到小满季节，看样子大多田地里会颗粒无收。

张伯行带领几人信步走到村里察看，正是午饭时候，只见家家户户甚少炊烟。

走进一户人家，想要借口水喝。家里只有两个年老之人，年龄都在六十岁以上，儿子、媳妇都向大户人家做下人讨生活去了。老人听说是来讨口水喝，就把院子里一个破瓮的盖子揭开，用瓠子瓢舀出半瓢水递给张伯行。张伯行一看，瓢底尚有泥沙，一股土腥气扑面而来。尝了一口，略带咸味，难以下咽。

张伯行问道："老大爷，你这水是从哪儿打来的啊？"

老人答道："村口古井里灌的，光绳子就用了两三丈。"

张伯行又问道："家里还有吃的没有？"

老人叹息道："哪里还有吃的啊？去年水灾，颗粒不收。好不容易捱到今日，这老天爷又滴雨不下，眼睁睁今年又是一无所获。若你们要饭，还是去前街李大户家看看吧！"

老者以为张伯行等人要向他讨吃的，故把水瓢往瓮里一丢，转身进屋去了。

张安不高兴了，嘟囔道："这老头，把我们当要饭的了。"

张伯行领着几人复又走到街上，只见街口三三两两地蹲着些面黄肌瘦的老年人。偶尔见个小孩子跑过，也是皮包骨头，衣不蔽体。

张伯行不忍再看，几人随即回到府上。张伯行觉得，旱情紧急，刻不容缓。虽然已是黄昏时分，但还是赶紧换上官服，急急忙忙去找知府吕岩年商议。

吕岩年把张伯行请入书房落座，开口问道："张大人这个时候来，想必是有什么紧急公务？"

张伯行道："山东各地旱情严重，眼见今年又要颗粒无收。若是百姓无粮，恐引起骚乱，吕大人想必也为此忧心？"

吕岩年闻听，脸上显出忧虑之色，叹声说道："正如张大人所说，我这每天都收到各县报告，内容多是如此。我也是天天为此事悬心，夜不能寐。"

张伯行道:"今日上午,我带人到临清县田家口察看,麦地里只长着秕谷,土地龟裂,且多数百姓已难以度日。如此下去,恐怕不出三个月,治下百姓就将流离失所。"

吕岩年问道:"张大人仁心,吕某甚是佩服。敢问张大人有什么良策,拯救黎民百姓于水火之中?"

张伯行说道:"老百姓是靠天吃饭,现在天既然靠不住,就只有靠人。张伯行以为,凡沿河各县,均应开闸放水,使得渠溢河满,各村百姓就近用水车灌溉。"

吕岩年再次叹息道:"历年来都是防治水患,谁曾想今年却遇到大旱。各地水车经久不用,怕损坏者居多。"

张伯行道:"我准备派一些有经验的河务兵奔赴各县,若有水车损坏者,立即修补。而后集合当地木匠,不分昼夜打造新的水车。如此,或有一线生机。"

吕岩年说道:"张大人此举或能缓解旱情,不知吕某能帮什么忙?"

张伯行心想:你乃当地知府,遇到这种旱情,却说自己能帮什么忙?

张伯行内心虽有不悦,但因为事情紧急,故也未曾责怪,说道:"我这里人手实在不够,还请吕大人加派府衙兵卒,前去一同抗旱。"

吕岩年拱手道:"张大人就请放心,明天我立刻调派衙役,听命调遣,且都自带五日干粮前去。"

张伯行道:"吕大人想得甚是周到,那就这么办。"

两人商量已定,张伯行回到道府上又独自筹划一番。

翌日,所有河务官都在道府大堂点卯集合,张伯行逐一分派任务。三人留守,另外十二人分成六组,分任正副组长。每组配给济宁州所派衙役五人,熟悉水车灌溉的河兵十五人。六队人马分别奔赴汶上、阳谷、临清、嘉祥、巨野、郓城六县,去帮助百姓整修河渠,灌溉农田。

张伯行跟随去临清的队伍亲自督工。

（二）济宁州县的粮食颗粒无收,庄稼干枯,麦苗多死

其时,气温升高,太阳炙烤着大地。不消片刻,众人已经汗流浃背。

一路之上，众河兵眼见庄稼干枯，麦苗多死。众人议论纷纷，皆曰这种情形只靠水车灌溉恐无济于事。

张伯行眼见众人士气有些低落，正思考如何鼓舞大家士气，突然看到队伍中的一个年轻人。此人名叫夏鱼儿，性格开朗，善于言谈，队伍里因为有他的存在而显得热闹欢快。只因众人士气低落，故夏鱼儿也不敢造次，一路之上默不作声。

张伯行看到夏鱼儿，心内有了主意。于是，让张安把夏鱼儿叫到跟前，问道："夏鱼儿，你是哪里人氏？"

夏鱼儿听到道台大人问话，赶紧答道："老爷，小人是临清本地人，世代居住在运河岸边，父亲和小人都是河兵。去年运河泛滥，淹没了我们村，现在家里人暂时寄居在临清城里的亲戚家。"

张伯行道："既然你常年在此地居住，想来对这里的状况也甚是了解。如今干旱持续数月，你可有抗旱救灾的良策？"

夏鱼儿见河道大人向自己请教，不禁兴致盎然，顿时打开话匣子："老爷，其实不用过于担心，我们这地方有这样一句民谣：'大旱小旱，不过五月十三。'据说是很灵验的。"

未等张伯行接话，大仪在旁边问道："不知此话作何讲？"

夏鱼儿略微思考一下，认真讲述起来："在临清一带，老百姓都知道'五月十三'乃是关老爷磨刀的日子，次日肯定要下雨。于是，就有'大旱小旱，不过五月十三'的预言。"

张伯行眉毛一挑，说道："哦，夏鱼儿，你且详细说与我们听听。"

夏鱼儿闻听，兴致更高，开始眉飞色舞地讲述起来：

"关云长的英灵升天后，玉帝赐命为'三星都督总管雷火瘟部宜府酆都御史'。关云长受命之后，在南天庭就任，时常下凡间察访，关心农夫疾苦，呼风唤雨，使世上风调雨顺，国泰民安。

"自晋代以来，我们临清老百姓都建有关帝武庙，与尊崇孔夫子的文庙并列，香火都很旺盛。消息传至南海，却惹起南海恶龙的嫉妒。

"有一年，正值冬小麦扬花吐穗之时，恶龙趁关公外出不在南天庭之机，便翻起逆浪，张开血盆大口，吸尽江河溪流之水，致使大部分地区的庄稼干旱枯萎。

"眼看庄稼将颗粒无收,百姓们急得如热锅上的蚂蚁,纷纷到各处关帝庙祈祷降雨,哭号之声连天贯耳。

"在南天庭代管此事的关平、周仓二将,本欲斩杀恶龙,奈何力不能敌。两人遂骑上千里驹,追寻关公回来征服妖龙。

"当关公返回南天庭时,俯瞰下界一带山川:白地千里,旱情严重。关公非常愤怒,连夜写下奏本,翌日早朝启奏玉皇大帝,请旨擒服妖龙,为民除害。玉皇准奏,并赐'先斩后奏'的令牌。

"关公回到南天庭后,立即调遣周仓、关平二将率领天兵,定于五月十三吉时,在南天门外磨利青龙偃月刀,而后出征。当时,其磨刀的水洒落人间,形成微雨。天兵一起拥到南海与妖龙展开恶战,最终擒住恶龙,拔了龙须,抽了龙筋,逼使妖龙吐出满腹之水。于是,旱情消失,风调雨顺。

"自此之后,每年五月十三,关公总会亲自在南天门外磨刀并降雨霖。因此,民间百姓为纪念关公磨刀降伏恶龙、解除灾难疾苦的恩德,把此日作为'关帝救生日'。每年次日,当地百姓都会到关帝庙隆重焚香膜拜、敬献供品、祈祷平安。"

夏鱼儿终于滔滔不绝地讲完了,口水咽下好几次。看样子意犹未尽,不等别人插话,又补充几句自己的心愿:"老爷,这是我们本地人的传说,不知您听没听说。如今,但愿关公显灵,五月十三降甘霖,拯救我们临清百姓!"

张伯行耐心听完夏鱼儿的讲述,遂回身对随行的河兵说道:"但愿真如夏鱼儿所讲。若是一个月之内天下大雨,庄稼尚可有救,百姓尚能生活。但我们绝不能寄命于预言传说,更不能听天由命。大家要行动起来,靠自己的力量抗旱保命。"

众人听后备受鼓舞,几乎异口同声地说道:"在大人的率领下,我们一定能战胜旱魔,取得丰收!"

来到临清,先到县衙通报情况,知县杨德荣拜见。张伯行详细询问了临清的耕田与河渠情况,情势不容乐观。杨知县说道:"临清共有六乡十八里,户三万八百二十三,口六万六千七百四十五,田二万四千亩。自开春以来,几乎没有下过雨,田地里严重缺水。山塘干涸,河水也已降到最低水位。春庄稼大大减产,甚至绝收。只有数百亩田在地势低洼地带,靠着些许井水灌溉,还能有些收成。"

杨德荣接着又说道："眼下，不仅仅抗旱救灾成问题，个别地方甚至连人畜饮水都困难。面对当前灾情，为了安民心、稳社会，下官寝食难安，夙夜未眠。当此正焦头烂额之际，道台大人亲临小县，实乃下官幸甚！百姓幸甚！临清有救矣！"

"县里的河渠分布怎么样？"张伯行追问道。

"各乡河道倒是都已疏通，只是都很窄浅。"

张伯行心想，必定要到堤口察看一下，方能知道水灌情况如何。于是，他在杨德荣的陪同下，一队人马马不停蹄地奔赴河口。

一路之上，田野里只稀稀落落生长着一些麦子。因干旱缺水，麦叶都卷了起来，麦穗刚抽，干瘪得就像掉了颜色的雀翎子一样。

张伯行心情郁闷，有所疑惑。旱情到这个程度，庄稼地好像病入膏肓，只靠人工灌溉，恐无济于事，但目前也只能尽人事而听天命了。

来到河口，因上游水缓，临清一段的河水流域并不那么宽阔，两岸堤坝修得倒甚是齐整。当地人被水淹怕了，防患水灾甚于旱灾。

谁知今年水流不满，雨也不下，好像大地苍天都在为难山东民众似的。众人一看水流之势，即使扒开堤口，因乡里河渠窄浅，也只能用小口放水。

众人无奈。奔波一天，眼看天色已晚，只能在堤口河兵营房旁边搭帐篷歇宿一晚，明早再说。

次日，张伯行派一半人沿着河渠探看水道，如有堵塞，立即疏通。剩下的人在堤口决开小口放水。两拨人忙碌一整天，河水逐渐灌满乡渠，渠口的水车也开始运作起来。

租种的小户人家主要靠担水灌垄，地主大户水车和担水并用。然而，灌溉的水对于久旱之地来说就如杯水车薪。

张伯行带领众人在各县浇水灌溉一月有余，眼看麦收季节已到，但多数田地的小麦却依旧奄奄一息。即使稍微好点的，也只是一些稗粒秕谷。

张伯行感到无力回天，郁闷至极，带领大黑、大仪再去临清微服访民。一路所见，田野荒芜。

来到田家口村，户户闭门，家无炊烟。街上稚子幼童乱窜，到处搜罗能吃的东西。上年纪的都蹲在土地庙旁，怨声载道。

张伯行连续敲了两户人家的门，无人回应。来到土地庙旁，一个老者手扶黎杖,蓬头垢面,看这三人来得稀奇,就搭话道:"你们是从哪里来的? 来到田家口做啥?"

"老哥,我们是从济宁州来的,路过此地,想讨碗水喝。"张伯行说道。

众人一听是从济宁州来的,就都围拢过来,七嘴八舌地问道:"府里放粮没? 县里放粮没? 当官的管不管人死活?!"

张伯行无言以对。

老百姓手中无粮,心中就慌,又有什么办法呢?

张伯行又问那个挂杖的老者:"老哥,村里人都哪儿去了? 怎么家家都关着门呢?"

老人仰天长叹道:"唉! 老天爷不给咱饭吃,一场雨也不下,麦子都荒到地里。收不了麦,哪儿还有饭吃? 吃不上饭,守着家门等死啊?"

另一个蹲在庙门口的老头说:"男人跑到县里等皇粮,家里娘儿们有的饿得熬不住,跑了。庄头刘老大的媳妇饿了五天,自己上吊而死。造孽啊!"

众人七嘴八舌地议论起来,好像给饥饿找到一个宣泄口,唉声叹气地骂几句能好受一些似的。

张伯行心想:山东旱灾,虽然是天道不公,久不下雨所致,可是事在人为,我这管本地河道的也心中有愧啊!"

无奈,他只得安慰大家,说府县及朝廷一定会救灾救难。

(三)张伯行动员富裕之家拿出余粮救济灾民

回到济宁州,张伯行立即去找吕岩年商议救灾之事。

去年水灾,今年旱灾,吕岩年这个知府做得焦头烂额,还没想好怎么上报朝廷。

两人在客厅一落座,吕岩年一脸焦急说道:"张大人,人家那些知府做得优哉游哉,我这可好,去年水荒,今年旱灾。现在各地饥民都拥到府县衙门口,几位知县不停写来报告救急,我当如何是好?"

张伯行因眼见百姓苦难,脸上显现出忧戚之色,说道:"吕大人,我多次私访,各地饥民甚多,有的地方已路有饿莩。自古逢灾必有难,难民汹涌,难保不会生乱。事不宜迟,你我联名写本先申奏朝廷为宜。"

吕岩年说道："我也派人详察灾情,不过等受灾田亩和人口报过来也要两天时间。况且,济宁州到京师,即使八百里加急也需要三两日,现在是远水解不得近渴。"

张伯行也道："吕大人所言有理,救灾刻不容缓。人饿个一天两天就难保不生事端,到底是民以食为天。"

吕岩年急得站起身来踱步道："怎么办呢? 如何是好?"

张伯行轻轻摇头,说道："吕大人,为今之计,只有一面发动百姓互助,一面奏请开官仓放粮。"

吕岩年说道："适才已经说过,奏请开仓需要几日时间,可是难民已经拥入府县两日,势不可缓。"

吕岩年话语之中,已经有些惶急。

张伯行略顿一下,说道："吕大人,官仓若不能及时开放,是否可先开私仓?"

吕岩年一愣,疑惑道："张大人,此话怎讲?"

张伯行说道："吕大人,人命关天! 为今之计,张伯行以为一面奏请朝廷,请朝廷放粮;一面发动各地富贵人家及各级官吏,家中藏粮稍多者,官府可先行借出,救助各地百姓,如此方能解燃眉之急。还请吕大人拟个府告,凡禄米三十石以上的官员和有田地半顷以上的富贵人家,都要出粮五石以上来救济灾民。"

吕岩年有些忧虑,说道："如今情势,朝不保夕,富贵人家也肯定是想多多囤积粮食,以备不时之需。又如何能保证他们愿意打开自家粮仓?"

张伯行道："吕大人,第一,若是有愿意帮助官府赈灾救难,不管多少,俱要登记在册,来年若是丰收,官府可按量赔偿;第二,可出一个行善簿,请陆师爷记录在案,灾荒过后刻碑于庙,让百姓铭恩;第三,若是家中余粮甚多,却又不愿意开仓助难者,官府可强制其放粮。"

吕岩年有些踌躇,沉吟道："张大人,此举或可纾解灾难。奈何若有人上告,恐于你我不利。"

张伯行决然道："若是能够救百姓于水火,即使免官,又能如何?"

张伯行此言,说得慷慨激昂,吕岩年不禁有些感动。

吕岩年叹道："若世上都如张大人这般,百姓何忧?"

张伯行又道:"吕大人只须调拨衙役,张伯行愿意全权负责。若有人上报,朝廷责怪下来,张伯行一力承担,与吕大人无关。"

吕岩年也慨然道:"就依张大人所议,知府衙门调拨三十名衙役归张大人调遣。"

两人商议停当。吕岩年缮写奏章,一面上报朝廷,一面上报山东巡抚王国昌求助。与此同时,吕岩年又拟一纸公文,在济宁州各县发放,并从府衙之内调拨衙役专职跟随张伯行负责此事。

张伯行回到道台府衙,即刻传唤张安、大黑与大仪前来。

张安、大黑与大仪见到张伯行,张伯行将写给朝廷的奏折交给大黑,命大黑骑一匹快马前往京城上报皇上。大黑领命出发。

"张安,你也不要闲着,你和大仪须回老家仪封一趟。"而后,张伯行对张安说道:"你即刻回仪封老家一趟,办三件事。一是我这里有两封书信,一封交给夫人,另一封交给冉太史,请冉太史回信让人带来。二是你回去向太夫人请安,略说说这边的情况,让她老人家不必挂念。三是你这次回去就不必再来,我信上已对夫人交代明白,让大仪护送夫人及物资来此,你在老家守好就是。"

张安不舍,道:"跟着老爷来山东几个月,虽然辛苦,不过小的愿意替老爷分忧。"

张伯行道:"山东之行是个苦差,我心里早有准备。在老家伺候好太夫人,有什么难决的家事就去请教冉太史做主。你这就收拾一下,快去吧!"

大仪道:"老爷,着我回仪封有何安排?"

张伯行道:"虽然我说服吕知府下公文令大户人家开仓,可此事最终效果如何,我实在心里没底。至于朝廷能否放粮,也未可知。故你回到老家,告知夫人,看家中余粮有多少,留少许家用,其余全部拉来济宁救济百姓。"

大仪有些犹豫,说道:"老爷,家中余粮全部拉来,夫人那边恐不好交代。"

张伯行说道:"我这里修书一封,你交与夫人,想必夫人也定能理解我的良苦用心。"

大仪听完之后,只好带着张安离去。

容等大黑与大仪、张安离去之后,张伯行当即离开府衙,带领知府调拨的衙役,到济宁州那些富贵人家商议放粮事宜。

　　果然如吕岩年所说,公文一出,全城哗然。尤其是那些大户人家,一个个怒不可遏。

　　众人在济宁首富钱大成的率领下,来到知府衙门。吕岩年在府内一边搓手,一边踱步,嘴里喃喃自语。

　　张伯行听闻之后,急忙带人来到知府衙门。众人内有识得张伯行的,呼啦一下围了上来,大家七嘴八舌,质问为何让他们放粮。

　　张伯行拨开众人,来到府门的台阶之上,高声喊道:"各位乡亲,向诸位借粮,是我张伯行的想法,与吕大人无关。此举只为挽救济宁之旱灾。大家在城内只是听说,却不曾亲见乡间百姓之生活。现在本是农忙季节,但整个济宁州的田地颗粒无收,百姓们流离失所,甚至被活活饿死。张伯行在此恳请大家伸出援助之手,若来年能够丰收,我以济宁道台这顶乌纱帽与各位担保,必定原数奉还各位今年所放粮食。"

　　张伯行说着话,一手摘下头顶的乌纱帽放在路边,而后又命人拿来一张白纸,咬破自己的小指,鲜血落在地面。

　　众人惊愕,不知张伯行意欲何为。

　　却见张伯行用自己小指的鲜血,在那张白纸上写下适才言语,而后,举过头顶与众人相看。

　　他高声喊道:"张伯行立血书在此,若有食言,不得好报。"

　　说着,将这张血书交与钱大成,说道:"此书由钱掌柜保管,来年诸位拿着血书来找张伯行要粮。"

　　众人见此,虽依旧不愿,但却也无话可说。

(四)张鹏翮和张伯行看到哀鸿遍野,忍不住潸然泪下

　　济宁州并各县大户人家捐出的粮食,维持不过七八日,便相继告急。张伯行看着各地饥民,心急如焚。

　　忽然门外有人通禀,说知府吕岩年到,张伯行急忙出门迎接。

　　吕岩年看到张伯行,急慌慌地说道:"张大人,适才有人通报,说各县俱有灾民闹事,这该如何是好?"

　　张伯行忙宽慰吕岩年,让吕岩年莫慌,但自己却也忧虑不已。毕竟,眼下

实在无粮赈济百姓。

正在此时，门外有人跑进来，说道："禀两位大人，天大的好消息。有人通报，说大黑押着两船粮食从京城而来，已经到城外，请两位大人前往查收并处置。"

张伯行闻听大喜，拉着吕岩年急匆匆地往外走去。

这天早上，灾民许阿大带着个七岁的孩子，瘫坐在巨野县南门城墙根下。他们已经三天水米没沾牙，孩子饿得睁不开眼睛。

这时，只见城门大开，出来一队衙役。一众灾民"轰"的一声围拢到门口，被衙役硬生生拦住。前面有个师爷模样的人走到人群中，高举一个告示喊道："众位乡里百姓，皇上开恩，从京城运来两船赈灾粮食，大家都去东城门领粥吧！"

众人听闻，又都向东城门跑去，呼爹喊娘，拖拖拽拽。

东城门这边，张伯行领着大黑并巨野知县衙役们，安抚民众。只见从南面拥来一群人，围拢过来，等着施粥。

领到粥的人都喊道："清官啊！真是大清官啊！"

张伯行看到百姓吃上一口饭就感激涕零，不禁黯然神伤。一上午时间，张伯行累得腰酸背疼，领粥的人还在源源不断地拥来。

张伯行和董知县回到县衙二堂内，刚喝口水，尚未坐定，只见一个衙役慌忙来报："启禀两位大人，城门口来了一队官马，不让继续施粥。灾民们都喊了起来。"

两人一听，急忙跑回到东城门外。

张伯行远远地一看，原来是河道总督张鹏翮驾到，急忙拜见。张鹏翮伸手扶起，端详张伯行道："自铜瓦厢封堵决口，与孝先见得一面，一别数日。我奉圣命来到山东巡视河务，处处哀鸿遍野。来到此地，听说张大人从京城拉来粮食救济灾民，真不愧是父母之心，运青我感佩之至！"

张伯行躬身道："河督大人抬举。为官一任，就要解民忧愁，这是张伯行应该做的。"

张鹏翮道："不过张大人，我看巨野灾民甚众，现有这点粮食，对他们来说不啻于杯水车薪。张大人你看我身后这些河兵，前两三日只能喝稀粥，现在粥也断顿。他们每天还要巡视河务，现在正值汛期，一刻也松懈不得。不如先把此粮赈济给河兵们,也让他们有气力护堤保土。你看如何?"

张伯行看看面容憔悴的河兵,再看看羸瘦虚弱的灾民,不知如何是好。

众灾民听说不让施粥,饿了三四天,眼看到嘴边的吃的一口也没了,都呼天喊地乱作一团,纷纷跪倒在地。上了年岁的老者晕倒在地,城门口一片哀嚎。

张鹏翮和张伯行等人看到此等状况,都忍不住潸然泪下。

张伯行赤诚热心,尤其看不得这种场景,心想:记得冉太史临行前曾经告诉于我,为官一任,须当造福一方,为民请命,万事皆要为百姓着想。而今,济宁百姓受难,皇上开恩,好不容易发来两船粮食,本想可以解燃眉之急。可是,河防重务亦不能废。若河兵连饭都不能吃上,必当会使河务荒废;若来年洪水泛滥,又当如何是好?

张伯行眉头紧皱,神色之间痛苦难当。

最后,张伯行回身对张鹏翮道:"总督大人所言甚是,河务重防,不可荒废。余下粮食,请大人代为发放。"

而后,张伯行回身面向饥民,目光环视一周,高声说道:"诸位父老乡亲,张伯行在此给大家道歉,恳请诸位父老乡亲以大局为重。山东历来水患严重,若河兵们无粮可吃,又如何能够尽力巡防河务?若河务荒废,来年洪水泛滥,必将又是一场灾难。张伯行不能为大家纾解困局,对不住各位父老乡亲。"

说完,张伯行"扑通"一声,长跪于地。

众饥民见状,虽不再喧哗,但依旧不愿离去,空气中弥漫着一股紧张的气氛。

(五)张伯行从仪封老家拉来二百石粮食赈济灾民

且说大仪带着张安快马加鞭赶回仪封。不消几日,两人来到仪封老家,先去拜见王夫人,呈上老爷的书信。

王夫人展信一看,信中张伯行详细讲述济宁的灾情,并说自己身为济宁道台,也是山东一方父母官,必要率先垂范方可。况且,见到山东百姓忍饥挨饿的惨状,内心大恸,下决心与他们同甘共苦。故告知夫人即刻装备二百石粮食,由大仪率家丁亲自装运至山东。另外,在山东数月,内事诸多不便,让王夫人也一同前去打理。

王夫人看完书信,回身对大仪与张安道:"两位辛苦,这信中所写可都是实情?"

大仪躬身施礼道:"夫人,老爷所言句句属实,山东旱灾实为严重。"

王夫人长叹一声,说道:"人家当官,都是往家里带东西。这可好,还要用家里的粮食倒贴进去。"

大仪与张安面面相觑,却不知该如何回答。

王夫人虽如此说,但也素知张伯行的脾气,在家闲居时不问世事,既然应召做官就必定会鞠躬尽瘁,与民同甘共苦。所以,她不敢犹豫耽搁,让张安去请见书院邀冉永光前来商议此事。

张安来到请见书院,呈上书信。冉永光问及山东诸事,得知张伯行要装运家粮去山东救灾,连连赞叹之余,眼眶已是湿润。

冉永光来到张伯行家中,见到王夫人之后,大家略略寒暄几句。冉永光对王夫人说道:"孝先此举,实乃仁德之行,还请夫人理解支持。"

王夫人叹口气说道:"我不支持,又能如何? 将先生喊来,也是告知先生一下。"

冉永光又宽慰王夫人几句,而后告辞。

王夫人来到内室,向太夫人请过安,将张伯行的书信呈上,并将信中内容说与太夫人听。

太夫人闻听,脸上也显出忧戚之色,说道:"我儿初到山东为官,却不料竟逢上大灾,难道是天不佑我儿吗? 既然我儿如此安排,你们照做就是。"

王夫人从内室出来,与大仪、张安商议如何运粮。

王夫人道:"老爷让今日就装谷上车,明日卯时启程,你们看来得及吗?"

大仪道:"粮谷在老君营仓库里,都是现成的。二百石粮得用四辆马车,我和张安现在就去安排。"

王夫人道:"老爷让到山东地界走水路,说水路更快,要把这些粮食放在巨野赈灾。"

张安道:"从马车上再倒腾到船上,这不是耽误工夫吗?"

大仪道:"老爷说走水路,一定有他的道理。你想,我们一进入山东地界,到处都有灾民流窜,走陆路也不安全。我们只管听命去办就是。"

王夫人在府上收拾去山东所带物品,大仪带着张安去老君营连夜装谷上车。大仪想着既然在菏泽就换水路,干脆就把二百石粮装六辆车,这样辎重轻便,便于赶路。

第二日一早,王夫人带着丫鬟桃花姑娘坐上马车,大仪和家丁们赶着六辆运粮的车走在前头,众人急急地向菏泽出发。在菏泽换水路,不一日来到巨野。

大仪对几个家丁说道:"你们且先在此等候,我先去县衙问问我们老爷现在何处,而后再过来运粮。"

王夫人对大仪道:"你但去无妨。"

且说大仪跳下船头,急匆匆赶往县衙。到县衙之后,问过当班的衙役,方知张伯行正在东城门外赈灾。

大仪不敢停留,又急忙往东城门而去。

来到东城门,只见一群人挤在一处。大仪拨开人群往里一看,只见张伯行眼含热泪,长跪不起。

大仪上前一步,高声喊道:"老爷,缘何跪于此地?"

张伯行看到大仪,心内激动不已,问道:"大仪,你怎么来到此地? 粮食可运到了吗?"

大仪哽咽道:"老爷,你且先告诉我,为何跪于此地啊?"

大黑上来粗着嗓门喊道:"兄弟,还不是为了这些百姓。本来我从京城押来两船粮食,但河督大人说可先给河兵发放。大人又不忍心百姓忍饥挨饿,所以就……"

大仪哽咽着回身对百姓高声喊道:"诸位父老乡亲,我是张大人的侍从大仪。我家张大人到此地为官,从来不曾为自己着想过。人家当官,一人得道鸡犬升天,可我家大人却将自己家的口粮从河南拉到山东,只为纾解灾荒。诸位,前几日我奉大人之命赶回仪封老家,命我将家中所有余粮星夜运来。如今,运粮船只到巨野。大家且稍待片刻,不多时就能喝上热粥。"

众人闻听,先是欢声雷动,而后不知何人带头,都齐刷刷跪倒于地,高声喊道:"青天大老爷,青天大老爷啊!"

当中一白发苍苍的老者走出,手里还拿着一只破碗。这位老者上前一步,再次跪倒,语气颤抖着说:"我活了五十多岁,张大人这样的清官,我是第一次遇到。不管何朝何代,我从未听说过当官的能把家里的余粮拿出赈济百姓,老爷清明啊!"

一时之间,喊声一片。

张伯行也满含热泪,上前将老者搀起,说道:"张伯行无能,让大家受难了。唯有如此,方得心安啊!"

旁边的张鹏翮看到此情此景,已是泪染襟衫。

四
动用官仓

（一）张伯行初见陈鹏年

张伯行不忍看巨野百姓忍饥挨饿，衣食无着，让大仪回老家仪封运来粮谷二百石和布衣三百套。围聚的灾民们感激涕零，山呼清官。

董知县请河道总督张鹏翮到县衙暂歇。张鹏翮向张伯行详询济宁、巨野受灾情况，听到张伯行对当地民情熟谙，一片赤诚之心为民着想，心甚快慰。

来到县衙二堂客厅，三人坐定。

张鹏翮道："山东旱灾的奏折，皇上看过后甚是忧心，命山东巡抚及各地知府知县尽全力赈灾，为民保命，保山东一方平安，又下旨着我督办赈灾。两位大人有何良策？"

董知县回禀道："河督大人，巨野自受灾伊始，知府大人就命各县知县因地制宜，救灾安民。无奈百姓流离，时有事端，又加缺粮少谷，使得心有余而力不足。"

张伯行道："山东诸府，济南、曹州、东昌、济宁、兖州均有受灾，特别是兖州之地，地少人稠，旱灾也最严重。兖州百姓大多都逃到济宁、济南等地，使得山东各州府乱上加乱。而兖州呢，百姓抛家舍业后又多是荒凉一片。我想为今之计，最要紧是赈灾兖州，使得当地百姓能够安身立命，逃荒之人能够重操旧业，方不至于天灾又惹人祸。"

张鹏翮听得频频点头，说道："言之有理。不瞒两位说，我在京时，奉旨遴选贤能官十员，会同藩司兖守，也是先赈济兖州，稳山东大局。张大人之言与圣意不谋而合。这样吧，今日天晚，暂于巨野县衙歇宿一宿，明日孝先随我一同至兖州府，共同商议赈灾之事。"

张伯行与董知县齐声称是,董知县又赶忙为河督大人张罗客房不提。

张伯行来到巨野,暂且安歇在县衙后堂的客房内。回去之时,见王夫人已在那里,自是一番唏嘘。

王夫人说道:"你来山东半年,做的是治河道台,却想不到这里早成这个样子。早知这样,去哪个地方不成啊?"

张伯行叹道:"老天不佑山东百姓,连年灾害,民不聊生。我来山东半年,真是寝食难安。"

王夫人也叹声说道:"唉!老爷你今年都五十多岁,且不说能不能做京官,就是在那富庶之地做一任地方官员,都强似在这里奔波劳苦。"

张伯行不悦道:"夫人说哪里话,圣命难违!况且都去那鱼米之乡做官,这穷乡僻壤之官让谁来做啊?既来之,则安之才对。"

其实张伯行心里明白,夫人不是不明事理之人,只是为他的身体着想。于是安慰王夫人道:"山东虽然连年年景不好,可是皇上圣明,难关一定会过去。车到山前必有路,一切都会好起来的,夫人不必忧虑不安。"

王夫人只得宽慰。

晚饭时分,王夫人又问道:"来济宁这么长时间,你是不是经常喝酒啊?"

张伯行笑着答道:"夫人,你也不想想,我在济宁,连吃饭的工夫都没有,哪还有时间喝酒啊?"

王夫人又说道:"我就知道你没工夫喝酒。来的时候,我专门给你带来两瓶你喜欢喝的'仪封醇',你尝尝吧!"

听至此,张伯行顿时高兴起来,说道:"知我者,夫人也!去,把大黑、大仪也叫过来,我们几个小酌几杯。"

说话间,碟碗盘筷已经上齐,大黑、大仪转眼来到。几个人打开一瓶"仪封醇",一小黑碗一饮而尽。

之后,张伯行用手抿一下嘴,笑道:"半年没喝过这么好的酒了!美不美,家乡水;亲不亲,故乡人。夫人过来,粮食运来,小酒带来,三喜临门。来,大家都辛苦劳累,共饮此碗解解乏困,干杯!"

说着,张伯行又是一碗,王夫人心疼地看着张伯行。

大黑和大仪在一旁嘻嘻不已。

吃饭间,张伯行问母亲大人的身体如何,腰疼病是不是好些,老陈铺的膏药还贴着没有。王夫人一一作了回答。

张伯行又问起儿子的情况,得知冉太史悉心栽培,杙儿已经能读《孟子》,心中甚慰。

翌日清晨,张伯行与张鹏翮一道赶赴兖州府,这边王夫人暂时留在巨野县衙。

从巨野到兖州,经过阳谷、寿张、东平、汶上等地,所见荒凉之景也不必细说。

到了兖州,与知府杜朝才见过面,得知张鹏翮奉旨拟定的赈灾山东的十员贤能官已陆续来到此地,等候张鹏翮安排赈灾之事。

事不宜迟,张鹏翮当即召请众人在府衙二堂议事厅内面见,部署赈济事宜。众人来到议事厅,相互拜见,有的相识,有的不识。张伯行因为初到山东,遴选的又大多是山东的地方官,所以皆不认识。

兖州府下辖一州十三县,一州是济宁州,十三县有曲阜、宁阳、汶上、枣庄、藤县等地。根据康熙四十二年户部所载,当地人口约有一百万,是山东各州府人口最多最密集的地方。并且此地有曲阜县,是孔圣人的庙堂之地,受到历朝历代的重视。当此山东受灾之时,兖州赈济可谓不容有失。

众人落座,先由兖州知府李世敬介绍兖州遭受旱灾情况。

> 史载:李世敬,直隶大兴人,康熙三十八年知兖州府。莅任之初,即重修府学文庙,僚属有议捐议助者,世敬皆却之,曰:非不欲藉众力,恐招不洁之名也。兖州府大歉,发粟以赈,且亲历州邑穷乡僻壤,皆手籍而面稽。遇有遗亡后至者,则出己俸以偿之。在任七年,民洽其德,以疾卒于官,民为之立祠。

张鹏翮站起来说道:"诸位同僚,二十二年我曾任兖州知府,感情尤深。为政三年,清正持己,冤案昭雪;督课农业,发展蚕桑;重视教化,兴办学校;解决民食,民风大变。"

张鹏翮继而言道:"今我等又奉圣命,与各位同来兖州赈灾救济,为的是纾百姓之难,解朝廷之忧。我自入山东境内以来,到处所见,实是惨不忍睹。有的地方把榆树、柳树的皮磨了来吃,有的地方把茅屋上的茅草磨碎来吃,卖儿鬻女、易子而食也是时而有之。我每每见到百姓忍饥挨饿,实在是心中郁结,悲哀莫名。当今圣上德被苍生,召唤我等解民倒悬,怎敢不竭尽心力啊!"

众人皆唏嘘,异口同声地说:"我等惟圣命是从!"

于是商议赈灾安排,最后议定各人所应督管之地。张伯行、陈鹏年、马景深三人赈汶上县,即日启程。

（二）汶上城外灾民众多,个个蓬头垢面,不忍卒睹

三人不及详谈,辞别河督大人,行装都未卸下,即刻转赴汶上县。

来到汶上县,已是正午时分。三人到县衙,告知汶上知县范研铭赈济督办事宜。范研铭唯唯诺诺,点头哈腰,言必称是。

史载:范研铭,陕西临潼人,进士出身,康熙四十二年任汶上知县。

张伯行一看当地知县如此成色,胸无才略,惯乎阿谀,百姓恐怕没什么好日子过。无法,三人只得先安顿下来再说。

范研铭本要安排酒饭为三位大人洗尘,被张伯行训斥几句,只得作罢,安排衙役把家常便饭送到县衙二堂三位大人歇脚处。

张伯行吃过午饭,正在翻阅圣人之书,衙役报陈鹏年大人来拜。张伯行放下书一边让快请,一边整理衣冠。

史载:陈鹏年,字北溟,又字沧州,康熙二年癸卯(1663年)生,湖南湘潭人。康熙二十三年(1684年)举人,三十年进士。历官浙江西安知县、江南山阳知县、江宁知府、苏州知府、河道总督。著有《道荣堂文集》《喝月词》《历仕政略》《河工条约》等。

张伯行在河南时,即听冉永光说过此人,是个清廉正直之士。当日在兖州会面,彼此略微寒暄,不及拜访。今日陈鹏年来拜,正合张伯行之意。

只见陈鹏年趋步走了进来,对张伯行躬身说道:"张大人,下官陈鹏年专程来拜。大人鞍马劳顿,一路辛苦。"

陈鹏年彼时是在江苏海州知州任上,被张鹏翮举荐。康熙帝见过陈鹏年后,感觉此人才干出众,而山东灾情四起,各地奏折如雪片一般送至京师,故康熙帝特命陈鹏年跟随张鹏翮奉旨赈济山东。

陈鹏年比张伯行小十来岁,对张伯行也早有耳闻。特别是听说在巨野赈灾时,张伯行从数百里远的老家自运家粮救济百姓,让他更为钦佩。

张伯行看到陈鹏年,也忙还礼道:"陈大人也是一路颠簸,特意来拜,实不敢当。快请坐!"

两人落座,彼此问过表字,简略谈些履历,又互相谈些治学之事,都觉得是志同道合,相见恨晚。

张伯行道:"此地北依泰山,西连运河,倒有地利之优。只为天降灾患,使得民生疲敝。沧州兄以为赈灾之事如何使力?"

陈鹏年道:"我初到山东,对此地还不甚了解。只听当地百姓言此地依山傍水,田地不甚贫瘠,仓廪本也充实。只因水旱不虞之灾,才有民难。不过到底灾情如何,尚不明确。眼下关键在于查勘灾情,以定后面行止。"

张伯行闻听,心内钦佩,说道:"沧州兄言之有理。我们且先听一下知县范研铭汇报,然后再做定夺,如何?"

陈鹏年略一沉吟,说道:"这个范知县面懦心虚,一味迎合,恐不能洞察实情,他的话需要仔细斟酌才是。"

张伯行笑道:"你我之见,不谋而合。我初见此人,感觉一般。我最不喜的就是那些为上司做官,全不管百姓之人。如此,我们先不听范知县汇报,稍作歇息,而后和马景深马大人微服私访一番,如何?"

陈鹏年拱手道:"正合吾意。弟就惟孝先兄命是从。"

于是陈鹏年回房略歇,等待与张伯行一起出城私访。

用过午饭,张伯行唤来大黑与大仪,三人一起,见过陈鹏年和马景深,寒暄几句后,几人当即离开县衙,一同往东城门而去。

街道上行人寥寥,店面铺子门可罗雀。饭馆里缺粮少菜,商铺里货物匮乏,饥民围堵各城门,城里到处人心惶惶,无事谁还出得门来?

三人来到东城门,城门虽开,但城栅密布,来往行人皆要严加盘查,鹑衣百结、鸠形鹄面的灾民很难进入县城。

出得城门,立即就有一群难民拥来,哀哭求乞,腿脚不灵便的也拖拖拉拉往近前挪。三五个灾民齐齐拉住张伯行的双腿，哀告不已，恳请给点饭吃。大黑上前，正要将那几人拖走，张伯行上前阻止。

看着其中年纪稍大的一位，张伯行问道："这位兄弟，你是哪里人，你们那里收成如何？"

那人看着张伯行一脸真诚，不禁哽咽道："我老家是距县城十五里的王家屯，只因今年大旱，我们那里颗粒无收。村庄四周树皮已经吃光，无奈之下，来到县城。只想着县城内有钱人多，看是否讨得一些粮食活命。却不承想，城门把守严密，无法进入，家中老母恐要饿死！"

说着话，那人已经泣不成声。

张伯行也不禁有些悲恸，从衣袋内拿出一些铜钱递与那人道："你且找地方买些干粮，回家救你母亲去吧！"

那人看到铜钱，眼中闪过惊喜的光芒，急忙接过并连连磕头，高声说道："多谢老爷，多谢老爷！"

其余人等，看到此景，呼啦一下，几百人围了过来。

张伯行、陈鹏年、马景深等无奈，只得在大黑与大仪的保护下，退回城内。

张伯行、陈鹏年等人刚进入城门，只见城门口有几个年幼的孩子可怜巴巴地跪在地上瞧着他们，只是伸着手，却饿得连话都说不出来。

张伯行看着这些孩子，泪光闪烁。

大仪对张伯行道："大人，我们且先回去吧。这里灾民太多，若是救济一个，恐又不能脱身。"

张伯行无奈，只好离去。但走了三五步，张伯行再次回身，走进一家卖馍的店铺，里面卖的都是杂粮窝头，又干又硬。张伯行拿出仅余的铜钱买了十斤窝窝头，而后又来到城门口，给那几个小孩吃。那几个孩子的眼睛中顿时闪出惊喜的光芒，从张伯行的手中接过窝窝头，不消三五口，一个窝窝头已经下肚。

众灾民一见，"哄"的一声围拢过来，纷纷伸手乞要。十斤窝窝头霎时就没，幸好年幼的孩子人手一个。没拿到馍馍的唉声叹气，有的瘫坐到地上，有的仍在苦苦哀求。

这时，只见从外面又拥来两拨人，想是听说有人发善心，都挤挤挨挨地走来，个个蓬头垢面，场面凄惨，不忍卒睹。几人见此情景，也无法可施，只得又退出人群。

衙役见此地骚乱,高喊过来,将张伯行等人训斥一顿。说他们滥充好人,使得难民聚集,保不齐就有刁民混入城内,混乱难治。若是惹出乱子,定将几人抓入大牢。

大黑听得大怒,上前一步,厉声喝道:"借你三个胆子,敢抓我们入大牢,你也不看看你面前的是谁?"

那几名衙役看大黑膀大腰圆,脸色凶恶,适才的气焰先自弱了下去,但言语之间依旧严厉。

其中一名领头的说道:"不管你等是谁,若是引起骚乱,定责不饶!"

大黑还欲理论,早被张伯行拦住。

大黑依旧恨恨不已。

(三)当务之急是搭建粥棚,熬粥煮饭,赶紧救人

张伯行、陈鹏年、马景深回到县衙,一起商议着该如何度过这场灾难。

张伯行说道:"我们奉圣上旨意,受河督大人委派来这儿,见到汶上百姓惨痛之状,心实不安。两位大人认为怎样做才好?"

陈鹏年道:"离京之时,朝廷已命各地筹粮。但路途遥远,恐一时半会儿不能抵达山东,远水解不得近渴啊!"

马景深道:"城门口灾民日夜围聚,即便不生暴乱,也是四面饿殍。若不能改变此状,我等也难辞其咎。"

三人都若有所思,默默不语。

片刻之后,张伯行道:"当务之急是要先在四个城门搭建粥棚,熬粥煮饭,让灾民先吃上一顿热腾腾的饭。不然,大批灾民恐有性命之忧。"

陈鹏年道:"如此也好,先解燃眉之急。要不然,有些人不一定能熬过今天。"

于是,张伯行命衙役唤来知县范研铭。

范研铭进来之后,急忙躬身施礼,未曾开言,脸上先自出现许多笑容。

范研铭说道:"下官范研铭见过三位大人。不知三位上差有何差遣,下官一定会效犬马之劳。"

张伯行轻轻挥手,说道:"范知县,无须那么多客套话。我等三人来到贵县,只为赈济灾民。我们三人已经到各地巡视半日,汶上县的灾情着实令人担忧。"

范研铭闻听,脸上即刻现出忧虑之情,说道:"三位上差让人钦佩,刚到这里就巡视各地。为何不曾通知小县,下官也好给上差安排带路衙役。汶上县灾情的确非常严重,去年遭遇水灾,已经颗粒无收。今年又遭逢旱灾,如今麦收季节已过,汶上县的田地十之八九俱无所获。各地灾民数万余人,为保障县城秩序,下官也只好令衙役管理四门,闲杂人等不得放入。若非如此,几位大人恐怕在县衙也不得安生。"

张伯行闻言说道:"范知县此举甚当,但却只能保证县城秩序,却不能解决灾民问题。长久下去,我看也很难维持。"

范研铭脸上又堆出一脸笑容,说道:"道台大人说的极是。只是,县内实在无粮可发。"

陈鹏年问道:"范知县,不知县内还有多少粮食可以调用?"

范研铭又忙向陈鹏年施了一礼,说道:"陈大人,汶上县自去年至今遇到灾荒后,各处常平仓与义仓俱已放空。承蒙皇上开恩,其间运来一船赈济粮食,但早已发放完毕。如今,唯有官仓内尚有余粮未动。"

张伯行问道:"目前汶上有多少官仓?每个官仓有多少石粮食?"

清代仓廪系统共包括天下仓、正仓、太仓、军仓、常平仓、义仓。天下仓,主要是指天下正仓,它是常年直接受纳正租的官仓。职能可归纳为四项:兵饷、官禄、平准、赈贷。军仓、正仓供应兵饷;正仓、太仓供应官禄;常平仓负责平准籴粜;义仓负责赈贷救济。

范研铭眼珠子一转,应声答道:"汶上城内有官仓七座,临清一座,共八座。仓储粮食需要重新统计,大都所剩无几。"

张伯行又问道:"正仓和太仓现有多少粮食?"

"这个,这个,张大人,这个我还真是回答不上,估计也是所剩无几。这可是全县官禄之所在啊,大人!"范研铭仿佛意识到什么,吞吞吐吐地说道。

"你现在查一下,汶上全县正仓和太仓现存粮食总数,速速报上。"张伯行威严地说道。

"是是是,大人稍等,卑职去去就回。"转眼工夫,范研铭回来答道:"城内正仓、太仓皆无,只剩下临清仓有一千二百一石一斗五升六勺九抄四撮二圭七粟一粒。"

"范大人,由陈鹏年大人和马景深大人担保,我先暂借临清仓这些粮食。"张伯行道。

"这个我可不敢做主。"范研铭急忙答道。

"范大人,你要想清楚,你是汶上知县。现在人命关天,饥馑遍地,如果事情闹大,你可是首当其冲。"张伯行说道,"我等奉旨赈济灾民,也有责任和义务把此事做实做细。你只管开仓借粮,所有责任由我一人承担,与你无关。范大人,这其中利害不说自明吧!"

"我和马景深大人作保,俟等粮食转运过来,即行补上。"陈鹏年说道。

"既然张大人有言在先,我自当服从就是。不过,需张大人书写字据一则,如此可好?"范研铭说道。

"这个无妨。"张伯行说过,研墨挥毫,匆匆而就。

范研铭看了看,又把毛笔递与陈鹏年和马景深,说道:"还请二位大人劳神费心,签字画押。方如此,皆可心安。"

陈鹏年接过毛笔,一挥而就。马景深摇了摇头,也签上自己的名字。

范研铭拿起字据,见墨迹未干,就用嘴对着吹了吹。然后,小心翼翼地放到衣袖里。

张伯行对范研铭说道:"你现在通知所有衙役全部上岗,兵分两路。一路立马赶到临清把粮食运来;一路在汶上县城四个城门外架设四口大锅,开设四个施粥处,煮粥赈灾,以解燃眉之急。"

"大人放心,卑职这就去办理。"话音未落,人已消失。

估摸过了一个时辰,大仪来报,说四个城门外的粥锅已经架上,施粥之事已在有条不紊地进行。只是需要施舍救济的人太多,量太大,恐杯水车薪,无济于事。

张伯行对陈鹏年、马景深说道:"陈大人你去南城门,马大人你到北城门,范大人你去西城门,我去东城门,我等分头看看情况再说。"

几人分头行动,匆匆而去。

张伯行率大仪、大黑走过汶上县城,见街道空空荡荡,店铺封门闭户。偶尔有行人经过,也都面黄肌瘦。

一出东城门,见黑压压的人群密不透风。执勤的衙役满头是汗,仍然抵不过人流涌动,领粥的队伍越来越长。

尤其是前面的人,刚盛过一碗粥,"呼哧呼哧"两下子,一碗粥就倒进肚子里,之后让再盛第二碗。

后面排队的人有点急躁,队伍乱了起来。

张伯行一面让大黑和大仪帮忙维持秩序,一面从麦秸垛里抓一把麦糠,随手丢在锅里面。

大仪不解地看着张伯行,问道:"老爷怎么把麦糠撒到锅里面啊? 是不是粮食不够吃啊?"

张伯行说道:"这些灾民,多日不曾吃饱饭,一下子吃得过多,容易吃撑,每次都有吃死人的。撒上一把麦糠,有麦芒扎嘴,他们吃得不会那么快,身体就不会出现大的意外,后面的人也能快点喝到粥。"

大仪禁不住心服口服。

喝粥的速度明显减慢,一碗粥停好长时间才能喝完,排队的人情绪逐步稳定。

(四)张伯行先斩后奏,决定发放官仓余粮

排队喝粥的人情绪稍微稳定,可等待救济的人越来越多。

刚从粥棚回来的陈鹏年、马景深也说,有些人家断顿已经两三天,再这样下去,恐怕饿死的人越来越多。

想起刚才难民的惨状,又听到二人之言,张伯行眉头紧皱,心痛不已。他站起身来回踱步,突然停下,面向陈鹏年、马景深两人说道:"事急矣! 老百姓都命悬一线,我等也不能独善其身。宁可官做不得,也不能见死不救。"

张伯行顿了顿,面色凝重,说道:"开官仓,放粮救民!"

陈鹏年和马景深吓一大跳。

陈鹏年道:"张大人,官仓存粮,实乃应不时之需。若非战事四起,非上报朝廷即开官仓,实乃重罪。"

马景深也拱手道:"张大人,私开官仓,其罪不小,还请张大人三思而后行。"

张伯行慨然道:"若是皇上亲见灾民之难,我想也定会同意开放官仓。城里城外,哀鸿遍野,一个个生命在逝去。我等奉朝廷之命来此救灾,若眼睁睁看着这种情状,却又无能为力,有何颜面称是百姓的父母官? 若是用免去我等的官职,换回百姓的生命,那么,张伯行以为我们这官免得值!"

陈鹏年闻听,顿时胸中生出一股豪气,拊掌道:"张大人所言极是,若是用我们的官职换回百姓生命,甚是值得!"

马景深听得两人说得慷慨激昂,只好说道:"就依两位大人之议。"

张伯行上前一步道:"范大人,我与两位大人已经商议完毕,为今之计,只有暂且将官仓所余粮食发放,方能解燃眉之急。不然,灾民越来越多,恐生暴乱。"

话音未落,范研铭"扑通"一声跪倒于地,体如筛糠一般,颤声说道:"大人,万万不可。若无上司指令,这私用官仓是不赦之罪啊!"

张伯行说道:"这一点,我等自然知道。但灾民甚多,百姓无路可走,若等到上司下令开放,百姓早已饿死。我等获罪事小,百姓性命事大。此事因我而起,若以后朝廷怪罪,我一力承担,与范大人无关。"

范研铭听完之后,脸色依旧有些不甚情愿。虽然从地上站了起来,两腿依旧颤抖不已。

张伯行又上前拍拍范研铭的肩膀,宽慰他道:"你只管听命去做即可。我们三人奉旨前来赈灾,无论什么后果,自有我等承担。"

范研铭无奈,步履蹒跚地从屋内走出,点了几名衙役,先自写好几则告示,命令衙役四处粘贴。

告示上写得明白,上差前来赈灾,令开放官仓,各家受灾人众,按照受灾等级前往官仓排队领粮。

放粮告示四门张贴,群情轰动,奔走相告。无论城内城外,家无点滴之粮者,可按户籍分别前往各城门口外领粮,每人三十斤混合粮。一时之间,众灾民拿着各种工具前往官仓。

张伯行、陈鹏年、马景深一起来到官仓门口守候。

范研铭一见张伯行等三人前来,急忙上前一步,躬身施礼说道:"按照几位大人的安排,已经准备开仓。我已令所有衙役前来维持秩序,任何人不得在放粮期间滋事生非。若有不听者,按扰乱秩序论处,关入大牢。另外,为了让百姓更好领粮,我在门外设放粮点十处,静候几位大人前来。"

张伯行看着范研铭,心想,这范知县虽说有点滑头,但办事能力还可以,一切安排得井井有条。

张伯行颔首道:"范知县,即刻开始放粮吧!"

范研铭看着粮仓外十条长长的队伍,高声喊道:"诸位乡亲,暂且安静一下。我乃汶上知县范研铭,大家先听我一言。"

粮仓外成千上万的百姓闻听,霎时安静下来。

范研铭站在一高台处,用手指了指张伯行等三人,高声说道:"诸位父老乡亲听好,这三位乃是皇上派来的上差。今日大家能够在此领粮,全仗三位大人。因为官仓余粮,若无上司指令,断不可开。但三位大人愿意一力承担所有责任,给大家放粮,大家定要向三位大人谢恩啊!"

诸位百姓闻听,齐刷刷跪倒于地,高喊着:"多谢三位上差,多谢皇上开恩!"

陈鹏年看着范研铭,心想,这范研铭果然是八面玲珑。适才一番话,表面上是让百姓感恩,实则是在推卸责任。若是日后皇上怪罪,他自是撇得干净。陈鹏年虽说看得明白,自然不能点透。

张伯行回身对范研铭说道:"范大人,开始发放吧!"

范研铭一挥手,各处衙役开始放粮。

众位百姓看着手中的粮食,一个个感激涕零,有的忍不住失声痛哭。

张伯行看着大家如此,内心激荡不已。

开仓放粮的过程中,又出现些许怪事。汶上灾民很多,听到要开仓放粮,很多人连夜从各地拥来。然而赈灾粮食有定数,官仓之粮更是救急不救穷。按照初步统计的灾民人数,分配到各个受灾区域。在第一批赈灾粮发完之后,仍然有许多灾民没有领到粮食。细心的大仪发现,原来是附近许多未受灾的村民前来冒领。

灾民实在太多,身份无法逐一确认,且人力、物力、精力都远远不够,范研铭等一筹莫展。

张伯行接报之后,立刻想出应对办法。他命人在赈灾粮食中掺杂沙子,而且必须搅拌均匀。只有真正的灾民才不会介意掺杂沙子的粮食,也只有极度饥饿的灾民,才会愿意拿掺杂沙子的米煮粥喝。事实果如所料,假灾民见粮食中有大量沙子，便不再来冒领，真正的灾民领到了保命粮。

史载：张伯行、陈鹏年、马景深冒杀头之罪，动用官仓，赈济灾民。赈汶上县，动用仓谷一万五千余石；赈阳谷县，动用仓谷七千六百余石。救人无数，碑刻尚存！

（五）政之所兴在顺民心，政之所废在逆民心

第二日中午，张伯行带领几人依旧在官仓外值守，唯恐生乱。

一位六十岁上下的长者，来到张伯行等人面前。老人须发已白，手中拿着一个米袋，袋中是刚刚领取的一些粮食。

老人来到张伯行面前，用颤抖的声音问道："我听人说，是三位大人打开官仓救济百姓。我今年六十岁，第一次见到真正为民着想的大官。我只想问一声三位上差的名字，这样回家之后，每日里都会默念三位大人的名号，让老天爷保佑三位大人长寿。"

张伯行内心感动，心想："我们只是为百姓做了些许之事，但百姓却如此感动。"

张伯行拱手道："老人家，我们亲眼看到灾民之艰难，稍有仁心者，皆不忍百姓受流离之苦，故我等也只是做一些力所能及之事而已。"

老人眼中含泪，说道："大人这样说，让我们小老百姓不知说什么好。算了，啥也不说，大人只把名字说一下，我回到家乡，一定每日里为大人祷告。"

张伯行正要答言，忽然一名衙役飞奔而至，来到张伯行面前跪倒喊道："禀大人，山东布政使黄大人已经来到衙门，命小的传唤大人前去拜见。"

张伯行有些诧异，心想："布政使黄大人来此何干？"

张伯行看了一眼陈鹏年，陈鹏年略一沉吟，说道："张大人，据我猜测，定是范研铭害怕担责，已向黄大人禀报此事。"

张伯行道："沧州所言有理。"

马景深神情之间，有些紧张，问道："张大人，黄大人此来，定是兴师问罪，我等该当如何？"

张伯行微微一笑说道:"我们问心无愧!莫说布政使大人前来,即使巡抚大人前来,又能如何?最多免去我等官职。马大人、陈大人放心,布政使大人若问罪,由我一人承担,与你们无关。"

陈鹏年听张伯行说得极真诚,不禁感动道:"大人放心,我们定与大人同进退!"

张伯行回身对那老者说道:"老人家,我乃山东济宁道张伯行。一人做事一人当!放粮一事乃是我张伯行一人所为,你可将这句话说与众人听。"

老人听完,颤声说道:"张大人,我已记下了。愿张大人长命百岁,多福多寿。刚才听几位大人所说,是不是上头因为放粮要怪罪大人?若是真的要怪罪大人,我等就到衙门里为大人请愿。"

张伯行微微一笑,说道:"老人家请放心,不妨事,也不要做鲁莽之事。"

说完之后,张伯行与陈鹏年、马景深匆匆回到衙门。

来到衙门内,只见范研铭侍立一旁,书案后面端坐一人。此人脸庞有些方正,身材胖大,脸沉似水。

范研铭看到张伯行等三人过来,急忙上前说道:"张大人,上面坐的乃是山东布政使黄大人。"

张伯行知道面前坐的就是山东布政使黄元冀,急忙上前一步,躬身施礼道:"山东济宁道张伯行并陈鹏年、马景深参见布政使大人。"

黄元冀看了一眼张伯行,沉声说道:"张伯行,打开官仓放粮一事,是谁的主张?"

张伯行说道:"回大人,是张伯行的主意。只因灾民众多,县中其他粮仓已无余粮,故张伯行方令打开官仓。"

黄元冀声音陡然抬高,说道:"张伯行,你是奉了谁的命令,竟然敢擅自打开官仓?你可知这官仓当地官吏无权动用?"

张伯行抬头看着黄元冀,依旧不卑不亢地说道:"张伯行知道!"

黄元冀一拍书案,厉声道:"你既然知道,却为何明知故犯?"

张伯行说道:"黄大人息怒,我知道官仓不可擅自动用,但我张伯行并没有擅自动用。"

黄元冀闻听,不禁一愣,说道:"张伯行,你且说来,是谁指令你打开官仓?"

张伯行道:"回禀大人,是皇上的旨意。"

黄元冀闻听,诧异道:"皇上何时下的圣旨,我为何不知?"

张伯行道:"我等奉皇上的旨意赈灾,我主圣心仁慈,特派我等到汶上、阳谷二县赈灾。皇上虽未下旨令我等开放官仓,但此地百姓因为旱灾十室九空,甚至有的地方已易子而食,沿途之上皆有饿殍。政之所兴,在顺民心;政之所废,在逆民心。皇上既然命我等赈灾,我想皇上仁德,若皇上亲在,目睹灾民之难,也定会打开官仓放粮。因为皇上是天下人的皇上,在皇上心中,他的子民相较于官仓,孰轻孰重?皇上定是清楚。"

张伯行稍微顿了顿说道:"黄大人,若是觉得张伯行此举有错,就请黄大人向皇上弹劾下官;若是皇上为此免了我的官职,我无怨无悔!"

此番话,张伯行说得斩钉截铁,只听得旁边的陈鹏年、马景深暗暗喝彩。

黄元冀听完之后,脸色阴晴不定,心想:动用官仓乃杀头之罪,上面怪罪下来,自己也难辞其咎。不如就此借坡下驴,息事宁人,也好脱身。

最后,黄元冀鼻孔之内轻轻哼了一声,说道:"张伯行,看在你一心为百姓的分儿上,这件事本大人就不再追究于你。若以后再敢擅自做主,定是不饶!"

张伯行躬身施礼道:"多谢黄大人宽赦。"

黄元冀回身对范研铭道:"范知县,今日之事到此为止,不准再议。日后若有问题,及时通报,不得擅自做主,自以为是。"

范研铭急忙施礼道:"谨遵黄大人之命。"

黄元冀又瞪着张伯行说道:"我尚有其他公务,今日暂且饶恕尔等。以后再犯,定参不饶!"

说完之后,黄元冀领人离开县衙,拂袖而去。

张伯行、陈鹏年、马景深并范研铭恭送黄元冀,心里面一块石头落了地。

五
汶上救女

（一）老人临终托付张伯行一事

转眼之间，放粮已三日有余。

这天中午，烈日当空，等候放粮的百姓较前已少了很多，但依旧排着长长的队伍。

百姓脸上个个面带菜色。多日里不曾正常吃饭，已让所有人无精打采。再加上天气越来越热，队伍中的人如霜打茄子一般。若非是在等待着放粮，也许多数人都已经坚持不住倒下去。

张伯行看着汗流浃背的陈鹏年，说道："陈大人，天气炎热，你从早上到现在连水都不曾喝一口。我看你还是回去歇息片刻，吃点饭，喝口水，养一些精神，再回来也行。"

陈鹏年叹声说道："看到这些灾民，即使有山珍海味，我也是难以下咽。"

张伯行微微笑道："话虽如此，但人是铁饭是钢。若是身子饿坏，又如何能够将赈灾之事办好。依我之见，你还是先回去歇息片刻，到下午时分再来接替我如何？"

陈鹏年略一沉吟，说道："也好，那就有劳张大人。"

陈鹏年起身回县衙不提。

且说张伯行带领着大黑、大仪和衙役在官仓外继续放粮舍粥。众饥民要么领粥，要么领粮，并无骚动。

在拥挤的难民群中，有一衣衫褴褛的老者跟随人群移动着。老人饱受饥饿的折磨，有气无力，步履维艰。

忽然之间，那老者脸上闪现出痛苦的表情，双手捂着腹部，嘴里一声惨叫,而后就摔倒在地上。一时间,现场一片喧哗。

张伯行听到喊声,和大黑、大仪快步走到人群中。

百姓之中有认得张伯行的,急忙对周围人喊道:"快闪开,张大人来了。"

众人闪开一条道路,张伯行来到老人身旁。见老人躺在地上,脸色煞白,身上衣衫褴褛,肋骨一根根清晰可见。

张伯行年轻时学过岐黄之道,略通医术,连忙掐着老人的人中。半晌之后,老人缓缓睁开眼,迷蒙中看到张伯行。

张伯行见老人苏醒过来,忙命大仪端来一碗水。张伯行跪在老人身旁,将老人上半身扶起,将水送到老人嘴边。

老人龟裂的嘴唇微微抖动,用尽全身力气,才勉强小啜一口。

老人看着张伯行,嘴唇微微开启,问道:"敢问这位大人是谁?"

张伯行顿时心内一酸,说道:"老人家,我乃张伯行,奉皇上旨意在此赈灾。老人家请放心,我这就命人先将粮食拿给你,你就无须在此排队了。"

老人脸上显出肃穆之色,用力挣扎一下,但身子也只是微微倾斜。

老人用力说道:"请恕草民之罪,不能给大人施礼。若非张大人与陈大人放粮,汶上县不知又会死掉多少人。大人乃是我汶上百姓的救命恩人,几位大人功德无量啊!"

张伯行轻轻扶住老人,说道:"老人家身体不便,无须多礼。我这就令人取粮,再着人将您送回家中,如何?"

老人微微摇摇头,说道:"大人,粮我就不要了,我不行了,还是省下来给其他人用吧!"

说着话,老人气息明显有些粗重。

张伯行看着老人,眼眶之中不禁有泪光闪烁,说道:"老人家放心,你只是多日未曾吃饭,只要领过粮回去好好吃饭,就会没事。"

老人嘴角挤出一丝笑容,说道:"多谢大人,我知道我的身体。我有一事相求,不知大人能不能答应?"

张伯行道:"老人家但讲无妨,只要我能做到,定不会推辞。"

老人接着说道:"我是距此二十里之外的小李庄人,我姓李。我来领粮的半路之上,遇到一个姑娘,姑娘自称姓张。这个姑娘身世可怜,父母身亡。因怕坏人加害,故请求我带她一起前来领粮。如今,我快不行了,烦请大人救那姑娘一命。也算得我善始善终,不曾辜负对姑娘的承诺。"

张伯行问道:"那姑娘现在何处?"

老人道:"就在领粮队伍的外面,姑娘本来说要我等候,她来这里排队,我没答应。"

张伯行看着老人,老人语速越来越慢,眼见得要不行。张伯行慨然道:"老人家但请放心,这件事交与我就是。"

老人听完,嘴角露出笑容。而后,头轻轻一歪,已经没有呼吸。

(二)玉秀姑娘闻听老汉已死,转身跳入护城河中

张伯行用手轻轻合上老人的眼帘,强忍泪水,对大黑说道:"将老人抬走,找一个地方安葬了!"

大黑领命而去。

张伯行又带着大仪快步走到官仓围墙之外,在墙角处果见一姑娘。姑娘看上去也就十四五岁的模样,脸色蜡黄,头发蓬松,衣衫褴褛。

张伯行上前一步,问道:"这位姑娘,你可是跟随一姓李老汉,一起过来领粮的?"

那姑娘陡然看到着官服之人,先是大吃一惊。听到问话,她急忙回答道:"是啊,李老爹怎么了?"

张伯行叹口气,说道:"适才在领粮的时候,老汉忽然晕倒,抢救不及,已经走了。"

姑娘一听,神色大变,泪水奔涌而出,却听不到哭泣的声音。她只是用力咬着嘴唇,而后缓缓起身,也不和张伯行说话,转身跑去。

张伯行有些奇怪,心想这姑娘莫非因为悲伤过度,傻了不成,为何听到这个消息便不再跟我说话?

只见姑娘离开张伯行,直奔护城河而去。

张伯行大惊,知道姑娘要寻短见,急忙对大仪喊道:"快去拦住她!她要跳河!"

大仪闻听,箭步飞奔而去,但还是稍晚一步,姑娘已经跳入水中。大仪等人顾不得许多,连鞋子也不曾脱去,跟着跳入河中。也许姑娘命不该绝,因为

今年干旱,河水不深,姑娘没有生命危险。

大仪很快就将姑娘拖到岸边,张伯行快步追赶过去。

虽说姑娘并不曾被水淹着,但本来就神情委顿,又闻听李老爹离世,故也是昏昏沉沉。

张伯行上前急忙掐住姑娘人中,又轻拍姑娘后背。姑娘轻声咳几下,缓缓醒来。

张伯行松口气,命衙役端来一碗水,递与姑娘。

姑娘喝上两口,眼睛才有些神,她望着张伯行大放悲声。

张伯行知道姑娘悲伤,劝也无用,只是静静地看着姑娘。姑娘哭泣半天,对张伯行道:"不知这位大人是谁,小女子失礼,一直没有谢大人的救命之恩!"

大仪说道:"这位乃是主持赈灾事宜的张伯行张大人。"

姑娘闻听,急忙起身施礼道:"小女子张玉秀见过张大人。之前在乡间听说过张大人的名号,说您和陈鹏年大人、马景深大人,力主开放官仓救民。民间百姓传言,你们就是天上下来救世救民的活菩萨。可是,张大人你又为何救我啊?"

张伯行奇怪道:"这位姑娘,看你年龄也不过十四五岁,正是大好芳华,却为何自寻短见?"

姑娘闻听,脸色之间依旧悲伤不已,却不再回答。

张伯行知道姑娘或有难言之隐,不便在人前透露。心想,我既然答应李老汉救这女子,便不能食言。这女子不想多言,我且带她回府衙再慢慢询问。

想到此处,张伯行宽慰姑娘几句后,就命大仪将姑娘带回府衙。

(三)夫人王凤仪让张伯行和陈鹏年帮人帮到底

张伯行和大仪带着姑娘回到府衙。

陈鹏年见到张伯行,有些奇怪,便问他怎么从放粮之处回来了。

张伯行将整个事情经过讲述一遍,接着说道:"这位姑娘或有难言之隐,不便诉说。故我带她回来,让夫人问问她,再做商议。"

陈鹏年说道:"大人宅心仁厚,让人敬佩。"

张伯行先让王夫人的丫鬟桃花姑娘过来,带姑娘洗漱一番。

片刻,那姑娘换过衣服,再次出来。等到那女子来到近前,只见荆钗布裙,虽形容憔悴,也算小家碧玉之姿。

张伯行让桃花姑娘将女子带入内室,去见王夫人,自己与陈鹏年在前厅边喝茶边商议赈灾之事。

天色将晚之时,王夫人从内室走出拜见张伯行与陈鹏年。

张伯行与陈鹏年虽说相识时日不长,但却视对方为知己之交,无话不谈,故王夫人与陈鹏年并无太多避讳。

王夫人走到前厅,陈鹏年施礼道:"嫂夫人,那姑娘可曾将自己的身世说与嫂夫人听。"

王夫人回礼说道:"适才在内室,姑娘已经将自己的身世说出。这个姑娘姓张,名玉秀,乃是汶上县城附近张家岗人。去年水荒,姑娘父母俱被大水淹死。姑娘无奈,只好跟随着她的叔父生活。谁曾想,其叔父因家境贫寒,无法度日,竟偷偷将她卖给村里张大户家中为奴。姑娘誓死不从,于是从家中逃了出来,在外讨饭数月。前几日听说城里放粮,故想着也来领些粮食,却又怕被张大户抓住。正好遇到李老汉,就请求跟随老汉一同前来。"

张伯行道:"难道这姑娘再无其他亲人不成?"

王夫人又说道:"姑娘在家中已经订婚。听那姑娘说,对方是附近南旺镇的一个秀才。姑娘自幼与他相识,也算得上是青梅竹马。姑娘被卖的时候,那秀才也曾找其叔父理论。叔父说已经卖与张大户家,秀才若是有钱,自去赎回来就行。奈何那秀才也是家境贫寒的,一分银子也拿不出。"

说着话,王夫人眼角变红,因悲伤而流下泪水。王夫人用衣袖沾沾眼角,说道:"哎,这个姑娘好生可怜啊!"

王夫人接着说道:"姑娘说,在遇到老汉之前,已经不想活命。奈何尚有一念,就是希望能够见到她的未婚夫。"

张伯行与陈鹏年听完之后,也是唏嘘不已。

张伯行道:"民间疾苦,实乃让人悲伤,也让我等为官者汗颜。"

陈鹏年也道:"大人所言极是,百姓疾苦,一则看天时,二则看人治。"

张伯行接着说:"治政之道在于安民,安民之道在于察其疾苦。"

王夫人看张伯行与陈鹏年开始讨论为官之道,知道两人一旦论及此题,便无休止,就急忙打断道:"老爷,我们还是商量一下,如何帮助这位玉秀姑娘吧?姑娘如此可怜,我们不能坐视不管啊!"

张伯行道:"杀人杀死,救人救活。在官仓放粮的时候,我已经答应李老汉,定会救这姑娘。大丈夫一言既出,驷马难追!"

陈鹏年微微颔首,对张伯行道:"大人所言甚是。"

张伯行又道:"适才听夫人所言,这位姑娘的身份尚是张大户家奴仆。若不想法将她赎身,我们恐有些名不正言不顺。"

陈鹏年道:"孝先兄乃济宁道台,可亲自出面,去找那张大户,讲明原委,并为玉秀姑娘赎身。日后若是找到玉秀姑娘那位未婚夫,着其成婚,也算得是帮人到底。不知孝先兄意下如何?"

张伯行道:"沧州所言有理。只是今日天色已晚,明日我当让人前往张家岗,找到张大户,为玉秀姑娘赎身!"

(四)张伯行拿五两纹银赎回玉秀姑娘

次日凌晨,张伯行将大黑与大仪喊来。

二人急匆匆赶到,见到张伯行躬身施礼,说:"老爷这么早,喊我们过来,可是放粮遇到什么麻烦不成?"

张伯行笑道:"不是,今日里放你们俩一天假,让你们去汶上县城附近村庄转转,如何?"

大黑与大仪相互对视一眼,心中有些奇怪。

大黑嘿嘿笑道:"莫说大仪兄弟,就是我这直肠子也不会相信,在放粮的关键时刻,会让我们俩出去溜达?"

张伯行也不禁笑道:"虽说不是让你们出去溜达散心,但让你们出城却是真的。"

大仪道:"是不是有关昨天救的女子一事啊?"

张伯行点头称是,而后说道:"今日让你们出城,就是找到张大户,看他买张玉秀为奴时,花费多少银两。你们将银子给张大户,将卖身契拿回就行。"

大黑笑着说道:"我说呢,老爷哪有闲心让我们去玩。"

房间里立时又传出爽朗的大笑之声。

大黑与大仪拿着银两领命而去。二人走出县城，一路打听着来到张家岗，问起张大户，无人不知。

两人顺着村民指的方向来到张大户家。

因是灾荒之年，整个村子甚是冷清，家家户户门庭冷落，张大户家也是大门紧闭。

两人走到跟前，敲打门环。

停很长时间，里面传出人声："谁啊，谁啊，若是要吃的可是没有。"

说话间，大门开一个缝，里面探出一个家奴模样的人。

那人看到大黑与大仪气度非凡，不禁有些吃惊，语气之间也缓和许多，问道："敢问两位，敲门何事？"

大仪拱拱手问道："请问这是张大户家吗？"

那人回道："正是，你们找我家老爷什么事？"

大黑有些焦躁，高声说道："大仪兄弟，跟他啰嗦些什么？速速去告诉你们家主人，就说有要事找他，赶紧让他出来。"

那位家奴看到大黑一脸的凶相，不禁有些害怕，点头哈腰道："两位稍等，我这就去禀告我家老爷。"

大黑对大仪嘿嘿笑道："兄弟，还是我这样比较有用。"

大仪笑而不言。

不一会儿，从里面出来一位四十岁上下的男子，穿着绫罗绸缎，长得肥头大耳。

那人看到大黑与大仪，眉毛轻轻一挑，斜眼看着二人，问道："你们找我何事啊？"

大仪上前一步，再次拱手说道："我们是村里张玉秀家的远房亲戚。听人说前些时日，玉秀的叔叔将她卖与你家为奴，今日特为张玉秀赎身。"

张大户闻听此言，脸色突变，厉声说道："那张玉秀在我们家只呆不到一天，就偷偷跑掉，至今未见踪影。我也从来没有听说过她家有什么远房亲戚，今日里突然冒出来你们二人，我凭什么要答应你们啊？"

大黑哈哈大笑，从腰中拿出济宁道衙门的腰牌，举到张大户脸前，说道："就凭这个，你说能不能为玉秀姑娘赎身！"

那张大户看到腰牌上写着"济宁道"几个字，吓得猛一激灵，连忙躬身施礼道:"不知上差前来,在下失礼。快快请进,我给二位泡茶。"

大黑道:"莫要啰嗦,你只说当初你买玉秀姑娘花费多少银子,我们两个今日只为姑娘赎身。"

张大户弓着身子,说道:"两位上差,当初我也是看着玉秀实在可怜,方才同意将她买到家中。本想着她在我家有吃有喝,未曾想那姑娘非要逃走。"

大仪笑道:"你只说花费多少银两即可。"

那张大户眼珠略转一圈,说道:"共花纹银五两。"

大黑从衣袖中拿出五两纹银递过去。那张大户看到雪花的白银,脸上顿时笑开了花,急忙命适才那个家奴将卖身契拿出。

大仪接过细细查看,果然不差。

于是,两人对张大户拱手说道:"多谢,告辞。"

那张大户急忙施礼,说道:"恭送两位上差。"

大黑对大仪道:"没想到这么顺利,我们速速回去禀告大人。"

大仪道:"莫忙,既然前来,我们何不顺手再打听一事?"

大黑道:"还有什么事要问?"

大仪说道:"早上大人说,那玉秀姑娘还有一未婚夫,我们何不打听一番?"

大黑哈哈大笑,说道:"还是大仪兄弟细心。"

两人往前紧走几步,看到路边有人,就过去打听张玉秀的未婚夫。

那人打量两人,轻轻叹气,说道:"玉秀姑娘真个可怜,不过听说她这个未婚夫也是个痴情人。自从玉秀姑娘从张大户家逃出来后,听人讲,她的这个未婚夫就离家寻找,至今未有音信。"

大黑与大仪面面相觑,只好离去。

(五)藩司责怪张伯行等擅动仓谷,让其写清职名履历要上奏朝廷

大黑与大仪回到汶上县城,已经是下午时分。

两人直接来到官仓放粮现场,见张伯行与陈鹏年正在忙碌,急忙上前拜见两位大人。

张伯行看到两人,就问事情办得如何?

大黑一脸得意之色,对张伯行说道:"我们兄弟办事,哪有不成之理?"

说着话,大仪将卖身契拿出,递与张伯行,张伯行一看果然不假。

张伯行道:"官仓粮食所剩寥寥,今日我们且早些回去。"

几人回到县衙,让人喊出张玉秀。

张伯行将卖身契拿出,递与张玉秀,说道:"玉秀,你看这可是你的卖身契?"

张玉秀接过来一看,果然是自己的卖身契,不禁涕泪横流,扑通一声跪倒于地,说道:"大人救我性命,又帮玉秀赎身。玉秀生当结草,死当衔环,非如此不能报答大人之恩!"

陈鹏年看看张伯行,又瞧瞧张玉秀,忽然心内有了打算,笑着说道:"玉秀姑娘姓张,大人也姓张,我看莫如让玉秀姑娘认你做义父,你看如何?"

张玉秀闻听,再次向张伯行跪倒,高声说道:"大人若不嫌弃,玉秀愿在大人膝下侍奉终生!"

张伯行闻听,略一思索,说道:"这样也好,日后若能找到你未婚夫,我再为你们主持婚约。"

张玉秀喜极而泣,急忙叩首道:"爹爹在上,女儿玉秀拜见爹爹!"

张伯行急忙将张玉秀搀起来,说道:"从此以后,我们就是一家人,切勿多礼。"

陈鹏年对张伯行和王夫人说道:"恭喜恭喜,喜得一女。"

王夫人则拉过张玉秀,说道:"玉秀,从今日起,你再也不是无依无靠之人。"

张玉秀的事暂且不提。

放粮数日。

难民们知道不能一直靠着舍粥度日,有点粮食渡过难关,都渐渐散去,回家重垦田地,寄望于秋收有获。

张伯行等人回衙点查,共动用仓谷一万五千余石,毗邻之所阳谷动用仓谷七千六百余石。

这日,张伯行约陈鹏年、马景深等人,商议官仓放粮一事该如何向上司报告。张伯行知道,虽说上次布政使黄元冀没有给自己安什么罪名,但黄元冀会向山东巡抚汇报此事。与其再被巡抚责难,不如事先将此事说清楚。毕竟自己问心无愧,只为赈济百姓。

几人商议之后,张伯行联名其他动用官仓的赈济官员写一个折子,先上报山东巡抚王国昌,详述缘由,等其示下。知县范研铭内心惴惴,日日惶恐,张伯行等三人此时也是心里没底。

不日,藩司批文下来,责怪张伯行等人擅自动用仓谷,让其三人写清职名履历要上奏朝廷,连带知县也在其内。

拿到批文,范研铭吓得脸色惨白,马景深语气之间也有些惴惴不安。张伯行与陈鹏年却依旧坦然,而后三人商议,张伯行主张兵来将挡,水来土掩。

于是,张伯行连夜又写一折上报藩司,其中写道:

> 下官忝列山东济宁道张伯行敬陈赈济之事:赈饥乃奉谕旨,非本道敢于擅动也。发仓谷以广皇仁,非希图名誉。救济饥民,非私侵肥己也。使当日奉旨赈济,不发仓谷,坐视各州县百姓流离死亡而不救,仓有余粟,野有饿殍,本道之罪,其可挽乎?且如此救济饥民,而究民之死道路散四方者尚不可胜数,使当日不动仓谷,不知更当何如!昔汉汲黯过河内,以便宜持节发粟赈饥,武帝贤而释之。今本道以擅动仓谷被参,理应顺受。弟恐将来山东各官皆以本道为戒,视仓谷为重,民命为轻,一任鹄面鸠形辗转沟壑而不加恤,害有不可言者矣!

具文上报,藩司移送两院,两院上司无以责难,只得作罢。

六
又建书院

经过一个月的奔波劳苦,灾情基本上算是稳定下来。

一场大雨给山东带来无尽的希望,百姓们纷纷跑到大街上,面向天空,喜极而泣。

张伯行望着窗外的大雨,脸色之间也荡漾着喜悦之情,内心更是思绪万千,真的是天不弃鲁啊!这场大雨会让秋天有个好收成。若是如此,今年这场旱灾带给百姓的劫难也终会过去。

这年秋天,田野之中终于不再是荒芜一片。远远望去,一片金黄之色,收成应该不会很差,山东百姓终于能过一个殷实的春节。

汶上救灾,张伯行等三人动用官仓救民,让大部分百姓度过这场劫难,汶上百姓提到张伯行无不挑指称赞。听说张伯行老家在开封府,人人皆说其是包公再世,山东出了一个"张青天"。

奈何此举,却被山东巡抚王国昌上奏都察院核查其事。

张伯行曾直面山东布政使黄元冀,后又上报山东巡抚王国昌。虽说王国昌不曾将张伯行治罪,但后来与山东几位高官商议后,又写了个折子,弹劾张伯行。

无奈之下,张伯行又详细上了一本奏折,把至山东济宁救灾之事一一上报,并解释为何动用官仓。

都察院接到王国昌奏本之后,正欲上奏朝廷,忽又接到张伯行的上奏折子。

张伯行在奏本之中写得言辞真切,读之令人动容。当都察院看到张伯行在巨野救灾时，从自己老家仪封运粮救民，几乎穷尽自己所有，一心只为救民于水火，不禁有些惊叹。后又觉不信，着专人查勘此事，方知张伯行奏本之中句句属实。

一切核实之后，都察院终将张伯行的奏本上报朝廷，并俱报康熙帝，说张伯行奏本之中句句属实。

康熙帝御览后，大为惊叹，说大清能有张伯行这样的廉吏好官，乃是百姓之福也！御批旨意让山东诸受灾地方救济官员，均要以张伯行为楷模，一心一意为民做事，为朝廷解忧。彼时，康熙帝已有南巡之意，特别是想要到山东地段去看一看，体察了解官风民情。

官仓放粮一事随着康熙帝的御批，最终尘埃落定。

当时去汶上救灾时，陈鹏年、马景深等人乃是受命而至。眼见山东各地渐趋安稳，奉旨遴选至山东救灾的官员们也陆陆续续完结任务，回至原地续任。陈鹏年拟任江宁知府，马景深擢任登州知府，张伯行兼任济宁、济东道，并总巡山东河务。

这一日，吃过早饭之后，张伯行在书房课读，见王夫人来到，忙放下书本，问道："夫人，可是有事？"

"老爷，如今赈灾事宜已经妥当，济宁百姓亦度过灾荒。趁眼下无事，何不把玉秀姑娘的婚事办了？"王夫人躬身一礼，说道，"玉秀这个孩子人美心善，跟着我这俩月把我服侍得周周到到，像个亲闺女一样。她又无父无母，咱们一定得给她把亲事办得像模像样，给她个好归宿。"

张伯行道："夫人想得甚是周全，可如何操办？上次大黑与大仪帮玉秀姑娘赎身时，已经打听得明白，那玉秀姑娘的未婚夫自从玉秀逃走之后，也离家寻找，至今踪影不见。"

王夫人微微嗔怒，说道："老爷，距上次大黑与大仪打听之时，已一月有余。当时那位公子不曾在家，又如何能说明现在没有回去呢？"

张伯行急忙笑道："夫人所言甚是有理，那依夫人之见，该当如何？"

王夫人说道："依我之见，老爷着大黑与大仪再跑一趟。那位公子若是回来，我们做主，帮他们二人把婚事办了，也了却玉秀姑娘心愿，更让大家心安。"

张伯行闻言，说道："夫人说的有理。这样吧，今日也无甚要事，就带大黑与大仪再去一趟。一来我想实地去看看南旺闸,再者可以顺路处理一下这个事情。"

玉秀姑娘的未婚夫姓王,名字唤作岚生,家就在张家岗附近的南旺镇上。

张伯行唤来大黑与大仪,离开府衙往南旺镇而去。大黑在家几日不出门,便憋得难受,自是欣喜异常。

一路无话,不消半日,三人已经来到南旺镇。

南旺镇地处京杭大运河中段,素有大运河"水脊"之称。运河至此,南北分界,水流枯竭,航运堵塞。元代时,汶上有名士曰白英,引汶济运,修建水闸,控制水流,调节漕运,"三分朝天子,七分下江南",使运河畅通,航运无阻,南旺也成为千里运河上著名的水利枢纽和咽喉要塞。

三人刚到南旺镇的龙王庙,看到庙门前有三五人闲坐聊天。大仪上前一步,对那几位拱手施礼,问可识得王岚生。

众人皆曰:"王岚生是我们镇的大秀才,哪个不认识啊?"

大仪问:"他在不在家?"

众人你一言我一语说不出来个究竟。有的说去找他的未婚妻就没有再回来,有的说投河自尽了,有的说进京赶考了,有的说前几天还看到他在家呢!

大仪见问不出来个眉目,就说他家里面还有人吗?

一村民热心地说道:"我们两家隔壁,你跟着我来吧。"

不到一袋烟工夫,几个人走到一座有土堆的院落前,院子门头是用竹子扎的排叉门,轻轻一端,门就打开。

几个人走进院子里,只听那人边走边喊道:"岚生,王岚生,在家不在啊,有人找你。"

三间草屋里,没有声息。那人接着又喊道:"二婶,二婶,在家吗? 有人找岚生哩!"

门吱扭一声打开,一个妇人蹒跚走出,头上落满灰尘,一看就是刚从厨屋做饭出来。她一见有人过来,就嚎啕大哭:"青天大老爷啊,青天大老爷,救救俺家岚生吧! 俺儿从出去找玉秀姑娘,到现在还没有音信啊! 那么一个大活人,咋着活不见人,死不见尸啊!"

张伯行一看,不用再问,就向大仪努努嘴。

大仪从兜里面掏出几两纹银,往那妇人手里一放,几个人转身离去。

张伯行没想到事情会是这种结果,心中郁闷不已。

大仪对那人说道:"这位老哥,我们想去南旺闸上看看,烦老兄指一下路。"

那人觉得甚是无聊,说反正我也没啥事儿,跟你们一块过去吧,几个人就往南旺闸走去。

南旺闸在南旺分水龙王庙北侧,汶上城西南三十八里南旺镇汶水入运处,处于京杭大运河畔著名的南旺分水枢纽工程的中心位置。这里碧水清波,湖光山色,景色迤逦。

张伯行几人一起走到南旺龙王庙分水建筑群,只见建筑群整体布局协调,院落错综迂回。路转处,柳暗花明,修竹翠绿;庙宇内,碑碣林立,气势巍峨。匠心独具的建筑,使人感到雄伟壮观,又觉古朴幽雅。

建筑群坐落于运河西南岸,滔滔汶水迎面而来。为避免河水冲击,沿岸建有宽四步,长二百二十余步的石砌岸。在正对建筑群四个大门的地方修有四处台阶,南来北往的客商可在此下船,拾级而上步入龙王庙。在四处台阶的两侧,八个巨石水兽作盘卧状,有鳞、尾、耳、鼻、口、眼,栩栩如生,虎视眈眈,狰狞面目使人望而生畏。石砌岸下方竖有十二个石柱,以便过往船只挽揽之用。

张伯行抬头一看,只见周围数百步处,耸立着常年挑淤堆积的四处土山,均高约六十步,向建筑群作朝拱之状。

几个人一路无语,信步登上汶河左岸的土山,看见山上建有望湖亭一座,亭联石柱上刻有"四山朝拱三湖月,一水绿分两岸春"和"望湖亭"等字匾。毕竟是五十多岁的人,张伯行感觉腿脚有点沉,头上微微冒着热汗。那人见状,就说咱们暂且纳凉歇息,观赏一下湖光山色。张伯行点头称是。

登亭远眺,庙容神韵尽收眼底,三湖景色一览无余。让人不禁怀古思今,心旷神怡,宠辱皆忘,流连忘返,刚才的郁闷消失殆尽。

正当几人沉醉于南旺的湖光山色之中时,忽听得远处传来读书之声:"规矩方圆之至也,圣人人伦之至也……"

张伯行急忙起身说道:"不想这僻远之处竟有如此清雅之人,那是何处,何人在此读书?"

随行的村民答道,那是南旺湖中,蜀山之上,那人应是在明吏部尚书吴岳

读书楼里。楼上可以北瞻马踏湖和孔子钓鱼台圣迹,西望南旺湖古阚城春秋
鲁九公墓之皇林风采。楼内有吴岳作诗碑刻《邑人吴岳蜀山即事》:

> 碧水环山阁,青霞护石林。
>
> 草生识客履,鸟下鲜人心。
>
> 隐几朝瞰近,扬舲暮霭深。
>
> 自便疏拙性,谁复美华簪。

还没等那人说完,张伯行刚才的疲倦与不适瞬间消失,起身道:"走,我们
且去看看。"

(二)张伯行约请冉永光从仪封前来山东筹建书院

张伯行几人爬高上低地走到蜀山,果见一书生端坐在读书楼内,手里拿
着一本《孟子注疏解经》。

张伯行侧身走进读书楼,正欲询问。

书生看到张伯行,放下手中书本,开口问道:"敢问你们是何方高士?来
此何干?"

大黑上前一步,高声说道:"这位书生,站在你面前乃是济宁道台张伯行
张大人,你还不快来见礼!"

张伯行急忙劝阻,大黑吓得一吐舌头。

书生闻听,欠身上来,跪倒于地,说道:"晚生戴名振有眼不识泰山,不知
大人前来,恕罪,恕罪!"

张伯行急忙上前一步,将那书生搀起,说道:"不知者不怪,快快起身。"

书生站起身。

张伯行问道:"戴公子,适才读的乃是《孟子》吧?"

书生拱手施礼道:"正是!"

张伯行轻轻挥了挥手,说道:"戴公子,无须多礼,也不用紧张,我们只是
闲聊几句。"

书生回答道:"多谢大人!"

张伯行继续问道:"戴公子,读了几年书?"

戴名振说道:"晚生自幼读书,至今已十年有余。"

张伯行又问道:"戴公子是一直在家自己读书不成?"

戴名振回道:"张大人,其实晚生一直在汶上县城附近一家书院读书。只因去年水灾,今年旱灾,读书学习的书生大多无法度日,多数各自回家。书院实在无法维持,上个月就已经关门。"

张伯行闻听,心内不禁一动,暗想:我早该想到这一点。旱灾如此严重,老百姓吃穿尚且没有着落,更别提士子读书学习之事。

于是张伯行又问道:"戴公子,如果还有地方能去读书,你又作何打算?"

戴名振回答道:"大人,适才你已经看到,书院虽然关门,晚生依旧自己读书。若是去书院就读,那晚生自是求之不得。"

张伯行闻听,沉吟不语。

回到济宁道台府衙,张伯行当天晚上翻来覆去无法入眠。在南旺镇路上遇到戴名振之事,一直在脑海中挥之不去。

张伯行心想,像戴名振这样的情况,绝不只是个例。山东受此天灾,除却家破人亡这种大难,大部分乡村私塾可能都会物败人散。年少失学,命运前途就会渺若云烟,诸多有家国情怀的读书人可能就此梦碎。此事该当如何是好?

思忖一夜,张伯行想到一个主意。

第二日一早,张伯行叫来大黑和大仪,说道:"山东之灾,波及甚广,后患无穷。你们认为当务之急是什么事?"

大黑不假思索地说道:"能吃饱饭,不饿肚子。"

张伯行微微一笑,看向大仪。大仪缓缓言道:"既然受此天灾,民生经济非一时半会儿能够恢复元气。现在山东之地,老百姓是饿不死也撑不着。所以,其他诸事也就迫在眉睫。"

张伯行点头,说道:"昨天在回来路上,碰到书生戴名振,所说之事,让我昨晚久久不能入眠。"

大黑问道:"老爷,难道还有比睡觉更重要的事情不成?我为何每日晚上,脑袋沾着枕头,就能入睡?"

张伯行微微一笑。

大仪说道:"大黑,老爷每日各种事情缠身,如何能与你一般,没心没肺的样子。"

大黑嘿嘿笑道:"没心没肺咋了,我觉得挺好。"

大仪回身对张伯行说道:"老爷所说可是书院关门一事?"

"大仪心思还是比较细密,正是此事。"张伯行笑着说道,"戴名振的话让我萌生一个念头。我想,吃饭穿衣是很要紧,不过还有一项更要紧的事,就是让失学的士子们能够重新读书学习。自古道:文变染乎世情,兴废系乎时序。人才教化,方是重要之事!"

大仪道:"老爷所说甚是。"

张伯行又接着说道:"现在因灾失学的书生很多,我想在此地办一个书院,让那些无书可读的年轻人,都有读书的地方。这个非一蹴而就之事,还望你们二人鼎力相助。"

大黑和大仪齐声道:"但有所命,尽力而为!"

张伯行笑道:"光是我们三人做这件事尚有困难,况且还有河运之事仍要督理。我想,你们二人回老家仪封一趟。"

大黑问道:"老爷,不是要建书院吗? 为什么还要我们二人回家?"

张伯行道:"修建书院,事情繁杂,我想把冉太史接过来。冉太史对此驾轻就熟,让他运筹此事方可。"

张伯行接着又说道:"况这几日还要操办玉秀的婚事,也不能马上着手动工。容等你们把冉太史接过来,这边玉秀婚事也已办妥。你们看如何?"

大仪问道:"老爷,若是冉太史过来,那家里的请见书院怎么办?"

张伯行道:"我闻多年以前在仪封一起兴办义学的绳其相赋闲在家,请见书院可烦绳先生暂且料理。"

大黑与大仪领命而去不提。

一天中午,张伯行吃过午饭,正在书房思考书院之事,忽听门外有人高声喊道:"大人,大黑回来了!"

张伯行大喜,急忙出门。只见大黑与大仪正在翻身下马,两人身后,站立一人,正是冉永光冉太史。

张伯行疾步上前,对冉永光躬身施礼,说道:"冉太史,想煞我矣!"

冉永光急忙上前一步,搀起张伯行说道:"孝先,你现在可是朝廷命官,如何能给我一草民施礼？快快请起！"

张伯行笑道："先生，你我之间哪里有官民之分，快快请进！"

（三）只愿天下想读书之人有人可教，有书可读

张伯行与冉永光相见，分外亲热，握手寒暄，互道别来情由。当晚，张伯行专门加两个荤菜，备上水酒，为冉永光接风洗尘，顺便商量办书院的事情。

冉永光虽是布衣，却非凡人。既有操守，又有情怀；琴棋书画，无所不精。有道是穷酸文人，可他不但不穷不酸，且武艺不凡。二人惺惺相惜，互为知己。尤其是让冉永光念念不忘的，是张伯行的酒量。用张伯行自己的话说，就是：从来没有想喝过，从来没有不喝过，从来没有喝多过。

只是张伯行从仪封老家赴任济宁，风来雨去，早出晚归；上敬苍天，下安黎民。整日兢兢业业，忙忙碌碌，一天到晚连轴转，吃饭都是匆匆忙忙，更不要说喝酒了。

这冉永光太了解张伯行，知道他这么责己，肯定不会喝酒误事，就笑着说道："孝先啊，古人曰：业精于勤荒于嬉。喝酒也是这个道理。长时间不喝，酒量下降不说，酒艺也会生疏啊！"

"知我者，先生也！来来来，仪封醇，不醉不休。"

张伯行大笑起来，说道："不过，喝之前，咱先把书院之事安排妥当，再大喝不迟。"

冉永光端起酒杯，一饮而尽，之后说道："在此地办书院之事，我在来的路上已作筹划。关键之处有三：一是选址用地，二是建院之资，三是延师招生。除此三事，其他都是细枝末节。"

张伯行道："建院资费我已备下。来山东的俸禄银子共积攒下二百三十两，就暂且用在这里，不够的话我再添补；至于书院修建在何处，我想还要和当地乡绅商议定夺才好；延请先生之事，当地亦有一些儒学名宿，想来也不会很难。山东这两年大灾，多数书院因此关门，很多愿意读书的学子也因此辍读。若是书院建成，我相信定会有诸多愿意读书报国之士前来的。正所谓栽得梧桐树，引得凤凰来。"

冉永光心中暗暗佩服，觉得张伯行捐俸助学，一心为民，不计私利，真非

常人所能为。他内心敬重张伯行的为人,下决心尽全力玉成此事。

冉永光频频点头,竖起拇指称赞道:"孝先此举,惠及后世,实乃功德无量,让人钦佩,想来当地乡绅定会全力支持。"

张伯行道:"希望如先生所言。"

次日,张伯行下帖请当地有名的士绅商办书院之事。帖子逐一送出,当地乡绅见是道台相请,况做的又是造福当地百姓之事,均欣然而至。

午时,几个乡绅按时来到清苑茶楼,张伯行和冉永光已经等候在那里。落座后,张伯行说道:"诸位,山东累年不幸,天灾连至,百姓何罪? 我到此地之后,屡次瞻仰圣人之庙,为当地百姓祈求多福。临清为山东省大都会,灾害过后,民生凋敝,私塾多废,育才无路。我想略尽微薄之力,为此地百姓建一书院,如此方不负我来齐鲁之初心。"

众人尽皆称善。

张伯行一面拉起冉永光,一面向众人说道:"这位乃是我老家的名师冉永光冉太史。张伯行来山东之前,一直和冉太史致力于老家请见书院管理。冉太史知道我欲在济宁再建书院,特前来相助。"

众人闻听,皆鼓掌以示欢迎。

冉永光站起来拱手说道:"孝先此举,实乃造福百姓之行,还望诸位乡绅鼎力相助。若想修建书院,须先选好地址。书院乃读书修心之处,老朽以为定要选一处风清雅正之所。故道台大人请诸位前来商议推荐,看可有这样场所,还望诸位知无不言、言无不尽。"

众人交头接耳,纷纷商议。其中有一位叫李峻民的乡绅说道:"按冉太史适才所说,我等商议之后,以为有一个地方甚为合适。"

张伯行脸显喜色,忙问道:"快快请讲!"

李峻民不慌不忙地说道:"若论建设书院,地方最好选在临西雁鸣湖旧祠堂。"

张伯行问道:"此地详细情形怎样?"

李峻民旁边坐着的一人,须发皆白,那人道:"张大人,老朽孟书堂,适才李兄所言之地,确实可为建书院的优选之所。这个祠堂是临西县的孔庙祠,就在县城附近,临近官道,来往便利。东临雁鸣湖,风景雅致,异常清幽。因为前年水淹,所以废置不用。现在用来盖书院,的确再好不过。"

旁边落座的一位微微摇头,说道:"两位说的这个地方我也知道。若论地形位置,实在是无可挑剔。但据我所知,该地地契是当地乡绅苟浩强卖给县学的,当时此地荒芜,圣祠建成以后,县学很是兴旺。苟浩强见状,说是个风水宝地,当时卖地是为百姓做善事,现在要把地收回去,所以一直借故啰唆。在这个地方建书院,恐怕尚有妨碍。"

众人闻听,亦有附和者。

一时之间,大家又开始议论纷纷。

张伯行听众人争论半日,亦无结果。于是站起身来,对众人说道:"诸位乡绅,且听我一言。"

众人急忙噤口。

张伯行道:"适才众人所议,我心中亦有定论。我想,就将书院地址选在大家所说的这个祠堂旧址。到时候若有人阻挠,再想办法解决。张伯行此举断无任何私欲,只为当地百姓着想。张伯行只愿天下想读书之人有人可教,有书可读。唯有如此,方有机会报效国家,为祖上争光。"

众人闻听,纷纷鼓掌。

选址已定,张伯行就一边请冉永光规划布局,一边让大仪持手书去会知临西县知县王俊昌,敲定院址之事。

王俊昌见道台捐资在当地开办书院,哪还有不遵之理,当即满口应承,表示尽全力协助建设书院。

至此,修建书院从选址到规划再到布局,都已准备就绪。只等良辰吉日,动土开工。

(四)张伯行捐出两年俸禄建成清源书院

二月二,龙抬头;大囤满,小囤流。二月二那天,是百姓公认的黄道吉日,宜动土,上梁,理发,沐浴。张伯行和冉永光商议,这个时候天已转暖,白天变长,地里面又没有什么农活,是个开工的好时机。遂拟定,把二月二作为书院开工之日。

一大早,众乡绅和民工早早赶到,王俊昌陪着张伯行亲临现场,举行奠基大礼。巳时,奠基礼准备就绪,只待燃炮开工。

突然,围观的人头攒动,一群人蜂拥而至。为首的一个额秃颊肥,大腹便便,气势汹汹地近前而来。手下小厮喊道:"不准动工!不准动工!"

张伯行早就料到会有苟浩强的聒噪,眼睛向知县一瞥。知县手一挥,衙役们齐刷刷地把他们拦在碑基外面。

苟浩强也不敢过于造次,施了一礼,说道:"两位大人,小的苟浩强,是这块地界的主家。这里破土动工,我竟不知,这是怎么说?"

知县王俊昌愠怒道:"苟浩强,你的地契早已卖给县学,要不要我派人拿出来再给你看看?"

苟浩强道:"那倒不必。地我是卖给县学,这是我们苟家为县里百姓做的善事,我不后悔。可是在这里办书院,就是不行。"

王俊昌道:"你再无理取闹,休怪本县不讲情面。来人……"

"且慢。"张伯行止住王知县,问苟浩强道:"你妨碍动工,所为何来?"

苟浩强梗着脖子道:"我当初卖这块地,是为家乡父老做善事。现在你们开书院,收学生赚银两,这能说得过去吗?"

张伯行呵呵笑道:"山东最近两年,接连受灾。前些时日,本府微服私访,看到各地因为灾荒,书院凋敝,各地学子或辍学不读,或勉力支撑。本府见到此种情形,心甚痛之。思虑再三,决心再建书院,为愿意读书之人着一容身求学之地。后延请当地乡绅,诸位乡绅皆曰此地可用。后本府又亲自来到此处勘察,果如众人所言。本府拟将来山东的所有俸银捐出为书院建设所用,待书院建成之后,本府自当会着专人管理。除却书院基本支出之外,本府不准收取任何多余资财。若有违抗者,本府定责不饶!本府此举,只为山东百姓着想,断无个人私欲在内。这位乡绅,若是不信,自可查访。"

张伯行的一番话说得掷地有声,围观群众纷纷鼓掌喊好。

其中有人喊道:"张大人自到山东,先是从老家拉来自家粮食赈济百姓,后又不顾自己前途打开官仓放粮,这些事情,山东百姓哪个不知,谁人不晓?张大人两袖清风,实乃我济宁百姓之福矣!"

众人纷纷响应,皆高呼:

"张大人两袖清风……"

"不管他姓苟姓驴姓马,打走他,揍死他!"

"苟浩强是人渣,痞子,无赖!"

苟浩强见张伯行如此说，又见众人维护张伯行，知道若自己再行阻止，必会引起众怒，只好顺水推舟，对张伯行拱手道："若张大人如此说，那苟某自当支持。"

张伯行又道："张伯行之言，诸位士绅百姓皆为见证。如你再来聒噪，就是无事生非，定不轻恕。退下吧！"

苟浩强眼见得群情激愤，不敢造次，只好退在一旁。

这边一切就绪，开工动土，书院就此开建。

张伯行因为每日里要忙于各种公务，故并无闲暇过问书院建设之事，一切皆由冉永光负责。

一日，冉永光在书院工地思考如何安排课程，见一人身着长衫，衣衫褴褛，面色饥馑，披头散发，在书院周围逡巡不已。

冉永光不禁疑从心来，上前一步道："吾见你一直在此徘徊，敢问先生，是否也是读书之人？"

那人望着冉永光，点了点头，又摇了摇头。

冉永光仔细看了看那人，感觉眉宇之间倒有一股书卷之气，觉得是个读书之人，就问道："书院马上就要开饭，先生可否与我一聊？"

那人犹豫一下，才开口说道："我想读书。"

冉永光闻听大喜，说道："这个不难。开书院的目的，就是叫人来读书的。"

那人面露难色，似乎有难言之隐，欲言又止。稍停片刻，那人又说道："我没钱。"

冉永光面带喜色，温和地说道："先生，我这有粗布衣衫，虽不一定合身，却也干净。你先到隔壁冲洗一下，换上衣服，咱们再慢慢细谈。您看如何啊？"

那人仍不言语，但眼角似有湿润之色。

冉永光见状，也不多言，唤人把他领到水房。洗漱一番之后，那人大换模样。冉永光的长衫穿在他身上，略有些胖大，却也得体。辫子梳洗之后，发际线更显清晰，眼睛也显得淡定许多。

冉永光把那人让到餐桌旁，备下饭菜，二人在工地一隅边吃边聊。

冉永光道："我看你也是读书之人，敢问这位先生，你家在何处，为何流落于此?"

那人默不作声,只是低着头吃个不停。

冉永光看着他,又道:"书院刚刚开门,百废待兴,正是用人之际。先生如若不嫌,可否留此?一则可读书弄文,二则可帮书院做些事情。这样亦工亦读,勤工俭学,何乐而不为啊?"

那人用牙咬了咬上嘴唇,使劲儿地点点头。

冉永光又问:"敢问先生尊姓大名,家住何方,读过何书?"

停了很长时间,那人只说姓王,叫元吉,是汶上人,读书出身,中过秀才。因外出寻人,久寻不见,身无分文,遂流落至此,感谢先生收留。其余概不多言。

冉永光也不强人所难,就半开玩笑地说道:"既是秀才,那也是饱学之士,我以后就叫你王秀才了。眼下先在书院帮工,等正式开学你边教边学,你看如何?"

王秀才这才开口说道:"一切皆听先生吩咐。"

之后,王秀才在冉永光的带领之下,每日里吃住皆在书院,事无巨细,皆要亲自过问。那王秀才话虽不多,也是机敏异常,各种事情安排得井井有条。

不到两月,书院业已建成,各种事情皆已落地。

这一天,风和日丽,冉永光将张伯行请来书院参观指导。

远远看去,书院大门古朴典雅,无半丝奢华之感,却又有典雅之意。步入院内,各种陈设井然有序,一切都显得端庄凝重,且不张扬。

张伯行看过之后,极为满意。他拉着冉永光的手,说道:"多谢冉先生不辞劳苦,终将此院建成,吾愿足矣!"

冉永光微微摇头道:"孝先啊,其实无须谢我,我只是负责大体的谋划。至于各种琐碎细务,全赖这一书生。他乃本地南旺人士,姓王,秀才出身,敦厚实在,细心认真。虽话语不多,但心中有数,是个值得托付之人。"

张伯行观察一下那位书生,见他心事重重,郁郁寡欢,正想上前询问,忽听冉永光说道:"孝先,书院已经落成,不过尚未取名。此院既由你而建,故书院之名,还是你来题为宜。"

张伯行略一思索,说道:"也好,去拿笔墨纸砚过来。"

旁边有人取过笔墨纸砚,张伯行将纸摊开,挥毫泼墨,写下四个大字:"清源书院"。之后,又题写对联一副。上联是:潜心希墨识;下联为:笃力重躬行。

冉永光拊掌称赞,说道:"半亩方塘一鉴开,天光云影共徘徊。问渠那得清如许?为有源头活水来。既秉承程朱理学之神韵,又深得书院求知之精髓,这名字取得甚好。"

遂让王秀才觅一上好银杏木,精雕细刻,悬挂正门之上。

(五)士子读书其中,一时人文蔚起

书院终于落成。

这天早上,艳阳高照,窗外高大的柳树枝头,几只喜鹊叽叽喳喳地鸣叫不止。

张伯行刚起床,冉永光就过来找他商议书院之事。

冉永光对张伯行道:"书院已经落成。今日上午,我安排王秀才拟好通告,告知各县学子,若有愿意来书院读书,可速速前来报名。不过,目前尚缺少几位德高望重的先生,来主持书院,教授学子。这件事还要孝先亲自过问。"

张伯行点头道:"冉先生所说极是,那我们就分头行动。你负责通告各县学子,我带大黑与大仪延请名师。"

冉永光告辞出去,安排王秀才拟写通告,张贴散发,暂且不提。

且说张伯行唤来大黑与大仪,商议延请先生一事。

大仪说道:"此事倒也简单,我想大人须去知府衙门一趟。济宁知府吕岩年大人久居此地,对当地有学识、有名望的先生比较了解。只须打听得到这样的先生,我们登门拜访,延请来书院即可。"

张伯行道:"此议甚好。"

张伯行当即离开道台衙门,前去拜访吕岩年。

闻听张伯行来访,吕岩年连忙出迎。二人熟不拘礼,张伯行见到吕岩年,说明来意。

吕岩年略加思索,就为张伯行推荐三位当地儒学大家。

张伯行记下几人姓名和住址,带着大黑与大仪前去拜访延请。

三人当中,最为德高望重者乃是孟惠民,家住济宁城内,据说乃孟子后人。此人饱读经书,济宁城中人人皆识。中秀才后却屡试不第,于是便放弃科举,每日在家读书写字,生活过得极为悠闲。

如果能够请到孟惠民,那么另外两位也自然会前来。

于是,张伯行带着大黑与大仪,离开知府衙门,马不停蹄地前往孟惠民家中。

走到孟家门口,见大门紧闭,门庭清雅。门两边有一副对联,甚是工整。上联是:居家当思清内外别尊卑重勤俭择朋友有益于己;下联是:处世尤宜善言语守礼法远小人亲君子无愧于心。字体颜筋柳骨,端庄阳刚。

张伯行暗自称赞道,果然是亚圣后裔,仁爱传家,让人未闻其声,未见其面,顿生尊敬之情。

这边张伯行正在暗自叫好,那边大黑已经在敲打门环。

不一会儿,里面有人应声道:“谁啊?”

而后门被打开,里面出来一年轻人。

那人看到张伯行等三人一个都不识得,脸色之间有些疑惑,问道:“请问先生,你们找谁?”

大仪上前一步,拱手说道:“请问,这里可是孟惠民孟先生家吗?”

那人说道:“正是,请问你们找我父亲有何事啊?”

大仪说道:“原来是孟公子,失敬失敬!”

而后,大仪闪在一旁,将张伯行让出,说道:“这位乃是济宁道台张伯行大人,特来拜访令尊!”

那人闻听对面乃是济宁道台,脸色竟十分平静,语气依旧不疾不徐,说道:“那你们稍等片刻,我去询问我父亲,看今日可有空闲?”

大黑闻听,不由得有些焦躁,上前一步就要发怒,却早被张伯行一把拉住。

等到那人走进屋里通报,大黑道:“这人也太无礼,明明知道大人乃济宁道台,竟敢不过来拜见?”

张伯行笑道:“那今日我们就不虚此行。观其子之状,则知这位孟老夫子乃是一淡泊名利之人。唯有这样人等,才适合书院掌门。”

大黑嘴里嘟囔几句,不再多言。

不一会儿,那位年轻人出来,对张伯行道:“我父亲请大人进去一叙。”

几人缓步而入,只见院子一亩有余,打扫得却极为干净。中间一条青石小路,小路左边几根青竹随风摇动,右边一块菜地,地面上也是一片青色。

来到客厅,里面主位上端坐一位先生,着一袭青衫,年龄五十岁上下,鼻直口方,三缕须髯飘洒胸前,只看一眼就能感觉到一股正气扑面而来。

张伯行上前一步,施礼道:"济宁道台张伯行见过孟老先生!"

那人忙从座位上站起身,说道:"不知张大人前来,有失远迎,请坐。"

而后让其子看茶。

两人边喝边聊。

闲聊几句后,孟惠民说道:"张大人今日前来,定是无事不登三宝殿。不知道大人所为何来?"

张伯行也没客气,一五一十地将自己来意说出。

孟惠民听完之后,略一沉吟,说道:"按说大人亲自来请,老朽不能推辞。只是我已经过惯这闲云野鹤的生活,实在是无心也无力去做这些事情。"

张伯行闻听孟惠民推辞,不禁有些着急,离开座位,对孟惠民深施一礼,说道:"孟先生,张伯行敢问一句,您饱读诗书到底所为何来呢?"

孟惠民急忙离开座位,闪在一旁,说道:"张大人乃是济宁父母官,老朽不敢当。老朽读书,只为修身养性,别无他求。"

张伯行道:"我听人说先生祖上乃是亚圣孟子。孟子有云:'人之有道也,饱食、暖衣、逸居而无教,则近于禽兽。圣人有忧之,使契为司徒,教以人伦——父子有亲,君臣有义,夫妇有别,长幼有叙,朋友有信。'如今,先生却只愿独善其身,不愿教化众人,岂非辜负先祖之训吗?"

孟惠民沉默不语。

张伯行又道:"先祖孟子,虽生于乱世,却勇于济世,周游列国,长途跋涉,执着而坚定,焦灼而真诚。尤其是孟老夫子年逾半百,栉风沐雨,到我老家开封,倡仁义,习性善,播散仁爱种子,一直惠及至今。而先生您生于盛世,却只隐逸淡泊,若是祖上有灵,岂不让亚圣蒙羞?"

一番话若醍醐灌顶。孟惠民离开座位,深施一礼,说道:"大人教导,令惠民惭愧!孟惠民愿听从大人吩咐,主持书院事宜。"

张伯行闻听,大喜,再次施礼道:"多谢先生!"

济宁学子闻听孟惠民先生主持书院事宜,纷纷前来报名读书。短时间,清源学院声誉日隆,学风日正。士子读书其中,一时人文蔚起。

冉永光见书院已经步入正轨,就向张伯行辞行。

张伯行虽有不舍,但也知先生年纪已大,定是不愿在外漂泊。再加上请见书院还有诸多事宜,于是着专人将冉永光送至家乡仪封。

待冉永光离去,张伯行又亲自前往书院巡查,把各种规章制度进一步完善。以朱子所定学规为纲,而集经史及诸儒论以实之。张伯行知道自己不能一直待在书院,毕竟济宁道台衙门琐事繁杂,一刻也离不开自己。

但张伯行却仍不放心书院之事,于是特至东昌府知府袁廷赞处,交代书院各项事宜,令其派人管理,使勿荒废。并让袁廷赞查找一下,看看汶上戴名振是否入读,言其是个苗子,一定要重点培养,让其早日为国效力,为民尽心。

袁廷赞感于张伯行为民之尚德,决心办好学院,传承孔孟之道,弘扬程朱理学,让清源书院成为进士的摇篮、齐鲁的福地。

张伯行临走时又留给书院二百两银子,让书院买几十亩学田,以为永久之计。

张伯行离开之时,临清、东昌百姓万民护送,沿路山呼清官大老爷。

七

治理运河

（一）张伯行坐船沿运河考察济宁北五湖和南四湖

秋高气爽，和风暖阳；齐鲁大地，一派祥和。天空异常明净，几只飞鸟掠过，发出悦耳的鸣叫之声。

历经水、旱之灾后，山东济宁终于迎来一个丰收之季。田地之间的百姓，分享着这两年中少有的收获，所有人的脸上都呈现出久违的愉悦之色。

清源书院各种事宜俱已步入正轨，让张伯行心里面感觉欣慰至极。回道台衙门的路上，看着田野之间收获的情景，回想自己这些时日，为济宁百姓能够度过灾荒的所作所为，张伯行不禁感慨万端。

不管如何，济宁终于渡过这道难关，自己在这场灾荒中也问心无愧。

回到济宁城内，行至运河旁边，运河之水缓缓流淌，河水清澈，一片碧绿；河面之上，波光粼粼。

大黑对张伯行道："老爷，灾荒终于过去，我们是不是可以放松几天，在这济宁城里玩耍一下。说真的，我们来的这些天，每日里都在为各种事务奔波，连坐船在运河里转一圈的机会都没有。我听说皇上只要南巡，都是坐船在运河中一路向南，好不自在。"

大黑脸上显出一片艳羡之色。

大仪笑道："难道你还想有皇上的待遇不成？"

大黑哈哈大笑，说道："那倒是不敢。但坐船在这运河玩耍一番，这个要求也不算过分，是吧，老爷？"

说着话，大黑的目光投向张伯行。

张伯行微微一笑，说道："大黑，放心吧！今日下午就满足你坐船游运河的愿望。"

"什么?"大黑张大嘴巴,眼睛瞪得溜圆。

"老爷,您再说一遍!"

张伯行哈哈大笑,高声说道:"我是说今日下午,就带你们俩坐船游运河,如何? 这次说得够清楚了吧!"

大黑依旧一脸茫然,轻轻摇头,说道:"我不信老爷有那个闲心,这么轻易就答应我的要求,指不定您的葫芦里又卖的什么药。不信,打死我也不信!"

大仪笑道:"大黑哥,这次如何变得聪明,竟然能够知道老爷不会让你玩耍?"

张伯行看着眼前的运河,对大黑道:"放心,说到做到,今日下午就带你们坐船。"

大黑依旧半信半疑,脸上却显出一片喜色。

说话之间,三人已经迈进府衙。

早有人安排好午饭,张伯行对大仪道:"趁着陈鹏年大人还未走马上任,你去请陈鹏年大人过来一趟,我有事跟他商议。"

大仪领命而去。

片刻之后,陈鹏年来到府衙。

张伯行上前拉着陈鹏年的手,说道:"沧州,多日未曾一起吃饭,今天机会甚好,特请你来。"

陈鹏年也没有客气,跟着张伯行落座。

吃饭之间,陈鹏年问道:"大人今日请我来,断不是只为吃饭吧。若是有事,但说无妨!"

张伯行笑道:"什么事都瞒不过沧州。今日请你过来,确是有事相商。"

陈鹏年放下筷子,看着张伯行道:"那我洗耳恭听。"

张伯行笑道:"沧州,不必客气,我们边吃边说。"

张伯行说道:"虽说今年山东大旱,但根据往年的经验,或许明年会有水灾。尤其是济宁,南有南四湖,北有北五湖,可以说是九湖相连,五河交汇。一旦发生水灾,便会民不聊生,故治理水患依旧是重中之重。如今,秋收马上就要结束,此乃治水最佳时机。我想趁着沧州未曾就任江宁,今日下午我们且先行勘察一下,了解济宁河道治理的情况。不知沧州意下如何?"

陈鹏年笑道:"此事有何难,大人差遣,只须一句话就行!"

那边大黑闻听,高声说道:"老爷,原来您上午说的带我和大仪游玩运河,乃是为勘察运河,治理水患。我说老爷没有那么多闲心吧,果然如此!"

大仪微微一笑,说道:"上午时分,我已经猜到大人此举之目的。"

大黑急道:"大仪兄弟,你这可有些不够意思啊,我们可是比亲兄弟还亲。你既然知道,为啥不告诉我一声,还让我梦里捡钱——瞎高兴。"

大仪哈哈大笑说道:"若是我告诉你,你岂不连瞎高兴也没有了吗?"

众人闻听,一起大笑起来。

吃过午饭,张伯行和陈鹏年一起去找吕岩年,商讨济宁河段的治理办法。三人落座,张伯行开言道:"吕大人,我欲趁陈大人赴任之前,邀其督查河务事宜,以备圣上南巡之事。"

吕岩年道:"南巡是至关重要的大事,我正在为河务之事心焦,想不到就有两位大人来到。济宁河段可以说有大人的督理,就能确保无忧。"

张伯行道:"吕大人不必客气。我二人对济宁河段还不是很熟悉,河务之事还得请吕大人全力配合。"

"两位大人但有所需,一定全力配合。"

张伯行道:"我从临清乘船来到济宁,一路顺河而下。船到兖州、济宁,河段好像就不那么顺畅,水位深浅不一。吕大人对济宁河段有什么高见?"

"高见可不敢当。济宁河段全长三十九里,复杂之处在于从南至北为九湖所围。"

"是哪九湖?"

"北段五湖,也就是济宁北边的安山湖、马踏湖、南旺湖、蜀山湖和马场湖,被称为北五湖。济宁以南的微山湖、昭阳湖、独山湖和南阳湖,被称为南四湖。"

"这九个湖的水量如何?"

"马踏湖水量最小,微山湖水量最大。"

张伯行道:"这九湖与运河相通连吗?"

"相通连,不过都有水闸管制。"

陈鹏年道:"还是得去河湖里查勘一番才好。"

张伯行点头赞同。三人又谈起迎圣上南巡之事,张伯行与陈鹏年决定当日下午乘船去河湖里查看一番。

吃过午饭,在张伯行带领下,几人一起前往运河道口。

这济宁城依河而建,运河穿城而过。有一首童谣唱得好:

> 过了南门口,就是吉市口。
> 吉市口,向西走,不远就是草桥口。
> 草桥口,阜桥口,过去阜桥是坝口。
> 大坝口,二坝口,坝口对着柳巷口。
> 大闸口,小闸口,都是运河古道口。
> ……

来到道口,早有人备好船只,张伯行几人登船先逆水向北而去。

一路之上风光旖旎,来往船只川流不息,煞是繁华。

忽而一条鲤鱼跃出水面,大黑看到,忙高声喊道:"大人快看,那鱼好大啊!"

大黑喊叫几声,却听不到张伯行的回应。

扭头一看,只见张伯行与陈鹏年正拿着一根笔直的竹竿插入水中,并不时商议着什么。

大黑好奇,过去问道:"大人,你们在说些什么,这竹竿又是干什么的?"

旁边的大仪对大黑说道:"大黑哥,大人们正在勘察运河水位,你且不要多问。"

大黑听后,赶紧闭嘴,闪在一旁。

只听得张伯行对陈鹏年说道:"从济宁出发,已经一个多时辰,运河水位往北越来越浅。来之前,我也翻阅相关资料,运河之水再往北去,到汶上只能勉强行船,枯水期甚至无法通过。若不想法治理,必将影响南北漕运。"

陈鹏年道:"大人所言极是,京杭大运河关系南北相通,皇上一直甚为看重。若想改变,须要继续勘察方可。"

张伯行点头称是。

又往北走上约半个时辰,果如张伯行所说,行船相较于之前,已略显滞涩。

其时,已至傍晚时分。夕阳西沉,水面上洒下一片殷红,随着船只行走。

船桨划出,波光粼粼,煞是靓丽。间或几只鸥鸟掠过水面,让人顿生"风翻白浪花千片,雁点青天字一行"之感。

张伯行看得神往,不禁叹道:"风光如画,让人心神往之。此等美景,我等更须用心守护,方能长久!"

陈鹏年也看得入神。

大仪躬身道:"大人,天色已晚,我们是暂且回去,还是就地休息? 若是今日不回,不如先将船只靠岸,找一地方歇息如何?"

张伯行闻听,微微点头,说道:"我们且先就地歇息,明日继续往北勘察。"

船行靠岸,几人来到岸上。

大黑与大仪找到一家客店,几人住下。安顿完毕之后,大仪喊过店家,让店家帮忙置办几样饭菜。

几人就在院中等候,一炷香的工夫后,店家回来,放下饭菜,正要离去,张伯行拦住店家说道:"店家,实不相瞒,我们是济宁道台府衙的人。今日来到这里,就是为勘察运河河务。烦请店家介绍一下本地运河的平日情况如何?"

那店家闻听是官府中人,急忙跪倒磕头,说道:"小人眼拙,不认得大人,还请大人恕罪。"

张伯行搀起店家,说道:"无须多礼,你只须明言即可!"

那店家站起身来,对张伯行几人说道:"几位大人,山东境内的运河,多数人都知道什么情况。我们这里属于北段,北段运河水势不够。若是水大之时,我们这里尚好;若遇旱灾,我们这里则是受灾严重之地。从这里再往北则是临清,临清县内这种情况尤其明显。其实,这种情况,对于十年当中有八年水大的我们而言,倒也无妨,但对于朝廷的漕运却甚是不利。"

张伯行闻听,感觉有理。回忆之前在临清赈灾之时,灾情果然较其他地方严重。

张伯行道:"多谢店家指教。"

那店家又抬头细瞧张伯行,忽然说道:"这位大人看着眼熟,莫非大人就是赈灾的张伯行大人不成?"

大黑哈哈大笑,说道:"你这店家眼睛倒是不瞎,竟然认得我们大人。"

张伯行瞪着大黑说道:"大黑,如何说话?"

大黑吓得一吐舌头。

那店家急忙再次跪倒:"小的见过张大人。张大人从家中运粮赈济百姓,这件事在我们这儿甚是轰动。我那日里也曾去领粮,但只是远远看到大人,适才觉得眼熟,又不敢相认。没想到今日大人竟然住到这里,我说今日早上喜鹊在窗外乱叫。"

张伯行将店家再次搀起,说道:"店家,你且去忙你的事吧,我们几个用些晚饭。"

店家说道:"张大人但有差遣,尽管吩咐便是,小的先行告退。"

小二离去后,张伯行几人开始用饭。

一夜无话。

次日拂晓之时,张伯行带领几人前往临清。

抵达临清,张伯行与陈鹏年又仔细勘察,发现果如那店家所说。临清运河水势虽然湍急,但水位甚浅,且临清三十里左右的水路河面较为狭窄。张伯行命大仪将相关数据一一记录,包括每一处堤坝修建以及各个湾口的水流之势。

陈鹏年对张伯行道:"我来之前,也曾翻阅过这一带的县志,临清运河段,南起王家浅,北至郑家口,有三十里之远。临清运河有南北两个河湾,运河之水临近河湾,急转直下,水势极为难控。"

张伯行道:"沧州所言甚是,我来之前也曾看过。但凡事必须亲临其境,方能得出实据。那店家所言非虚,但也有不当之处。此地若不加以治理,若黄河引发水患,黄河倒灌至运河,此地甚忧。"

陈鹏年点头称是。

几人在临清逗留大半日,张伯行又详细询问当地一些百姓,心中对于运河北段的治理已经有些想法。

张伯行说道:"我们从临清乘船来到济宁,一路顺河而下,到了兖州、济宁河段不甚顺畅,水位深浅不一。现在看来,北五湖是治理济宁运河的关键所在。"

陈鹏年说道:"北五湖的情况大致就是这样,济宁以南的微山湖、昭阳湖、独山湖和南阳湖,情况如何,现状怎样,水势大小,一切还未可知。不如我们全部看完,做到心中有数,有的放矢。"

于是,张伯行、陈鹏年等人回到济宁歇息,第二天马不停蹄又顺流而下,去运河南段勘察。

在整段京杭大运河中,济宁河段的南旺镇又被称为"运河水脊"。古籍载:南高于沽头约三十九庹,北高于临清三十庹,经常出现断流。会通河"常患浅涩",从南往北的漕船,则经常搁浅,造成堵塞。

几人乘船南下,向独山湖放眼望去,湖波荡漾,风光旖旎,令人心旷神怡。

相较于前两日逆流而行,这次则是顺流而下,小船飞速前进,两岸树木纷纷向后倒退。只看得大黑眉飞色舞,兴奋异常。

不过半日光景,小船已经到达滕州与微县境内。

张伯行极目远望,看到这里地势平旷,沃野千里,遂命船夫停船靠岸。

大黑不解道:"老爷,为何不往前走啊?"

张伯行道:"大黑,你且往前看!"

大黑左看看,右瞅瞅,说道:"老爷,前面都是庄稼地,有什么好看的?"

张伯行笑道:"你看远处那块庄稼地相较于其他地方,可有不同?"

大黑不解。

大仪仔细观察一下,说道:"老爷,是不是远处那块庄稼地地势甚凹?"

张伯行与陈鹏年双双点头。

大黑说道:"地势凹一些又怎么样啊,不是照样收庄稼啊?"

张伯行眉头紧皱,说道:"若是洪水一至,这里将会是一片汪洋。"

说着话,几人继续往前走,来到一处村庄。只因刚刚秋收完毕,农民皆闲暇无事,正在阳光下聊天。几户渔家都在岸边补网清仓。其中有一个打鱼人,六十岁上下,头戴斗笠,身穿布衣,在那儿抽烟袋。

张伯行亲自上前拱手道:"几位老哥辛苦!"

那几人看到张伯行气宇非凡,透着官家气息,急忙起身施礼。

张伯行与陈鹏年坐下来开始跟几位老者攀谈。

大黑与大仪在旁边守卫。

只见张伯行、陈鹏年等人跟那几个老头聊得不亦乐乎,忽而朗声大笑,忽而微微叹息。

大黑等得焦躁,但也无可奈何。

半日光景,见张伯行与陈鹏年起身与那几位老者告辞,大黑方才长出一口气。

几人回到船上,大黑问道:"老爷与那几个村里老头有什么好聊的,白白浪费半日时间。"

张伯行哈哈大笑,说道:"这半日胜似我等在船上勘察数日。"

张伯行对大仪道:"大仪,你且记下此处地形。此处原本有湖泊相连,只因旱季之时,水势减弱,百姓无田,故变水为田。"

大仪将张伯行所说俱记录下来。

陈鹏年道:"变水为田,表面看是田地增加,实在隐患无穷。"

张伯行道:"沧州所言甚是!"

大黑道:"老爷,我们今日可还回济宁吗?"

张伯行道:"今日暂且不回。明日我们四处查访一番再回去也不迟。"

第二天,张伯行与陈鹏年带领大黑、大仪又四处勘察访问,对运河南段各种情况又多些了解与认识。

(二)今有张伯行济宁太白楼送别陈沧州

几日奔波,让张伯行甚觉疲惫,但是精神却是极好,神情之间也极其愉悦。

但有一件事却让张伯行快乐的情绪受到了影响,陈鹏年要离开山东就任江宁知府。

因山东赈灾,陈鹏年的突出表现受到皇上关注,故下谕旨,拔擢其为江宁知府。从运河南段勘察回来后,陈鹏年即向张伯行辞行。

济宁城外,十里长亭,秋风掠过,草木低头,似乎诉说依依不舍。

太白楼上,惺惺相惜,三杯两盏,离愁别绪,无不留下萋萋别情。

张伯行说道:"我与沧州,自从相识,未曾认认真真喝过一次酒。今日,我就在这太白楼,与沧州送别。古有李太白鲁郡东石门送杜二甫,今有张伯行济宁太白楼送陈沧州。"

张伯行举起酒杯,与陈鹏年碰杯而饮,说道:"太白居济宁二十余载,留下这千古绝唱。今日,我且与汝听。"

> 醉别复几日,登临遍池台。
>
> 何时石门路,重有金樽开。

秋波落泗水,海色明徂徕。

飞蓬各自远,且尽手中杯。

陈鹏年虽心有不舍,却王命在身,此时此刻,也豪情万丈。他杯酒饮尽,说道:"李杜文章在,光焰万丈长。今日,我也借杜甫在济宁写给李白的诗,与大人一诉衷肠。"

随后,陈鹏年吟诵出杜甫那首著名的《与李十二白同寻范十隐居》:

李侯有佳句,往往似阴铿。

余亦东蒙客,怜君如弟兄。

醉眠秋共被,携手日同行。

更想幽期处,还寻北郭生。

入门高兴发,侍立小童清。

落景闻寒杵,屯云对古城。

向来吟橘颂,谁与讨莼羹?

不愿论簪笏,悠悠沧海情。

"是的,'不愿论簪笏,悠悠沧海情'。来,我们再饮一杯。"张伯行听后,慨然说道,"来到山东,便遇到旱灾,所见俱是悲凉之事。但在此苦难之中,能够遇到沧州,实乃三生有幸。古人云,人生得一知己足矣。初见沧州,张伯行就视沧州为知己。出仕之时,刚到京师,便遇挫折,方知官场黑暗。但张伯行一直牢记临行之时冉永光所言,保持自己的一颗赤子之心。遇到沧州,方知官场之内亦有同道。奈何,今日不得不分别,他日若有缘,你我再携手做一番事业!"

陈鹏年亦端起酒杯,神色凝重,说道:"官场复杂,盘根错节,相互交织,让人防不胜防,大人须当谨慎行事。运河治理绝非朝夕之间,更不会一蹴而就,大人还要注意自己身体。"

"此情不可道,此别何时遇?望望不见君,连山起烟雾。沧州兄,一路平安!"

"天下伤心处,劳劳送客亭。春风知别苦,不遣柳条青。孝先兄,就此别过!"

说着话,二人又一饮而尽。

而后,陈鹏年坐上南下的马车,令车夫扬鞭离去。

马蹄嗒嗒,渐行渐远。张伯行看着马车的影像越来越小,但依旧不愿回身。

回到济宁道台府衙,已经日昳时分。

张伯行来到书房,开始仔细阅读各种有关运河治理的史料、书籍。初到济宁,张伯行即令大仪四处寻觅运河治理的书籍,甚至相关河患治理的亦搜寻许多,而后按类分开,方便查阅。

张伯行端坐在书案之后,仔细翻阅,感觉眼睛有些疲惫。于是,放下书本,又打开山东运河的地图,一边查看一边思索。又查看半天,突然之间,脸上显出一丝喜悦之情。

张伯行放下地图,走出书房,高声喊道:"大黑、大仪何在?"

大黑与大仪听到喊声,疾步过来,施礼道:"老爷,大黑、大仪在此,有何吩咐?"

张伯行道:"你们二人可曾用过午饭?"

大黑嘿嘿笑道:"老爷,你们在太白楼饮酒时,我们在一旁吃过。"

张伯行道:"既然如此,我们就赶紧出发,继续勘察运河!"

张伯行带领大黑与大仪再次登船,逆流而上,前往临清勘察运河。

大黑在船头看着张伯行,只见张伯行一直凝视着河水,河水在船桨的拍打之下,溅起朵朵浪花。

大黑问道:"老爷,治水有这么麻烦吗? 前几日我们刚刚去过临清,这为啥又要去?"

张伯行道:"大黑,依你说,治水需要如何去做呢?"

大黑嘿嘿一笑道:"治理水患无非就是加固堤坝呗!"

张伯行轻轻摇了摇头。

大黑问道:"既然老爷摇头,那如何才能治好水患?"

张伯行问道:"大黑、大仪,你们说这水到底是什么东西?"

大黑一愣,一脸茫然,说道:"水不就是用来灌溉洗衣的东西吗? 还有什么其他的讲究不成?"

大仪没有回答,静静地看着张伯行,等待解释。

张伯行顺手用竹竿拍打了一下河水,说道:"管子说'水乃万物之本原',是我们生活的根本。我们治水断不是要堵住决口就行,那样做不是治水,是与水为敌。而水又是我们生活的根本,若是与水为敌,就是与我们自己为敌。"

大黑一听,脸上更加茫然。

大仪笑道:"老爷,我懂了!老爷的意思是,治水绝不能只依靠堵。所以,上古时代鲧治水失败,而鲧的儿子大禹则治水成功。老爷的意思是这样吧?"

张伯行微微一笑,指着大黑说道:"大黑,在这点上你要向大仪学习。"

大黑哈哈大笑,说道:"老爷,你也知道,大黑自幼不喜读书,只想习武,你还是饶过大黑吧!"

大黑稍微顿了顿,继续说道:"老爷,你就别卖什么关子,直接告诉我们该如何治理好这运河?"

张伯行道:"古人治水的案例之中,但凡成功者,绝不只是依靠加筑堤坝那么简单。这些天,我翻阅大量古人治水的书籍,总结起来无非四个字。"

大仪道:"哪四个字?"

张伯行的眼光再次投向运河之水,缓缓说道:"疏、浚、筑、塞。"

大仪脸色之间,也有些疑惑,问道:"老爷,可否详解一下?"

张伯行说道:"方才我们说,治水断不可与水为敌,只可顺其意而行之。故治水之最关键者,绝不可以堵为主,必须根据水流之势去疏导。河流宛若水的家,若是这个家不能安放,也就是水患到来之时,水流则会漫出堤坝,那么就要提前给这些水找好另一个家,水患自解。当然,河流两岸必须加固堤坝,惟其如此,方能让水一直待在原来的家中。"

大仪听后,若有所思。

大黑听着,也频频点头。

张伯行道:"而这一切都必须要我们实地勘察,掌握相关水情,根据水情以及当地地理条件,顺势而为,方能真正将水患治好。"

大黑笑道:"大黑懂了。老爷屡次勘察运河就是要了解更多的地形特点,然后根据这些特点治水。"

张伯行看着大黑,笑道:"的确是这样。"

说话之间,船已至临清地界。

船行至港口,张伯行令船靠岸。而后,让大黑与大仪寻找当地熟悉水势的打鱼人家。

不到半个时辰,大黑与大仪领着一位渔夫模样的人前来。

那人看到张伯行急忙跪倒:"草民赵德水见过道台大人。"

张伯行道:"快快请起,赵德水,你在此地捕鱼多久?"

赵德水道:"回大人,小人自幼便跟随父亲在此地捕鱼,算来到现在已经四十余年。"

张伯行喜道:"如此,你对此地水势地形都极为熟悉。我想让你带着我察看此地地形,不知可否?"

赵德水诚惶诚恐地说道:"能够为张大人效劳,实乃草民三生之幸。"

于是,张伯行带着几人再次登船。

张伯行上船之后,问道:"赵德水,我听人说临清县历年水患不断,且深受其害,你可知为何?"

赵德水道:"回大人,小的自幼生活在此地,经历的大小水灾不下二十次。依小人之见,这临清水患主因便是这运河在临清地界河道变窄,加上历年水患,造成淤泥过多,河底逐年抬高。故一旦夏天雨水变大,运河之水便易漫出,淹没周围田地。"

张伯行道:"既然如此,今日你且带着我们走一遭,哪里河堤容易决口,哪里河底抬升,哪里需要清理淤泥,一一说清。"

赵德水一拍胸口,说道:"大人,小人在这条河上行走数十年,闭着眼睛都能够在运河中驾船行驶几个来回,大人且跟我走就行。"

就这样,在赵德水带领下,船只在河中来回漂流。

赵德水一会儿说这里需要清淤,一会儿说那里容易决口;一会儿说这儿的水流湍急,一会儿说那儿的水势和缓。

赵德水果然对此地了如指掌。张伯行令大仪按照赵德水所说全部记录在册。

船向前行驶一会儿,张伯行问道:"河里的水从南向北一路走上去,有的地方深,有的地方浅,这是怎么回事?"

赵德水回答:"这都是湖水闹的。"

张伯行道:"河水与湖水相通,相互补充,这不是很好吗?"

赵德水道:"两边的水从高处往低处流,好是好,就是湖水往河水里流的时候多,湖水的河汊子多,又满湖都是芦苇、荷花,湖底尽是淤泥。湖水向河里流得久了,淤泥被冲到河里,河底不平整,就会忽高忽低。"

张伯行又详细询问各河湖闸口是否有淤泥的情况,这才明白济宁河段的问题所在。

赵德水带着张伯行等三人在当地运河上来回行走了几次,让他们了解到运河周围的地形特点。

再次回到临清,已经临近傍晚。

夕阳西下,河面上洒着一片血一样红的色彩。

张伯行将赵德水送到岸上,然后深施一礼,吓得赵德水急忙上前,声音之中已经有些哆嗦:"大人,为何这样,小的会折寿的。"

张伯行道:"赵德水,你为临清百姓立下不世之功,我将按照你的意见,根据实际情况,治理运河。临清若是能减少水患,你岂不是立下大功一件?"

赵德水"扑通"一声跪倒在地,说道:"若能治好运河,减少临清水患,大人您才是我们临清的大恩人。我在此地生活几十年,历任官员都说要治理水患,但都是只听见雷声,却不见下雨。"

张伯行看着河水中的波光点点,慨然道:"张伯行一日为济宁道台,就要治理这运河一日。"

赵德水一边往家的方向走,一边嘴里念叨着:"临清有救了,山东有救了啊……"

当天晚上,三人在临清驿馆住下。

第二日一早,张伯行带着大黑、大仪前往临清县衙。临清知县魏和原闻听济宁道台张伯行前来,急忙出迎。

魏和原躬身施礼道:"不知道台大人前来,下官有失远迎,还望恕罪。道台大人来到小县,所为何事?"

张伯行将自己勘察运河之事对魏和原简单讲述一遍,而后说道:"烦请魏知县找来县中负责水务的官员,我须向他了解相关事宜。"

魏和原不敢怠慢,忙令人找来县中负责河务的官员何一鸣。

何一鸣来到县衙拜见张伯行。张伯行说明来意,并请何一鸣介绍临清运河治理的情况。

让张伯行没有想到的是,这何一鸣对临清河运竟然极为熟稔,说起临清运河如数家珍,娓娓道来。其中,有些介绍和赵德水所说极为接近,而有些则连赵德水也没有谈到。

何一鸣对张伯行道:"张大人,山东水患大多因黄河而起,但若想治理黄河水患,必须治理运河。黄河一旦发生水患,很容易倒灌运河。临清地界运河河道狭窄,且历年水患囤积大量淤泥,河底上升,黄河水倒灌运河,运河河道不能承受压力,必然决口。"

张伯行听完何一鸣一番话,称赞不已:"你之言论,甚合我意。"

张伯行对何一鸣说道:"问题已然清楚,现在最要紧就是河底清淤。"

何一鸣道:"是啊,现在天长夜短,清淤刻不容缓。等到冬天,事情就难办了。"

张伯行对魏和原道:"事不宜迟,我们现在就去河务兵营,看看情况再说。"

河营设在运河边鲁桥镇,两人乘船直上,瞬间就到。

来到河营,参领郑源领着两个副参领迎入营内。张伯行了解过河营的大致情况后,向郑源安排清淤的事情。

郑源道:"几位大人,现在河兵不足百人,清淤河段约有二十里,人手实在不够。"

张伯行道:"人力上可以征发民工参与,每日给付工钱即可。"

郑源道:"一切听从大人安排。我们随时可以集结河兵,等待大人分派任务。"

张伯行回身对魏和原说道:"贵县这位河务官须当重用。若我开启治理运河工程,定要何一鸣负责。"

何一鸣闻听,急忙施礼道:"多谢大人信任!"

(三)张伯行决定将汶水、沁水引入运河

张伯行回到济宁,在书房之内,细心查看运河地图,他紧紧盯着临清地界那一段河道,目光由临清运河渐渐转移到附近另一条河:沁水。

张伯行脑海之中突然一亮,高声喊道:"原来如此,大黑、大仪快过来。"

大黑与大仪来到张伯行书房,拱手道:"老爷喊我们来有何差遣?"

张伯行道:"临清地界运河治理,我已有初步方案,今日我们且再商议一番。"

大仪说道:"老爷,有什么想法?"

张伯行指着地图说道:"你们看这里,临清地界运河河道变窄,河道抬升,水流变小,这样的结果其一会影响南北漕运;其二,若是发生水患极易引起水灾。我以为,首先要拓宽狭窄处的河道,清理各处淤泥,如此方能避免水患时漫出河堤。"

大仪接口道:"可是,北段运河水流本来就少,如此岂不更加影响漕运?"

张伯行道:"大仪所提甚好,我正要说到此处。"

张伯行手指地图,说道:"你们且看这里。"

张伯行指向运河附近两条河流。

张伯行道:"我们可以将汶水与沁水引入运河。如果能够成功,那么一则可减少黄河水患,二则可以解决北段运河水量减少的问题。我翻阅各种史料,知道山东境内黄河水患多发生在黄河与沁水交汇处,只因黄河之水上涨,一旦流至沁水,汇合沁水之势,一发而不可挡。"

大仪闻听,脸上显出惊异之色,说道:"引汶水与沁水入运河,这种想法也唯有老爷能够想到。"

而后大仪又道:"老爷,虽说您的想法大胆且可行,但是此项工程浩大,恐怕不好完成。"

张伯行慨然道:"大仪你看,我们可在之前决水处挑一河道,这样可以省却大半人力。我想,事在人为,只要我们不图私利,为百姓着想,解决百姓后顾之忧,何愁百姓不拥护? 若有百姓拥护,此事何愁不成?"

大仪又道:"引水成功,可在汶水和沁水之上择一桥洞设置大闸,这样水势大时可泄洪至运河,水势小时可存水灌溉农田。"

张伯行拊掌称赞。

张伯行又道:"大仪,这几日你需要辛苦一些,将前些时日我们勘察临清地界运河概况,绘制一详细地图。哪里需要清淤,哪里需要拓宽河道,又在哪里引入沁水与汶水,定要标注清晰,且都要有理有据。"

大仪领命而去。

张伯行又对大黑说道："大黑,这几日你更要辛苦一些。你去衙门见一下魏和原,我一会儿写出文告,通告济宁境内百姓,七日以后准备治理运河。这次治理关系到济宁城内百姓以后的生存,故家中有多余劳力者,都要参与此次治理行动之中。河务库银尚足,为了赶工期,征发五百民工进行清淤,有一日三餐,且工钱按日给付。"

大黑道："跑腿吆喝这些事,我最拿手,老爷放心就是。"

张伯行点头,而后取出笔墨纸砚,亲自书写治河招募民工通告。

张伯行写好之后交与大黑,令大黑找魏和原再誊写几份,四处张贴宣传。

大黑亦领命离去。

张伯行独自一人在书房之内,继续看着眼前那张济宁河运地图,手指不时移动,忽而在上,忽而在下。阳光透过窗棂洒在房间里,洒在房间里的地图上,洒在地图前张伯行的身影上,缓慢而有力,凝重而坚定!

大黑与大仪分头行动,紧锣密鼓地连续忙了三五天。

这天,大仪兴冲冲来到张伯行房间,将手中地图交与张伯行。张伯行打开一看,只见地图之上,密密麻麻写满各种字眼,有的地方用黑笔标注,有的地方则有朱笔圈出。

张伯行结合眼前济宁河运地图,与大仪绘制的河运治理图一一对照,有不合适的地方,随即修改。

两人在书房看了约两个时辰,张伯行站起身来,忽觉头晕眼花,几欲跌倒,慌得大仪忙上前一步扶住,问道："老爷,老爷,这是怎么了?"

张伯行扶着桌子,稳稳心神,感觉眼前乱冒金星。

又缓了半天,张伯行对大仪道："不妨事,不妨事,只是这几日坐得太久所致。"

大仪道："老爷,不然请前街的郎中过来给您把把脉吧?"

张伯行挥手道："不妨事,无须麻烦。我稍稍歇息片刻就行。"

大仪眼神之中隐约透出一股忧虑之情,但也没有再说什么。

突然门外传来脚步声,而后就是叫喊声："老爷,老爷,招工之事非常顺利,哎呀,渴死我了!"

张伯行与大仪知道大黑来了,相视一笑。

果然,大黑跨步来到房间内。张伯行倒杯茶,大黑端起来一饮而尽。而后,向张伯行禀告招工之事。

原本张伯行以为,治理运河工期很长,且极为辛苦,招工会遇到阻碍。没想到大黑告诉张伯行,一切极为顺利。

济宁百姓苦于河患久矣,几乎每隔两年都要经历一次大的水灾,每次水灾都会让很多家庭家破人亡。张伯行来到济宁之后,仅赈灾一事,已在济宁百姓心中留下极好印象,所有的人都知道济宁出个"张青天"。因此,当大黑带人将通告贴出并四处宣传之后,济宁及周边各县百姓竟纷纷报名,非常踊跃。

大黑一边给张伯行介绍,一边显得眉飞色舞。

大黑说道:"老爷,前日我到临清县招募河工,那里河务官何一鸣甚是热情,协助我四处宣告。临清街头百姓一传十,十传百,大家聚集街头,踊跃报名,且众声高呼,愿为治理运河效犬马之劳。"

张伯行闻听,内心极是欣慰,遂对大黑、大仪说道:"那就按照我们的计划,明日准备开工,我将亲自前往临清。"

次日上午,张伯行来到临清,临清知县魏和原忙出来相迎。张伯行进入衙门,魏和原忙令人将何一鸣喊来。

几人在县衙之中开始商议并分工。

最终,张伯行和大黑负责引汶水入运河;何一鸣和大仪负责引沁水入运河;魏和原负责各处清淤、修改河道的工作。

分工完毕,大家带领部分河务兵和招募来的民工分头行动。

一场浩大的工程在各地同时进行。

张伯行知道,前期的计划固然已经非常缜密,但在实际治理运河之中,必然会遇到各种问题。故临行之时,张伯行对几人千叮咛万嘱咐,要大家务必小心谨慎,且要勤勉负责。

初始之时,各处工地进展甚慢。张伯行有些着急,四处勘察,寻找原因。

大仪对张伯行道:"大人勿要着急上火,其实初期工期较慢,也能理解。毕竟工程刚刚开始,大家对自己所做工作不甚熟悉。一旦步入正轨,定能如期完成。"

张伯行亲自到各处工地查看,果如大仪所说,各处工程渐入正轨,而工程进展速度也逐渐提升。令张伯行欣喜的是,随着河运治理工程的进展,各处民工越来越多。原来各县百姓之前不知此事,听闻之后,纷纷自愿前来相助。

终于,各处的工程都开始平稳推进,张伯行一直悬着的那颗心也渐渐放平。

虽然心情有些许放松,但张伯行却始终不敢有丝毫大意。

这一日中午,刚刚吃过午饭,大家都在河边暂时歇息。张伯行吃过一块干馒头,喝了几口水,坐在河边拿出书本开始用心阅读。

何一鸣看到,不禁暗暗钦佩,心想:我们这位大人果然与历任河务不同,我在临清这么久,也侍奉过几任济宁道了,唯有张大人每日亲自督工,亲自动手。并且每到歇息之时,张大人总是卷不离手。

何一鸣思绪飘飞,脚步不由自主地挪到张伯行身边。

张伯行正看得投入,忽觉身边有人,抬头一看,却是何一鸣。

张伯行笑道:"一鸣,为何不歇息片刻?"

何一鸣笑道:"张大人,我适才一直在想,大人与历任济宁道皆不相同。以前的总理河务的大人也会治理河道,但很少能如大人这样亲自到达工地现场。而且,大人每到休息之时,手不释卷,大人难道不觉疲惫吗?"

张伯行哈哈大笑,说道:"读书与我的生活已经合为一体,若一日不看书,便觉身心不自在。"

张伯行又顿了顿,说道:"一鸣啊,对于任何一位为官者而言,完成自己的职责固然重要,但尤其重要的是要有一颗为民之心。就如这治理河道,熟悉河务、总理治河之事固然重要,但更重要的是要有治河的心。而读书则会让这样的一颗心始终存在,并且保持下去。"

何一鸣闻听,内心更加敬佩。

众人在河边或坐、或卧、或聊天、或安静。休息约半个时辰,张伯行命何一鸣开工。

一时之间,运河内外又开始热火朝天起来。

张伯行四处巡视,不时作出各种提醒和指示。

忽然,人群中有人喊道:"不好了,有人晕倒了!"

众人呼啦一下围了过来,张伯行也疾步赶过去。他拨开人群,果然看到一人脸色惨白,晕倒在地。

张伯行急忙唤来河医。河医赶来之后,伸手把了一下脉。

张伯行问道:"如何,没有危险吧?"

河医道:"回大人,应该无事。只因年龄太大,劳累过度引起,醒来之后休息一下,应当没事。"

张伯行长出一口气。

等到老汉醒来,张伯行亲自上前扶起。

那老汉醒来后,只觉浑身无力,看到张伯行扶着自己,连忙翻身跪倒:"草民见过张大人。"

张伯行急忙将老汉搀扶起来,说道:"老哥,身体不适,不可多礼。适才河医已经替你把过脉,身体虽无事,但老哥年龄太大,不适于这种劳力之事。你且歇息片刻,我着人将老哥送回家中。"

那老哥闻听,脖上青筋暴起,高声道:"大人,我老汉活了五十多岁,第一次见到如大人这般尽心治理运河之官。我一心盼望着余生不再遭受水患,你若是撵我走,还不如杀了我呢!"

张伯行闻听,内心感动不已,眼泪几欲夺眶而出。

张伯行哽咽道:"可是老哥……"

话音未落,老汉将张伯行打断道:"张大人放心,老汉知道自己的身体。我到岸上歇息片刻,喝口水,缓缓劲,就没事了。"

说着话,老汉顺着河底的台阶回到岸上。

张伯行看着老汉的背影,内心再次被一种情绪激荡。

张伯行也跟着老汉来到岸上,亲自将一碗热水端给老汉。老汉接过热水,同样激动不已。

张伯行、大黑、大仪以及何一鸣带领着河务兵和数万民工,不分昼夜地治理运河。经过近三个月的努力,各处工程终于渐渐接近尾声。

济宁以北的运河变得平整而宽阔,两岸的堤坝坚固而整齐。汶水与沁水也顺利引入运河之中,各处桥中大闸也全部修整完毕。张伯行四处巡视之后,脸上浮现出欣慰的笑容。

忽然,张伯行看到一处堤坝的石块跟其他地方略有不同,不禁有些奇怪。他俯下身子,仔细查看,发现此处石块因为修建时有两处衔接得不甚紧密,故缝隙略大,用手使劲一摇,竟然有松动之感。

张伯行回到岸上，令人喊来何一鸣。

何一鸣来到岸边，见过张伯行。张伯行拉着何一鸣来到那块石头跟前，说道："一鸣，你且看这两块石头。"

何一鸣走到跟前，用手一摸，即知道有些问题。

但他脸色之间有些为难，说道："大人，这里只是两块石头有些问题，但是如果修整，恐怕这整段堤坝就要返工。依我的经验，应该影响不大。"

张伯行听得何一鸣不愿返工，肃然道："一鸣，你可听过千里之堤，毁于蚁穴？若是因为这两块石头，洪水到来，从此处决口，将一发而不可收拾。那个时候，绝不是返工这点问题，而是诸多百姓有可能面临灭顶之灾。"

一番话让何一鸣脸色微红，他说道："大人，是我有些轻视了。我这就派河兵过来将此处翻修。"

张伯行闻听，脸上方显出满意的神情。

（四）经历连续两年的大灾之后，济宁百姓终于迎来丰收之年

春节又如期而来，济宁城内过年的氛围分外浓郁，百姓脸上都荡漾着发自内心的微笑。大街之上，相互见了面，每一句问候里都透出快乐的气息。

经历连续两年的大灾之后，年前的秋天，济宁百姓终于迎来久违的丰收。其实，百姓的要求很低，只要能够安稳度日，就很知足。更何况，在度过连续两年的灾荒之后，张伯行竟然将运河北段的治理工程如期完成。每个人心中都幸福满满，他们盼望着风调雨顺，盼望着国泰民安，盼望着日子过得殷殷实实，盼望着家家户户囤里面有粮、缸里面有米。而运河的治理无疑给他们的这种盼望，增加无穷的信心，带来美好的希望。

张伯行的名字成为济宁百姓口中议论最多的三个字。说到张伯行，他们无不交口称赞。

百姓心中真的有这样一杆秤，你只要用心为他们着想，他们一定会知道你的好，也一定会记住你的好。

民心是衡量官员的依据。而张伯行，无疑赢得了济宁百姓的心。

张伯行自到济宁任职以后，也终于度过几天安静时光，找到读书时的那种感觉。

每日早上,晨曦微露之时,张伯行就会早早起床,练起"子路八卦拳"。

在鲁西南豫东北,黄河两岸,民风彪悍,习武成风,仪封、兰阳、考城、祥符、长垣、东明、曹州一带,更是习以为常。家家户户,村村寨寨,几乎没有不会几下拳脚功夫的,尤其是"子路八卦拳",流传甚广。甚至家里面没有男孩儿的,也都备有九节鞭、梢子、绳鞭、红缨枪、三节棍,一般二般的人等,不可能近身。其中,"子路八卦拳"中的剑术在文人士子里面甚为流行。

年轻的时候,张伯行喜欢玩剑,尤其是"子路八卦拳"里面的"梅花剑",劈、刺、点、崩、击、提、挑、斩、截、托、按、挂、削、撩;挽、穿、压、云、抹、架、扫、带、抽、拦、捧、推、搓、绞。各种招式,海纳百川。尤其是挑剑、挂剑、顺格、逆格,还有张扬个性的冲天格,武中透文,文中带武,文武一体,天人合一,更适合张伯行的性格。

只是后来随着年龄的增长,加上在外做官,带刀舞剑着实是不太方便,张伯行就开始练"八卦养生功"。这八卦养生功以静制动,以动带静,动静结合,适合年龄偏大者练习。张伯行慢慢地做了一个起式,双手合拢,左手托天,右手捞地,然后双手虎抱头,闪战九宫,回头望月。左右两侧各做一遍十字撑和三不齐,双膝微收做骑马蹲裆式,双臂外化成翻江倒海状,一时间大汗淋漓,寒气从头顶升起,烟雾缭绕。张伯行左侧金鸡独立右踢腿,右侧金鸡独立左踢腿,就势来个燕子抄水,随手揉腰眼,让丹田内转,达到阴阳合一。

这边张伯行刚做完收式,就听到那边大黑喊道:"好,好,好。"

张伯行见是大黑、大仪过来,就问道:"大黑,你的春秋刀还练着吧?"

这张伯行和大黑、大仪同宗同族,小时候和村里面的孩子们一起练习"子路八卦拳"。他们说不上武功高强,但平时应付三五个人,还是绰绰有余。

尤其是大黑,喜欢玩刀。

你看他"之乎者也"不中,"子路八卦拳"里面的"春秋刀",却耍得让人眼花缭乱。"关公挑袍"的起式,右抹刀,左撩刀,回身虚步刀,舞起来密不透风,只见刀光闪,不见人踪迹。"叶儿里藏"的巧妙,"朝天一炷香"的飘逸,"姜子牙钓鱼"的淡然,"苏秦背剑"的傲岸,"舞花翻身劈"的快捷,"回头望月"的潇洒,"转身舞花"的璀璨,尤其是最后一招"霸王举鼎",把"子路八卦拳"里的内敛与张扬、低调与霸气,彰显得淋漓尽致。

听到张伯行问话,大黑笑着说道:"俗话说得好,曲不离口,拳不离手。别的不敢说,春秋刀还是游刃有余。"

大仪说道:"冬练三九,夏练三伏。老爷你学习读书之日,就是我们练功之时。"

张伯行说道:"习武不练功,等于一场空,关键是要练好内功。"

大仪接着说道:"这一段时间,我们两个练对打多一些,尤其是攻防进退。"

张伯行叮嘱道:"擒拿格斗,内可以强身健体,外可以防身御敌,多练练有好处。只是你们一定要慎用器械,只求制敌,不能动不动就下狠手,万不可伤人性命。"

大黑说道:"老爷啊,你去看看我的春秋刀,都快生锈了。带都不让带,哪儿会派上用场啊?"

大仪说道:"老爷所说极是。我和大黑平时都是赤手空拳,他的春秋刀和我的七星剑都在家里放着,没敢轻易示人。"

大黑嘟嘟囔囔地又说了一句:"除了跟着你出去有任务,我带着九节鞭,大仪带着绳鞭。"

张伯行点了点头。

此时,整个济宁城尚未醒来。三年之中,张伯行似乎从来没有这么放松过。

(五)书院学子游览济宁运河禁不住诗兴大发

春节之后,天气渐暖,阳光也一天比一天和煦。

这一日,张伯行忽然想到,自清源书院建成以后,因忙于治理运河,自己很长时间不曾去过。这几天没有公务缠身,何不去书院一看。

想到此处,张伯行急忙喊来大黑与大仪,备好车马,就往书院赶去。

刚至书院门口,就听到书院之内传来琅琅读书之声:"古之欲明德于天下者,先治其国;欲治其国者,先齐其家;欲齐其家者,先修其身;欲修其身者,先正其心;欲正其心者,先诚其意;欲诚其意者,先致其知。致知在格物……"

听到里面整齐的读书声,张伯行脸上显出愉悦之色。

刚到门口,孟惠民早从其中迎了出来,身后跟随着王元吉。

孟惠民与王元吉来到张伯行面前,忙躬身施礼道:"见过张大人,大人今日来书院查看,众人盼望久矣!"

张伯行急忙上前搀起孟惠民,说道:"先生乃儒学之士,岂敢让先生多礼?"

转眼,张伯行看到王元吉,感觉多日不见,王元吉阳光了许多。举手投足,都现出一股儒雅之气,心中颇有好感。

孟惠民带着张伯行走进书院,张伯行边走边说:"只因年前一直忙于治理运河,不曾有时间来书院看望先生,还望先生理解!"

孟惠民笑道:"我也曾听得书院学子说起这件事。张大人此举造福山东百姓,善莫大焉,让人钦佩至极。"

张伯行道:"为官一任,造福一方,乃是为官者分内之事。我之所为,亦是如此。"

孟惠民听后,心内更加钦佩。

说话之间,穿堂过户,几人已经来到书院之内。

王元吉对院内学子说道:"济宁道台张大人前来巡视书院。"

话音未落,所有学子齐刷刷地站起来,向张伯行施礼。

张伯行摆手,请大家坐下。

而后,张伯行站在众位书生面前,开口说道:"诸位可知,大家所在这所书院为何叫作'清源书院'?"

其中一名书生站起来,朗声说道:"朱子云:'问渠那得清如许,为有源头活水来。'故名'清源'。我听人说此名乃大人所取,不知意思是否如此?"

张伯行微微颔首,说道:"正是此意。我取此名,只希望各位平时读书定要勤勉。韩退之说过,'业精于勤,荒于嬉',唯有如此,方能不断取得进步,也方能有机会为朝廷效力。"

众书生闻听,皆为张伯行之言鼓掌。

张伯行落座,与众书生交流各种读书心得。谈及书院,大家免不了一些颂扬张伯行的话语。

内中一个书生说道:"张大人,我等听说前几个月您一直在忙于治理运河,且听说运河已经整饬一新。济宁百姓,自此可以过上安生之日了。"

张伯行道:"尚有不尽之处。张伯行在济宁一日,自当会尽力将运河治理好,把水患尽除,让运河为百姓造福。"

内中一书生道:"大人可还记得小生?"

张伯行仔细端详,恍然道:"你可是戴名振?"

那书生道:"正是!"

张伯行脸色变得更加悦然,对戴名振道:"若不是你,便没有此书院。那日正是跟你一番交谈,才使张伯行生出办书院之想法。"

众人皆把赞叹的目光投向戴名振。

戴名振道:"感谢大人心系百姓,心系读书人。今日小生有一提议,不知可否?"

张伯行道:"但讲无妨。"

戴名振道:"此间书院名叫清源书院,适才也有一位兄台解释了书院名称的由来。我想,一心只读圣贤之书自是重要,但也要懂得关注民生,这样的读书之道方为'活水'。"

张伯行频频点头,内心对戴名振又增添几分好感。

戴名振说道:"大人看,今日天气甚好,我等在书院读书也已经多日,不如大人带我们坐船到运河之中一游。一则看大人所修运河之成果,二则让我等了解民生,三则也可让大家纾解情怀。"

这一番话,让书院中这些青年学子纷纷鼓掌,大家齐声附和戴名振的提议。

张伯行闻听,也觉甚好。

于是回头和孟惠民、王元吉商议,两人也点头称是。

大黑与大仪先行离去,到码头调拨一艘稍大的船等候。未至片刻,张伯行带一众书生登上船只。

实时,已是初春时分,天气变暖。两岸杨柳初见嫩芽,其间时有鸟儿穿越鸣叫。远处田野之内,亦如韩退之所言:"草色遥看近却无。"虽不如仲春时节那般百花盛开之烂漫,但也有另一种风景让人心醉。

众人站在船头之上,船只缓缓向前,甚为平稳。船桨划出,荡起阵阵水花,发出哗哗之声。间或,几只鲤鱼跃出,引起大家阵阵欢呼。

大家看着两岸风光,看着河道两边整齐的堤坝、平整的道路,纷纷称赞。

众人皆言此情此景和之前相比,宛若换了一个世界。

船只往北很快来到临清地界，此时虽然尚处于枯水季节，但船只在水中行走却甚是自如。

戴名振道："大人，我记得之前运河北段水位很浅，像这种大船在枯水季节行走不易，此时却能够畅行无阻。大人是如何做到的？"

张伯行微微一笑，说道："戴名振真个是有心之人。我曾数次勘察运河，知道北段淤泥沉底，河道较窄，不仅影响漕运，且易引起水患。故引汶水至南旺湖入运河，引沁水至张秋入运河。而后，又拓宽河道，清理淤泥，方有如今之结果。"

戴名振并众书生闻听，皆鼓掌称赞。

内中一书生高声道："张大人，众位兄台，晚生有一想法，不知当讲不当讲？"

张伯行颔首。

那位书生道："众位仁兄，大家看今日艳阳高照，河水清清，我等跟随张大人游览运河，逸兴横飞。大家都是读书之人，不如每人写一首诗纾解情怀，如何？"

众人闻听，齐声喊好。

张伯行闻听，也觉此议甚好。

众人纷纷拿出随身携带之笔墨纸砚，一个个或沉思，或遥望，或低头，或吟诵。

船至临清而后掉头，顺流直下，船行更快。

众人诗作，先后作好，皆交与孟惠民与张伯行观看。

张伯行边看边读，读至精彩处，不禁连声喝彩。

张伯行回身对孟惠民道："济宁人皆言先生大才，果然如此。仅仅数月之间，书院学子写出的诗作如此精彩。"

孟惠民看着手中诗作，也觉满意。

张伯行回身对大仪说道："莫如这样，今日与诸位书生游览运河，也算得上是一件雅事，且众人诗作精彩异常。回去之后，将这些诗作收集，以后若有机缘，可修订成册。"

大仪领命。

船只顺流而下，不到一个时辰，已至济宁地界。

张伯行下船与众书生依依告别,宛若回到了仪封老家,回到了请见书院,回到了难忘的读书时代。

(六)张伯行动员百姓退耕还湖、退耕还河

京城之内,朝廷上下正为康熙帝南巡紧锣密鼓地作准备。虽然南巡的具体时间尚未确定,但消息早已不胫而走,传遍大江南北。

张伯行也听到康熙帝将要南巡的消息。

虽说运河治理已经大体完成,但张伯行依旧不太放心。春节已过,诸事业已完毕,张伯行想着运河还要继续治理。

这一日,张伯行带着大黑与大仪继续在运河中巡查。船只顺流而下,速度甚快。当船只行至上次勘察时的马场湖附近,张伯行令船停下。

张伯行遥看远处的低洼之处,脸色之间,有些忧虑,回身对大仪道:"大仪,还记得我们初次来这勘察的事情吗?"

大仪道:"老爷,自然记得。我记得您说过,这里原本为湖,却被百姓改为农田。您说此举危害无穷,还让我记下此地地形特点。"

张伯行道:"因为北段运河治理工程浩大,连续几个月方始完成,完成之后已到春节,故南段工程始终未动。而改湖为田,表面上增加了农田,实际上却对运河泄洪极为不利。若遇到洪水季节,不仅湖中水田被淹,也会累及周围农田。倘若遇到旱季,则湖中缺少存水,不利灌溉。"

大黑与大仪频频点头。

大仪道:"老爷,我们必须抓紧动工,毕竟皇上南巡之日临近。我想,我们要在皇上南巡之前,完成这段运河改造。好在这里只是退耕还湖,工程不算太大。"

张伯行道:"不仅是因为皇上南巡,更因为春天过去,水势上涨。若黄河发水,此地不利于泄洪,必然会再次给百姓带来灾难。"

张伯行带领大黑与大仪回到济宁后,连夜绘制南运河治理地图。

窗外星光摇曳,风敲打着窗棂,房间内略有寒意。

烛光之下,张伯行与大仪、大黑俯身于桌案之上,对着地图圈圈点点。地图之上,布满各种笔迹和色彩。

眼见天色已亮,张伯行抬起身子,伸一下腰,感觉身体已经有些僵硬,但神色之间透出欣慰,南段运河治理的蓝图已经绘制完成。

吃过早饭,张伯行带着大黑与大仪去找知府吕岩年,说出自己对南段运河的改造计划。

吕岩年却有些心不在焉,说道:"张大人,此事您看着办就行。皇上马上南巡,我这里尚有要事准备。"

张伯行闻听此言,知其不愿担当,遂说道:"退耕还湖,利于运河改造。可能当地百姓不太理解,毕竟他们要失去一些土地。故还请大人出一通告,安抚当地百姓,并给予他们适当补偿,不知道吕大人以为如何?"

吕岩年心内有些不耐烦,但脸上却又不能表现出来,只是连连说道:"这些事情张大人看着处理就好。通告之事好说,我马上让师爷写好盖上官印交与大人。"

张伯行听过之后,告辞而去。

回到道台府衙,张伯行让大黑、大仪迅速召集府中人员。李清、薛明及其他河务负责人迅速到齐。

张伯行将自己治理南段运河计划与大家讲清,并说时间紧急,请大家务必尽心尽责,在皇上南巡之前定要完成治理任务。

李清、薛明等人在张伯行面前,拍着胸脯保证说:"请大人放心,我等定会日夜守在工地,将此事做好。"

张伯行叮嘱道:"此事恐会引起部分百姓误解,务必要给百姓解释清楚,并将知府通告知会所有人,所有还湖的土地,官府定会给予适当补偿。"

李清、薛明等人领命而去。

张伯行与大黑、大仪道:"我们不能只在府衙坐着,也要前往工地现场,做好各种工作。"

大黑与大仪忙整理各种行囊,吃穿住用一应俱全。两人皆知,此一行又要十天半月不能回到济宁。

张伯行带大黑与大仪紧随薛明、李清之后来到南运河。

刚至南运河,薛明、李清来报,说确有一部分百姓不能接受将之前的耕田重新变成湖泊。

张伯行又仔细询问其中详情,问过之后心中有数,就让李清、薛明带着他们来到村中。

张伯行让薛明、李清二人将不愿改田为湖的村民找来,大家聚集在马家屯的广场内。

见张伯行亲自前来,众百姓在马老汉的带领下,纷纷跪倒磕头。

张伯行将大家一一搀起。张伯行看得出来,众人是以马老汉为首。

于是,张伯行将目光放在马老汉身上。

张伯行缓缓地说道:"诸位父老乡亲,我理解大家不愿意改湖的心情和原因。毕竟,大家辛苦改造的田地,却瞬间再变回湖泊,一时之间,不能接受。"

众人闻听此言,纷纷议论,小声说着各种不满。

张伯行语气一顿,而后变得坚定,看着马老汉:"马大哥,我有一问,可否如实回答?"

马老汉上前一步躬身施礼道:"张大人,您只管问。"

张伯行道:"我知道,这些田地几年之前尚是湖泊,后来是大家将之改成田地。这些湖地成为田地才几年?"

马老汉略一思索,又掐起手指一算,说道:"回张大人,有七八年时间吧!"

张伯行又问:"那么,我想知道,这七八年时间之中,真正有过收获的大概是几年?"

马老汉一怔,又在心里默默计算一下,说道:"大约,大约有两三季。"

张伯行追问道:"那么其余几年呢?"

马老汉叹气道:"要么是被水淹,要么遇到旱灾。"

张伯行头略一扬,目光从马老汉身上转向众人,高声说道:"诸位父老乡亲,大家想种地,想收获的心情,我张伯行懂得,因为我也是农家子弟,我也是种地出身。但是,诚如马老汉刚才所言,八年之中,只不过收获其中两三季而已。要么是水患,要么是旱灾。今日,我张伯行要求大家,将这些田地重新改成湖泊,目的就是避免这连年不断的各种灾荒。"

而后,张伯行语气越来越坚定,声音越来越激昂,将自己这么多天对退耕还湖的想法一一讲给大家。

说完之后,张伯行语气逐渐变得缓和:"诸位父老乡亲,此项工程如果完成,那么以后的水患和旱灾就会得到控制,每年大家都会有比较稳定牢靠的收成。到底怎样才划算,这本账大家应该会算得清吧?"

张伯行一番话说得有理有据,且处处为百姓着想,没有丝毫私心。

众人听完,脸色由之前的不满、怨恨,逐渐变成平静、钦佩,甚至神往。

在马老汉的带动下,大家开始为张伯行鼓掌。张伯行看着大家,脸色之中露出欣慰。

就这样,南运河改造工程如期进行。

每日里,张伯行和之前一样,早早来到工地巡查,甚至亲自动手与大家一起清理淤泥,整理堤岸。每到休息之时,依旧拿出书本用心翻阅。

终于,田地又成湖泊,运河之水也再次充溢湖中。

张伯行带领大黑、大仪、薛明、李清又仔细勘察湖水的深浅,而后又认真计算洪水时期的水位、水量。

张伯行回身对薛明、李清说道:"我相信,今后若再遇到水患或旱灾,这里的灾情会大大缓解。"

薛明、李清拱手说道:"大人所言极是。根据我们两人对此地水情的了解,这样改造的确可以让洪水到来之势减弱。枯水季节,湖中存水亦能灌溉千亩田地。大人此举,真个是造福千秋万代的好事。"

张伯行脸上露出愉悦之情,目光投向远方。

远处,碧草青青;近处,湖水荡漾。天空之上,白云朵朵;水面之上,鸟儿飞翔。

八
康熙南巡

（一）康熙帝沿运河一路南下，开始第五次南巡

康熙四十四年（1705 年），张伯行已经五十五岁。他两鬓见白，髭髯也是黑白杂陈，皱纹渐显，风霜渐露。除却河务之事繁忙，张伯行仍然是读书不辍。近来，最让他欣慰的是校订了《程氏家塾读书分年日程》原本。

《程氏家塾读书分年日程》是康熙帝理学儒臣、当湖先生陆稼书所刻，张伯行一直随身携带，直至到了济宁，得到该书原本，更是视若珍宝。随即，以原本校勘陆稼书先生刻本，用力甚巨。

公事之余，张伯行勤勉治学，从不懈怠。

前年水患，因受灾面积巨大，震惊朝野。康熙帝决意治理黄河，故令张鹏翮从各地选拔治水能臣。如今治河完工，康熙帝有意南巡，察看黄河、运河的治理情况。故春节刚过，康熙帝就和朝中大臣商议南巡之事，决定元宵节之后启程。

正月十六，康熙帝安排好朝中诸事，带领皇太子胤礽、皇四子胤禛、皇十三子胤祥，文渊阁大学士兼吏部尚书陈廷敬、刑部左侍郎张廷玉、河道总督张鹏翮并其他几位大臣离开京城，乘坐龙舟顺运河一路南下，开始他一生中的第五次南巡。

消息传出，各地官员忙成一片，纷纷准备接驾。

早有人将此事禀告山东巡抚王国昌。王国昌急忙商议该如何接驾。

师爷何之孟说道："大人，皇上此次南巡，重在巡视各地治水之事。山东境内则以运河、黄河为主，小人以为，需要在皇上所经运河两岸，多加修缮。需要整饬的整饬一新，不需要整饬的也要多修建一些景观，让人赏心悦目，皇

上必然龙颜大悦。"

王国昌道："我也是这样想法。奈何这两年山东连续受灾,府库俱空,财政吃紧。"

何之孟道："大人,去年秋季,百姓丰收,想来各家各户还是有些存留。皇上南巡,大人应该借此加收税收银两,这可是名正言顺的事情,想来地方也不敢说什么。"

说着话,何之孟的眼神冲王国昌轻轻一瞟。

王国昌已知其意,嘴角不禁露出笑容。

王国昌当即下令,命布政使黄元冀传令各地府衙,因皇上南巡,所经之处皆须整修。山东连年受灾,为赈济百姓,府库俱空。因此,各地府衙须想办法上缴银两若干。

一时之间,山东各地衙门里的衙役俱到街头,开始挨家挨户收缴各种税收。整个山东大街小巷变得鸡飞狗跳,不得安宁。

这一日,张伯行带领大黑与大仪巡视运河,忽然发现运河两岸竟与往日不同。

往日的运河两岸平整、优雅、整齐、干净,一夜之间变得华丽了许多。只见每棵树上都挂上红红的灯笼,有的还挂上彩条,甚至又修建了一些华而不实的人造景观。

张伯行不禁有些奇怪,问大黑与大仪道："这些东西何时出现的,你们可知道?"

大黑高声说道："老爷您还不知道吗? 皇上南巡,马上要到山东了。"

张伯行道："皇上南巡我当然知道,可皇上南巡却为何要弄这些东西?"

大黑哈哈大笑,说道："老爷,你是真不懂还是装糊涂啊? 皇上南巡,各地府衙都要做各种准备。运河乃是皇上巡视最为关心的地方,必然要好好整饬一番。"

张伯行叹了一口气,说道："若是将这些钱用到运河治理上,让运河少引发一些水患,少给百姓带来一些灾难,岂不更好? 整这些华而不实的东西,有何益处?"

大仪道："老爷这些天一直忙着修订那本书《程氏家塾读书分年日程》,你可能不知道,这几日,山东境内百姓也是怨声载道。"

张伯行好生奇怪,问道:"为何?"

大仪道:"前几天山东巡抚王国昌大人传令,说因为之前赈济百姓,府库俱空,如今皇上南巡,各地百姓均要缴纳各种修整税。"

张伯行不禁叹息道:"唉,山东百姓刚刚经历水患与旱灾,好不容易熬了过来,却没想到又要遭受如此盘剥。"

大黑道:"老爷,不要那么忧国忧民了。反正我可是还没见过皇上,这次说不定有机会一睹龙颜呢!"

张伯行看着运河之水缓缓南流,心中想到:希望皇上能够早一日来到济宁。若有机缘能够见到皇上,也可将自己在山东所作所为奏与皇上,或可为山东百姓请命,再追加一些运河修整所需费用吧!

正在张伯行思索之间,忽见薛明从前方疾步而至。

薛明气喘吁吁地来到张伯行面前,拱手禀报:"禀张大人,适才巡抚王大人派人前来传话,说皇上不日将至临清,命大人速速动身,前往临清迎驾。"

张伯行闻听,心内惊喜不已。

(二)龙舟尚未驶出直隶已经开始搁浅

且说康熙帝在正月十六这天,率领几位皇子及朝中数位大臣,离开京城,前往通州。

至通州,康熙帝登上龙船,一声令下,十几艘龙船顺流直下。

适时,虽说已经过了春节,但春寒料峭,冰雪初融。故运河之水水势不大,水流不急。

从通州至天津一段,龙船在运河之中尚能平稳前行。

康熙帝令人搬来一把龙椅,自己端坐在船头,眼见得蓝天白云之下沃野千里,不禁龙颜大悦。

旁边诸位大臣看到皇上高兴,也免不了一番颂扬之声。众人皆曰皇上英明神武,垂拱而治,天下河清海晏,即使尧舜重生,也不过如此。

康熙帝听完之后,也甚为得意,眉眼之间是遮挡不住的笑意。

龙船很快抵达直隶地界。

这一日中午,康熙帝用过御膳,正在龙船之中与诸位大臣议事,忽觉船行速度越来越慢。片刻之后,龙船竟然停了下来。

康熙帝有些奇怪,他对身边的胤禛道:"胤禛,你且去查问一下,龙船为何停止不前?"

胤禛领命,急忙出去查问。

不一会儿,胤禛回到龙船之内,拱手对康熙帝道:"父皇,儿臣已经查问明白。因初春季节,冰雪未曾完全消融,河水还不曾上涨,水流略浅,故龙舟搁浅。"

旁边张鹏翮忙出列施礼道:"回皇上,龙船已达沧州地界。"

康熙帝轻轻摇摇头,对众人道:"我们且去看看,是何情况?"

众人走出船舱,来到船头。

只见几名太监正在高声喊叫。

康熙帝定睛一瞧,却见龙船两边各搭数条粗大绳索。河岸之上,数十名纤夫拉着龙船往前行走。只因龙船体型太大,船底已着河底,数十纤夫亦不能拉动龙船前行。

康熙帝眉头紧皱,回身看了张鹏翮一眼。

张鹏翮额头之上已经冒汗,回身打一手势。不过片刻,又来数十纤夫,众人齐声喊号,绳索紧绷,龙船终于缓缓前行。

龙船在百余名纤夫拉动之下,前行约几百米,终于吃水。纤夫顿感肩头略轻,已知龙船着水,开始前行。

于是,纤夫们纷纷解下绳索。船开始在水中平稳前进。

康熙帝脸色铁青,回到船中。

众位大臣见康熙帝生气,皆敛声屏气,不敢多说一句话。

康熙帝对张鹏翮道:"张爱卿,朕每年拨出无数银两修理河道,以为此行能够看到成效。但朕之龙船尚未出直隶,已经开始搁浅。张爱卿,身为河道总督,你且给朕说一下,这水是如何治理的?"

张鹏翮连忙跪倒,说道:"皇上,只因今年天气较之往年更加寒冷。虽至春天,冰雪不融,水势还未曾上涨,龙船方始搁浅。皇上恕罪!"

康熙帝语气略微缓和一下,说道:"天气寒冷,冰雪不融,水势不大,这自是重要原因。但朕以为不仅如此,和治水不力也有关系。回头查问,这一段运河归谁管辖,朕要过问一下。"

说完之后,康熙帝又俯身看着张鹏翮,说道:"你且起来吧！张爱卿对于治水殚精竭虑,这个朕也是知道的。"

张鹏翮起身,直觉后背发凉。

(三)龙颜大悦的康熙帝挥笔写下四个大字"布泽安流"

话说康熙帝此次南巡,要务之一即是查勘山东运河治理情况。山东旱涝灾害过后,康熙帝甚为惦记,此次既察河务,又访民生。

直隶境内的河运让康熙帝极为不悦。虽说张鹏翮百般解释,但康熙帝依旧不能释怀。

只因船行缓慢,到达山东境内,已经二月时分。

康熙帝从京城出来之时,尚觉春寒料峭。此时,却已经感觉到春日暖阳。

站在龙舟船头,看着河水缓缓流淌,康熙帝不禁有些感慨。暗想,不知不觉之间,自己已经年过五十,真如古人所说"逝者如斯夫"啊！回想自己自登基以后,擒鳌拜,平三藩,恍然之间,已经过去四十余年。

正在康熙帝思绪翻飞之时,忽觉船行速度越来越快。康熙帝有些奇怪,心想,一路之上,龙舟蜗行龟步一般,为何突然如此之快？

康熙帝对身边一太监说道:"让张鹏翮过来。"

张鹏翮急忙过来施礼。

康熙帝问道:"为何龙舟突然变快？"

张鹏翮回道:"微臣适才特意问过,因春暖花开,冰雪融化,水势渐涨,且这段河道变宽,河底淤泥清理甚好,故龙舟越来越快。"

康熙帝心道:这个张鹏翮唯恐责怪于他,先自说明冰雪融化之事。

康熙帝又问道:"此时抵达何处？"

张鹏翮道:"已经抵达山东济宁临清地界。"

康熙帝道:"朕记得济宁河道是谁负责来着？"

张鹏翮道:"皇上,济宁道台乃张伯行。微臣记得,前年您让微臣推荐治水能臣,臣推荐的是张伯行。"

康熙帝微微点头,对张鹏翮道:"爱卿跟朕一起看看这济宁运河治理如何？"

张鹏翮急忙毕恭毕敬地站立在康熙帝身边。

只见两边的堤岸极其整齐,每一块石头都严丝合缝。

堤岸之上,防护林疏密有度,树木间隔三尺,偶有返青之色。一眼看去,就让人赏心悦目。若非用心为之,不能如此。

船夫划桨之时,并不十分吃力,但船行速度却极快。河水极深,船行走在水上,显得极其轻盈。

康熙帝看着,极为满意。

此时的临清码头,山东巡抚王国昌及东昌知府袁廷赞也在此候驾。张伯行与两位礼毕,谈起从济宁到临清沿河装饰之繁华富丽,耗资不可胜费。王国昌道:"张大人有所不知,山东各地百姓,闻听当今圣上驾临,人人踊跃欢呼。为了表达山东黎民对当今皇上的崇敬之情,在摊税接驾之事上,都是自掏腰包,恨不能拿出倾家之资以奉圣上龙颜,聊表我齐鲁大地百姓忠心。哈哈,哈哈!"

张伯行听此,心中暗道:人心不古,责己薄,责人厚,侈己之长,掩人之善,往往然矣。然士君子求其在我而已,岂以悠悠之口为荣辱哉!

张伯行心内如此想,口中并不接话。

终于,康熙帝的龙舟抵达临清码头。

王国昌率领山东各级官吏跪拜于地,迎接圣驾。

康熙帝对王国昌等人摆手说道:"诸位爱卿平身吧!"

王国昌率领山东官吏站立一旁。

康熙帝道:"王爱卿啊,朕问你,这临清地界的运河是何人治理?"

王国昌急忙出列回:"启禀皇上,河运之事一直由济宁道台张伯行张大人负责。"

康熙帝道:"张伯行今日可来迎驾?"

王国昌急忙回身对张伯行道:"张大人,快来拜见皇上。"

张伯行出列,跪倒于地,高声呼道:"微臣济宁道台张伯行拜见皇上!"

康熙帝看着张伯行,脸上显出一丝微笑,而后说道:"张伯行,日前河南、山东连发大水之时,朕心甚忧,故让张鹏翮举荐治水能臣。张鹏翮举荐于你,看来张鹏翮没有看错人啊!"

张伯行闻听,内心惊喜,忙叩头道:"谢皇上认可!"

康熙帝又道："朕自通州坐上龙舟,一路缓慢,两旁堤岸修建也不甚坚固。朕此次南巡,除访查民生以外,还要勘察各处河务。直隶河务,朕甚为不满。但抵达临清地界,河面渐宽,河水渐深,船行甚快。朕又仔细观看两旁堤岸的修建,果与直隶不同。若非用心,决不能如此。"

张伯行叩首道："微臣只是竭尽绵薄之力,只为以后百姓少遭水患涂炭,也望南北漕运能够顺利通行,以利我大清之发展。"

康熙帝脸色之间,笑意更多,说道："张伯行,难得你如此尽心,且胸怀百姓,志在国家。"

张伯行说道："圣上爱人之德,望之切,故不觉其言之长。"

康熙帝颔首,回身对一太监说道："取笔墨纸砚过来!"

早有人奉上笔墨纸砚,将桌案备齐。

龙颜大悦的康熙帝略加沉思,写下一首七绝《过济宁》:

> 济水平分南北流,山桃花绽古墟头。
>
> 郯郯碧浪层层树,便觉春风起棹讴。

而后对张伯行道："张爱卿治水用心,朕赐予你'布泽安流'四字,可立牌匾。望今后再接再厉,为百姓造福!"

康熙帝挥笔写下四个大字:"布泽安流。"

张伯行闻听,又惊又喜,急忙再次叩首道："谢皇上赐匾,臣定当竭尽全力,造福百姓!"

张伯行叩拜之后,接过御赐之字,退在一旁。

(四)进入急转弯处龙船却依旧平稳如初

康熙帝率领众大臣登上龙舟。

王国昌适才听闻康熙帝所言,知道皇上对河务之事极为看重,就把张伯行拉到一旁,悄悄叮嘱他,先不要跟随皇上登船,务必巡查好济宁河段水势,切勿让龙舟搁浅,惹恼皇上。

叮嘱完毕,王国昌急匆匆地跟随众位官员登上龙舟,顺水而下。

张伯行看到康熙帝的船队,离开临清码头,往南而去之后,不敢怠慢,随即喊过来大黑与大仪以及临清河务何一鸣。

张伯行将三人召集在一起,叮嘱一番,三人各自领命而去。

等三人离去,张伯行又忙命人喊来赵德水。

赵德水听闻,急忙到临清码头,见到张伯行,忙躬身施礼道:"见过张大人。不知张大人唤小人何事?"

张伯行道:"只因皇上船队刚刚从此地离开,从临清码头再往南走。我记得有一段运河唤作三河湾,那里水流湍急,恐惊扰圣驾,故喊你过来。我们要在龙舟之前,将各处桥闸控制适宜,方能确保龙舟顺利行驶。"

赵德水听闻,说道:"张大人,之前治理运河之时,大人引汶水和沁水入运河,目的就是控制运河水势,如今正好用上。"

张伯行道:"正是如此。现在,你我亲自到龙船前边,勘测水位,根据水位再调控两处水闸,方能使龙船顺利前行。"

赵德水闻听,当即躬身道:"大人差遣,赵德水怎敢不从?我们这就骑快马前去。"

张伯行、赵德水骑快马向南而去,不多时已经超过康熙帝的龙舟船队。

两人骑马至临清县南界,张伯行飞身下马,急匆匆说道:"就在此地!"

赵德水找到一条小船,两人乘船下河。赵德水划船,张伯行亲自测量水位。

从东岸到西岸,张伯行细细测量。而后,赵德水又逆流向北划了一段,张伯行再次测量,心中已然有数。

张伯行上岸道:"赵德水,还需要你跑一趟。我已经命大黑与大仪在前铺闸等候,又命何一鸣在门河闸等候。临行之时,我命大黑与大仪将前铺闸打开三分,而让何一鸣将门河闸打开一分。根据适才我测量的水位,以及观看水流之势,我以为,须将前铺闸门打开五分,而后再将门河闸关闭,水流之势必将和缓,龙舟亦无搁浅之忧。"

赵德水道:"大人说得很对,正是这样。"

张伯行道:"既然如此,还要劳烦你跑一趟。此地距离前铺闸较近,你年事已高,适才我们来得又极快,故你且去前铺闸,见到大黑与大仪,命他二人再将闸门抬升两分。我则前去门河闸,令何一鸣将闸门关闭即可。"

赵德水闻听,内心感动,心想:张大人真是爱民如子,我济宁能有张大人这样的好官,实乃是济宁百姓之福。

事情紧急,赵德水也不再多说什么,急忙领命而去。

而张伯行也快速往门河闸去找何一鸣。

且说康熙帝带着几位阿哥及随身几位大臣,以及山东诸位官员,乘着龙船顺流直下。

约大半个时辰,船队即将抵达三河湾地界。

王国昌忙上前一步道:"启禀皇上,此地名唤三河湾,因河道急转,乃临清地界水流最为湍急的地段,请皇上小心。"

康熙帝笑道:"难得你有心。传朕口谕,各船小心,此地水流湍急,务要安全行驶。"

船队很快抵达三河湾,远远看去,果然是一处急转弯。

众位大臣并几名护卫急忙上前护着康熙帝。康熙帝笑道:"水流固然湍急,难道能奈我龙船何?"

张鹏翮上前道:"皇上还是小心为上。"

船队开始转弯,众人心内有些紧张,都盯着前方的水流。

但是,船队明明已经驶进转弯处,水流却依旧平稳如初。

康熙帝看着王国昌,脸色有些疑惑,问道:"王国昌,朕上次南巡,也是有印象的。这个地段确是河流湍急,今日却为何如此平稳?"

王国昌略一思考,已经明白。

他上前一步道:"皇上从临清码头出发之时,微臣特命张伯行先行一步,勘测前方水势,并叮嘱他务必要小心,不能惊扰圣驾。微臣以为,应该是张伯行在前方调节各处桥闸,故水流方能如此平稳。"

康熙帝闻听,对王国昌道:"你也算有心。不过,这个张伯行果然有些门道。到济宁后,朕要再见见这个张伯行,问问他到底是如何治理这运河的。"

王国昌本是为了讨好康熙帝,并趁机给自己讨功,却没有想到让皇上对张伯行更加上心。

（五）康熙帝对张伯行治理济宁运河甚为满意

这一日午时，康熙帝的龙舟顺利抵达济宁。

康熙帝率领几位阿哥及文武官员，至济宁码头下船登岸。

山东巡抚王国昌将康熙帝接至行宫。而后，康熙帝不顾旅途疲劳，接见了山东文武官员。

众官员三跪九叩，康熙帝命平身，众人恭素站立。

康熙帝看着王国昌道："朕此次南行，是为勘察国计民生而来。王大人主政山东，旱灾过后，百姓生计如何啊？"

王国昌跪禀道："山东虽然连年受灾，只因皇恩浩荡，圣上仁慈，救民于水火之中。现在山东境内各地风调雨顺，民力渐渐恢复，不久可复见昔日富庶盛况。"

康熙帝道："旱灾甫过，再过富庶日子谈何容易。不过齐鲁之地乃仁圣孔子起源，民风礼运甚为厚重，一时天灾也不能撼动什么。"

王国昌回禀道："皇上圣明，山东境内百姓仰望圣驾莅临，感戴皇恩无以复加。"

康熙帝道："朕从通州上船，一路行来，虽见河道宽广，堤岸整齐，龙舟吃水却深浅不一，有时竟然需要纤夫拉纤。至临清地界，大为改观，一路上湖泊环绕，虽然树未吐绿，荷叶尚枯，却另有一番景致。且河宽水深，舟行平顺，堤岸修建平整坚固，朕心甚慰。足见张伯行至济宁后，治水甚为用心，确实难能可贵啊！"

河道总督张鹏翮揣摩圣意，见这两天皇上对张伯行温言有加，独有青睐，况且张伯行又是自己推荐之人，于是急忙上前一步说道："皇上心心念念系于百姓，真是山东黎民之福。山东河段的治理，的确应归功于济宁济东道张伯行。自臣推荐张大人赴命以来，张大人不负皇上圣恩，殚精竭虑，治理河务，堪称河道楷模。"

张伯行忙跪禀道："臣不敢居功。圣上有命，臣即鞠躬尽瘁。多谢河督大人眷顾。"

康熙帝笑道："爱卿平身，起来说话。"

张伯行站起，立在康熙帝旁边。

康熙帝又道："朕听说你在巨野救灾时，从自己家中运来粮食，赈济受灾百姓，有这等事吗？"

张伯行道："回圣上，臣只是解民倒悬，为朝廷分忧而已。"

康熙帝向众人道："像张大人这样，清廉自守，又爱民无私，真可算是我大清官员的楷模。"

众官员齐声道："皇上圣明！"

康熙帝问道："张伯行，你且与朕讲一下，你是如何治理这济宁运河的？"

张伯行跪禀道："微臣至济宁后，常带领手下沿运河南北四处勘察。微臣发现，济宁运河北段河道略窄，河底淤泥太多，故水流不畅，一则影响漕运，二则水至之时无法泄洪。臣思之良久，决定引汶水与沁水至运河，且拓宽河道，清理河底淤泥，坚固两岸堤防。故皇上至临清地界时，所乘龙船可以顺利前行。"

康熙帝微微点头，问道："引汶水与沁水入运河，此举实属不易，爱卿辛苦。可是朕有一问，若遇洪水季节，汶水与沁水同时进入运河，恐给运河两岸百姓带来洪水之灾。"

张伯行道："微臣施工之时，也曾想到这点，故在几条河流上岸皆修建有桥闸。若枯水季节，可开闸放水，以利灌溉；若遇洪水季节，则根据水位调节大闸，也可保各处无虞。"

康熙帝闻听，拊掌称赞，说道："在临清之时，朕已看到爱卿治水用心，故赐你匾额。如今听你一说，朕心甚悦。朕听闻你儒理渊博，深得孔孟之道，于山东圣地任职，也算是相得益彰。"

张伯行道："微臣不敢言诗文于圣驾面前。微臣驽钝苦学，以期能得体圣人之道。"

康熙帝道："朕赐你一扇，你要尽心河务，为百姓造福。"

张伯行复又叩首道："臣恭领圣恩！"

内侍奉上一山水扇面，抬上桌案，康熙帝当即挥毫，扇面书写七律一首：

> 春暮芳菲满禁林，鸾笺暇展学来禽。
>
> 银钩运处须师古，象管挥时在正心。

案上露凝铜雀润,帘前花照墨池深。

却思隶篆原羲画,精理图畴细讨论。

写完扇面,康熙帝对众臣说道:"诸位臣工,尔等皆为大清股肱之臣,一方诸侯,担当重任,定要上报朝廷,下安苍生。利民之事,丝发必兴;厉民之事,毫末必去。今日,朕给张伯行题写扇面,以兹贤能。尔等若励精图治,廉洁奉公,爱民如子,忠贞不贰,朕希望能有那么一天,也题扇于汝等。"

众臣皆跪拜,山呼:"吾皇万岁,万岁,万万岁!"

"满汉大臣,皆为我大清栋梁;满汉百姓,皆是我大清子民。尔等要审大小而图之,酌缓急而布之;连上下而通之,衡内外而施之。上知君之思,下念民之需。惟如此,方可长久矣!"

说完,康熙帝挥了挥手,众人都渐次退下。

傍晚的济宁也有别样韵味。既有别于杭州的杨柳依依小桥流水,也有别于京城的威严静穆大气端庄。运河两岸,游人如织,车水马龙,来来往往,川流不息。挑担的,扛篮的,卖艺的,耍猴的,购物的,转圈的,吹糖人的,卖冰糖葫芦的,你来我往,熙熙攘攘。这边,吆喝声刚起;那边,叫卖声又至。几个女孩子穿着新衣裳蹦蹦跳跳,红红的蝴蝶结在灯笼的映照下,格外醒目。真是个"人间千人拱手,天上万盏明灯"。

康熙帝带着河道总督张鹏翮、皇四子胤禛,随从三五,着便装到济宁运河,赏花灯,看景致,察民情。君臣几人从行宫侧门出发,轻车简从,微服私访。运河之内,游船如织。桨声灯影,画舫桅杆。船头之上,一歌女轻启朱唇,手弹琵琶,曲调袅袅,音符四散。你摇橹,他划桨,欢声四起,让人感觉南言北语人声不绝,东声西音连绵不断。

康熙帝见百姓安居乐业,社会和谐稳定,商贾你来我往,市井烟火人间,欣喜不已。几人沿运河南岸,踱步而行,信步而走,拐进竹竿巷。竹竿巷是济宁城里一条不大的街道,长不过二里,宽不过丈余。街道两边,房屋高低错落,建筑独具风韵,既有江南水乡的勾栏瓦舍,又有北方村镇的蓝砖白缝。沿街皆是门店,前堂后灶,前店后宅。招牌风格各异,楹联对仗工整。器皿物品,俱是竹制,有长,有短,有方,有圆,篮子簸箕,八斗竹筐,有的精巧,有的粗犷。偶遇几家茶社酒馆,三三两两的食客酒徒驻足其间。地面之上,青石铺路,坦荡如砥。灯光洒在竹竿巷,把君臣几人的身影,不时地拉长缩短。康熙帝想,这才是朕所期望的国泰民安!

出竹竿巷,君臣几人走到运河西南岸。康熙帝见一家店铺人来人往,喧闹异常,就抬腿迈进。厅堂上面,挂着一匾,上书"玉堂园"三字,笔力苍劲,内功不凡,让康熙帝暗自点头,到底是孔孟之乡,一个小小的临街店铺居然都有如此高人,真是高手在民间!货架上,酱红萝卜,运河槽鱼,豆酱豆豉,年糕点心,一应俱全。江南的江米甜酒、糯米红酒,塞北的白干大曲、玉米烧酒,琳琅满目,眼花缭乱。孩子们看到这么多好看的、好吃的,纷纷闹着要吃要玩。大人们看到这么多好喝的,禁不住吧哑吧哑嘴解解馋。

康熙帝看到如此景象,一时兴致大发,对张鹏翮悄声说道:"走,且到张伯行府上一看。"

张鹏翮刚想委婉劝阻,那边,皇四子胤禛已着人前面带路,依次而行。

沿运河左拐,不远就是河道府衙。

走到门口,随行侍卫亮出腰牌,大黑一溜烟地往里跑。

张伯行正在书房苦思冥想,总觉得应该把这些日子治理运河的心得体会、所感所悟、经验教训,总结一下,形成文字,留给后人。他身穿粗布衣襟,那是母亲耿太夫人临行前一针一线给他缝制的贴身夹袄夹裤;脚蹬黑条绒圆口布鞋,那是妻子王凤仪给他纳的千层底鞋。到济宁为官这几年,吃的,是从仪封老家拉过来的粮食;穿的,是从仪封老家捎过来的衣裳;用的,是从仪封老家带过来的物品。就是连磨面用的石磨,拉磨牵的毛驴,都是从仪封老家一步一步送过来的。

张伯行时而奋笔疾书,时而苦苦思索,忽听得大黑连骨碌带爬地跑过来,上气不接下气地说道:"大人,老爷,皇上,皇上!"

还没等张伯行听明白怎么回事儿,只见四阿哥胤禛已经进门,康熙帝阔步而入,张鹏翮也步步紧随,不敢怠慢。唬得个张伯行连三赶四地匍匐在地,连连叩首,激动得一句话也说不出来。

康熙帝坐在张伯行的书案之前,随手翻阅,见密密麻麻地写满蝇头小楷,皆是治河心得,不禁龙心大悦,笑逐颜开,随手一挥,说道:"张爱卿平身吧,不必拘礼。"

张伯行诚惶诚恐地站起来,望着康熙帝,不知所措地说道:"怎敢有劳圣驾屈尊寒舍,折煞微臣矣!"

"你能住,我就能来。"康熙帝笑道,"张爱卿夜晚不曾歇息,还在思虑治河之道,朕甚是宽慰。大清官员若都是这种精气神,何愁不江山永固,万古长青!"

"启奏皇上!"张伯行喘口气,平静平静,才缓缓说道,"微臣只是想着把治河之得失整理出来,以示后人。不承想惊扰皇上,微臣之罪。"

康熙帝看着张伯行粗布衣襟,浑身上下不曾有一丝绫罗绸缎,若有所思道:"为官之法,惟有三事:曰清、曰慎、曰勤。知此三者,可以保禄位,可以远耻辱;可以得上之知,可以得下之援。"

之后,像是自言自语,又像是对张鹏翮言:"张伯行官至道台,却布衣布履。不仅知此三者,更是做到三者。如此,大不易矣!"

遂大手一挥,说道:"笔墨侍候!"

那边,端茶进门的玉秀姑娘得知是皇上驾到,吓得魂不附体。听到康熙帝张口,哆哆嗦嗦地双手呈上茶碗。还没等康熙帝接住,忽听"啪"的一声,玉秀姑娘连人带茶一下子摔在地上。

康熙帝见此情景,也是一惊,随口说道:"哎呀,我的儿呀!"

这边张伯行灵机一动,赶紧对玉秀姑娘说道:"还不谢恩。"

那边玉秀姑娘就势双膝下跪,前言不搭后语地说道:"民女谢主隆恩!"

金口玉言的康熙帝见没法改口,就顺嘴说道:"朕今日大喜,得一忠臣,收一义女,真乃福气矣!"

问过玉秀姑娘的生辰八字之后,康熙帝说道:"你和朕还真有机缘。"于是随手取下身上玉佩,赐予玉秀姑娘,道:"这个玉佩是朕西北征战噶尔丹时,新疆当地部落首领献给朕的礼物。既然你名中含玉,就赐予你吧!"

一直默不作声的张鹏翮见水落"玉"出,向前一步,深施一礼,说道:"恭贺皇上双喜临门! 此乃我大清洪福!"

皇四子胤禛见今日皇阿玛兴致极高,就安排张伯行先备好笔墨纸砚,稍后再泡茶品茗。

康熙帝挥毫泼墨,给张伯行写下五言绝句一首:

　　三载齐民饥,多方济一喘。

后先益在兹,晷刻心难遣。

写完之后,康熙帝仔细端详一番,感觉意犹未尽,又为刚刚新认的干女儿玉秀姑娘书写七言绝句一首:

金马词臣赋小诗,梨园子弟唱新辞。
君恩还似东风意,先入灵和蜀柳枝。

书写完毕,康熙帝说道:"来时匆忙,未带印鉴,量也无人敢模仿朕的笔迹。今日先赐,回头待朕暇时,再行补盖。"

张伯行跪谢皇恩,康熙帝温勉有加。

天色已晚,夜色阑珊,喧闹一日的济宁陷入静寂。张伯行携玉秀、大黑、大仪,送康熙帝等人至行宫,久久不忍离去。

回到府衙,张伯行赶忙装饰匾额、御书,准备让王夫人回乡探亲时,供奉在老家仪封的张氏祠堂。又写书信给冉永光,叙说接驾领赐事宜。

九
大用之才

（一）康熙帝感到张伯行才可大用

张伯行自康熙四十二年到济宁,疏浚河道,治理闸口,修建护堤,勤劳不辍,忙碌不止。既为治河以保一方百姓平安富足,又为康熙四十四年迎接圣驾南巡出力流汗。

却说康熙帝此次南巡,一则视察河道治理漕运畅通,二则察看民情考察民生。尤其是山东,前一年历经水患,而后又经旱灾,一直让康熙帝心内不安。

进入山东境内,山东缙绅军民数十万,执香跪迎道左。合奏山东连年饥馑,蒙皇上仁慈惦念,遣官派员到各州县赈济,灾后地丁钱粮屡行蠲免,通省亿万民命使得复生,无不垂涕感激。御舟已过,犹瞻仰不已。康熙帝过临清,到济宁,见堤岸齐整,河水充沛,船行顺畅,又加上看见山东境内度过灾荒,民生渐渐恢复,龙颜大悦,对张伯行极多赏赐。

离开山东,康熙帝继续南巡。他渡黄河、经淮水、过长江,至扬州,到苏杭,在杭州西湖度过自己五十二岁寿诞。

后又抵江宁,自江宁转而回銮,过宝应、淮安、清口,又乘舟渡黄河,再次来到济宁河段。

此时已是四月,雨水相对稀少,河道稍显浅窄。尤其是运河南旺以北,水势甚小。康熙帝在五里铺下营时,见水势甚小,心中有些焦躁,唯恐龙船搁浅在这里。一是出宫两月有余,急着回到京里;再是山东河段水量仍然完全靠天补给,心中不安,所以这日晚上甚是忧虑。

内侍奉命去询问情况,一夜数次到附近闸口,传谕众河官商量应对之策。

山东各地官员,包括张伯行在内,也都在闸口焦急商议对策。

吕岩年道:"开利建闸,让独山湖水接济怎么样?"

嘉祥县知县刘仪山回道:"独山湖水虽然水量充足,可是北面水浅,南面水深,用湖水接济湖之南还可以,湖北面水流不进。"

鱼台县知县提议道:"把利运闸关闭,或者把柳林闸关闭,减少运河出水量,不知可行吗?"

吕岩年道:"只进不出,倒是可以。可哪个地方的水能够急速注入呢? 如果无水注入,关闭闸口也是枉然。"

吕岩年见张伯行低头沉思不语,遂问道:"不知张大人有何高见?"

张伯行应道:"吕大人,刚才我一直在度量地势水情。我想出一个方案,各位大人看可行不可行?"

吕岩年道:"张大人尽请道来!"

张伯行道:"我思忖,南旺河周边湖泊河流水势深浅不一,似可调度。可以先关闭寺前铺闸,然后打开柳林、十里、开河三处闸口,再开利运闸放水北注,运河水势将畅流无阻。"

众人围绕着山东布政地图议论了一会儿,都觉得此法可行。

事不宜迟。吕岩年派衙役乘快马拿着政令去河营宣命,众人一边焦急地等待着回音,一边准备乘船去接驾。

山东大小官员一同赶赴安居码头,正要登船,只见一衙役乘马飞奔而来,回禀道:"其他数闸口皆已听命启闭,只有寺前铺闸口河官,因为百姓们数次请求开闸放水,以利灌溉,不得已先闭后开。"

众人惶急,唯张伯行道:"各位大人,寺前铺闸一旦开着,水将尽流南旺以南,南旺以北水势仍小,御船仍不能畅行。现在只有关闭开河闸、袁口闸、靳口闸,等到御船过去再行关闭,如此水量充足,船行方无滞碍。"

吕岩年听言,立即命此衙役再去传令,令闸官务必如此行动,如不听言,军法处置。衙役听命而去,众人方登船接驾。

龙船行到南旺河段,水势竟然比来时还深。舟行迅捷,霎时即过南旺,向北而去。山东大小官员心里一块石头落地。

行程如此顺畅,康熙帝心情愉悦至极,遂口占一绝《过八闸》:

宛转河形一线通,潜流叠石赖人功。

天庚岁岁关飞挽,全在随时启闭中。

又召见询问事宜,王国昌跪禀道:"调南旺周边湖泊之水以接济运河水量不足,各处闸口开闭办法,都是张伯行张大人筹划得当,御船方能畅行无阻。"

康熙帝听完,对张伯行是口中勉励、心中赞赏,暗觉张伯行此人才可大用,不宜久留于济宁之地。

此时此刻,康熙帝心中已有拔擢张伯行的念头。

(二)奉旨协助德成格设法蓄水,量塘放船

皇上过山东去后,山东大小官员的心才都放在肚子里,众人纷纷赞佩张伯行熟谙水势,治河精当,自不必多言。

张伯行心中也甚感轻松,忙碌小半年,总算可以喘口气儿。

每日除却读书之外,张伯行依旧关注济宁各段河运,大小事情俱不敢疏忽。

这一日,张伯行正在府衙看书,大黑匆忙进来,见到他躬身施礼道:"老爷,外面有一人来访,这是他的拜帖。"

张伯行接过一看,上面写着:广善库郎中德成格。

这广善库郎中德成格本为京官,但分管山东河运。时下为四月中旬,雨水不多,运河水浅,故南北漕运受到影响。德成格无计可施,恐被皇上责骂,故上疏康熙帝。

康熙帝看到德成格的奏折,本想训诫于他。但看到山东河运的字眼,忽然想到张伯行,便授意德成格,可去拜访张伯行。若能请出张伯行,或可以解决眼前困境。

德成格闻听,忙赶回山东,亲自前往济宁道台府衙。

张伯行自然知道德成格分管山东河运,心内有些奇怪,不知道德成格到此何干。

但来人毕竟是自己的上司,张伯行也不敢怠慢,一面让大黑请德成格进来,一面自己出府衙迎接。

正堂上,宾主相见,落座上茶。

张伯行拱手道:"不知郎中大人前来,张伯行有失远迎!"

德成格未曾开言,脸上先显出笑容,说道:"不才冒昧,有扰张大人。山东济宁道张大人之名我早就闻名,却一直无缘相见。今天终于有此机缘,特意登门拜访。"

张伯行道:"在下实不敢当!我只是一治河小吏,哪里劳大人拜访。不知大人今日前来,有何差遣?"

德成格笑道:"实不相瞒,今日我是奉皇上口谕而来!"

张伯行忙起身道:"原来德大人奉皇上旨意前来,张伯行不曾远接,恕罪,恕罪!"

德成格道:"张大人不必如此,请落座。"

张伯行坐下。

德成格道:"事情是这样的。江南漕官上奏山东运河段落水较小,不利漕船行进,于是,皇上就派我来此地封闸兼督促漕运之事。临行之时,皇上特意传谕道:山东济宁道张伯行熟于河务,尔与他设法蓄水,量塘放船,尽心协理,自可无误。故而我一到山东,就来拜访张大人。"

张伯行听到此,急忙面北跪下道:"承蒙皇上倚重,在下定当谨遵圣谕!"

德成格赶忙扶起道:"有张大人协助,我想山东水运定可无忧!"

于是,张伯行协助德成格开始忙于河务之事。

表面而言,张伯行只是辅助德成格处理此事。可由于德成格常年在宫里候职,分管山东河运不假,但真正河务之事所知甚少。故事无巨细,俱要张伯行处理。

张伯行昼夜在运河之上巡查。哪里需要蓄水,哪里需要放闸,哪里需要清淤,哪里需要挖渠,一切安排得井井有条。

德成格落得个清静,每日在府衙中喝茶看书,倒也清闲自在。用他自己的话说,我是充分相信张伯行的,让他放开手脚大胆干,让他有职、有责、有权。

到了五月底,各项事宜俱已安排得当,南北漕运船只畅行无阻。

德成格四处巡视之后,对张伯行大为钦佩,临行之时要宴请张伯行,张伯行坚辞不就。

（三）张伯行捐出俸银再建济阳书院

却说德成格回到京城，忙去拜见康熙帝，回奏在山东蓄水治河之事。

康熙帝见到德成格，开口即问："济宁运河治理如何，张伯行其人其事如何？"

德成格回禀道："主子实乃慧眼识珠。奴才到山东即去拜访张伯行，将主子的旨意一传达，张伯行二话不说，立即执行，不曾有丝毫犹豫，每日里奔波于运河两岸，风餐露宿，日旰忘食。现在看来，张伯行虽是汉人，但对朝廷忠心耿耿，实乃一位不可多得的干才。"

这德成格倒也不是贪功之人，在康熙帝面前将张伯行如何蓄水、如何放船夸赞一番。康熙帝听得龙颜大悦，心想，大清国有这样的能臣、忠臣，真是国之幸事、大清之福。

康熙帝对德成格言道："朕这么多年数次南巡，南北漕运在各地河务管理之下，的确日渐完善。但上次南巡经过济宁，是朕这么多年之中所见过治理最好的一段运河。不仅河流通畅，且各个闸口控水得当，两岸堤坝修建整齐坚固。"

德成格闻听，也不断挑指称赞张伯行。他对康熙帝说，现在满汉一家，不分你我。江山社稷，既要有咱们满人，也要用汉人。张伯行忠心耿耿，且清廉勤勉，主子可酌情奖励。

康熙帝说道："朕知道了。各地管理若有空缺，朕会考虑拔擢张伯行。"

回头再说张伯行。自德成格奉皇上口谕，令自己协助治理山东运河之后，一个月里奔波南北，不曾有片刻歇息。将山东运河各处事宜安排妥当，德成格亦回京城复命，自己终于可以松一口气。

运河诸事皆上正轨，张伯行之心稍微平静。除治河之事，还有一件事张伯行一直记挂在心。

自上次同诸位书生一起游览运河之后，张伯行有多日不曾前往书院查看。忙里偷闲，张伯行决定这几日前往书院。

于是，张伯行带领大黑与大仪再次来到清源书院。

孟惠民、王元吉等人见到张伯行，自是欢喜无比。在书院之中，边喝茶边汇报,将书院内这几个月的情况一一说与张伯行。书院各种工作皆按部就班,各位学子每日里都用心攻读。张伯行闻听,内心也极为满意,接着说道:"斋郎之所事者力,学生之所事者德艺。立论有体,实所以养育人才、维持国家之本也。其曰:'事不习''志不专''教加少''道益贬',尤为卓然名言。"

而后,张伯行又问孟惠民书院之内可有困难之事。

孟惠民略一沉吟,对张伯行道:"张大人,元吉对书院诸事尽心尽力,其他各位先生也都是兢兢业业,故清源书院实无什么困难之处。不过老朽有一想法,不知当讲与否?"

张伯行笑道:"先生有话,但讲无妨。"

孟惠民道:"张大人,前些时日,曾有多位书生前来就读,奈何清源书院人员已满,班额过大,讲台两边都是书桌,有的生员都站到门外面听课,实在是不能再招收新人。每到招生季节,我都不敢待在学院,生怕让人找见。这不,吕岩年吕大人安排的一个生员,现在还没有进班。老朽以为若有机缘,能否在济宁再建一所书院,给更多愿意读书者一个机会。"

张伯行闻听,内心一动。心想,这位孟先生真乃有心之人,乃道:"孟老先生所提,触动张伯行之心,此事确实可以考虑。不过,再建一所书院,也非同小可,需多方勘察方行。"

张伯行回到府衙,马上和大黑、大仪商议书院之事。

大仪道:"老爷,若是再重新修建,第一工期太长,第二耗资太大。我以为最好能用之前废弃的书院,再简单修整,这样既可以缩短工期,又可以节省钱财。"

张伯行点头称是:"既然如此,且去查访一番,看看济宁城内,有没有废弃不用的书院。"

大仪道:"老爷,可先把薛明、李清喊来询问。他二人久居济宁,一定非常了解。"

大黑接口道:"我这腿脚甚快,喊人这事还是我来。"

张伯行与大仪哈哈大笑。

片刻之后,大黑带薛明与李清前来。

张伯行向二人说明自己的想法。

李清道:"大人,济宁倒是真有这样的书院。我听说济宁城东北角之前有一书院,后来不知何故便废弃不用。"

张伯行大喜,说道:"既然如此,你们二人今日带我前去查看一番,如何?"

薛明道:"大人,这有何难,我们也无事,现在即可前去。"

几人当即离开府衙前往这家书院。

约半个时辰后,张伯行等人来到李清所说的这个书院门前。张伯行一看,果然破败不堪。大门之上写着四个字:济阳书院,字迹已经模糊不堪。

济阳书院是济宁旧有书院,原名闻韶书院,后改名济阳书院,因年深日久,渐渐倾圯。书院大致布局和清源书院相若,只是书案、凳子已经残破。

张伯行在其间行走,眼前仿佛出现当年的情景,那些青年学子琅琅读书之声宛若就在耳边响起。他回身对几人道:"此处甚好,我的俸银尚有一些可以使用。薛明、李清,回到府衙之后,你们二人迅速找人打扫书院,该修的修,该换的换,该打扫的打扫,该整理的整理。大仪,你去叫上王元吉,延请先生,制定课表,设置课程,处理院务。"

数日之后,书院修缮完毕。张伯行看过,极为满意。

开学那天,张伯行特意邀请知府吕岩年参加并致辞。

吕岩年深感荣耀,觉得张伯行也不是不通人情,就是有点拗劲儿,认死理,不过干活还是十分踏实。这次皇上对济宁褒扬不已,可以说张伯行功不可没。要不然济宁运河也会跟直隶一样,让龙船搁浅。若是皇上怪罪下来,那就非同小可。况且办济阳书院也是自己将来提拔的加分项,如果济宁再现一科几进士的辉煌,也是自己一大政绩。遂表示要大力支持书院发展,人力、财力、物力都优先考虑。

张伯行亲自为全体生员讲授第一课。他从科举应试的角度,讲解了唐宋八大家的散文。他认为,只要科举考试的指挥棒不变,学院的教育理念、教学方式和教学方法都不能变。那些坐而论道之举,轻者误人子弟,重者误国误民。不仅瞄准帖经、试杂文和对策三场科举考试,还要熟知箴、表、铭、赋,尤其是五经四书、程朱理学,更要熟稔于心。惟如此,学子方能考中;惟学子考中,方能入仕;惟能入仕,方能报国;惟能报国,方能安民;惟能安民,才能实现修身齐家治国平天下的宏愿!所谓"朝为田舍郎,暮登天子堂",盖若是也!

张伯行在课堂上讲道:

古之所称三不朽者,曰立德、立言、立功。是三者果可分而视之哉?

夫惟古之圣贤,本其德而垂诸言,以为功于万世。尧、舜、禹、汤、文、武、周公、孔、曾、思、孟能兼是三者而有之,六经、四子之书是也。自孔门设教分为四科,有以德行称者,有以言语、致事、文学称者。群弟子学焉,而得其性之所近。至于后世,源远而流益分,则三者之各有所立,以不朽于世者,其不能兼亦宜矣。是以文章一道,近于古之所谓立言者,而盛衰升降,亦同源异流,不可胜纪。综而论之:六经,治世之文,文之本也;《国语》,衰世之文也;《战国策》,乱世之文也;秦焚书,故无文;汉之文,贾谊、董仲舒、刘向为盛;东汉之文弱;三国之文促;六朝之文,淫哇靡丽,乱杂而无章,立言之士,盖寥寥焉。至唐有韩退之、柳子厚,宋有欧阳永叔、曾子固、王介甫、苏氏父子,数百年间,文章蔚兴,固不敢望六经,而彬彬乎可以追西汉之盛。后之论者,因推以为大家之文,傥所谓立言而能不朽者耶!

夫立言之士,自成一家为难;其得称为大家,抑尤难也!是故巧言丽辞以为工者,非大家也;钩章棘句以为奥者,非大家也;取青妃白,骈四俪六,以为华者,非大家也;繁称远引,搜奇抉怪,以为博者,非大家也。大家之文,其气昌明而伟俊,其意精深而条达,其法严谨而变化无方,其词简质而皆有原本;若引星辰而上也,若决江河而下也;高可以佐佑六经,而显足以周当世之务。此韩、柳、欧、曾、苏、王诸公,卓然不愧大家之称,流传至今而不朽者,夫岂偶然也哉?盖诸公天分之高,既什百于人,而其勤一生之精力,以尽心于此道者,固非浅植薄蓄之士所能仿佛其万一也!虽然,道者,文之根本;文者,道之枝叶;圣贤非有意于文也,本道而发为文也。文人之文,不免因文而见道。故其文虽工,而折衷于道,则有离有合,有醇有疵。而离合醇疵之故,亦遂形于文而不可掩。韩子之文正矣,而三上宰相书,何其不自重也。子厚失身遭贬,而悲戚之意形于文墨。欧阳子长于论事,而言理则浅。曾南丰论学虽精,而本原未彻。至于王氏坚僻自用,苏氏好言权术,而子瞻、子由出入于仪、秦、老、佛之余,此数公者,其离合醇疵,各有分数,又不可不审择明辨于其间,而概以其立言而不朽者,遂以为至也。

所学者,既是穷理格物之功,又是以资学者作文之用,即于此乎哉。

盖学者诚能沿流而溯其源,究观古圣贤所以立言者,则由六经、四子而下,惟有周、程、张、朱五夫子之书可以上接尧、舜、禹、汤、文、武、周公、孔、曾、思、孟之心传,兼立德、立言、立功以不朽于万世者。夫岂唐宋文人之所及也哉!

众生员听过,莫不交口称赞,皆曰这是听到的最有价值的一课!

(四)思念、苦闷、委屈、无助、恐惧、绝望,都让这眼泪洗去、带走

迟日江山丽,春风花草香。

泥融飞燕子,沙暖睡鸳鸯。

——[唐]杜甫《绝句》

清源书院已经步入发展的快车道,济阳书院也初具规模。张伯行思虑:需要聘请一德高望重之师,作为济阳书院的山人,掌管大局;再把王元吉从清源书院调到济阳书院,协助工作,负责教务。

那边,大仪兴冲冲地跑过来,一边跑一边喊:"老爷,老爷,找到了,找到了!"

张伯行想着,这大仪平时比较稳重,今天这是怎么了,风风火火的。他喝道:"大仪,又没有火上房、水上墙,这么沉不住气。"

"老爷,我说后你也沉不住气。玉秀姑娘,啊,不对,是皇姑,皇姑的对象找到了!"

"真的吗? 在哪里? 怎么找到的?"张伯行一连追问。

"看看,我说你也沉不住气吧,果真如此。"

"快快说来,勿再啰嗦。"张伯行有点急。

"远在天边,近在眼前,就是王元吉。"

"什么? 王元吉?"张伯行有点不敢相信,"到底怎么回事?"

这大仪一五一十地说道。

原来,王元吉乳名叫王岚生,王岚生学名叫王元吉。这王岚生寻找玉秀

不见,心灰意冷,无心功名,觉得无颜再见江东父老,遂四处流浪。一日,饥一顿饱一顿的王岚生流落到清源书院,已几日水米未进,饥渴难耐。适逢冉永光筹建书院,见他乃善良之辈,又有书卷之气,再加上书院正是用人之际,遂收留于他。他只说名叫王元吉,家中诸事也不多言,故一直无人知其前因后果。这次,大仪与其一起筹建济阳书院,日日相处,无意中闲聊,才得知王元吉乃南旺人,家中尚有父母双亲。说起院落房屋,与大仪去寻之地如出一辙。遂问其是否就叫王岚生,未婚妻是不是张玉秀,这才真相大白,让人恍然大悟。

张伯行这才想起第一次见到王元吉,感觉他郁郁寡欢,心事重重。当时事情繁杂,来不及多想,真是"踏破铁鞋无觅处,得来全不费工夫"。

"快说,王元吉现在哪里?"

话音未落,王元吉迎面而来,双膝跪地,嚎啕大哭,边哭边说:"感谢张大人救命之恩,恩重如山,无以回报,唯愿当牛做马。"

张伯行赶紧把王元吉搀扶起来,对大仪说道:"快快回府,快快回府!"

说话间,已回到府衙。那边,早有人告知王夫人和玉秀姑娘。一时间,府衙上下欢乐一片,笑逐颜开。

那王元吉和玉秀姑娘相见,顿时泪如涌泉,两人抱头痛哭,只哭得昏天黑地,死去活来。思念、苦闷、委屈、无助、恐惧、绝望,都让这眼泪洗去、带走。很长很长时间,玉秀姑娘还啜泣不已。

众人见此情景,也都暗自落泪。

大仪说道:"今日乃大喜之日,大家高兴才对。来来来,让王元吉和玉秀姑娘叩拜老爷,感谢老爷的救命之恩!"

二人这才止住哭泣,连忙抹把眼泪,扯扯衣襟,给张伯行和王夫人磕了三个大响头。

王夫人对张伯行说道:"这岚生也已找到,在回老家之前,把他们的婚事办了吧!"

张伯行点头称是。遂安排王元吉和大仪一起,回家禀报父母,通知孟惠民孟先生选择黄道吉日。

大仪和王元吉赶到南旺镇的老家,已是傍晚时分。屋内没有灯光,厨屋也没有烟火之气,冷冷清清,一幅破败景象。

王岚生端开排叉门,叫喊一声:"娘,娘,我回来了。"

停了很长时间,屋里面才传出少气无力的声音:"谁啊? 找谁啊?"

王岚生一听,顿时控制不住自己的情绪,两步并一步地跑到屋里面,连哭带叫地喊道:"娘,娘,我是岚生,我是岚生啊,娘!"

"岚生,你是岚生? 你是俺儿岚生啊?"

"娘,我是岚生,我回来了。"

王岚生的母亲一听声音,就知道是自己的儿子回来,一下子瘫坐在地上,嚎啕大哭起来:"我的那个儿啊,这些天你去哪儿啦?"

王岚生搀起母亲,问道:"娘,你的眼睛怎么啦? 俺爹呢? 俺爹去哪儿啦?"

"你走以后没多久,恁爹就去找你了,至今也没个音信。剩下我一个孤老婆子,日日夜夜想你们俩,眼都哭瞎了。"

老太太说过,站起来,说道:"儿,过来,叫我摸摸。"

老太太从头到脚把王岚生摸了个遍,自言自语道:"是俺儿,这是俺儿。俺儿岚生还活着,俺儿岚生回来了! 老天爷啊,你可是行大好了,你可是睁开眼了!"

大仪见到这种情景,也禁不住泪流满面。

王岚生把这些日子的经过完完整整地给母亲说了一遍,玉秀不仅找到,还被皇上收为义女,现在是皇姑。今天就是专门过来商量亲事的。

老太太听到这里,喜极而泣,眼睛似乎也能看到人影。她转身到粮缸里面,哆哆嗦嗦地摸半天,摸出来几个不知道啥时候的大枣,非要让大仪吃。

大仪盛情难却,推辞不过,只好收下。他对老太太说:"今儿个就叫岚生兄弟住在家,收拾收拾。三月三,也就是过明儿,就把岚生他们的婚事给办了。你看看中不中啊,大娘?"

老太太从地上,不,从井里面,一下子到天上,高兴还来不及,哪有不中之理!

周围邻居闻听王岚生回来,又得知马上成亲,纷纷围拢过来,嘘寒问暖,好不热闹。

大仪放下几两纹银,给王岚生交代几句,准备返回,那王岚生还有一事要大仪做主。大仪问是何事,王岚生说:"玉秀有一个叔叔张满地,当初就是他把玉秀卖到张大户家的,现在玉秀马上要成亲,他还不知道,到时恐再生事端。"大仪道:"现在都啥时候了,还能再怕他不成?"王岚生不敢再言语,可是心里还是有一些担忧,毕竟张满地是玉秀的亲叔叔。大仪看出王岚生的心思,就说道:"张满地那边还是我们去说,你只管做好你们这边的事就中,其他一切不必操心。"

大仪回到府衙禀报情况,说起王岚生的担忧,张伯行思考片刻,附耳给大仪说个办法,大仪点头称是。王夫人这边也抓紧置办玉秀姑娘的嫁妆不提。

且说到了三月三这天,张满地像往常一样,一大早去小杂货铺里溜达一圈,回来见媳妇给他做面疙瘩当早饭吃,很不满意,吃着骂着。正喝着面汤,忽然听到马蹄声声,有两匹快马疾驰到家门前。张满地两口子吓了一跳,赶忙出门看,见是身着公服的两个差人,气哼哼地迈进自己家门。张满地不知何事,吓得不敢言语。其中一个身板强壮的官差说道:"张家岗张满地近前听差!"张满地赶紧走两步恭恭敬敬地回话:"两位官爷,小的在这。"壮官差说道:"张满地,现有道台家的小姐下嫁南旺镇王岚生家,因你们张家曾与王家结亲,听闻你不同意这门婚事,所以道台老爷特意命你去王家走一趟,见证一下王家的新亲,从此以后,与王家断绝关系。听清楚了吗?"张满地心里直犯嘀咕,心想,王家这是走了什么狗屎运,道台的千金都能下嫁?口里却慌忙答应道:"小的这就过去,这就过去。"

三月三,男女老少一身单。这天鸡鸣之后,日出之前,王家娶亲的队伍,带着食盒、酒坛、离娘肉,随新郎出发。新郎王元吉,也就是王岚生,身着蓝绿色长袍马褂,头戴礼帽,插两朵金花,身披红纱,右肩左挎,横腰结穗,不松不散,乘坐一顶坤轿,前去娶亲。

当娶亲的人群行至河道衙门,大仪等人把轿、车、执事等一一接应过去。大门外,两名迎客等在轿前。拿掉轿内扶手后,新郎王岚生走出轿门。几人见面,便是一个抱腕,下至膝、上至眉的碰头大揖,迎客一位前导、一位后跟地迎入客厅。先茶后酒,接着乐起,大仪为新郎披红插花后,新郎遂谢花红并开赏钱。

大仪根据男方家带来的"缘面帖"上定的迎接福神的方位,放好椅子,椅子底下放一桶新水。门口,大红伞把椅子遮挡得严严实实,王夫人正在为新娘描眉化妆,给她穿连夜缝制的嫁衣。

打扮好后,皇姑张玉秀穿上"催妆衣",蒙上三尺头红,腰带上拴上铜镜。

吉时一到,大黑、大仪抬着椅子,送入按迎喜神方位调好的轿内,挂好新帘,一起陪着玉秀姑娘去男方家。

这边,皇姑张玉秀还没有上轿,却抱着王夫人放声大哭起来。子曰:嫁女之家,三夜不息烛,思相离也。张家虽不是"三夜不息烛",却也是按打发闺女准备的,一样都没有少。王夫人想到:这玉秀是个苦命人,没了父母,孑然一身。虽有皇姑之名,却无皇姑之实。越是这样,越不能亏待孩子。遂连夜购买嫁妆,添置衣裳,缝制嫁衣。张伯行也像换个人似的,一改平时不苟言笑的模样,更像一位父亲,慈眉善目,满面春风。大黑和大仪像娘家亲人一样忙前忙后,不得空闲。

此时此刻,玉秀说不出是高兴,是难受,是不舍,反正就想哭,哭得梨花带雨,哭得一塌糊涂,哭得王夫人也禁不住流下眼泪。

见至此,大仪一摆手,吹鼓手高奏喜乐,三声炮连连响起。没等到新郎王岚生到上房门口谢亲,轿头就喊起来"起轿",官轿、坤轿同时抬起。新郎的官轿在前,新娘的坤轿在后,一路上吹吹打打,鸣锣奏乐。

南旺镇王岚生家,一大早就热闹非凡。整个镇子都听说,王岚生要娶亲成人,娶的是从小定亲的张家姑娘,现在是皇姑。很多人都来帮忙,把王家破旧的房院装点得花团锦簇。院子中间,早已摆好"拜天地"的桌子,桌子上面放着一个斗,斗内装五谷杂粮、麦麸皮、花生、桂圆、栗子、红枣和木杆秤。

桌子摆好后,主婚人烧香、奠酒、磕头、烧纸包,然后铺好红毡,等待新人拜堂。

吉时一到,炮响轿落。王岚生的本家兄弟往新娘盖头上撒五谷杂粮,迎亲婆用裹有红纸的秆草点火燎轿底,两童男打着火把围轿转三圈,名曰"燎轿",意为驱邪。轿前铺红毡,一直铺到桌子跟前,上面放火盆、马鞍子。王岚生的本家叔叔抱斗相迎。新娘张玉秀由女客搀扶下轿,迈火盆,过马鞍。夫妻由主婚人引导,徐徐走到桌子前,按女左男右举行婚典,此举为"女人占上首,只有这一回"。

正当司仪哥主持结婚盛典,一对新人一拜天地、二拜高堂、夫妻对拜之际,那边,济宁知府吕岩年闻听皇上义女大婚,也急急忙忙赶了过来,并带来山东巡抚王国昌、山东布政使黄元冀的一份礼物。司仪又专门让一对新人向吕岩年行礼致谢。

席间,张满地两口子也遵命前往,正在那儿挤挤挨挨、喧喧嚷嚷之时,只见新媳妇是玉秀,惊得目瞪口呆,一下子躲得远远的,再也不敢说话。

礼毕宴毕,一切皆顺风顺水!

玉秀姑娘大婚之后,张伯行就安排王夫人她们回乡省亲,一来看望老母亲耿太夫人,二来惦念着师栻、师载的学业。

王夫人想着,老爷到山东以后还没回乡省过亲。这次带着皇上赐的御匾回去,能否再带些山东特产。王夫人与张伯行商议,张伯行心想:自到山东以后,别说回乡省亲,还不断从老家拉东西到山东。今见王夫人要求不高,只想带些特产,孝敬尊长,并不阻拦。

王夫人又说,这次回仪封老家,一定要带上玉秀姑娘他们两口。玉秀姑娘虽已认为义女,但现在是皇姑,皇亲国戚,更是荣耀。回家认祖归宗,也理所当然。

打点行装已毕,王夫人才知道,张伯行并不与其一起还乡,顿时暗自抹泪。

张伯行劝慰一番,言官差不自由,叮嘱大家早去早回,就送王夫人、大黑、大仪,再加上皇姑玉秀,几人一起离开济宁。

张伯行一看王岚生没有陪玉秀姑娘一起回仪封,就有些纳闷,问道:"岚生与玉秀刚刚成婚,安排你们一起走,怎么你一个人留下来?"

王岚生答道:"济阳书院百废待兴,正是关键。此时我若离开,诸多事宜无法进行。故我想留在此地,帮衬书院,也尽我的绵薄之力。"

张伯行闻听,觉得孺子可教。不患得患失,不蝇营狗苟,不夸夸其谈,不揽功推过,不争论埋怨,倘若一直如此,可成大器矣!

毕竟,是金子,早晚都会发光的;是金子,在哪儿都会发光的!

于是,张伯行就让王岚生协助管理书院,并让他在书院用心读书。若有机会也可参加科举,或能博得个一官半职。

(五)张伯行把治理运河的做法与经验整理成册,名曰《居济一得》

济阳书院步入正轨,张伯行内心又想起一桩心事。

《泉河史》乃明代水利专家胡瓒所著。胡瓒自幼好学,手不释卷,为诸生时曾工笔抄写《通鉴》全书。他是万历二十三年(1595年)进士,曾授都水司主事,掌管南旺司,兼督泉闸,驻济宁,主管山东全境河流水利事业。

山东泗水上游的金口坝,地处要冲,每年雨季,沂河、泗水交相冲刷,常致堰塌堤崩,洪水泛滥。为使民众生命财产免遭威胁,胡瓒首先率民培高加固金口坝堤坝,开河分流,减轻洪水对堤坝的冲击,在汶上县设置渡船,在宁阳架设桥梁。水利、交通同时并举,收事半功倍之效。

万历二十六年(1598年),黄河决口,单县黄垌一带运河被泥沙淤塞,漕运受阻。朝廷派工部左侍郎兼佥部御史刘东星为河漕总督。在商讨治河方案时,胡瓒建议疏浚贾鲁河故道,治理汶河、泗水间几百条山泉,汇入鲁河故道。为了制订实施方案,他不畏辛劳跋山涉水,勘察这些河流的来龙去脉,著成《泉河史》十五卷进献。

胡瓒主张不同地形采用不同治理方法。他认为,济宁以西地势较高,蓄水难,泄水易;济宁以东地区地势低洼,泄水难,蓄水易。宜蓄宜排,要因地制宜地确定治理重点。施工方法上,他主张工程应简便地疏泉、挖渠,实行包干;工程浩繁的开河、筑堤等,则集中民工,划好地段,统一调度指挥;寒冬季节,水冷草枯,不宜举办水利工程,以养民力。

张伯行治济宁时,得到此书。他知道,此书乃孤本,故极其珍贵,并详加阅读。治理济宁运河各种方法,即从此书中得到启发。

如今,济宁运河治理已经得到皇上认可,但此书有些地方残缺不全,每每看到,内心感觉遗憾。于是,张伯行决定修复此书,并加以推广,或给后人更多裨益。

但事情说起来简单,做起来何其困难。这本书来自民间,多处缺失。须翻阅各种书籍,了解书中内容,方能猜出缺失。

好在张伯行喜欢钻研各种经书,故夜以继日,并不觉其苦。每每有所收获,欣喜不已。

大黑看到张伯行时而眉头紧蹙,时而苦苦思索;时而翻阅书籍,时而张嘴大笑。

大黑对大仪道:"兄弟,咱家老爷是不是傻了?"

大仪笑而不答。

历经一月之久,张伯行最终将此书修复。

而这一个月中,张伯行又翻遍各种水利专著,再加上自己这几年奔走运河南北,忙于运河治理,也渐渐形成自己一套治理运河的想法和方案。

张伯行想,这些治理河道的心得体会曾得到皇上的肯定,那天皇上御览之后,饶有兴趣。自己何不也编写一部书籍,以示后人?思索半日,终于决定以《居济一得》为题。

张伯行回想自己治水的经历,加之自己平时读书时所得,两者相融,思路逐步清晰起来。

提纲拟好,张伯行就在茶余饭后、公务之余开始动笔。真正动笔,却又觉得甚难。张伯行拿着毛笔,看着眼前的纸张,微微摇头,自言自语道:"人说万事开头难,其言不虚啊!"

终于,开始动笔。一旦动笔,就一发而不可收。自此后,每日里除却一些必须要做的公务之外,张伯行的精力完全投入这本书的撰写之中。

别人喝酒,他在查阅资料;别人打牌,他在奋笔疾书;别人品茗,他在苦心思索;别人憩息,他在挑灯夜战。

夜深人静,整个城市都已经沉睡,唯独张伯行的书房内烛光摇曳。烛光之下,张伯行写写画画,圈圈点点。

隔着窗户,时常看到一个高大的身影折射在窗棂之上。

有时候,张伯行正在吃饭之时,忽然之间想到一点,便急忙放下碗筷,拿出随身纸笔匆忙记下;有时候,张伯行正在和大黑、大仪谈论,灵感突至,便停下话语,开始记录⋯⋯

大黑看得有些发蒙,心想,前些时日,我们老爷已经神经一个多月,这还没好几天呢,病好像又加重几分。

时光匆匆,眨眼之间,几个月就过去,《居济一得》终于撰写完毕。

张伯行写完最后一个字,将笔一放,颓然坐下。他感觉异常放松,又异常疲惫。心,像是被掏空一样,说不出来的虚无。

《居济一得》全书共分为八卷,对山东段运河的地理地貌、水利设施建设、运河补给水源、运河管理和治理做出说明,是一部了解清朝山东运河的重要水利著作。

卷一为运河总论、峄县县丞、台儿庄八闸、微山湖等。在运河总论中,对济宁段运河的工程建设、治理状况做了介绍。

后面几章则对济宁运河各地的治理方法做出详实记录,字字句句皆是张伯行几年心血凝结而成。

最后两章则为治河总论,写出黄河、淮河、运河之间的关系。三条河流牵一发而动全身,任何孤立地治理一条河的方法都不可取,唯有统筹考虑方有所得。张伯行将治河方法总结为四字:疏、竣、筑、塞。

张伯行根据自己的实践,参酌古人治水经验,提出治水的原则是:"补偏救弊,相时度势,毋拘成格,毋循覆辙,善为之节宣。"他认为,河水"宜蓄者蓄之,宜泄者泄之,而河犹有不顺其治者,未之前闻"。这就是说,只要"蓄""泄"得宜,河水就不会为害。

《居济一得》乃张伯行在济宁治河期间最重要的一本水利著作,即使在今日,亦有极重要的参考价值,成为大学水利专业的必读教材。

十
敢于担当

（一）泗水河与南阳湖交汇之处恐有决口之虞

"七月在野,八月在宇,九月在户,十月蟋蟀入我床下。"张伯行随手翻阅着《诗经》,忽听大仪过来道:"泗水县急报:因大雨不断,水势过猛,泗水与南阳湖交汇之处的仲家浅河口闸门,水闸恐有决口之虞。"

张伯行紧急通知何一鸣立即赶到泗水河口,自己带上大黑、大仪,乘舟沿运河一路南下。此时的京杭大运河细雨连绵,河宽水阔。河水不停地冲刷刚刚加固过的堤坝,浪花飞溅,珠玉四起。堤岸上,杨柳依依,雨中傲然;有风吹来,婀娜多姿。张伯行站在船头,一任风流雨散,水起潮落。

船,顺流而下,南阳湖近在咫尺。泗水河一改往日的低眉顺眼,河水暴涨,汪洋恣睢。河口右上方,仲子庙掩映在白茫茫的一片云雾之中,虚无缥缈,宛若仙境。

张伯行登上河口,见泗水知县和诸多河工都在一线,心中甚慰。张伯行觉得,越是困难的时候,越是考验人的时候。在危急关头,在关键时刻,一个人处理棘手事情的能力大小,应对复杂局面的水平高低,解决困难问题的责任担当,都会一览无余、暴露无遗。

泗水知县区孟贤见到张伯行,急忙向前一步,不无忧虑地说道:"张大人,泗水暴涨,河流湍急,河口水闸压力陡增。如不泄洪,恐闸门失守,溃坝溃堤,后果不可想象。"

张伯行见何一鸣还没有赶到,就让大仪再催,快马加鞭,立即到位。通知济宁知府吕岩年、滕县知县黄浚、微山知县王振修一并赶来。突然间,狂风大作,暴雨倾盆,大仪等人皆劝张伯行到仲子庙里避雨。张伯行虽有担忧,却感觉越是这个时候越不能离开。否则,决口事小,数万生灵遭受灭顶之灾,那就无法挽回了。

张伯行顶风冒雨,看着河口水闸摇摇欲坠,忧心忡忡。泗水发源于蒙山腹地,为"四渎八流"之一,一路向西,支流甚多。两千多年前,孔子就在泗水河畔,发出千年一叹:"逝者如斯夫,不舍昼夜。"由此可见,泗水绝不可等闲视之。

这些天,泗水中上游一直暴雨不断,雨水顺流而下,皆汇于此,仲家浅河口闸门的压力可想而知。若不开闸门,泗水河一直水涨船高,随时都有决口危险。到那时,不仅仅是丢官去职,恐怕是灭门之罪。若打开闸门,泗水可以高枕无忧,可河水一泻千里,倾盆而下,微山岛、鱼台县上的万千百姓将会无家可归,生死难料。

张伯行陷入巨大的矛盾之中。得与失、荣与辱、生与死、成与败,均在一念之间。如何取舍,张伯行一时无法定夺。

正在焦急万分时刻,何一鸣匆匆赶到,吕岩年等人也相继而至。

张伯行问何一鸣:"泗水历史上最大流量是多少?"

何一鸣想了想,说道:"宋仁宗至和元年,曾经达到两千二百个流量。"

"那时候的状况是什么?"

"哀鸿遍地,一片泽国。"

"现在流量有多少?"

何一鸣紧盯湍急的河水,揣摩片刻,说道:"现在少说也有一千八百个流量。"

"按你的经验预测,雨天还能持续多长时间?"

"从历史记录上看,这种暴雨在齐鲁大地偶有发生,但持续时间这么长、面积这么大,却是少见。"

"如果现在不开闸,决口的可能性有多大?"

"现在不开闸,问题还不太大。如果继续下去,结局难料。"

张伯行侧身问吕岩年:"吕大人意欲如何?"

吕岩年抹了一把脸上的雨水,说道:"如果开闸,属于正常泄洪,水大水小,皆为天灾,我等奏明圣上,想必问题不大。如果不开闸,泗水河决,威胁曲阜,直逼邹城,此乃圣贤之地,我等罪责难逃。"

微山知县王振修,也就是发明微山湖留庄筒子鱼的那个知县,急急忙忙地对吕岩年说道:"知府大人高见! 当务之急是开闸放水,这样才可以保证曲阜无虞,邹城无恙,泗水安澜。"

滕县知县黄浚一言不发。黄浚,号秀宗,歙县人,贡生出身,为人正直,爱民如子,政声颇佳。

"张大人,开闸放水吧! 你看看,泗水一直往上涨,超过警戒线一尺有余。"吕岩年看张伯行没有吭声,又说道:"张大人,说到底,这是你职责范围之内的事情,我们只是来捧个人场。"

"对对对,我们是捧个人场。"王振修说道。

一直没有表态的滕县知县黄浚说道:"要说责任,我们都有责任。此刻开闸,无异于悬河倒灌,微山、南阳两岛百姓将是灭顶之灾。王大人,你是微山知县,怎么能是来捧个人场呢?"

说得那王振修面红耳赤地躲在旁边。

雨,在一个劲儿地下;

水,在一个劲儿地涨。

吕岩年见张伯行迟迟不让开闸,就说道:"张大人,我府中还有要事,先行一步。告辞!"

那边,微山县知县王振修没等吕岩年的话音落地,就接着说道:"我去送送吕大人。"

话没说完,两个人都无影无踪。

张伯行扭头问何一鸣道:"你刚说泗水流量最大的时候是在北宋仁宗时期,你可知道,北宋仁宗时期,是谁说过'临大事而不乱'和'临利害之际不失故常'这两句话?"

何一鸣答道,这两句都是苏轼的话。"临大事而不乱",出自宋仁宗嘉祐五年苏轼应制科考试试卷《策略四》,苏轼时年二十四岁;"临利害之际不失故常",出自苏轼任翰林学士知制诰时为皇帝代拟的圣旨《陈侗知陕州制》。

"苏轼这一观点秉承其父苏洵的思想。"滕县知县黄浚接着说道,"苏洵在《权书·心术》中曾说:为将之道,当先治心。泰山崩于前而色不变,麋鹿兴于左而目不瞬,然后可以制利害,可以待敌。"

"我们现在最最需要的就是'临大事而不乱''临利害之际不失故常'这种

从容不迫、应对自如的处事态度。当大事来临的时候，不惊慌失措，镇定沉着；在利害冲突的紧要关头，不患得患失，保持常态。这显示的不仅是胆量、毅力，还是经验、才干和公心。"张伯行抬头仰望天空，又习惯性地咬了咬下嘴唇，坚定地说，"区大人，你马上安排众河工坚固闸门，动用抗洪料物，抢运麦秸石头，不到万不得已，绝对不能轻言开闸；何一鸣，专业人做专业事，你密切关注河水动态，一有异常马上报告，主意你拿，责任我负；大黑、大仪，你们两个分头行动，尽快赶到微山岛和南阳岛，动员百姓尽快往高处转移，越快越好，一定要记住：不能漏下一户一人！"

"黄大人，区大人，今日之事我一人承担，与你们无关。为了万千百姓，张伯行只能豁出去！"

"张大人的操守秀宗倾慕已久，张大人的名声秀宗早有所闻。今日不开闸，这事儿我也算一份。咱们两个担责，一个人一半，就轻多了。"黄浚说得坚定而有力。

泗水知县区孟贤这时候淋得像个落汤鸡，浑身上下没有一点干地方。他哽咽地说道："感谢两位大人倾力相助。其实，开闸，不开闸，我都难辞其咎，都是死路一条。两害相权取其轻！两位大人尚能舍生取义，孟贤焉能独自求生？"

轻易不动感情的张伯行此时此刻眼睛突然间有点湿润。他抬头看天，像是自言自语道："这雨可是真大啊！"

忽然，远处雨中，一匹快马疾驰而来。马上之人很远就大声叫喊："大人，大人，张大人，区大人，八百里加急，八百里加急！"

"快快报来！"一向沉稳的张伯行也有点急不可待，区孟贤更是焦急万分。

"大人，驿站快报，兖州以上暴雨渐小，曲阜、邹城、蒙山诸地雨水渐止，泗水支流来势趋缓。"

一身泥水的何一鸣跑过来，喊道："大人，河水流量减少，水头势弱，水位一直徘徊。如此下去，仲家浅河口闸门可保矣！"

几个被淋成落汤鸡的官员，顾不得自己形象，一个个在雨中大喊大叫起来。那喊声，那叫声，那雨声，那水声，汇聚成泗水河的滚滚波涛，流过闸门，流过微山湖，流过南阳岛，流过大运河，一直流到线装史册，流成人们永恒的记忆！

（二）张伯行情不自禁地想起那首梦牵魂绕的豫东小调

说不清是雨水还是泪水在脸上流淌，几个人都像孩子一样放纵着自己，张扬着个性。张伯行的记忆中，只有结婚前夜，他和大仪在仪封老家，寻找王凤仪送给的香囊时，才这样舒畅过、自由过、浪漫过。眼前泗水流淌，耳畔涛声依旧，张伯行情不自禁地想起那首与"汴水流，泗水流，流到瓜洲古渡头"异曲同工的豫东小调：

> 黄河流，汴河流，河水向东没有头；黑哥哥，你再回首，小闺女儿跟你手拉手。
> 黄河流，汴河流，河水向东没回头；黑哥哥，你再回首，小闺女儿等你在家门口。

滕县知县黄浚抹把脸，看着咆哮不已的泗水河，喃喃低语道："晦庵前辈笔下的泗水，让人迷恋而又沉醉。此时的泗水，怎么变得让人如此遥远而陌生呢？"

泗水知县区孟贤大声诵道："胜日寻芳泗水滨，无边光景一时新。等闲识得东风面，万紫千红总是春。"

听到区孟贤吟诵朱熹诗作，张伯行从往事中回过神来，说道："晦翁不仅写过《春日》，他还说过一句话：一心可以丧邦，一心可以兴邦，只在公私之间尔！老天爷也是看着我们几个出于公心，才保佑泗水安然无恙。"

张伯行接着说道："取法于上，仅得为中；取法于中，故为其下。我们今日是取法于上，所以结局十分圆满。"

黄浚向前一步，对着张伯行深施一礼，说道："务言而缓行，虽辩必不听。多力而伐功，虽劳必不图。慧者心辨而不繁说，多力而不伐功，此以名誉扬天下。今日一举，张大人足以担此句矣！"

区孟贤、何一鸣纷纷说道："张大人上报圣心，下抚黎民，敢担当，善谋断，让人钦佩！"

张伯行一笑道："诸位仁兄过誉。既如此，我们何不到仲子庙，一拜御笔，二谒圣贤。"

众人皆应。

仲家浅村的仲子庙,是为纪念孔子的得意门生仲子路而建。仲子,名由,字子路(前542—前480年),春秋末年鲁国卞人。仲子有兼人之资,尚刚好勇,闻过则喜。孔子曾曰:"自吾得由,恶言不闻于耳。"仲子为孔子赶过车,做过侍卫,随孔子周游列国,直到六十一岁时才离开孔子到卫国任大夫。

此时,雨住天晴,云开雾散,水洗过的天空格外湛蓝,蓝得一丝不挂,蓝得傲睨一切,蓝得让人想哭。

泗水知县区孟贤前面引路,几人信步走到仲子庙前。正殿上方,高悬康熙帝御笔:"圣门之哲"。匾额长有丈余,宽有三尺,鎏金大字,金花镶边,笔力苍劲,不怒自威!

众人皆整理衣冠,稍饰鬓发,双脚并立,对着匾额拱手施礼,以谢皇恩。

区孟贤说道,康熙三十八年,皇上南巡,仲子后裔仲秉贞随衍圣公迎至德州御泉庄。二月二十三日未刻,龙舟泊仲家浅。仲秉贞率阖族诸臣跪迎圣驾,晋红梅水仙,启奏:"皇上两次临幸,万载难逢,乞赐御笔宸章,增光臣祖。"蒙宣谕旨:"看河去的急,不及写,回来赐你。"銮回,仲秉贞随衍圣公复迎至江南界上,星夜兼程,趋家祗候。五月初三日申刻,率阖族诸臣迎接圣驾,一时喜动天颜,特命仲秉贞等门前候旨。移时,皇上驻跸仲家浅仲秉贞宅第之右,御龙舟外,特命郡王、众皇子诣臣祖庙。仲秉贞率阖族迎候毕,皇上宣乾清门侍卫马武、海清颁御制"圣门之哲"四字,宣旨云:"朕巡幸往返,你们迎接甚难,为此特赐你祖庙字。"秉贞回奏:"陛下赐臣字龙飞凤舞,出圣入神,增光臣祖,历代帝王崇儒重道,无此隆重。臣等不胜荣幸,定当奉为传家至宝,永戴皇恩。"前面右侧上首的宸翰楼,就是当时皇上驻跸的行在。

张伯行问道:"我记得皇上还曾于此赋诗一首《仲子庙》。"

"是的。皇上见泗水潺潺,微山葱葱,山清水秀,草木葳蕤,一路风调雨顺,百姓安康,顿时龙颜甚喜,口占一绝。诗也不长,我且诵与诸位大人。"泗水知县区孟贤静穆片刻,吟诵道:

> 河口孤祠在,千年祀典存。
>
> 当阶松半偃,绕砌薛堪扪。

怀古题新额,遗风想圣门。

行舟清昼永,岸草采芳荪。

"康熙四十二年,我刚到济宁任职,适逢大灾之年,饥馑遍地,民不聊生。仲家拟修仲子庙,可百姓食不果腹,衣不遮体,哪有工夫去做此等事情啊?"张伯行接着说道:"当时的翰林院五经博士仲秉贞与儿子仲承述,面临修庙与赈灾的艰难选择,最后还是决定,拿出拟用于修缮仲子庙的银两和粮食来赈济灾民,泗水灾民多赖以存活。"

区孟贤说道:"大人所言不虚。我曾立石《大部明文优免杂差碑》:凡仲庙宗族庙丁礼生洒扫人等,遵照顺治十三年旧例,一切地亩杂项差徭概行蠲免。如有保总地方书役妄行扳扰者,许即赴县陈禀,立刻锁拿重处,申解不贷。"

黄浚说道:"仲家到底是圣贤之后,秉承先祖之民本思想,民贵君轻,才会有此善举。"

张伯行说道:"我自幼习武,所学皆是子路八卦拳。至今身体尚可,皆得益于此。"

何一鸣问道:"子路八卦拳包括拳术、器械、医术和八卦养生功,那张大人也一定精通医术啊?"

"医术我略知一二,不过都是些皮毛功夫。八卦养生功现在倒是一直在练。"张伯行说道,"大黑、大仪他们还在岛上,我还要赶过去看看。既如此,黄大人你且打道回府,咱们后会有期。区大人和一鸣你们在此继续辛苦,加固堤坝,堵塞管涌,越是到最后时刻越容易出现纰漏,绝对不能有丝毫大意。"

随后,几人兵分两路,依依惜别。

(三)张伯行深入鱼台县查看灾情,访贫问苦

出了仲家浅的泗水闸口,张伯行坐船进入济宁南四湖。南四湖虽然各有其名,但湖湖相通,水水相连,你中有我,我中有你。从南往北依次为微山湖、昭阳湖、独山湖、南阳湖。

此时的南阳湖,一改刚才的浊浪滔天,汹涌澎湃,变得异常的静谧与温顺,娇柔与妩媚。让人根本无法相信,短短一日,南阳湖发生这么大的变化:

翻天覆地,面目全非,非此即彼,判若两人……张伯行想起很多词语,觉得都不能表达出这种感受。

"荷尽已无擎雨盖,菊残犹有傲霜枝。"风摇荷叶,雨洗莲蓬。张伯行看着这满眼碧绿,想起千里之外的仪封,想起仪封城外的荷塘,此刻,也该是一碧如洗吧!

离开仪封老家已是三载,母亲耿老夫人的身体依然安康吧,师栻、师载的学业大有长进吧,请见书院运转还好吧,冉永光从嵩阳书院回来了吧……

感情一向不轻易外露的张伯行突然间变得儿女情长!是什么让人无端泪涌?抬头仰望雨后的天空,只见云朵一直往西漂移。张伯行想起同乡诗人江总路过微山湖时写的一首诗:

> 心逐南云逝,形随北雁来。
> 故乡篱下菊,今日几花开。

怎么会突然间冒出来江总这首诗呢,张伯行也感到纳闷。此时此刻,此情此景,故乡竹篱下那一丛丛、一株株菊花让人一直惦念却是真的。又到大雁飞过、菊花插满头的季节,心儿随着西去的云朵回到故乡,孑然的身影伴着大雁孤独归来!故乡那寄托着无数思念和牵挂的菊花,什么时候才会盛开怒放?

张伯行觉得,江总这个同乡诗人名声着实不佳。虽官至宰相却不理政务,整日与陈后主游宴寻乐,以致国政日颓,纲纪不立,成为亡国宰相。也许是国家不幸诗家幸,南朝灭亡,以往的荣华富贵俱成过眼云烟,江总也从座上宾变成寻常客。他的诗风变得沉郁而厚重,浮艳之色渐渐淡去,怀念故国凭吊旧土之作渐多。故乡之情与故国之痛让他无法自抑,流云南逝,北雁南归,以往衣锦还乡与眼前孤身单影,都化作行行诗句流于笔端。只一句"故乡篱下菊,今日几花开",便胜过他成百上千首的艳体诗作。

由此可见,责任胜于能力,细节决定成败。人还是要干好本职工作,无论作诗、绘画还是书法,作为一种爱好无可厚非,可要本末倒置摆不正位置,轻则害人害己,重则误国误民。江总的所作所为让张伯行深深感到,作诗有妨正学,书法有误正业,遂决定诗不示人,书不与众!

正当张伯行有点离愁别绪之时,接到驿站快报的大黑、大仪和鱼台县知县高于嵋,已在码头上等候多时。

史载:高于嵋,康熙三十年(1691年)辛未科三甲五十九名进士,河南宁陵人。

从康熙帝御驾光临的码头拾级而上,张伯行依然能感受到皇上君临天下的威严与铺张。高于嵋前面一边领路,一边不厌其烦地叙说着南阳镇的古老与沧桑。

南阳古镇,属于鱼台,至今成镇已越千年。战国时即有记载,之后是沧海桑田。至元代始,开济州河,建南阳闸,修沟挖渠,打堤筑坝。以降,人皆众,物皆聚,村落瓦舍,街道小巷,再现鸡鸣犬吠,又见烟火人间。京杭运河,穿岛而过,南来北往,熙熙攘攘。时而丝绸瓷器,布帛纱棉;时而金银铜铁,粮油米面。才闻樯楫橹桨之声,又遇渔夫船工之面;刚看鱼鹰捕鱼,再观渔家撒网;这家渔船披红挂彩疑是娶亲迎客,那艘舢板轻轻慢摇就像夫妻还家。渔船官船,大船小船,相向而行,顺流而下;水陆交错,河湖相连,岛在水中,河在岛上,镇在湖中。百余岛屿,星罗棋布;万亩湖面,点缀其间。后人有诗曰:

千顷波澄远,晴光潋滟生。迎风开晓镜,夹水卧长鲸。山色当前好,村烟两岸明。居民无病涉,斯独慰予情。

张伯行打断高于嵋的话,问道:"现在不是听你吟诗作赋的时候。你且说一下,南阳镇现在灾情怎么样?受灾人口有多少?有没有淹死人?"

高于嵋怔了一下,说道:"南阳镇地处独山和南阳二湖的交汇处,是鱼台县所属最大的镇。辖湖面十五万余亩,拥有耕地大约两千五百二十亩,周回四十余里,六百七十二户三千三百六十人。目前受灾面积将近千亩,受灾人口八百多人。由于驿站快报,大黑、大仪两位大人来得及时,没有死人事件的发生,地势低洼的民众都转移到高处。暴雨倾盆,河水倒灌,再加上防范意识差,临河住户损失较大。谭村寺、张家堰、枣林等沉粮地的村庄,灾情严重。"

大黑和大仪简单叙说到微山、南阳二岛迁安救护的情况。两岛保甲制实行得都比较好,十户一甲,十甲一保,群防群控,联防联动,保长、甲长也都比较负责任。现在,家家户户也都有序返回各自家中,生产生活秩序逐步恢复正常。不过,年轻力壮之人还在待命,以防不测。

张伯行听后,满意地点了点头。

正在说话之中,高于嵋向着路边一院落拱手施礼,指着院内三间瓦屋说道:"皇上驻跸南阳,察看民情,就是下榻在院内这座房间。皇上走后,我就下令保持原貌,一桌一椅都不曾挪动。"

张伯行看着这青砖小瓦、石鼓门当,看着这桂花遍地、馨香满园,看着这桌案条几、木窗木门,仿佛又见到康熙帝那君临天下的面容,想起他御笔题诗的红木纱扇,想起他亲手赐予的"布泽安流"。张伯行暗自想到:这些年饱受龙恩,无以回报。惟有殚精竭虑,尽心尽责,清正廉洁,不忘初心,才能上报朝廷,下安百姓;才能仰无愧于天,俯无愧于地;才能行无愧于人,止无愧于心!

张伯行走在青石铺就的石板路上,见街道两侧店铺门窗紧闭,木板紧扣,招牌被刮得东倒西歪。街上的人逐渐多了起来,人们已经从暴雨中缓过神,一个个都在抗灾自救,守护家园。张伯行叮嘱高于嵋,要按照保甲制的要求,一家一户进行查看,有没有断炊断粮的,有没有缺衣少穿的,有没有房倒屋塌的。要对困难百姓及时救助,开仓放粮,确保有衣穿、有饭吃、有活干。一定要再现一个炊烟袅袅、灯火阑珊的南阳岛,一定要再现一个或买或卖、热闹非凡的鱼台县,一定要再现一个蓝天碧水、红荷白鹭的南阳湖!

(四)南阳镇竟有阎廷谟的《北河续记》,实乃出人意料

张伯行问高于嵋:"灾民都集中安置在哪里?"

高于嵋答道:"大禹庙、文公祠、河神庙都有,以河神庙居多。"

"走,咱们过去看看。"

张伯行走到南阳镇最南端的河神庙,见大殿里面住满灾民。两侧厢房堆满大包小包,人们神色不安,衣着凌乱,明显感觉到逃离之时的匆忙与紧张。西南角的厨房之内,几个孩子依偎在一起,面露饥馑之色。

好在是天已放晴,大家都稍稍松口气。看到张伯行几人走近,众人都围拢过来。大黑、大仪忙把张伯行护在身后。

张伯行轻轻拨开二人,对众人说道:"父老乡亲们,你们受苦了!"

一位老人揉了揉眼睛,问道:"你可是济宁张大人?"

"张大人,你是张大人,前年在济宁,你还亲自给我盛过一碗粥呢!"老人一摆手,叫过来一个十来岁的男孩儿:"小贵,快,快过来给张大人磕头。"

那个叫小贵的男孩子有点怯生,躲在老人身后不出来。

老人又说:"张大人真是个活菩萨啊,救了俺家孙子一命。要不是恁开仓放粮,俺爷孙儿俩早就不知道饿死哪儿去了!"

张伯行问道:"他的爹娘呢?"

老人答道:"前几年灾荒不断,庄稼颗粒无收。官家整天让交这税那税,喂猪交猪税,喂羊交羊税,去井里挑担水也要交水税。在家实在是活不下去,他们撇下这孩子,外出逃荒要饭走了,到现在没有一点音信。"

话没说完,老人已经泣不成声。

张伯行听后心里面一阵酸楚,不知该如何安慰老人,扭头对高于嵋责问道:"皇粮国税,自古皆然,天经地义。南阳岛满目皆水,可这个地方挑水居然要交水税,我还是头次听说!"

"南阳岛深居湖中,四面环水,远离陆地,我来之甚少,也是第一次听说有此等事。"高于嵋摇了摇头,说道,"老人家,你是哪个村子哪保哪甲?"

"俺是横坝北边谭村寺三保一甲的。"

"高大人,你我皆读圣贤之书,同为进士出身,上要报皇恩,下要安黎民。归德府与开封府地界相邻,宁陵与仪封相距不过百里之遥,你我可谓同乡近邻。朝廷派你我到孔孟之乡做官,在此圣人故地,居然出此丑闻,你我应感到羞耻。"

"张大人,请恕我失察之罪。高于嵋虽位卑官小,但也是耕读传家,世受皇恩,断不敢触碰底线。我定会严查此事,还百姓一个公道。不管涉及谁,都会一查到底,决不轻饶。"

张伯行感觉高于嵋书生出身,不是邪恶猥琐之人。听至此,脸色稍微好了一些,语气也缓和许多:"村里面有没有黑恶势力,一定要查个水落石出,一清二楚。对那些欺压百姓、鱼肉人民、横行乡里、吃拿卡要之徒,要严惩不贷,绝不能姑息养奸。"

之后,张伯行对老人说:"我给你一帖,你且带上,去济阳书院找王元吉,让他安排孩子读书识字,将来报效国家。你就在学院帮工,也可照顾孙子。"

老人闻此,更是感动得热泪盈眶,拉着孙子重重地磕了几个响头,唬得大黑赶紧把他们拉起。

那边,众人一听是济宁开仓放粮的张伯行张大人,呼呼啦啦都跪了下来,叫喊声此起彼伏。

张伯行看着地上黑压压一片人,连忙说道:"老少爷们儿们,都快快请起。这次雨灾,和前几年的水灾、旱灾都不一样,大家一定要提起劲儿,进行生产自救。实在有困难,由甲长、保长负责统计,镇负责救济,县里面兜底。"

见此情景,高于嵋也有点激动。他走到大殿台阶上,高声对众人说道:"众位乡亲,我是鱼台县知县高于嵋。今天,张大人亲临鱼台,走进南阳,抗洪救灾,慰问百姓,这是多少年都没有见过的。现在灾情已过,大家收拾收拾行李物品,尽快回家。我已经给张大人打过保票,一定把大家妥善安置好。有什么困难和问题,就找我高于嵋!"

众人千恩万谢,不忍离去。张伯行再三劝说,高于嵋一再保证,大家才拖家带口拉拉扯扯地回家。

待众人全部离开,天色已晚。暮色苍茫,西天居然现出一抹彩霞,映照在南阳湖的万顷碧波之上,闪耀着金子般的光芒。

张伯行正要离去,抬头忽见一石碑。上前仔细一看,写着几个大字:北河续记。下面又一行小字:阎公廷谟……余字逐渐模糊不清。

张伯行心道:如此偏僻之地,竟有阎廷谟的《北河续记》,实乃出人意料。询问高于嵋详情,方知此碑篆刻的果是阎廷谟的《北河续记》。

　　史载:阎廷谟,字献儒,号嵩岳,河南孟津县人,官至正三品。顺治丙戌科(1646年)进士,授工部都水司主事,管理北河等处河道。时黄河决封丘,他亲临督修,露宿河堤,治理河患,得到康熙帝的称赞,曰:"有阎爱卿,朕无北顾之忧矣!"

阎廷谟任济宁道治理运河之时,风餐露宿,栉风沐雨,曾在此庙居住半月有余,建闸门,开沟渠,疏河道,清淤泥,运河始安。任中,对河势有所研究,编有《北河续记》八卷。后人为纪念阎公,故刻此碑。

张伯行看到碑亭年久失修,字迹业已不清,顿时感慨不已,遂对高于嵋说道:"你我与嵩岳前辈皆是河南人,三人先后均在济宁为官,算来也是缘分。我在治理黄河之时,偶得前辈真传。今又治理运河,皆受益于《北河续记》。请高大人务将此碑修葺,重刻碑文,让后人念前辈之功德,知治河之艰辛!"

高于嵋一一承诺,并邀请张伯行暇时再来鱼台小县瞧瞧,再来南阳古镇看看。到那时,一定会看到南阳古镇"晴天不见日,雨天不漏水"的盛世繁华。

(五)陈廷敬、张鹏翮向康熙帝举荐张伯行

从南阳古镇回到济宁,张伯行苦苦思索兖州府属十五州县的河道走势,如何趋利避害,造福百姓。黄河、运河无疑是治理的重中之重,但黄河、运河牵一发而动全身,以济宁的一己之力只能是杯水车薪。所能做到的,就是把济宁这一段治理好、管理好。

可黄河、运河之外,泗水、汶水、沁水、灉水、济水、洸水、府水,诸多河流,也都是济宁的生命之河。当秋汛水溢,淹民田数百万亩。当疏浚弘深,使十五州县之水,皆安流由灉入运,由运入海。向之壑泽,应为膏腴。丘之西,五岔口遇曲为患,当修堤筑堰,引水进入道,让十五州县士民皆得其利。由此可见,《居济一得》不但要写在青灯黄卷里,更要写到济宁大地上。

康熙四十五年二月,张伯行至济宁任道台已有三年,各种公务也都有条不紊地向前推进。有些棘手的事,正在逐步化解;有些遗留的问题,正在逐渐解决;有些长期积存的矛盾,正在相继理顺。三年了,张伯行已经深深融入济宁这座城市,成为名副其实的济宁人。那纵横交错的大街小巷,河湖相连的水上人家,江南风韵的园林小院,都让张伯行迷恋其中。青堂瓦舍、亭台楼阁、寺庙古刹护卫衬托,宅邸花圃、学堂文苑、酒楼歌馆竞相生辉;官衙商铺随阶而建,园林邻居傍水而居;家家凭栏观碧水,户户依窗赏河风,济宁的一草一木已成为张伯行生命的一部分。

因为一些人,爱上一座城。张伯行却是因为一座城,爱上一些人。孟惠民、王元吉、戴名振、黄浚、区孟贤、高于嵋,还有吕岩年,甚至有点滑头的王振修,都让张伯行感受到他们的长处、他们的优点、他们的可爱。物各有所用、各有其利,人各有所长、各有所短,要因材施用、用人所长、避其所短。

张伯行记得同朝为官有一面之交的顾嗣协曾写过一首哲理小诗《杂兴》："骏马能历险,犁田不如牛。坚车能载重,渡河不如舟。舍长以就短,智高难为谋。生才贵适用,慎勿多苛求。"听说顾嗣协由岁贡生授任广东新会知县,立志革除弊端。入县境之前,就指天誓日,要做一个有所作为的清官。到任后,顾嗣协在县署题对联"留一个不要钱的新会县,成一个不昧心的苏州人",以表心志。他在新会任职期间,将新会陋规十二条"勒石永禁",为地方"除苦累事"。张伯行想:这顾嗣协着实有值得学习的地方。

想起顾嗣协,张伯行不禁又念叨起陈鹏年。他与陈鹏年意气相投,三观相同,共同话题也很多。很长很长时间没有陈鹏年的音信了,不知道他就任江宁知府之后情况如何。

张伯行正在府衙议事,忽然门外一阵骚动,张伯行一愣,高声问道:"外面何事?"

大黑从外面进入禀道:"老爷,王元吉在门外,要见大人,说有急事。"

张伯行道:"既是元吉,快快请进。"

片刻之后,只见王元吉急匆匆地来到张伯行面前,脸上显出惶急之色。

张伯行急忙问道:"元吉,何事如此惊慌?"

王元吉跪倒于地,悲声道:"回大人,晚生刚刚得悉,陈鹏年大人被总督噶礼以大不敬之罪参本,现已押解京城。"

张伯行大惊,失声道:"大不敬是要问斩的啊,沧州到底做出何事?"

原来因赈灾山东有功,陈鹏年被皇上擢升至江宁任职。至江宁后,陈鹏年即禁止赌博,取缔妓院,将办妓院的南市楼故址改成乡约讲堂,并宣读圣谕,讲解儒学,传承程朱,教化众生。得知陈鹏年在妓院旧址宣读圣谕,两江总督噶礼如获至宝,忙参本陈鹏年。

张伯行闻听,内心也是惶急无比,但言语之中依旧安慰王元吉。说当今皇上圣明,陈鹏年必然无事。一定要相信皇上,相信律例。不要托人说情,不要请客送礼,不要对抗隐瞒,不要打探消息。

不几日,京城来信,果如张伯行所说,康熙帝知陈鹏年为官清正,虽罢其职,并未深责,命陈鹏年在京城戴罪修书。

此事在张伯行内心深处掀起阵阵波澜,一方面宦海沉浮,让人唏嘘不已;另一方面,康熙帝之圣明更加坚定了张伯行要为朝廷效力、为民请命的决心。

于是,提笔书写奏折一封,上奏康熙帝:

> 臣张伯行谨奏,为奏闻事:
>
> 国家岁漕数百万石,以实京师,全赖会通一河。而会通河又借汶泗二水,以济运。开河之始,筑堰城坝以遏汶水,又开堰城闸引汶水,由洸河至济宁济运。复筑金口坝,以遏泗水。又开金口闸,引泗水由府河至济宁济运。迨其后,宋礼听老人白英之计,筑戴村坝引汶水于南旺,分流济运,遂置泗水于不问。由是府河大半淤塞,而水之入湖者亦复无几。泗河之水,乃不至济宁马场湖,而合沂水以出鲁桥矣。今宜大开府河,使泗河之水由金口闸引入府河,至济宁马场湖内,蓄之济运。又于泗上诸泉源,大加疏浚其逆流纤道者改之,乱石壅塞者顺之,脉络不通者浚之。务使水势畅流,则诸泉之入湖者无穷,而所蓄必多,或转迟为速之一法也。再查,济宁至台庄,将及四百里;中间之闸,将及四十座。而台庄以下至淮黄交汇中间,将及四百里,并无蓄水之闸。所以,每逢大旱之年,台庄上下不无浅阻之患。似宜于台庄之下、徐塘口之上,相其地宜,建闸一座,其于河道或有裨益。
>
> 此臣之所知也,谨据实奏明。

且说京城之内,康熙帝在乾清宫内正在翻阅一份奏折。奏折之内说江苏按察使高必宏为官清廉,深获民心,是否可以擢升。

康熙帝对高必宏略有印象,为人还算干练,做事也极稳重,按理说擢升亦无不可。但高必宏离任,谁又接任江苏按察使一职呢?

思索半天,康熙帝命人传文渊阁大学士兼吏部尚书陈廷敬、河道总督张鹏翮至乾清宫议事。

陈廷敬、张鹏翮来到乾清宫拜见康熙帝,忙跪倒于地道:"微臣叩见皇上,吾皇万岁,万岁,万万岁!"

康熙帝道:"朕意欲将江苏按察使高必宏擢升为云南布政使,奈何江苏按察使无人接替,二位爱卿可有合适人选?"

陈廷敬略一沉思,说道:"岁初皇上南巡,一路之上,察河工,看漕运,观民风,解民情。诸多官吏,皆入法眼;民心向背,能力大小,想必皇上心中有数。"

张鹏翮接着陈廷敬的话说道:"皇上,前些时日,我听广善库德成格大人说,济宁道张伯行尽职尽责,清正廉洁,夙夜在公,一心为民。只是……"

说到此处,张鹏翮停顿下来,然后抬头仰望康熙帝。康熙帝内心不免一动,微微笑道:"两位爱卿所言有理,是应该给张伯行一个更能施展才华的舞台,就依爱卿之意吧。"

江苏按察使高必宏擢升为云南布政使之后不久,康熙帝即颁下圣旨,山东济宁道张伯行擢升为江苏按察使。

十一
擢升臬台

已是芒种季节。齐鲁大地,一片金黄;麦浪翻滚,丰收在望。麦穗在风中摇曳,"咯吱咯吱"的声音悦耳动听。布谷鸟轻盈地飞来飞去,天空中没留下一丝踪影。老牛拉着太平车走在田间小道上,步履坚实,缓慢有力,偶尔张开嗓子"哞哞"喊叫,声音沿着运河飘向远方。

张伯行耕读传家,自知稼穑之艰难。盘中餐,囷中粮,无一不耕种之,刈获之,载积之,打拂之,簸扬之,几涉手而入仓廪。

俗话说:芒种不种,再种无用。张伯行看着田间河水缓缓流淌,远处农民辛勤耕种,心中愉悦不已,思忖道:民以食为天,自古皆然。百姓手中有粮,心中不慌,小河水满,大河则溢,自然就国泰民安。

大仪道:"老爷,今年山东定可大获丰收。"

张伯行微微叹道:"农民耕作全靠老天,实属不易! 一粥一饭,当思来之不易;半丝半缕,恒念物力维艰。为官者,更应惜民力,体民情,用民智,合民意,重民生。如此,方能为好官,修好身,做好人。唯愿今年能够风调雨顺,仓廪实而百姓安。山东这几年饱受灾荒之苦,每每想起初到之时,百姓流离失所之情景,让人悲恸不已。"

大仪道:"老爷,这几年兴修水利,挖河清淤,筑坝疏渠,河水安澜。现在旱能浇、涝能排,应该不会受太大影响。"

张伯行道:"但愿如此啊!"

二人正在感慨之际,忽然李清气喘吁吁地跑过来,一边跑一边高声喊着:"大人,大人,快回府衙,圣旨,圣旨到!"

张伯行奇道:"圣旨,此时为何圣旨下来?"

李清道:"大人,您就别问为什么,赶紧回去接旨吧!"

张伯行带领大黑与大仪急匆匆回到府衙,果见府衙前人头攒动,几位宫中之人手捧圣旨正在等候。

张伯行来不及施礼,上前一步,跪倒接旨。

那太监拿出圣旨宣读道:

奉天承运,皇帝诏曰:

兹有山东济宁道台张伯行,为官清廉,操守坚正;爱民如子,克己奉公;秉承禹志,治水有功。特擢升为江苏按察使,着正三品。

钦此!

张伯行接过圣旨,高声道:"济宁道台张伯行谢主隆恩!"

容等送旨之人离去,大黑、大仪、薛明、李清等人纷纷围拢上来,恭贺张伯行升迁。

大黑上来抱着大仪,哈哈大笑道:"真没想到,我们老爷这么快就升官任职,让人兴奋,今天晚上我一定喝个大醉。"

大仪虽不像大黑如此奔放,但脸上的笑容也是清晰可见。

当天晚上,王夫人摆家宴为老爷贺喜。

饭桌之上,众人遮掩不住兴奋和欢乐,个个笑逐颜开,喜不自禁。尤其是大黑,每吃一口饭都要乐得掉下来一半。如此一来,更让人大笑不已。

酒过三巡,大仪举杯恭贺道:"恭喜老爷升迁!皇上圣明,老天有眼,赏罚分明,也不枉老爷您在山东这几年的辛苦付出,每日风吹雨淋,茹苦含辛!"

大黑道:"是啊是啊!我跟老爷这几年,现在晒得不能叫大黑,都得叫老黑了。"

一句话说得大家大笑起来。大仪道:"老爷在山东,做事都是身先士卒。治水期间,日夜都在工地之上巡查,甚至有时还会亲自挥锹垒土。济宁百姓提起大人,无不挑指称赞。老爷为了百姓从不计较个人名利得失。记得在汶上县开仓放粮,震动山东。大人所为,真的是对得起济宁苍生。"

王夫人接口道:"是啊,自从你到山东,别说朝廷俸禄之薄,还搭上家里不少银钱米粮。上次赈灾,家中之粮悉数运来。哎,这回到江南富庶之乡,再也不会从家里往外拉东西了吧!"

张伯行微微一笑,向众人慢慢说道:

"这几年在山东,你们跟着我受苦受累,忙碌不已。大黑和大仪除了照顾府里,还要处理事务,更是辛苦。记得我来山东之前,和冉先生促膝长谈,那时我就明白,为官一任,要造福一方。我最感欣慰的是在山东数日,没有吃过他人一顿饭,没有喝过他人一顿酒,没有收过他人一文钱。现在,圣聪有命,调任江苏。地方富庶,官职也高,更要警诫自己,做官不易,做清官好官更难。我为官一日,谨遵一天,日后恐怕还是有苦日子等着我们受啊!

"济宁三载,宵衣旰食,焚膏继晷,只想上报君,下安民。内,无愧于我心;外,无愧于苍生。清廉方正这四个字,我可以自豪地说一句:我已做到!

"今日,这第一杯酒,我敬皇上。自从盘古开天地,三皇五帝到如今,吾皇乃千古一帝,圣明于天。削藩平叛,驰骋疆场;剑锋所指,所向披靡;威加海内,四海归心。今庶竭驽钝,又沐皇恩,万死不辞,无以回报。遥祝吾皇龙体康健,万寿无疆!"

说完,张伯行站起,面向北方,毕恭毕敬地端起酒杯,举过头顶,深施一礼,洒于地上。

"这第二杯,我敬夫人。人说:三年清知府,十万雪花银。而我这三年,倒是从家往外拿出不止十万。夫人出身名门望族,家教甚严,相夫教子,良淑慧贤。上敬双亲,下抚幼子;外援夫君,内操家务。时时担惊受怕,劳力劳心。唯如此,我才无后顾之忧,诚如所愿!"

张伯行起身走至王夫人身边,也深施一礼,双手端酒敬上。王夫人哽咽着说不出话来,眼泪扑簌簌地掉进酒杯,融化成一杯晶莹剔透的琼浆玉液,滋润着这个乳名叫小闺女儿的心田。

"这第三杯,我敬大黑和大仪。老家仪封有句俗话:宰相衙役七品官。我不是宰相,你们俩也没做成官。这些年,栉风沐雨,鞍前马后,忠心耿耿,任劳任怨。我之所以能够有今天,可以说你俩功不可没。常在河边走,就是不湿鞋。最让我感动的是,你们两个从来没有背着我收受任何礼财。"

张伯行把大黑、大仪的酒杯一一斟满,说道:"打虎亲兄弟,上阵父子兵。来,咱们弟兄仨共饮此杯!"

三杯酒还未喝完,这边,身怀六甲的皇姑张玉秀已跪在地上,哭着说道:
"义父、义母在上,玉秀感谢父母双亲的再生之德,二老的大恩大德玉秀终生
难报,唯愿二老平安康健,福寿安康。从此以后,你们就是玉秀的亲生父母。
生,玉秀给您养老送终;百年以后,玉秀给您披麻戴孝。"

这边,王夫人赶紧把玉秀拉起来,说道:"使不得,这可使不得。你是皇
姑,又有身孕,万不可动了胎气。"

张伯行说道:"你身子骨不方便,先和岚生留在书院,待孩子出生后,再去
仪封老家住上一段时间。"

也不知道玉秀姑娘听清楚没有,只是一个劲儿地哭,就像成亲那天一样
哭得天昏地暗,仿佛以后就再也见不到面似的。

只听大黑说道:"玉秀姑娘,我和大仪都是你的亲人,日后有个三长两短,
你只管说话。理论,你就找大仪;打架,你就找我。"

大黑这一搅和,玉秀姑娘才止住哭声。

众皆感奋,大晚方歇。

(二)济宁众人送别张伯行

> 城阙辅三秦,风烟望五津。
>
> 与君离别意,同是宦游人。
>
> 海内存知己,天涯若比邻。
>
> 无为在歧路,儿女共沾巾。
>
> ——[唐]王勃《送杜少府之任蜀州》

当日晚间,王夫人帮着张伯行整理衣物。

张伯行一再叮嘱,务必按照自己列好的书目,整理好要带的书籍,其余物
品皆可减少。王夫人含笑点头。

天,依旧那么的蓝;云,依旧那么的白;风,依旧那么的暖。

端午时节麦正黄,济宁城内,到处弥漫着麦子的芳香。张伯行前往府衙,
交割相关事宜。

府衙之内,总督河院衙门署、工部分司等中央特设机构和知府衙门的官

员全部到齐。运河道署、运河同知署、管河州判署、泉河通判署等众多司运的大小官吏也一同前来,把院子挤得严严实实。大家满脸喜色,皆来道贺,都说济宁风水极佳,官员在此都会提拔,特来送行,顺便沾点喜气。

知府吕岩年更是表现得异常兴奋。他上前一步,紧紧握住张伯行的手,说道:"祝贺张大人,恭喜张大人。张大人到济宁时间不长,弄哩不瓢。张大人高升,也是我等福分。江苏乃人杰地灵、物产丰富之地,张大人此去,定能大展宏图、顺风顺水啊!"

其他人等皆应声附和,向张伯行祝贺。

张伯行还真是有点意外。自己一不喝酒,二不打牌,三不串门,很多人都不认识。有的虽然有点面熟,但是叫不上名字,更谈不上私人交往。如此寒暄客套,难免尴尬。

好在是人多话多,大家七嘴八舌,你说我说,归根结底,都是恭喜道贺之类的好话,不用一一作答,才让张伯行心中稍安。

人太多,没法看茶落座。只见吕岩年挥挥手,身后一名随从怀里抱着朱红色木箱并一个画轴走上。

吕岩年道:"张大人,济宁一别,匆匆忙忙。他日若有机缘,希望我们依旧一起共事。这是众人一点小小心情,聊表寸心,万望笑纳。"

张伯行笑了笑,对吕岩年道:"感谢吕大人盛情!"

而后,又对周围那些同僚躬身施礼道:"感谢各位,几年相处共事,张伯行深感荣幸。今日别过,他日有缘,自会相会。但是各位的礼物,张伯行不敢妄受,还望各位谅解。"

"张大人高风亮节,让人钦佩!"吕岩年闻听,心内虽然不悦,也只好作罢,干笑两声,说道:"大家心意已到,如此足矣!"

汶上知县范研铭上前一步,说道:"张大人在汶水赈灾之时,我已知大人非寻常之辈。今日此举,果然如此。张大人,临来之前,我受百姓之托,写下一篇《德政歌》,众百姓说愿意捐资为大人立碑树传,大人以为如何?"

张伯行闻听,上前拍拍范研铭的肩膀,说道:"感谢范大人盛情,奈何张伯行不为名利,只求为百姓造福。此举亦是不妥。"

范研铭笑道:"张大人在济宁数年,人人皆知张大人之清廉。举凡史书,谁能如大人这般勤于朝廷之事,谁又能如大人这般甘于清苦?"

张伯行微微摇头，说道："范大人，我不可以自己之长较他人之短。张伯行素知范大人做事干练，且思虑周密，这点张伯行不及也。更何况，范大人为我树碑立传，知道者谓百姓自愿所为，不知者皆言张伯行沽名钓誉！"

范研铭闻听，也只好作罢。

张伯行与济宁一众同僚又寒暄半日，大家各自离去。

吕岩年、范研铭等人刚刚离去，河标中军副将署、运河兵备道署、巡漕院、抚按察院、布政司行台、按察司行台、治水行台等司运军事、监察机构等一行众人，又来道贺。

张伯行无奈地苦笑着拱手施礼，说道："感谢感谢！都说君子之交淡如水，实在是不好意思，我这今天连茶水都没有准备，谢谢各位！"

众人散去后，张伯行端坐书案，喊来薛明、李清等人，将道台中各种事宜安排妥当，对薛明、李清道："日后朝廷会派来新的道台，望你们二人好好辅佐，多为百姓做事，为百姓造福！"

薛明、李清二人闻听，不禁怅惘道："张大人，实没想到，这么快就要跟您分别。"

李清说道："张大人，我侍奉过几任道台，并无一人如您这般全为百姓着想，甚至吃穿用度也是从自己家里拉来……"

说着话，李清语气逐渐哽咽，竟不能将话语说完整。

张伯行道："为官者，理当如此啊。民为邦本，民心稳国方安啊！"

张伯行正与两人说话之时，只听得门外喧哗。清源书院、济阳书院诸位学子在孟惠民、王元吉带领下，来到府门之外。

孟惠民上前，"扑通"一声跪倒。

张伯行慌得急忙上前，将孟惠民搀起，说道："孟先生，这般年纪如何敢行如此大礼啊，折煞我也！"

孟惠民说道："张大人，听闻您要离开济宁，孟惠民一夜未眠。今日一早来到书院，告知众人。我原本想着带元吉过来与您告别即可，众位书生皆不同意。大家都要一同前来，与张大人见面。"

孟惠民又道："张大人自到济宁，从河南老家拉来粮食赈济百姓，又多方奔走治理运河，自己用俸银建造书院，治河之时凡事亲力亲为。孟惠民这么一般年纪，从未见过如张大人这样为民为公的官员。"

书生戴名振上前一步,说道:"张大人,我等本想写一折子,万民签名,挽留大人。奈何孟先生说,大人此去乃是擢升江苏按察使,若留在此地,岂非耽误大人前程,故此作罢。"

张伯行闻听,感动不已,本欲言语答谢,奈何已不能声。只是拱手环顾四周,向大家表示感谢。

最后,张伯行平静一下,又交代孟惠民好好管理学院,有什么困难和问题就找东昌府知府袁廷赞和济宁府知府吕岩年,也可书信于己。又叮嘱王元吉和戴名振既要辅助孟先生管理书院,又要好好学习,潜心阅读,准备今年科举考试,以期将来报效国家。又问王元吉南阳镇的孩子入校没有,现在情况如何。

　　　史载:戴名振、王元吉一起参加康熙四十五年科举考试,两人同时金榜题名,戴名振是三甲六十二名,王元吉是三甲七十八名,同进士出身,成为汶上千年以来唯一一次有两名进士同榜,一时声名大振。

　　　戴名振后来官至户部主事,政声颇佳,祀乡贤。王元吉后来官至江南灵璧县知县,因受同榜进士方苞案牵连,被发配宁古塔。此为后话,暂且不提。

济宁百姓闻听此事,纷纷前来送行。

张伯行看着眼前那一张张热切的脸庞,不禁流下眼泪,心道:自己只是在济宁待了三年,做些该做之事,却能够让全城百姓为自己送行。看来真如古人所说,百姓心中有杆秤。

济宁百姓的行为更加坚定了张伯行为官的初心。

（三）富庶之地、名利之渊,不可不慎啊

不愿离开,但又不得不离开。

一切收拾妥当,张伯行带领大黑与大仪辞别济宁,先回仪封老家省亲。

时至夏日,天气甚好,鸟语花香,山清水秀。一路之上,大家的心情宛若这天气和风光一般美好。

古人云:富贵而不还乡如锦衣夜行。而张伯行感到更多的却是压力,是责任。这次他到江苏赴任前专程绕道家乡,一是祭祀祖先,告慰父母,看望亲长;再则要接耿太夫人同去江宁,颐养天年。

在济宁为官三载,都是从家里面往外拉东西。这次回家,他专意吩咐买些衣料、糕点、土产,带回家孝敬耿太夫人。济宁是运河水旱码头,南北物资汇聚,东西应有尽有。

按察使回乡省亲,衣锦荣归,事情说大不大、说小不小。除了前朝王廷相,也就是王夫人的先祖,官至尚书,授太子太保。之后,就是张家这位三品臬台。不要说十里八乡,在全仪封也是荣耀之事。

张氏家族欢天喜地,男女老少兴奋不已,都说张家祖坟里冒青烟了! 平时已经很少管事的老管家张正保也亲自出山,整个家族都准备迎接张伯行。老将出马,一个顶俩,事无巨细,张正保都一一安排。张安打下手,料理起来头头是道,粉墙、刷漆、剪枝、除草,里里外外收拾得干干净净、整整齐齐。

耿老夫人每日掰着手指盼着儿子回来,日盼夜盼终于将儿子盼了回来。

一进家门,张伯行见到在大厅等候多时的耿太夫人,倒身便拜。耿太夫人见日思夜想的儿子,头发白了不少,因一路奔波气色略显憔悴,不由得落下眼泪。

耿太夫人抚摸着张伯行的肩膀,说道:"人家为官都是享福,你到山东几年,却瘦上许多。早知如此,还不如不去当这个官呢!"

张伯行不知该如何回答,只好安慰老夫人,说自己乃是为国效力,为祖争光,即使吃苦也是心甘情愿。

老夫人闻听,说道:"跟你父亲一样,什么事都不知道考虑自己,只想着他人。若是在老家,都是街坊邻居,你自己少吃点喝点去周济旁人,倒也无妨。可你是过去做官,这治下百姓何止千万,我们又如何能周济过来呢?"

张伯行不禁笑道:"我之所为,于百姓而言,只是杯水车薪,但唯有如此,我心方安。更多百姓,自有朝廷赈济。"

老夫人言道:"此去江苏,务必要照顾好自己。我听人说上有天堂、下有苏杭。江南乃富庶之地,你到那里应该不会再吃苦受累了。"张伯行唯唯称是。

小住十多日,张伯行早晚必向耿太夫人问安。他几次向耿太夫人提出,要她与自己同往江宁,好尽床前之孝,怎奈耿太夫人故土难舍,执意不去。见耿太夫人心意已决,久劝不成,张伯行多次落泪。

从老夫人的房间里走出,张伯行随即就到书院去见冉永光,商议江苏上任之事。

几年没回来,请见书院依旧是那么熟悉,依旧是让人动容。书院面积没有济阳书院大,但也有二十亩之多。油亮黑漆的大门上方,悬挂张伯行手书的"请见书院"四字楷书,门内中间为高大宽阔的讲堂。后高耸一楼,悬有匾额"藏书阁",字体小篆,为张伯行亲书。阁内藏有古籍善本、儒家经典、程朱理学、先秦诸子、二十三史等各类图书数千卷。东西建有厢房两间,藏书阁旁还有两间耳房,一高大厚实的围墙相绕一周。

书院内外,枝繁叶茂。槐、桐、石榴、枣树等多种树木错落有致,牡丹、芍药、兰、菊、梅各色花卉次第绽放。春天花香满院,夏日绿树成荫,秋季果实累累,冬日踏雪寻梅。

张伯行见自己亲手创建的请见书院欣欣向荣,学子个个精神饱满,满心欢喜,不由得又吟起书院建成时所作之诗:

> 强仕年逾八,居然一老翁。白驹愁迅速,青简费研穷。寡过思蘧相,勤修羡武公。遗徽犹未远,努力在人功。

故人相见,山河不变!张、冉二人,久别重逢,自是一番感慨。

冉永光道:"孝先啊,调任江南虽是好事,却也要处处小心。"

张伯行奇道:"覃庵兄此话怎讲?"

"山东是齐鲁大地,圣教之源,百姓多受孔孟之道的影响。况你去之时,又是大灾之年,当地百姓们只要有口饭吃,就会感恩戴德。你在山东做的都是救民救命之事,百姓自然会感激你。"

张伯行点头称是。

冉永光继续说道:"到任江苏,那里向来是富庶之地,黎民不为衣食而忧,众官不为救民命而苦。越是仓廪充实之地,其间各种利益纠葛就越多。做官最难的不是谋事,而是谋人。你在山东时,所见只是十之一二;到任江苏,恐不会如之前那般简单。富庶之地、名利之渊,不可不慎啊!"

张伯行点头称赞道："冉公高见,亏得点拨在前。此去江苏,我定会小心谨慎,更要坚持自己的为官之道。初心不改,便能善始善终。此一去定不负君之深恩,兄之厚意!"

两人又谈论些书院之事。张伯行说到济宁的济阳书院,其格局细细考校一番,庭院尺度精严,定非一般人所创建。虽然落败,现一经修缮,底蕴尚在。冉永光听张伯行介绍,很想去小住几日,可惜请见书院课务繁忙,一刻也离开不得。

又一日早上,张伯行沐浴更衣,焚香净手,铺开黄纸,端坐于书案之前,开始一笔一画地书写祭文。

书写完毕,来到藕河边张家祖坟。张伯行在父亲坟前跪拜之后,展开黄礼,开始诵读。读着读着,眼中闪现出父亲当年教导自己的情景,眼泪不禁夺眶而出。

张伯行道:"不肖子孙张伯行,承蒙皇上恩典,升擢江苏按察使。此去他乡,关山万里,不能常来祭拜,先行告罪……"

言及于此,张伯行不禁痛哭,两旁家人看着也禁不住落泪。

张伯行又道:"儿孙此去,定当不违初衷,秉承祖风,谨记当年父之教诲……"

诵读完毕,张伯行将纸点燃,火焰之中,灰飞烟灭。

而后,张伯行再次跪下,心内默念。

回到家中,张伯行告知耿太夫人,自己已经行过焚黄之礼。耿太夫人颔首,而后令张伯行拜访周围邻居。

张伯行不敢怠慢,挨家挨户前往拜访。周围邻居皆知张伯行要去江苏为官,且听说江苏按察使属于封疆大吏。故众人看到张伯行来访,皆慌得毕恭毕敬,不敢造次。

张伯行却一脸谦和,不敢有丝毫骄傲之色。见到长辈,则拱手施礼;见到青年后生,笑脸相迎;看到谁家小孩,自是一番勉力之语。

众乡亲见张伯行如此,纷纷称赞。皆言张伯行虽做高官,却不曾忘本。

（四）这个世界上难道真有不喜欢钱的人吗

诸事完毕,张伯行除却每日到耿太夫人房间请安,仍然保持在家乡读书时的生活习惯。

每日早上,张伯行依旧会早早起来,喊来大黑与大仪习文练武,闲暇之余,必会到书院之中与冉永光讨论程朱。

且说仪封县城里有一乡绅姓石,家中殷实,乃仪封首富。膝下有一孩子,年方二十,甚是聪慧,且喜读书。

石乡绅一心想要孩子做官,奈何朝中无人。听说张伯行当上大官,且回乡省亲,于是想要把儿子推荐给张伯行,请张伯行帮忙提携。

石乡绅四处询问,终于寻到一远房表亲,与张伯行同宗同族。于是,花费重金购得夜明珠一颗,又备黄金百两,前往张府拜访。

这石乡绅先到远亲家,说明来意。那人只说张伯行为人正派,恐无济于事。

石乡绅笑道:"我已经四十多岁,阅人无数,很少听说有见钱不眼开之人。我不相信张伯行面对黄金能无动于衷!"

那人无奈,只好领着石乡绅前往张府。

张伯行正在府中看书。家人来报,说西头张老汉前来拜访。张伯行不敢怠慢,急忙出去相见。

那张老汉见到张伯行,嗫嚅半天,终于说出拜访的目的,并将石乡绅介绍给张伯行。

那石乡绅相信张伯行定不会拒绝自己的重礼,故神色之间一脸自信。

张伯行请石乡绅落座,言语之间也极为客气。

那石乡绅落座之后,命家人先将那锦盒呈上。

张伯行有些奇怪,看着张老汉。

张老汉神色也极不自然。

石乡绅满脸堆笑,说道:"张大人,听人说你在朝中深得皇上信任,在济宁只做三年道台,就擢升为江苏按察使。我们整个仪封都为你而骄傲啊!"

张伯行客气几句,问道:"你这锦盒,是何用途?"

石乡绅赔笑道："此乃我前些时日，专门托人从东海买回的一颗夜明珠，价值连城。我亲自试验过，夜晚拿出，房间之内亮如白昼。只因我膝下有一犬子，自幼聪慧，且喜读书，故想让张大人推荐一下，看明年大考之时，能否高中进士。此珠就当犬子孝敬张大人的礼物。"

张伯行的脸色顿时沉郁下来。

但石乡绅却丝毫不觉，依旧喋喋不休道："我还备下黄金百两，供张大人前往江苏路途之上使用。另有酒肉若干，留在贵府之中供家人使用。还望张大人笑纳。"

张伯行闻听，脸色陡变，厉声道："若有功名之心，就该用心读书，在科举中拔得头筹，自会得到朝廷重用。而你却想让自家孩子走这种歪门邪道，敢问你家孩子读的什么书？难道所读书中，就是教孩子托关系走人情不成？"

石乡绅闻听，以为张伯行只不过是假意推辞。

于是依旧满脸堆笑，说道："张大人，无须如此，石某诚心求助。他日犬子若能出人头地，必不会忘记张大人之恩。"

张伯行声音抬高，说道："来人啊，将我面前之人轰走，莫要玷污我的眼睛。"

房间外面早有两名家丁前来，走到石乡绅面前，做了一个请出的手势。

石乡绅脸上一阵红一阵白，不知道该当如何。

石乡绅又向张伯行道："张大人，石某真的是诚心拜访啊……"

张伯行一挥手，家丁上前将石乡绅架出客厅，轰出府门。

石乡绅被轰出府门后，依旧高喊着："张大人，张大人……"

只听得"咣当"一声，大门关上。

石乡绅茫然地看着张老汉，张老汉苦笑道："哎，来的时候，我就告诉你，张伯行跟其他那些当官的不一样。"

石乡绅脸色之间，写满不解，边走边自言自语道："这个世界上难道真有不喜欢钱的人吗？奇怪，奇怪啊！"

看到石乡绅被轰出张府，带的那些礼物也一并被扔出府门，周围的街坊邻居指指点点，议论纷纷。

（五）从仪封到江宁，两岸的村庄不停地往后移动

"八月剥枣，十月获稻。"

清康熙四十五年十月，菊花怒放，稻子新收，略有寒意的北风沿着大运河一路往南吹。河岸上，柳叶金黄，妩媚依然，虽不如汴河两岸的隋堤烟柳，倒也是风情万种。河面上泛起层层碧波，阳光下点点银光闪烁。

"尽道隋亡为此河，至今千里赖通波。若无水殿龙舟事，共禹论功不较多。"这条贯穿南北的大运河，以洛阳为中心，北起涿郡，南到余杭。过黄河，跨淮水，越长江，连钱塘。漕船官船客船商船货船，日夜穿行；粮食木材茶叶丝绸陶瓷，源源不断；达官巨富举子才子百工，川流不息。多少千帆皆成过往，多少故事成为传说。

一艘官船挂着白帆，顺风缓缓向南而行。大仪盘腿坐在船尾，手中虽拿本《论语》，眼睛却看着船荡起的浪花浮想联翩。大黑在船舱中独自闷坐，见大仪在船尾发呆，就跳出舱，凑将过来，重重拍拍他的肩说道："大秀才，不好好读书，脑子跑哪儿去了？"

大仪冷不丁被他吓一大跳，身子一晃，手中的书险些掉到船板上。他狠狠瞪一眼大黑，定定神并未答话，又将目光移到别处。

大黑自觉无趣，嘟囔句："书呆子，好大脾气哩！"接着，他朝大仪右边挤了挤，也学他的样子盘腿坐下。见大仪还不理他，便自顾自乐呵呵地哼起祥符调。

大仪向左挪挪身，很不耐烦地向大黑丢了句："咦！咦！咦！张伯黑，你烦不烦呀？有意思吗？还哼小曲，看这几天把你高兴哩，都不知道自己姓啥啦！"

"你才不知道姓嘞。我为啥不乐呀，跟着老爷到江宁上任，我当然乐呀！你不知道吧，这江宁可不是一般去处，六朝古都。听人说，那里城大、墙高、人多，好吃、好玩、好看的到处都是，热闹能和开封府有一拼。"

"就知道吃，看你那点出息。"大仪没好气地瞪瞪他。接着道，"你只想着自己那点小心思，就不能想想咱老爷的难处？"

"咱老爷有什么难处？我看老爷心情挺好哩，中午比平常还多吃半个馒

头咧!"大黑眨巴眨巴眼,不解地问道。

"你呀,真就只知道吃。咱老爷可是个清如水、廉如镜的好官。"大仪摇了摇头,此刻他有种鸡与鸭语的感觉。

"我咋不知道? 不要说咱老爷,就连我都没要过人家一文钱。"说到此处,大黑那叫一个自豪。

大仪笑道:"大黑哥,何时变成巧嘴八哥啦?"

大黑哈哈大笑,说道:"我长这么大,从来没有去过江南,没想到这次能够跟随老爷到江南为官。哎呀,这江南到底有多美啊,让那么多人日思夜想也要去?"

大仪笑道:"白居易有诗云:江南好,风景旧曾谙,日出江花红胜火,春来江水绿如蓝,能不忆江南?"

大黑急道:"大仪兄弟,你欺负我没读多少书,是吧? 用这些文绉绉的语句,我如何能听懂?"

大仪笑道:"大黑,那你有时间也读一些书,莫让人取笑于你!"

大黑脸色之中,却甚为不屑,说道:"哼,我才懒得读那些之乎者也呢!"

然后大黑掏出一把枣,递给大仪几个。自己在手中搓搓,又咬一口。

大仪接过枣问:"老爷午歇没有?"

"没有,在船头哩!"大黑边嚼边说。

初冬的午后,晴空万里,阳光明亮、张扬。它穿越空气的阻隔,肆无忌惮地投向树木、河岸、水面、船只……

张伯行站在船头良久,感觉到阳光的柔和与温暖。远眺,大运河如一条望不到头的玉带,船破浪而行,两岸无边的原野上,隐隐约约能看到村庄屋舍。

此刻,张伯行不知为何想起《诗经》中"八月剥枣,十月获稻。为此春酒,以介眉寿。"

可巧,五月,江苏按察使司按察使任命下来,他开始交割公务。从济宁回到仪封家中省亲,正是八月枣熟之时。

而今,南下江宁赴任,正是收割稻子的十月。

"为此春酒,以介眉寿。"履新不正如酿新酒吗? 酒酿得好坏,待到春天开坛必见分晓。

张伯行何尝不知此去的担子轻重。臬台不同道台,刑名是否清明,一省官民全要仰仗臬台的公正清廉。从小就听打坐开封府的包龙图,铡美案、下陈州、铡包冕,让人耳熟能详。包龙图在陈州放粮,他何尝没在济宁放粮? 包龙图能不畏强权、大义灭亲,他到江宁何尝不能?

正在遐想时,张伯行突然看见水面一片靓丽,瞬间显现,又瞬间消失。定睛一看,原来是一条鲫鱼跃出水面,又沉入水中。阳光照耀下,鳞片反射出耀眼的五色光,让张伯行不由得想起童年的黑里河。

幼时,张伯行常与大黑、大仪到黑里河玩耍。尤其是夏天,清凌凌的河水从寨海子边流过,水时深时浅。河中不但有五彩斑斓的鲫鱼,还有晶莹透亮的虾米、比巴掌还大的河盘儿、大大小小的螺蛳。夏天酷热难耐,他同小伙伴疯跑到河边,在水中嬉戏,游泳,捉小鱼,挖泥鳅,摸虾米,好不快活。

疯跑半晌,该到吃饭的时候,大家才想起棍棒、鞋底的厉害。小伙伴们怀揣忐忑回到家,父母就会拽着孩子的胳膊划一下。若指甲划过的地方出现白印,孩子的心情会直接从晴转为雨。大人的教训声,孩子的求饶声,半道街都能听到。杀鸡儆猴也好,杀一儆百也罢,大黑没少挨父母的打,现在每每想起还有点发怵。

耿太夫人是出名的淑德贤惠,孝敬公婆、料理家务、相夫教子、和睦族亲、友善邻里。梁太夫人生张伯行时难产而死,张伯行全由耿太夫人一手养大,将张伯行视为己出。疼还疼不过来,哪舍得打他? 虽说耿太夫人识字不多,但会给他讲道理。讲民间流传和戏里唱的古代先贤故事,讲孔融让梨、司马光砸缸、曹冲称象、甘罗十二岁为相。

张伯行曾听母亲讲,他七岁入邑庠生秦先生的私塾。先生见他举止端庄,不与同窗嬉闹,断言日后必成大器,还将外甥女王凤仪许配与他。记得有一天,他问母亲,黑里河流到哪里? 黄河。他又问,那黄河呢? 母亲摸摸他的头笑着说,俺儿长大了!

立于船头,风不时吹来。张伯行感觉在家时日过于短暂,如同白驹过隙,转瞬即逝。此时此刻,汴水悠悠,汴河汤汤;芦花如雪,河水似练,真个是"万艘龙舸绿丝间,载到扬州尽不还。应是天教开汴水,一千余里地无山"。

张伯行看着隋堤烟柳依次后退,孤帆一片款款而来,耳边又仿佛响起那首百听不厌的豫东小调:

黄河流,汴河流,河水向东没有头;黑哥哥,你再回首,小闺女儿跟你手拉手。

黄河流,汴河流,河水向东没回头;黑哥哥,你再回首,小闺女儿等你在家门口。